高等职业教育高速铁路施工与维护专业系列教材

高速铁路路基施工与维护
（第 3 版）

王瑷琳　主　编
李文英　副主编

西南交通大学出版社
·成　都·

图书在版编目（CIP）数据

高速铁路路基施工与维护 / 王瑷琳主编. —3 版
. —成都：西南交通大学出版社，2021.11（2025.6 重印）
ISBN 978-7-5643-7986-5

Ⅰ. ①高… Ⅱ. ①王… Ⅲ. ①高速铁路 – 铁路路基 – 工程施工 – 高等学校 – 教材②高速铁路 – 铁路路基 – 铁路养护 – 高等学校 – 教材 Ⅳ. ①U213.1

中国版本图书馆 CIP 数据核字（2021）第 040978 号

Gaosu Tielu Luji Shigong yu Weihu (Di-san Ban)
高速铁路路基施工与维护
（第 3 版）
王瑷琳　主编

责 任 编 辑	张　波
封 面 设 计	曹天擎
出 版 发 行	西南交通大学出版社 （四川省成都市金牛区二环路北一段 111 号 西南交通大学创新大厦 21 楼）
发 行 部 电 话	028-87600564　028-87600533
邮 政 编 码	610031
网　　　　址	http://www.xnjdcbs.com
印　　　　刷	成都中永印务有限责任公司
成 品 尺 寸	185 mm × 260 mm
印　　　　张	21.25
字　　　　数	495 千
版　　　　次	2010 年 9 月第 1 版　　2017 年 2 月第 2 版 2021 年 11 月第 3 版
印　　　　次	2025 年 6 月第 10 次
书　　　　号	ISBN 978-7-5643-7986-5
定　　　　价	49.00 元

课件咨询电话：028-87600533
图书如有印装质量问题　本社负责退换
版权所有　盗版必究　举报电话：028-87600562

第 3 版前言

《高速铁路路基施工与维护》教材第 2 版于 2017 年 2 月出版。在这之后，高速铁路路基工程施工质量验收标准进行了更新，质量指标有了变化。经过对高速铁路路基施工与维护技术深入调研，并广泛征求了教材使用院校教师及学生的意见，对第 2 版教材进行了修订。修订的原因：第一，2018 年发布了最新版《高速铁路路基工程施工质量验收标准》取代了 2011 年标准，教材中的内容也需相应更新；第二，部分施工工艺已经被新工艺所取代，删除了落后的施工工艺；第三，部分质量指标在现场已经很少采用，对该部分指标进行了删减；第四，随着信息化技术的推广和应用，制作了相关内容的视频、动画等数字资源，融入教材中，给读者提供更加直观和生动的学习内容；第五，落实立德树人根本任务，在教材中强化素质教育内容。

第 3 版教材在修订过程中继续沿用在前两版教材中贯彻的理念，以能力培养为目标，以项目为导向，以工作任务为载体，体现工学结合的特色，同时注重培养学生知识能力在实际应用中的迁移。

主要修订内容如下：

第一，按照现行最新规范和标准更新了教材中的相关内容；

第二，删除了部分地基加固施工工艺和部分路基质量检测内容；

第三，坚持以就业为导向，以能力培养为本位的原则，通过校企合作，在原项目式教材的基础上，开发了活页式实训任务书，形成了"项目式教材+活页任务书"的新型活页式教材；

第四，为了落实立德树人的根本任务，教材融入"课程思政"改革中的教学新理念和新思路；每个项目在原教学目标的基础上，补充了素质目标，并整体布局课程思政内容；

第五，为了适应教育信息化需求，开发了与教材配套的系列微课、动画、PPT 课件、虚拟仿真、在线测试题等丰富的数字化资源，并在智慧职教 MOOC 平台开设了精品在线开放课程。课程信息：高速铁路路基施工与维护/武汉铁路职业技术学院。

本次修订由武汉铁路职业技术学院王瑷琳担任主编，由天津铁道职业技术学院李文英担任副主编。编写分工如下：项目 1 和项目 2 由李文英编写；项目 3、项目 4 和项目 8 由王瑷琳编写；项目 5 和项目 10 由唐皓编写；项目 6 和项目 7 由张荣编写；项目 9 由崔春霞编写。

在教材编写过程中，得到了中铁工程设计咨询集团有限公司专家崔俊杰的大力支持和帮助，同时参考、借鉴了相关文献，在此一并表示衷心的感谢和敬意。

由于编者水平有限，且编写时间仓促，教材中难免存在疏漏、不妥之处，诚恳希望各位师生和其他读者批评、指正。

编 者

2021 年 10 月

第 2 版前言

《高速铁路路基施工及维护》教材第一版于 2010 年 4 月完稿，2010 年 8 月正式出版。编者于 2016 年初筹备对教材进行修订，并广泛征求了教材使用院校教师及学生的意见。修订的原因：第一，2011 年 4 月正式发布了《高速铁路路基工程施工质量验收标准》《高速铁路路基工程施工技术指南》，取代了 2005 年发布的客运专线铁路系列标准和指南，教材中采用的内容也需相应更新；第二，部分任务需要相应理论知识，故将理论知识与具体应用结合起来；第三，高速铁路开通至今已有七年多时间，已经有一些高速铁路路基维修的经验和典型案例，有必要把路基维护的内容增补进来。

第二版教材在修订过程中继续沿用在第一版教材中贯彻的理念，以能力培养为目标，以项目为导向，以工作任务为载体，体现工学结合的特色，同时注重培养学生在实际中应用所学知识的能力，增加了任务拓展内容。

主要修订内容如下：

第一，按照现行规范和标准更新了教材中的相关内容；

第二，增加了部分理论分析、设计、验算等内容；

第三，增加了路基常见病害及维护内容。

本书第二版由武汉铁路职业技术学院王瑷琳担任主编，由天津铁道职业技术学院李文英担任副主编。编写分工如下：项目 1 和项目 2 由李文英编写；项目 3 和项目 4 由王瑷琳编写；项目 5 和项目 10 由磨巧梅编写；项目 6 和项目 7 由李永贵编写；项目 8 和项目 9 由崔春霞编写。

在本书的编写过程中，得到了中铁工程设计咨询集团有限公司崔俊杰专家的大力支持和帮助，武汉铁路职业技术学院学生方光辉、李承函参与了文字处理工作，同时参考、借鉴了相关文献，在此一并表示衷心的感谢和敬意。

由于编者水平有限，且编写时间仓促，教材中难免存在疏漏、不妥之处，诚恳希望各位师生和其他读者批评指正。

编　者

2016 年 7 月

第1版前言

高速铁路是集当今世界先进科学技术、制造工艺、运营管理和市场营销为一体的系统工程，以其快速、可靠、舒适、经济及其与环境的良好兼容等性能，成为与其他运输方式竞争中取胜的前提。由于具有明显的经济效益和社会效益，世界上许多国家和地区纷纷兴建、改建或计划修建高速铁路。我国高速铁路的建设也进入了全面发展、快速建设新阶段。《中国铁路中长期发展规划》中的"四纵四横"高速铁路网以及环渤海、长三角和珠三角地区3个城际快速客运系统中的部分线路已于2005年陆续开工建设，计划于2020年全面建成。

高速铁路的快速、大量建设，激发了行业对高速铁路建设、运营、维护、管理专业技术人才的需求。高速铁路工程及维护技术专业和相近专业已经在高职院校开办，编制一套满足高速铁路工程专业人才培养需要的教材已迫在眉睫。

列车的高速、安全、平稳运行，离不开线路的稳定性和高平顺性。路基作为铁路线路工程中轨道铺设的基础，必须以强度高、刚性大、稳定性和耐久性好、不易变形等优良特性保证列车的正常运行。由于高速铁路对路基有更严格的要求，使得高速铁路路基在设计、施工、检测等方面必须比普通铁路有较大的改善和提高。本书编写组针对高速铁路路基施工及维护的特点，借鉴国外经验，吸收国内高速铁路路基建设过程中应用的新工艺、新方法，从施工管理、质量检测和维护等几方面，按照基于工作过程的思路开发、编写了本书。本书内容的选取力争具备全面性、系统性、实用性和先进性，内容的组织力求符合高职学生的认知规律。

本书由武汉铁路职业技术学院王瑷琳担任主编，由天津铁道职业技术学院李文英担任副主编。编写分工如下：项目1和项目2由李文英编写；项目3至项目8由王瑷琳编写；项目9由崔春霞编写。

本书在编写过程中，得到了铁三院、铁四院、中铁十一局、武汉铁路局有关专家的大力支持和帮助，并参考、借鉴了相关文献，在此一并表示衷心的感谢和敬意。

由于编者水平有限，且编写时间仓促，教材中难免存在疏漏、不妥之处，诚恳希望各位师生和其他读者批评指正。

编 者
2010年4月

目 录

项目 1 路基构造认识 ··· 1
 任务 1-1 路基横断面构造认识 ·· 3
 任务 1-2 路基面形状和宽度确定 ·· 7
项目 2 高速铁路路基基底加固 ··· 16
 任务 2-1 软土地区基底加固 ·· 19
 任务 2-2 膨胀土地区基底加固 ·· 42
 任务 2-3 黄土地区基底加固 ·· 59
 任务 2-4 杂填土地区基底加固 ·· 82
项目 3 高速铁路路堤施工及维护 ··· 95
 任务 3-1 基床以下路堤施工 ·· 97
 任务 3-2 路堤基床施工 ··· 112
项目 4 高速铁路路堑施工及维护 ·· 123
 任务 4-1 土质路堑施工 ··· 125
 任务 4-2 石质路堑施工 ··· 133
项目 5 高速铁路路基排水设备施工及维护 ·· 148
 任务 5-1 路基地面排水设备施工及维护 ··· 150
 任务 5-2 路基地下排水设备施工及养护 ··· 164
项目 6 高速铁路路基防护设备施工及维护 ·· 181
 任务 6-1 路基防护设备施工 ··· 183
项目 7 路基加固设备施工及维护 ·· 204
 任务 7-1 挡土墙施工及维护 ··· 206
 任务 7-2 预应力锚索施工 ··· 223
 任务 7-3 抗滑桩施工 ··· 231
项目 8 高速铁路路基过渡段施工 ·· 245
 任务 8-1 路桥过渡段施工 ··· 247
 任务 8-2 路基与其他结构物过渡段施工 ··· 255
项目 9 高速铁路路基施工质量检测 ·· 262
 任务 9-1 路基密实度检测 ··· 264

任务 9-2　地基系数测试 …………………………………………………………… 280
　　任务 9-3　动态变形模量测试 ……………………………………………………… 285
　　任务 9-4　地基承载力测试 ………………………………………………………… 290
项目 10　路基常见病害及维护 …………………………………………………………… 304
　　任务 10-1　路基常见病害的识别 …………………………………………………… 306
　　任务 10-2　病害的预防与整治 ……………………………………………………… 312
　　任务 10-3　高速铁路路基维修案例 ………………………………………………… 324
参考文献 ………………………………………………………………………………………… 331

本项目数字资源

项目 1　路基构造认识

项目描述：

高速铁路列车运行速度快、技术标准高、对路基的要求严格，尤其是高速铁路的线路结构，已突破了传统的轨道-道床-土路基这种结构形式，既有有砟轨道也有无砟轨道。对于有砟轨道，在道床和土路基之间，抛弃了将道砟层直接放在土路基上的结构形式，做成了多层结构系统。高速铁路路基与普通铁路路基的本质区别在于强化基床表层结构，提高和完善压实标准。因此，高速铁路路基必须以土工结构来看待。

学习目标：

知识目标：

掌握高速铁路路基的横断面形式及基本构造；掌握高速铁路路基面形状要求；掌握高速铁路路基横断面宽度的确定方法；掌握各种条件下高速铁路路基标准横断面图式。

能力目标：

能够熟练掌握不同形式的路基横断面各部分构造及要求；能够根据不同地形、地质条件选择合适的路基横断面形式；能够熟练阅读路基设计图纸，并能够在施工过程中精准控制路基的构件尺寸。

素质目标：

具有执行路基规范和标准的能力；具有拓展学习的能力；养成吃苦耐劳、严谨求实的工作作风；具备一定的协调、组织管理能力。

思政目标：

理想信念坚定，社会主义制度自信，具有民族自豪感和政治认同感。

思政案例：

高速铁路路基构造与传统铁路构造有了质的改变。为了让大家充分认识高速铁路路基构造对高铁建设的重要性，在本项目介绍京张高铁的案例，通过京张铁路自 1909 年到 2019 年的百年发展、运营速度从 35 km/h 到 350 km/h 的飞跃，让大家了解铁路建设技术是社会主义现代化强国建设的重要方面。以京张高铁开通为标志，中国高铁里程突破 3.5 万千米，中华民族在民族复兴的伟大征程上筑就新的荣光。让同学们从京张高铁跨越 110

年的巨变中为我们的国家而自豪，坚定社会主义制度自信。

2019年12月30日8时30分，北京北站。"复兴号"智能动车组G8811次列车准时发出，驶向2022年北京冬奥会张家口赛区核心区太子城站。这列世界最先进的列车从八达岭长城脚下穿过，与100多年前京张铁路并肩前行。

百年跨越，两条京张线，见证了中国人从自己设计建设第一条"争气路"，到成为开启智能高铁"先行者"的历程。

1905年，京张铁路开工建设，当时，我国尚没有一条国人独立主持设计、建造、运营的干线铁路，外国工程师放言：中国能修京张铁路的工程师还没出生呢！留学归来的詹天佑打破了这个论断。他将南美伐木所用的"人"字形铁路首次运用在我国干线铁路上，通过延长距离，顺利通过了京张铁路关沟段33‰大坡度，将原本需要开挖约1800 m的八达岭隧道缩短为1091 m。

如今，京张高铁在其下方穿越而过。这是象征着中国发展速度的京张高铁与老京张铁路的"握手"，成就了百年京张的立体交汇。百年跨越，中国铁路从自主设计修建零的突破到世界最先进水平，从35 km/h到350 km/h，京张线见证了中国铁路的发展，也见证了中国综合国力的飞跃。京张高铁世界瞩目，这不但是建设者创造的奇迹，更是伟大的时代、祖国的发展，造就的奇迹。

任务 1-1　路基横断面构造认识

1-1-1　任务目标

（1）能够熟练掌握不同形式的路基横断面各部分构造及要求；
（2）能够根据设计要求，在施工过程中正确控制高速铁路路基的外观尺寸。

1-1-2　相关知识

1. 路基横断面形式

垂直于线路中心线的路基截面为路基横断面，在铁路线路工程中，路基横断面有路堤、路堑、半路堤、半路堑、半路堤半路堑、不填不挖路基等，如图 1-1 所示。

1）路堤（Embankment）

当铺设轨道的路基面高于天然地面时，路基以填筑方式构成，这种路基称为路堤，如图 1-1（a）所示。

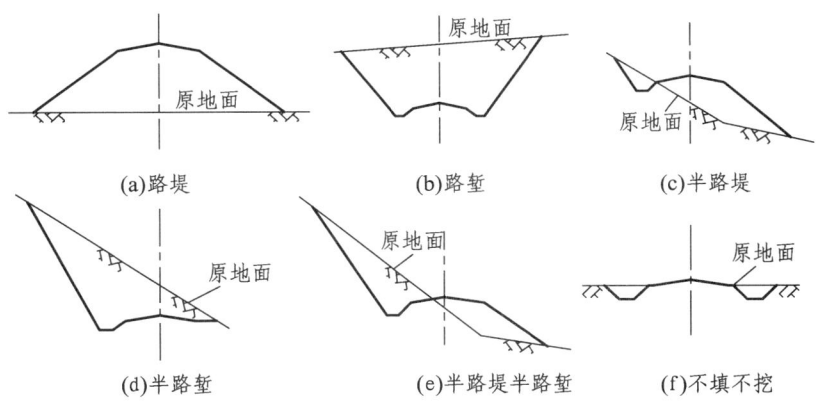

图 1-1　路基横断面形式

2）路堑（Cutting）

当铺设轨道的路基面低于天然地面时，路基以开挖方式构成，这种路基为路堑，如图 1-1（b）所示。

3）半路堤（Part-fill Section）

当天然地面横向倾斜，路堤的路基面边线和天然地面相交时，路堤体在地面和路基面相交线以上部分无填筑工程量，这种路堤称为半路堤，如图 1-1（c）所示。

4）半路堑（Part-cut）

当天然地面横向倾斜，路堑路基面的一侧无开挖工作量时，这种路基称为半路堑，如图 1-1（d）所示。

5）半路堤半路堑（Part-cut Part-fiu Section）

当天然地面横向倾斜，路基一部分以填筑方式构成而另一部分以开挖方式构成时，这种路基称为半路堤半路堑，如图 1-1（e）所示。

6）不填不挖路基（Zero Grade Subgrade）

当路基的路基面与经过清理后的天然地基面平齐，路基无填挖土方时，这种路基称为不填不挖路基，如图 1-1（f）所示。

2. 路基横断面基本构造

1）路基本体

在各种路基形式中，为了能按线路设计要求铺设轨道或路面而构筑的部分，称为路基本体。在路基横断面中，路基本体由路基顶面、路肩、基床、边坡、基底几部分构成，普通路基横断面及路基本体如图 1-2 所示，高速铁路路基本体如图 1-3 所示。

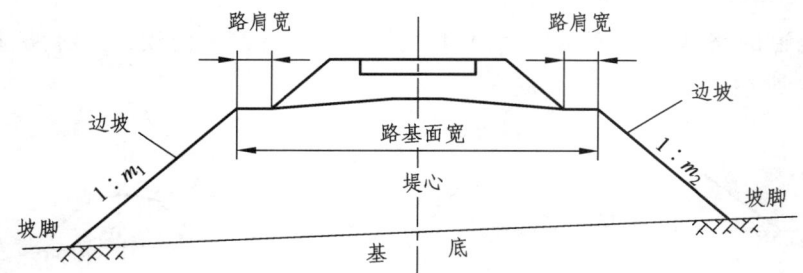

图 1-2 普通铁路路基（路堤）本体示意图

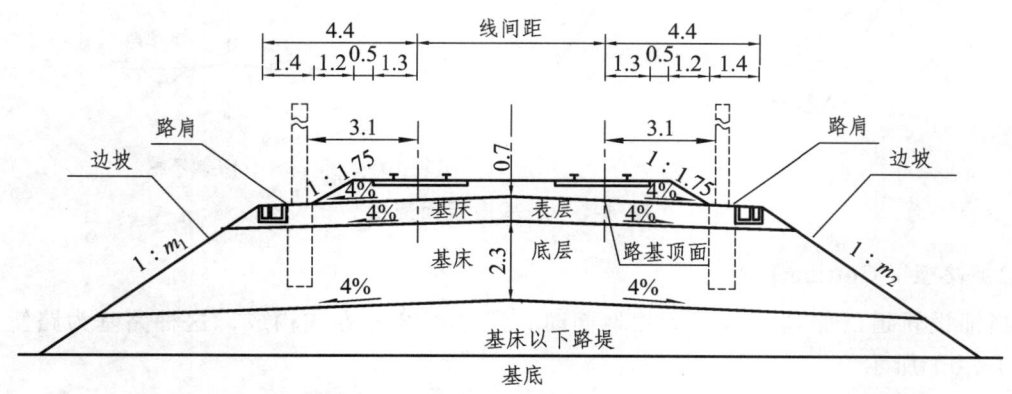

图 1-3 高速铁路有砟轨道双线路基本体（路堤标准横断面）示意图

（1）路基顶面（Subgrade Surface）。

能直接在其上面铺设轨道及路肩组成的部分，称为路基顶面，或简称路基面。在路堤中，路基顶面即为路堤堤身的顶面，也称路堤顶面；在路堑中，路基顶面即为堑体开挖后形成的构造面。

（2）路肩（Shoulder of Subgrade）。

铁路路基顶面中，道床覆盖以外的部分称为路肩。其作用是保护路堤受力的堤心部分，防止有砟轨道的道砟掉落，保持路基面的横向排水，供养护维修人员作业行走避车，放置养护机具，防洪抢险临时堆放砂石料，埋设各种标志、通信信号、电力与给水设备等。因此，路肩必须考虑施工误差、高路堤的沉落与自然剥蚀等因素，保持必要的宽度。在线路设计中，路基的设计标高以路肩边缘的标高表示，称为路肩标高。

（3）基床（Subgrade Bed）。

铁路路基面以下受到列车动荷载作用和受水文、气候四季变化影响的深度范围称为基床。其状态直接影响到列车运行的平稳和速度的提高，设计时应严格执行《高速铁路设计规范》（TB 10621—2014）对基床厚度、填料及其压实度、排水等的规定。基床由基床表层和基床底层两部分组成，如图1-3所示。

① 基床的作用。

基床的作用体现在两方面：一是满足基床的强度要求；二是满足基床对变形的控制要求。

a. 基床的强度作用如下：

- 应有足够的强度以抵抗列车荷载产生的动应力而不致破坏；
- 能够抵抗道砟压入基床填料层中，防止道砟陷槽等病害的形成；
- 在路基填筑阶段能承受重型施工车辆走行而不形成印坑，以免留下隐患。

b. 基床应具有较强的抗变形能力，因此应满足以下要求：

- 在列车荷载的重复作用下，塑性累积变形很小，避免形成过大的不均匀下沉造成轨道的不平顺，为此增加了养护维修的难度；
- 在列车高速行驶时，基床的弹性变形应满足高速走行的安全性和舒适性的要求，同时还能保障道床稳固；
- 必须具有良好的排水性和一定的防渗功能（渗透系数约为 10^{-4} cm/s），能够防止雨水浸入造成路基土软化，防止翻浆冒泥等病害的发生；
- 在可能发生冻害的地区，还应具有防冻等特殊要求。

② 基床的结构。

一般情况下，高速铁路路基基床是由基床表层和基床底层组成的两层结构。

有的国家针对填料、气候、无砟轨道等不同线路情况，将基床表层细分成两层或多层结构，每层使用不同的材料或结构。最典型的是德国无砟轨道的线路结构，其由钢筋混凝土道床板、混凝土支承层、级配碎石、填土等构成。日本在基床表层的表面铺设一层5 cm厚的沥青混凝土，德国在有砟线路基床表层加设一层混凝土板。

基床表层是路基直接承受荷载的部分，又常被称为路基的承载层或持力层。因此，基床表层是路基设计中最重要的组成部分，是轨道的直接基础。基床表层的作用大致有以下几点：

a. 增加线路强度，使路基更加坚固、稳定，并具有一定的刚度，使得列车通过时的弹性变形控制在一定范围之内；

b. 扩散作用在基床底层顶面上的动应力，使其不超过基床底层填料的临界动应力；

　　c. 防止道砟压入基床及基床土进入道砟层；

　　d. 防止雨水浸入基床使基床土软化而发生翻浆冒泥等基床病害，并保证基床肩部表面不被雨水冲刷；

　　e. 防冻等。

　　基床表层厚度的确定依据两个原则：一是变形控制，二是强度控制。综合这两个原则，有砟轨道基床表层厚度应为 0.7 m；无砟轨道基床表层厚度为 0.4 m，与无砟轨道的混凝土支承层或混凝土底座的总厚度不应小于 0.7 m。基床底层厚度为 2.3 m。为有利于自然降水的排出，基床表层和基床底层顶面都应设置 4% 的横坡。

　　（4）边坡（Side Slope）。

　　路基横断面两侧的边线称为路基边坡。边坡与路基顶面的交点称为顶肩。边坡与地面的交点，在路堤中称为坡脚，在路堑中称为路堑堑顶边缘。路堤的边坡高度为路肩标高与坡脚标高之差。路堑的边坡高度为堑顶边缘标高与路肩标高之差。

　　（5）基底（Ground）。

　　基底即路堤的地基，也就是路堤填筑的天然地面以下受填土自重以及轨道、列车动载影响的土体部分。基底部分土体的稳固状态，对整个路基本体以至轨道的稳定性都是极为关键的，特别是在软弱土的基底上修建路堤，必须对基底作妥善处理，以免危及行车安全与铁路线的正常运营。

　　2）路基附属设施

　　路基附属设施是路基的组成部分，是为确保路基体结构的稳固性而采用的必要的经济合理的附属工程措施，包括排水设施、防护设施和加固设施三大类。

　　路基的排水设施分为地面排水设施和地下排水设施。地面排水设施用以拦截地面径流，汇集路基范围内的雨水并使其畅通地流向天然排水沟谷，以防止地面水对路基的侵蚀、冲刷而影响其良好状态。地下排水设施用以拦截、疏导地下水和降低地下水位，以改善地基土和路基边坡的工作条件，防止和避免地下水对地基和路基本体的有害影响。

　　路基防护设施用以防止和削弱风霜雨雪及流水冲刷等各种自然因素对路基本体造成的直接和间接的有害影响。路基防护设施的种类很多，类型各异。常用的防护设施是坡面防护和冲刷防护。为了防止路基边坡和坡脚受到坡面雨水的冲刷，防止日晒雨淋引起的干湿循环，防止温度变化引起土的冻融变化等因素影响边坡的稳固，常采用坡面防护。为了防止河水对边坡、坡脚或坡脚处地基不断的冲刷和淘刷，应设冲刷防护，防护位置和所采用的类型视水流运动规律及防护要求而定。特殊条件下的路基防护类型更多，例如在多年冻土地区，为防止冻融对线路本体的影响，应采用各种保温措施；在泥石流地区，为防止泥石流对路基本体的威胁，应设置多种拦蓄与疏导工程；在风沙地区，为防止路基本体砂蚀和被掩埋，常采用各种防沙、固沙设施。

　　路基加固设施是用以加固路基本体或地基的工程设施，在路基工程中，有护堤、挡土墙、支垛、抗滑桩及其他地基加固措施等。路基加固设施是提高路基稳定的一种有效措施。

另外对高速铁路路基而言，路基附属物还包括综合地线、电缆沟槽、接触网立柱基础、声障屏基础等部分。

1-1-3 任务拓展

《高速铁路设计规范》（TB 10621—2014）规定将高速铁路路基作为结构物看待，主要从以下两方面理解：

（1）主要指路基上下的混凝土构造物：

① 防护与加固工程中的坡面防护及冲刷防护设施，如混凝土防护边坡、挡墙及相关绿化工程等；

② 排水工程，如混凝土边坡排水（急流槽）、涵洞、通道、边沟、截水沟等。

（2）高速铁路路基对强度及变形要求非常严格，因此，在路基填料选择和路基施工工艺上都要求将路基看成与桥、隧一样的结构物对待。

任务 1-2 路基面形状和宽度确定

1-2-1 任务目标

（1）能够根据不同地形、地质条件选择合适的路基横断面形式；

（2）能够正确阅读路基设计图纸，从中读出各部分构造尺寸，并能够独立完成施工过程中的路基外观尺寸控制。

1-2-2 相关知识

高速铁路路基面形状应为三角形，并设计为由路基面中心向两侧呈 4%的横向排水坡。曲线加宽时，仍应保持路基面为三角形。

1. 线间距

高速列车运行时会产生列车风，相邻线路的高速列车相向运行所产生的空气压力冲击波易震碎车窗玻璃，使旅客感到不适，甚至影响列车运行的平稳性，故高速线路的线间距较普通铁路有所增大。其大小取决于机车车辆幅宽、轨距、高速列车运行速度以及考虑将来铺设渡线、道岔等因素。

日本东海道新干线的设计列车最高速度为 220 km/h，考虑到高速列车相向运行产生的风压和列车本身的安全等情况，确定车侧间距为 0.8 m，线间距为车辆幅宽 3.4 m 加 0.8 m 的车侧安全距离，计 4.2 m（见表 1-1），但之后续建的山阳、东北、上越、北陆等新干线的列车最高设计速度为 260 km/h，线间距则均采用 4.3 m；法国东南线（巴黎至里昂）的列车最高速度为 270 km/h，试验资料表明，线间距为 4.0 m 即可满足要求，但考虑到将来铺设渡线的需要，线间距采用 4.2 m。我国京沪高速铁路线间距根据所采用机车车辆类型、运行速度等因素线间距确定为 5.0 m。

表 1-1　国外高速铁路轨道及路基面宽度

国家 项目	日本					法国		德国		意大利
	东海道	山阳	东北	上越	北陆	东南	大西洋	曼海姆—斯图加特	汉诺威—维尔茨堡	罗马—佛罗伦萨
最高设计速度/(km/h)	220	260	260	260	260	300	300	250	250	120（货）250（客）
最高运行速度/(km/h)	210	230	240	240	260	270	300	250	250	250
轨道	有砟54%	有砟12%板式50%	有砟5%板式90%	有砟1%板式95%	板式	有砟	有砟	有砟	有砟	有砟
钢轨/(kg/m)	52~60	60	60	60	60	UIC60		UIC60		UIC60
轨枕	长 2.4 m 混凝土枕，1 700 根/km					长 2.3 m 双块式混凝土枕，1 667 根/km		长 2.6 m 混凝土枕，1 667 根/km		长 2.6 m 混凝土枕
道床	枕下 30 cm					枕下 35 cm		枕下 30 cm		枕下 35 cm
线间距/m	4.2	4.3	4.3	4.3	4.3	4.2	4.2	4.7	4.7	4.0
路基面宽度/m	10.7	11.60				13.00	13.60	13.50~13.70	13.50~13.70	11.00，新建线增至 13.00
路肩宽度/m	一侧 0.5 另侧 1.0	1.20	1.20	1.20	1.20	1.20	SES 马道外 0.9	1.3	1.3	安全界限基柱外 1.0

2．路肩宽度

路肩虽不直接承受列车荷载作用，但对保证路基受力部分的稳固十分重要。路肩宽度选择应同时满足铺设接触网支柱、安放通信信号设备、埋设必要的线路标志、通行养路机械等要求。路肩宽度取决于以下几个因素：

（1）路基稳定的需要，特别是浸水后路堤边坡的稳定性。根据日本、德国的经验，在雨量大的地区，加大路肩宽度对于保证线路畅通具有重要作用。路堤浸水后，边坡部分的土会软化，在自重与列车荷载产生的振动加速度的共同作用下，容易造成边坡浅层滑坍。路肩较宽时，即使发生浅层坍滑，也不会影响路堤承载部分的稳定性，从而不会对列车的正常通行造成影响。此外，路肩部分还需考虑电杆、电缆槽的埋设位置，路堑地段则需考虑为边坡剥落物留有空地，在开挖排水沟时不影响边坡的稳定。

（2）满足养护维修的需要。高速铁路虽说是高标准、高质量的线路，但小型、紧急补修还是不可避免的，因此仍需考虑线路维修时搁置或推行小型养路机械所需的位置。

（3）保证行人的安全，满足安全退避距离的要求。高速铁路线路虽然是全封闭的，运行期间人员不能进入线路范围，但世界各国依然考虑了行人的安全问题，并做过不少试验。日本的试验结果认为，列车长度为 350 m，列车运行速度为 250 km/h 时，作业人员能够接受安全待避的列车风速为 17 m/s，以此要求风压限界定为车辆边侧以外 0.8 m（车辆幅宽为 3.4 m），距车体 0.8 m 是安全的。法国测得速度为 350 km/h 时，离线路中心 2.4 m 是安全的；如果车体宽 2.8 m，则距车体 1.0 m 是安全的。德国在线路设计规范中把距离线路中心 3.5 m 以外作为安全区，如车体宽 3.0 m，则需距车体 2.0 m。德国把这一距离作为路肩的起点，在这以外 0.8 m 为路肩部分。苏联对站台上旅客安全距离和相向运行高速列车安全范围的实测试验资料表明，当列车速度达 200 km/h 及以上时，人处在距站台边缘 1.2 m 处，气浪的侵袭会危及人身安全。在用 3P200 型电动车组进行的 200 km/h 的试验中，测量了站台上的压力随离站台边缘距离的变化关系，规定气流对人体的最大压力不得大于 250 kPa，据此得出列车以 200 km/h 的速度通过时，人与站台边缘的安全距离约为 2.0 m。

（4）为路堤压密与道床边坡坍落留有余地。路堤在建成以后多多少少会发生一些沉降，特别是高路堤、软弱地基路堤处，即使施工质量很好也会有压密沉降。我国《高速铁路设计规范》（TB 10621—2014）中路肩宽度亦根据所采用的机车外形、车辆幅宽、列车长度、行车速度等，参考其他国家的资料并考虑了上述要求后，提出有砟轨道路堤、路堑的两侧路肩宽度，双线不应小于 1.4 m，单线不应小于 1.5 m。

3. 路基面宽度

1）直线地段路基面宽度

高速铁路直线地段路基面宽度应不小于表 1-2 中的数值。

表 1-2　直线地段路基面标准宽度

轨道类型	设计最高速度/（km/h）	双线线间距/m	路基面宽度/ m	
			单线	双线
无砟轨道	250	4.6	8.6	13.2
	300	4.8		13.4
	350	5.0		13.6
有砟轨道	250	4.6	8.8	13.4
	300	4.8		13.6
	350	5.0		13.8

2）曲线地段路基面加宽值

有砟轨道正线，曲线地段路基面应加宽，加宽值应在曲线外侧按表 1-3 所列数值加宽。曲线加宽值应在缓和曲线内渐变。

表 1-3　有砟轨道曲线地段路基面加宽值

设计最高速度/（km/h）	曲线半径 R/m	路基外侧加宽值/m
250	R ≥ 10 000	0.2
	10 000 > R ≥ 7 000	0.3
	7 000 > R ≥ 5 000	0.4
	5 000 > R ≥ 4 000	0.5
	R < 4 000	0.6
300	R ≥ 14 000	0.2
	14 000 > R ≥ 9 000	0.3
	9 000 > R ≥ 7 000	0.4
	7 000 > R ≥ 5 000	0.5
	R < 5 000	0.6
350	R > 12 000	0.3
	12 000 ≥ R > 9 000	0.4
	9 000 ≥ R ≥ 6 000	0.5
	R < 6 000	0.6

4. 高速铁路路基边坡

路堤边坡坡度取决于填土的性质和所处的环境，如抗震、防洪等。根据我国目前积累的经验，只要地基稳定，填土碾压质量符合设计要求，按现行规范确定边坡坡度，则路基边坡是稳定的。

高速铁路路堤一般均采用了质量较好的填料，因此世界各国的边坡坡度基本上都相当接近。表 1-4 为部分国家高速铁路路堤边坡的有关规定。

表 1-4　部分国家的高速铁路路堤边坡坡度（单位：m）

国家或组织	填　料	堤高/m	边坡坡度
德国（DS 836）	级配好的砂砾 GW, GI, GE, SI, SW	0~12	1：1.5
		0~12	1：1.7
	级配好的砂 SE	0~12	1：2.0
	粗细粒混合土 GU, GT, SU, ST	0~6	1：1.6
		6~9	1：1.8
		9~12	1：2.0

续表

国家或组织	填料	堤高/m	边坡坡度
日本			1∶1.5～1∶1.8
苏联	黏土、粉土、潮湿地区及沙丘地带	<6	1∶1.75
		6～12	1∶2.0
国际铁盟	可作为填料的土		1∶1.5～1∶2.0
	摩擦角大的填石		1∶1.0～1∶1.25

从表 1-4 中可以看出，路基边坡基本上在 1∶1.5～1∶2.0 之间，多数集中在 1∶1.5～1∶1.75。考虑到高速铁路运行的安全性，为进一步提高路基的安全储备，我国高速铁路路堤的边坡坡度采用表 1-5 的数值。

表 1-5　高速铁路路堤边坡坡度

填料种类	边坡高度/m	边坡坡度	附注
细粒土	0～8	1∶1.5	超过 12 m，于 12 m 处设边坡平台，平台宽 2.0 m，平台以下边坡坡度为 1∶2.0
	8～12	1∶1.75	
碎石土、卵石土、粗粒土（细砂、粉砂、黏砂除外）	0～12	1∶1.5	超过 20 m，于 20 m 处设边坡平台，平台宽 2.0 m，平台以下边坡坡度为 1∶2.0
	12～20	1∶1.75	

路堑边坡形式和坡率可按照现行《铁路路基设计规范》（TB 10001—2016）等有关规定，根据地层的工程地质和水文地质条件、边坡高度、降雨和排水及气象条件等因素确定。

5. 高速铁路标准路基横断面图式

高速铁路路基的主要问题是路基动应力和动刚度问题，必须保证路基动应力和动刚度（动位移）满足列车安全、舒适运行的需要。

图 1-4～图 1-9 为高速铁路有砟轨道路基标准横断面。

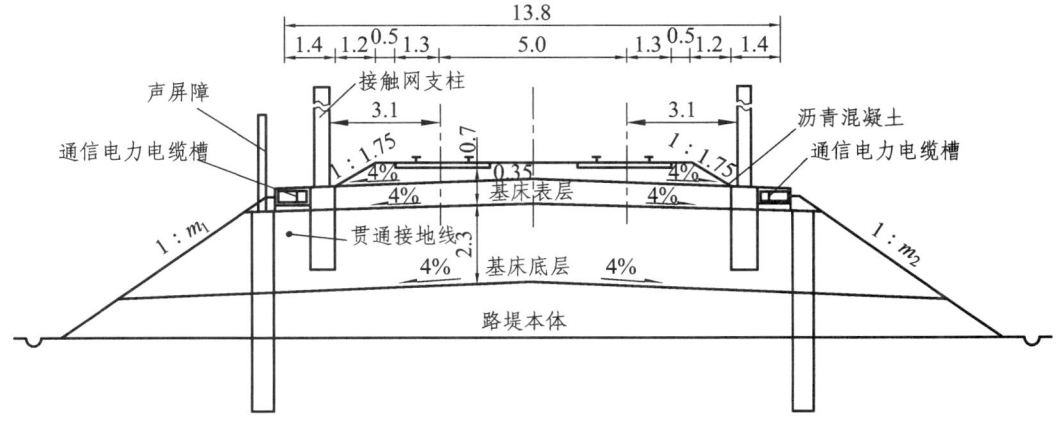

图 1-4　高速铁路有砟轨道双线路堤标准横断面（单位：m）

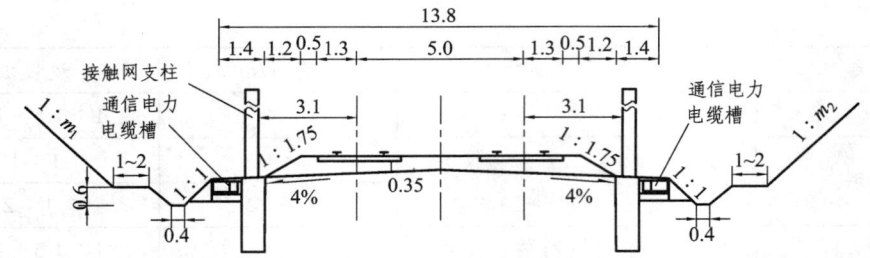

图 1-5 高速铁路有砟轨道双线路堑（硬质岩石）标准横断面（单位：m）

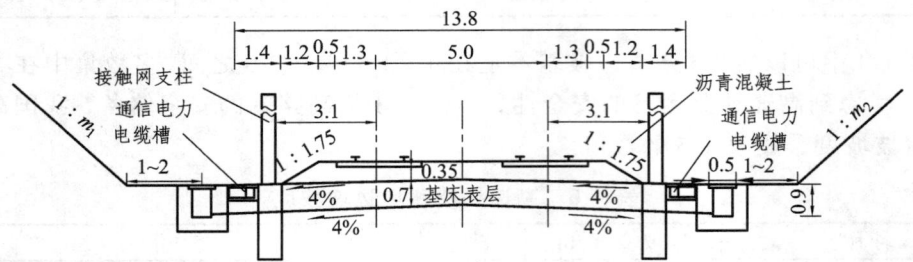

注：基床表层顶面为 0.05～0.1 m 厚的沥青混凝土，其下的基床表层换填 0.60～0.65 m 厚的级配砂砾石，或换填 0.45～0.50 m 厚的级配碎石和 0.15 m 厚的中粗砂。

图 1-6 高速铁路有砟轨道双线路堑（非硬质岩石）标准横断面（单位：m）

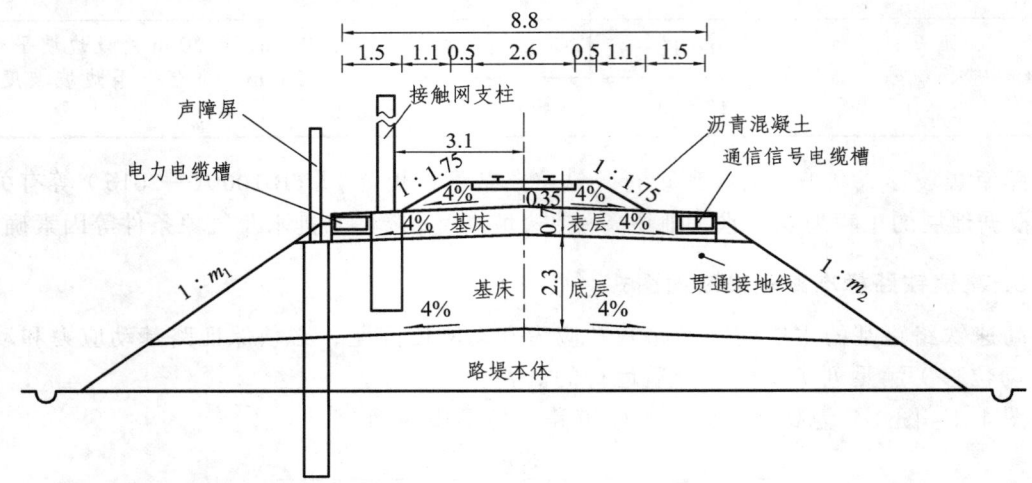

注：声障屏基础埋深应根据计算确定。

图 1-7 高速铁路有砟轨道单线路堤标准横断面（单位：m）

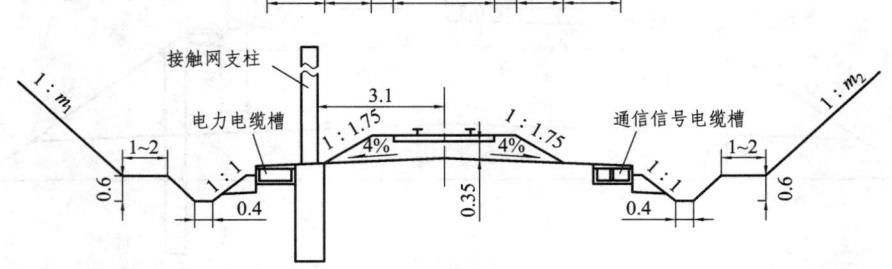

图 1-8 高速铁路有砟轨道单线路堑（硬质岩石）标准横断面（单位：m）

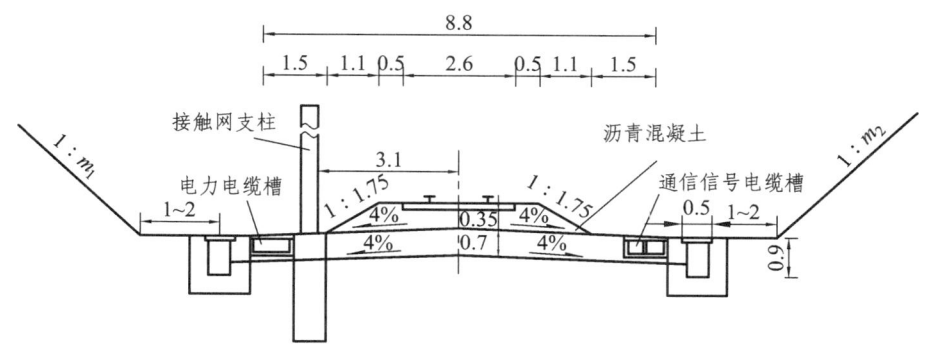

注：基床表层顶面为 0.05～0.1 m 厚的沥青混凝土，其下的基床表层换填 0.60～0.65 m 厚的级配砂砾石，或换填 0.45～0.50 m 厚的级配碎石和 0.15 m 厚的中粗砂。

图 1-9　高速铁路有砟轨道单线路堑（非硬质岩石）标准横断面（单位：m）

图 1-10～1-13 为高速铁路无砟轨道路基标准横断面图。

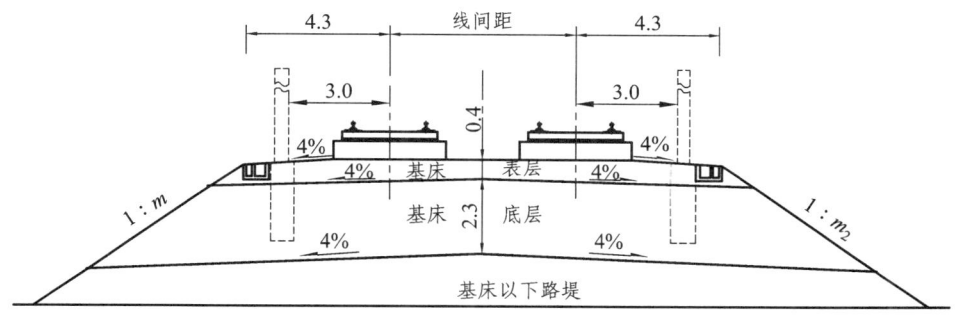

图 1-10　无砟轨道双线路堤标准横断面（单位：m）

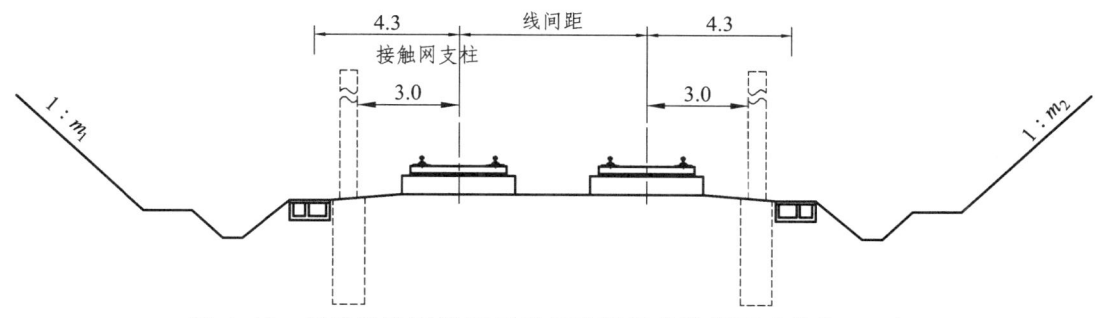

图 1-11　无砟轨道双线硬质岩石路堑标准横断面（单位：m）

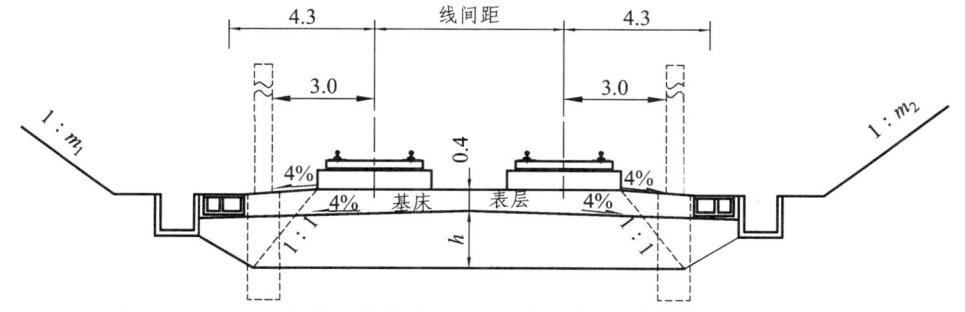

图 1-12　无砟轨道双线非硬质岩石路堑标准横断面（单位：m）

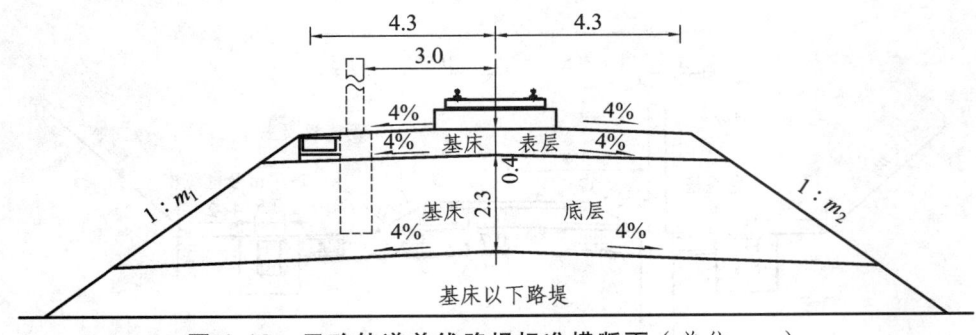

图 1-13 无砟轨道单线路堤标准横断面（单位：m）

1-2-3 任务拓展

高速铁路路基设计不同于普通铁路设计之处

1. 设计基本依据

高速铁路路基设计主要依据《高速铁路设计规范》（TB 10621—2014）。

2. 几何设计标准

高速铁路的几何设计标准和要求，同一般铁路有较大差别，我国借鉴各国设计标准后形成了中国高速铁路设计标准。

3. 总体设计

（1）线路曲线半径较大；
（2）跨越山谷时，采用长大、直线桥的形式较多；
（3）高山越岭段尽量采用长大直线或大半径曲线的隧道穿过；
（4）采用高架桥或地下结构形式通过城镇；
（5）高速铁路车站一般都离市区较远。

4. 高速铁路路基设计重点

《高速铁路设计规范》（TB 10621—2014）中规定了常用的路基标准横断面形式和尺寸，因此，一般情况下高铁路基横断面设计依据规范选取即可。但高速铁路对路基沉降要求非常严格，尤其是无砟轨道对路基的要求更严，所以，高速铁路路基设计的关键是路基基底加固处理方案的选择及施工方法的设计。

项目小结：

高速铁路路基由于采用了强化基床结构，为了满足高速铁路路基构造、压实标准、沉降等各方面的要求，需要将路基作为土工结构物来看待。因此，对于高速铁路路基来说，在设计、施工以及各部分填料的选择、压实标准等方面的要求均较传统铁路更高。

项目训练：

1. 描述高速铁路路基各部分的基本功能和要求。
2. 阅读路基设计图纸，从中读出各部分的构造尺寸，并完成路基的外观尺寸检查与验收工作。

本项目数字资源

项目2　高速铁路路基基底加固

项目描述：

随着经济建设的迅速发展，我国的基础建设规模越来越大，在土建、交通、水利等工程建设中经常遇到天然地基不能满足建造建筑物的要求，需要对地基进行人工处理，以满足工程建设的需要。而铁路路基以下的地基，尤其是高速铁路的地基，对路基变形和强度起到控制作用，也是高速铁路建设质量的控制因素，因此路基的基底是不允许发生破坏的，也不允许发生不能满足使用要求的过大工后沉降和沉降速率。以往铁路路基病害现象中的路基下沉，除因填土压实度不足外，有不少是因地基变形所致。因此，对于支撑高速铁路路基的地基来说，除了有强度要求外，还有变形条件的要求。为了满足高速铁路路基对地基强度和变形的要求，需要根据地形、地质条件及路基高度、所处位置对各种软弱地基采取不同的加固措施。

地基加固处理的目的是采取各种地基处理方法改善地基条件。对于新建工程，原则上首先应考虑利用天然地基，如地基软弱或不良，不能满足要求，则需进行处理。根据工程情况及地基土质条件或组成的不同，具体的内容可以如下：

（1）改善剪切特性，提高土的抗剪强度，使地基保持稳定。

地基的剪切破坏表现在：建筑物的地基承载力不够；由于偏心荷载及侧向土压力的作用，结构物失稳；由于填土或建筑物荷载作用，邻近地基产生隆起；土方开挖时边坡失稳；基坑开挖时坑底隆起。

地基的剪切破坏反映为地基土的抗剪强度不足。因此，为了防止剪切破坏，就需要采取一定措施以增加地基土的抗剪强度。

（2）改善压缩特性，降低土的压缩性或改善地基组成，使地基的沉降量和不均匀沉降量在容许范围内。

地基的高压缩性表现在：建筑物的沉降和差异沉降大；由于有填土或建筑物荷载作用，邻近地基产生固结沉降；作用于建筑物基础的负摩擦力引起建筑物的沉降；基坑开挖引起邻近地基沉降；由于降水产生地基固结沉降。

地基的压缩性反映为地基土的压缩模量指标的大小。因此，需要采取措施以提高地基土的压缩模量，借以减小地基的沉降或不均匀沉降；另外，防止侧向流动（塑性流动）产生的剪切变形，也是地基处理的加固目的。

（3）改善透水特性，降低土的渗透性或渗流的水力梯度，防止或减少水的渗漏，避免渗流造成地基破坏。

地基的透水性表现在：堤坝等的基础出现地基渗漏；市政开挖工程中，因土层内常夹有薄层粉砂或粉土而产生流砂和管涌。以上都是在地下水的运动中所出现的问题。为此，必须研究采取何种地基处理措施使地基土不透水或减小其水压力。

（4）改善土的动力性能，防止地基产生震陷变形或因土的振动液化而丧失稳定性。

地基的动力特性表现在：地震时饱和松散粉砂（包括部分粉土）产生液化；由于交通荷载或打桩等原因，邻近地基产生振动下沉。为此，需要研究采取何种措施防止地基土液化，并改善其振动特性以提高地基的抗震性能。

（5）改善特殊土的不良地基的特性。

主要是指消除或减小黄土的湿陷性和膨胀土的胀缩性等引起的地基变形，以免造成建筑物的破坏或影响其正常使用。

对任一工程来讲，处理目的可能是单一的，也可能需同时在几个方面达到一定要求。

学习目标：

知识目标：

掌握各种特殊土路基基底加固的处理方法的适用条件、原理；掌握各种路基基底加固方法的施工工艺及控制条件；掌握各种路基基底加固方法的质量检验项目和检验方法。

能力目标：

能够根据不同土质条件或土的物理力学性质指标选择合适的地基处理方法；能够熟练选择和使用相应的施工机具；能够熟练掌握各种路基基底加固方法的施工管理和质量控制；能够熟练进行路基基底加固的质量验收工作。

素质目标：

具有团队精神和协作意识；养成吃苦耐劳、严谨求实的工作作风；具备一定的协调、组织管理能力。

思政目标：

培养奋斗精神，树立"攻坚克难、勇于担当"的精神。

思政案例：

通过介绍中铁十一局登高修复桥梁的英雄杨连弟的事迹，激发大家的自信心和攻坚克难的斗志，在今后的学习和工作中勇于担当，迎难而上。

高铁建设过程中会遇到各种各样的难题，"攻坚克难、解决问题"的勇气和精神对于从事高速铁路施工与维护的人员尤为重要。文化基础薄弱的杨连弟的事迹告诉同学们：只要不畏艰难，勇于担当，我们都能够成为在高铁建设中攻坚克难的英雄。

杨连弟出生于天津市北仓镇的贫穷家庭，14岁时学做鞋匠，以后又当过电工、架子工，做了十几年艰苦的一线工作，也练就了一身登高技能。1949年夏，铁道兵部队开往豫西，担负了修复陇海铁路8号桥的任务。这座桥是当时全国第一高桥，桥墩高达45 m，上指蓝天，下临深涧。在抗日战争和解放战争中，它几次被炸毁。为了保障进军大西北，需要尽快修复此桥，首要任务是上到高耸的桥墩上，把它们铲平后重新架梁。由于缺乏施工机械，如何爬上桥墩成了难题。团首长把全团同志拉到大桥下，动员大家想办法。杨连弟经仔细观察，发现每个桥墩上每隔三米就有一根修桥时留下的铁夹板，虽然只有几寸宽，却勉强能站一个人，便大胆提出一个方案：用一根带钩的杆子钩住铁夹板上的圆孔，人顺着杆子爬上去，然后把脚手杆绑在铁夹板上，以此方法搭成单面云梯。团首长批准后，杨连弟在全团注视下，手持长杆第一个攀登，冒着随时坠落的危险，经数小时奋战，终于登上桥墩，圆满完成任务。

　　这个案例告诉大家只要不畏艰难、勇于担当、认真观察、开动脑筋，就能够解决工作中遇到的难题。

任务 2-1 软土地区基底加固

2-1-1 任务目标

通过对本任务的学习,能够独立完成以下工作任务:
(1)根据地基土的具体指标及上部路基条件要求能够合理选择路基基底加固方法;
(2)掌握路基各种特殊土基底加固方法的施工管理和质量控制要点。

2-1-2 相关知识

1. 软土概念

淤泥及淤泥质土总称为软(黏)土(Solt Soil)。淤泥(Muck)是指在静水或缓慢流水环境中沉积,经生物化学作用形成,天然含水率大于液限、天然孔隙比大于 1.5 的黏性土;而当天然孔隙比大于 1.0 而小于 1.5 时为淤泥质土(Mucky Soil)。软土广泛分布在我国东南沿海、内陆平原和山区,如天津、上海、杭州、宁波、温州、福州、厦门和广州等沿海地区,以及昆明和武汉等内陆地区。

2. 软土特性

软土的特性包括:天然含水率高、天然孔隙比大、抗剪强度低、压缩系数高、渗透系数小,在外荷载作用下地基承载力低、地基变形大、不均匀性强且变形稳定历时较长,在比较深厚的软土层上,结构物基础的沉降一般持续数年乃至数十年之久。

软土地区的路基地基加固处理在铁路工程中经常遇到,并且是影响工程质量的关键因素,处理不好,在车辆荷载作用下路基将发生变形沉降,路基面也随之被破坏。所以,软土路基的加固处理非常重要。

软土地区路基地基加固方法主要有:真空预压砂井法、CFG 桩法、石灰桩加固法、高压旋喷桩、多向搅拌桩等。

2-1-3 任务实施

1. 真空预压砂井

真空预压结合砂井排水是加固饱和软弱土地基的非常有效的一种方法。一般采用真空预压法与砂井竖向排水体和砂垫层水平排水体相结合,构成排水固结的两个要素,即加压系统和排水系统。

起固结作用的真空预压系统使地基因固结压力增加而固结;排水系统主要在于改变地基

原有的排水边界条件,增加孔隙排出的途径,缩短排水距离,从而缩短沉降固结的时间。排水系统由竖向排水体(袋装砂井)和水平排水体(砂垫层)构成,较天然地基加载预压采用该系统可缩短工期,因而具有工效高、劳动强度低、质量稳定、地基变形性能好等优点。

1)真空预压砂井软基处理的原理

所谓真空预压软基处理技术的施工工艺,简单来说,即在真空条件下通过水平排水通道(主要由砂垫层构成)与竖向排水通道(主要由砂井)共同构成排水体系,在加压作用下达到排水固结的目的。具体来说,实施真空预压软基处理技术首先要在需要处理的软弱土基表面先铺设砂垫层,然后埋设垂直排水管道袋装砂井等,接着用密封的膜将地基与大气隔绝从而形成密闭区域,最后利用抽真空设备进行抽气,使该密封区域形成真空环境。抽真空时,可以在地表砂垫层及竖向排水通道内逐步形成负压以增加地基的有效应力,由于不同土层的渗透系数不同,故土层不同的负压会形成压差,软弱孔隙水在压差的作用下经各向排水通道排出,从而使土体固结。负压会经竖向通路向土体中传递,由于砂井、砂垫层、土体间的渗透系数不同导致孔隙水渗流的形成,并经竖向和水平排水通道将水排出,然后将水通过降水的沟渠或管道从地基排出。在预压过程中土体总应力保持恒定,地基也不会发生剪切破坏。真空预压砂井软基处理的原理如图2-1所示。

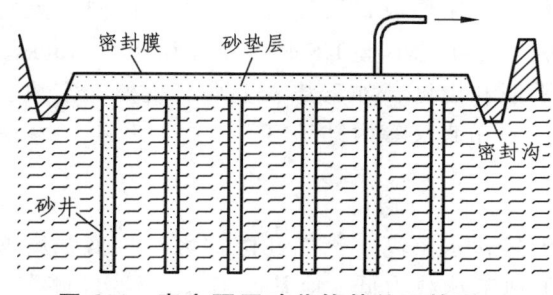

图2-1 真空预压砂井软基处理的原理

2)真空预压砂井软基处理施工工艺

真空预压砂井软基处理施工工艺包括袋装砂井竖向排水体施工、砂垫层水平排水体施工、真空预压施工三个环节。

(1)袋装砂井竖向排水体施工。

① 相关概念。

a. 袋装砂井。

以透水型土工织物长袋装砂,设置在软土地基中形成排水砂井,并加速软土排水固结的地基处理方法被称为袋装砂井。

b. 袋装砂井施工机理。

施工时将袋装砂放至套管井内,填塞密实,逐节拔出套管,顶面铺设水平砂垫层或排水砂沟。软基中的水分在上部真空预压载荷的作用下,通过砂与水平砂垫层或纵横相连通的排水砂沟相通,形成排水通道,使软基中的水分加速排走,从而达到排水固结软基的目的。

② 袋装砂井施工工艺流程如图2-2所示。

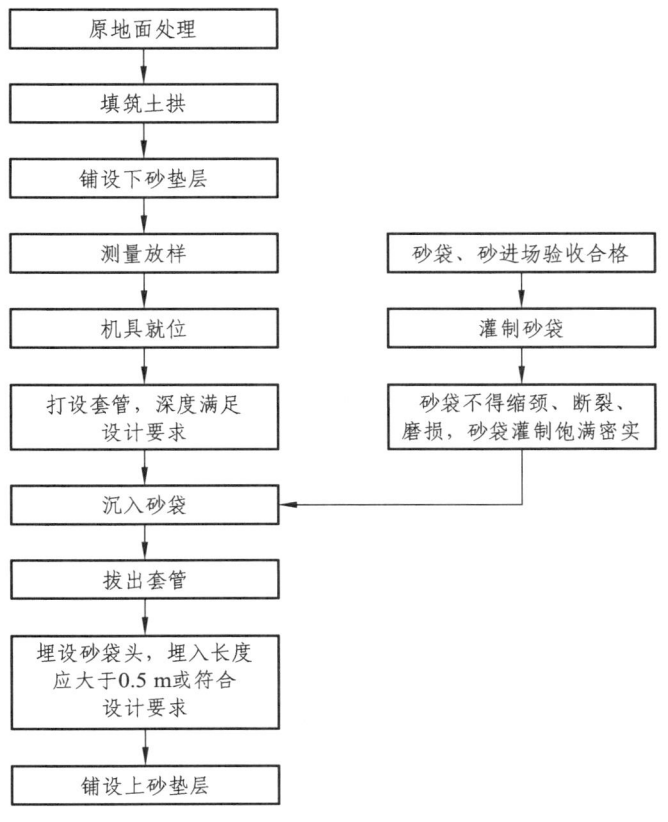

图 2-2 袋装砂井施工工艺流程

③ 袋装砂井施工技术要求。

a. 砂袋进场后应妥善存放，严禁砂袋长时间在阳光下曝晒。

b. 袋装砂井施工应有防止砂袋扭结、缩颈、断裂和带起的措施。拔管时应防止带起砂袋，当带出的砂袋长度大于 0.5 m 时，必须在旁边重新补打。

c. 袋装砂井孔口带出的泥土应及时清除，并用砂回填密实。砂袋顶部埋入砂垫层的长度应大于 0.5 m 或符合设计要求。

d. 砂袋可采用聚丙烯、聚乙烯、聚酯等长链聚合物编织，其技术指标应符合设计要求。砂料应采用风干的中、粗砂，不含草根、垃圾等有机杂质，含泥量不大于 3%。

e. 清理场地，排除积水，并将路基范围内原地面上的淤泥、树根、草皮、腐殖土等全部挖除。

f. 在路基范围内按设计要求填筑土拱，碾压密实。其上按设计铺设砂垫层。

g. 袋装砂井打设机具按设计桩位就位。

h. 应经常检查桩尖与套管口的封闭情况。

i. 用振动贯入法、锤击打入法或静力压入法将成孔套管沉入土中，直至设计深度，并用经纬仪观测控制导向架垂直度。

j. 下砂袋时，应将整个砂袋吊起，从端部放入套管口，徐徐下放至设计深度。

k. 拔管时应启动激振器，连续缓慢提升套管，直至拔离地面。

④ 质量控制。

a. 砂袋各项技术指标应符合设计要求，进场后应进行现场验收。

b. 灌入砂袋的砂必须采用天然级配的风干中、粗砂，其中含泥量不得大于3%。

袋装砂井由于是在砂垫层上灌制砂袋，灌入砂袋的砂与砂垫层为同一批砂，故砂井所用的中粗砂与砂垫层用砂同为每 3000 m³ 为一批进行检验。

c. 袋装砂井的数量、布设形式应符合设计要求。

d. 袋装砂井的打入深度应满足设计要求。

e. 砂袋灌砂应饱满、密实。已打设的袋装砂井，当砂袋不满时，应及时向袋内补砂。

（2）袋装砂井水平排水体施工。

① 水平排水体概念。

水平排水体即排水砂垫层，它能使在预压过程中从土体进入垫层的渗流水迅速地排到降水管道或沟渠中从而降低土体的含水量，使土层快速固结。水平排水砂垫层可以有效地防止土体颗粒堵塞排水系统，直接关系到地基的加固效果和真空预压时间的长短。

水平排水垫层的材料通常采用透水性好的砂料（如级配良好的中粗砂），能同时起到一定的反滤作用。对于新填不久的软弱地基的水平排水垫层材料，则应采用更厚的砂石垫层或采用混合粒排水垫层。此外，水平排水垫层通常还兼作地基的持力层，当地基为天然地面而承载力较低难以满足正常施工需要时，还要根据情况适当增加砂石垫层的厚度来增大其承载力。

② 水平排水砂垫层常用施工方法。

a. 机械分堆摊铺法。当建筑场地的地基表面硬度较大，其承载力能满足一般机械行进要求时，可采用机械分堆摊铺法，用机械或人工方法将分堆的砂石摊平。

b. 顺序推进摊铺法。该种方法适用于所处地基表面硬壳承载力不足，难以满足机械行进要求，需按一定顺序推进砂石填料进行摊铺的情况。

c. 改善地表持力条件。当所处的地基为软土或地基的承载力很差时，首先要改善地基表面的持力条件，使其能上施工人员或轻型运输工具；但如果该处地基过软，基本的加压固结方式仍不能显著提高地基表面的承载力，地基难以承受一般轻型机械时，就需要用人工或轻便机械顺序推进铺设。

（3）真空预压施工。

① 相关概念。

真空预压法是在需要加固的软土地基表面先铺设砂垫层，然后埋设垂直排水管道，再用不透气的封闭膜使其与大气隔绝，薄膜四周埋入土中，通过砂垫层内埋设的吸水管道，用真空装置进行抽气形成真空，进而增加地基有效应力的一种地基处理方法。

② 真空预压的工艺原理。

真空预压的工艺原理如图 2-3 所示。

抽真空时，先后在地表砂垫层及竖向排水通道内逐步形成负压，使土体内部与排水通道、垫层之间形成压差。在此压差作用下，土体中的孔隙水不断地由排水通道排出，从而使土体固结。

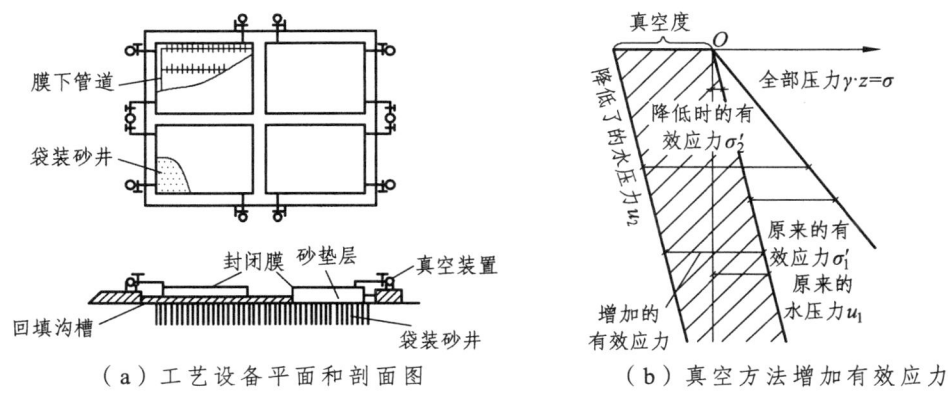

图 2-3 真空预压法原理

③ 真空预压的工艺流程。

真空预压的工艺流程如图 2-4 所示。

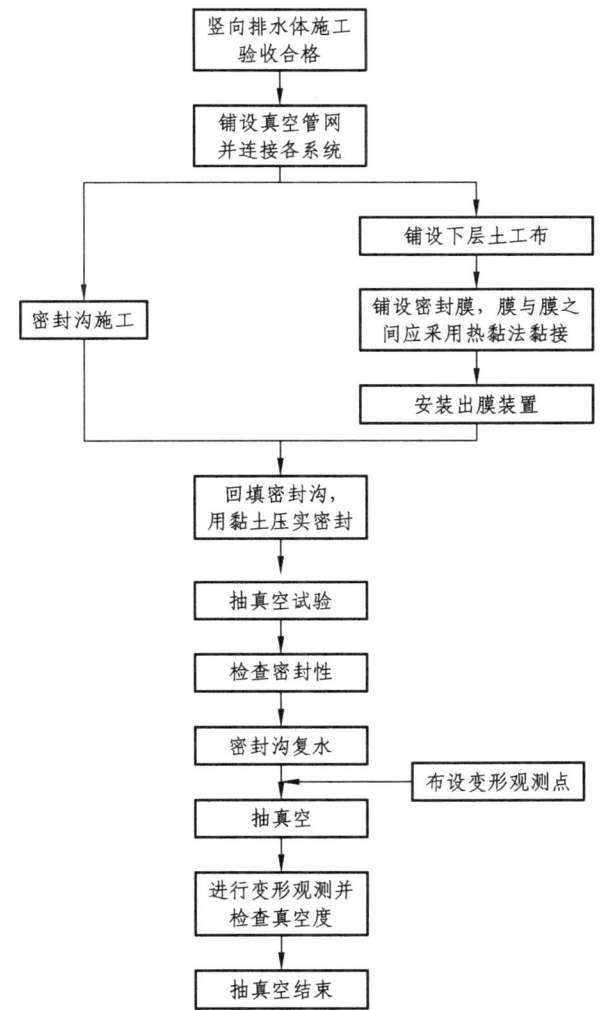

图 2-4 真空预压施工工艺流程

④ 技术要求。

a. 真空预压设备进场后，施工单位应及时检查验收，进行现场工艺试验并会同监理单位进行验收，确保施工工艺参数满足设计要求。

b. 施工前，应按设计要求设置观测点、观测断面，每一断面上的观测点布置数量、观测频次和观测精度应符合设计要求。观测基桩必须置于不受施工影响的稳定地基内，并定期复核校正。

c. 密封沟的截面尺寸应符合设计要求，并满足密封膜铺设要求。正式抽真空前应先进行试抽，检查密封沟和密封膜的密封性。

d. 真空预压施工前应进行现场工艺试验，确定施工参数。

e. 真空预压主要施工工艺应符合下列规定：

- 布设排水管，并与袋装砂井或塑料排水板相连。
- 铺设砂垫层和排水系统。
- 设置密封系统：采用符合设计要求的密封层，膜与膜之间采用热黏法黏接；四周用黏土压实密封。
- 抽真空试验：连接各系统，做抽真空试验，检查密封性。
- 在加固范围内按设计要求设置沉降观测点。
- 经检查各项指标满足要求后，测记初读数，进行抽真空作业。
- 在抽真空过程中应观测泵、真空管、膜内及土体各深度的真空度、土层的深层沉降和侧向位移、孔隙水压力变化、地表总沉降等。
- 当真空预压达到设计规定技术要求后停止抽真空，按设计要求现场测试预压效果。
- 密封膜应黏接牢固，热合加工的搭接长度不得小于 15 mm；铺设时密封膜要适当放松，表面不得有损坏。
- 密封膜上放置沉降板时，应在其上垫一层土工布，防止戳破密封膜。

⑤ 质量控制。

a. 密封膜、排水滤管的种类、规格及质量应符合设计要求，进场时应进行现场验收。为保证真空预压的效果，真空预压所用的滤水层材料及密封膜应满足表 2-1、表 2-2 的规定。

表 2-1 滤水层技术指标

渗透系数/(cm/s)	抗拉强度/MPa		隔土层/mm
	干态	湿态	
$0.4 \times 10^{-3} \sim 2 \times 10^{-3}$	20～44	15～30	<0.075

表 2-2 密封膜技术指标

抗拉强度/MPa		伸长率		直角断强度/kN	厚度/mm	微孔/个
纵向	横向	断裂	低温			
≥18.5	≥16.5	≥220%	20%～45%	≥4.0	0.12±0.02	≤10

b. 排水滤管的布设位置、形式、数量和管上滤水孔、滤水材料包裹形式及滤水管之间连接应符合设计要求。

c. 密封膜应黏接牢固，热合加工的搭接长度不得小于 15 mm；铺设时密封膜要适当放松，表面不得有损坏。

密封膜应比预压区宽 7~10 m，且密封膜铺设时需适当放松，防止抽真空时膜间未清理干净的砂、石子等颗粒将膜穿破。

d. 密封膜的铺设范围应符合设计要求。

e. 密封膜的铺设层数应符合设计要求。

f. 抽气阶段膜下真空度应符合设计要求。

g. 真空预压施工时应同步进行地基沉降与土的侧向位移观测。

h. 真空预压卸载时间应根据观测资料和工后沉降推算结果，评估通过后方能卸载。

2. CFG 桩加固地基

CFG（Cement Flying-ash Gravel Pile）桩是水泥粉煤灰碎石桩的简称，由水泥、粉煤灰、碎石、石屑或砂加水拌和，采用各种成桩机械形成的高黏结强度桩体，和桩间土、褥垫层一起形成复合地基。它是我国建筑科学研究院地基所在 20 世纪 80 年代末开发的一项新的地基加固技术，是在碎石桩的基础上加进了一些粉煤灰和少量水泥，加水搅拌制成的一种具有一定黏结强度的桩。

津京、郑西、武广客运专线，由于都是 350 km/h 无砟轨道标准，为了有效地控制地基沉降，在软土和松软土地基段大量采用 CFG 桩进行地基处理，如图 2-5、图 2-6 所示。其处理深度 30 m 以内较经济。

图 2-5 京津客运专线

图 2-6 武广客运专线

CFG 桩是在碎石桩的基础上发展起来的，属于复合地基刚性桩。从严格的意义上讲，CFG 桩为一种半柔半刚性桩，由于吸取了振动碎石桩和水泥搅拌桩的优点，且具有施工简单、无污染、振动小的优点，同时其主要材料为水泥，也可以就地取材。CFG 桩与碎石桩的差别之一就在于 CFG 桩可以全长受力，当地基土质好、荷载又不大时，可将桩设计短一些；反之，则应将桩设计长一些。目前，CFG 桩已具有一套完整全套并且具有低公害、强穿透力、使用范围广、性能先进可靠的新型施工设备，在软土地基的处理中可节约基础施工费用，提高施工质量，并实现文明施工。

调整水泥的用量及配比后，桩体强度等级在 C5～C20 变化，最高可达 C25，相当于刚性桩。桩体刚度很大，有别于一般柔性桩和水泥土类桩，因此，常常在桩顶与基础之间铺设一层 150～300 mm 厚的中砂、粗砂、级配砂石或碎石（称为褥垫层），以利于桩间土发挥承载力，与桩组成复合地基。褥垫层在水泥粉煤灰碎石桩复合地基中具有重要的作用，可起到保证桩土共同承担荷载、调整桩与土的垂直度以及分担水平荷载和减小基础底面应力集中的作用。

CFG 桩由于是在碎石桩的基础上加进一些石屑、粉煤灰和少量水泥，加水搅拌制成的一种具有一定黏结强度的桩，因此它可以和桩间土、褥垫层一起形成复合地基。这也是近年来新开发的一种地基处理技术，这种地基加固方法吸取了振冲碎石桩和水泥搅拌桩的优点：施工工艺和普通振动沉管灌筑桩一样，工艺简单，与振冲碎石桩相比，无场地污染，且振动影响小；所用材料仅需少量水泥，便于就地取材，基础工程不会与上部结构争"三材"，这也是比水泥搅拌桩更优越之处；受力特性与水泥搅拌桩相似。所以，CFG 桩新技术目前已得到广泛的推广，并具有很广阔的发展前景。

1）CFG 桩的加固原理

CFG 桩法是通过在地基中形成桩体作为竖向加固体，与桩间土组成复合地基，共同承担基础、回填土及上部结构荷载。当桩体强度较高时，CFG 桩类似于钢筋混凝土桩（常称为刚性桩），这样，在常用的几米到二十多米桩长范围内，桩侧摩阻力都能得到发挥，不存在散体桩或柔性桩存在的有效桩长的现象。其加固软弱地基主要有三种作用：桩体作用、挤密作用、褥垫层作用。

（1）桩体作用。

CFG 桩不同于碎石桩，其组成为具有一定黏结强度的混合料，一般情况下不仅可全长发挥桩的侧摩阻力，如桩端落在好土层上，还可很好地发挥端阻作用。将碎石桩加以改造，使其具有刚性桩的某些特性，则桩的作用大大加强，复合地基的承载力将会大大提高。CFG 桩长一般为几米到二十多米，并且可全长发挥桩的侧阻力，桩承担的荷载占总荷载的百分比为 40%～75%，使得复合地基的承载力大幅度提高并有很大的可调性。在荷载作用下 CFG 桩的压缩性明显比其周围软土小，因此基础传给复合地基的附加应力随地基的变化逐渐集中到桩体上，出现应力集中现象，复合地基中的 CFG 桩起到桩体作用。据某复合地基的荷载试验结果，在无褥垫层情况下，CFG 桩单桩复合地基的桩体应力比 $n=24.3～29.4$，四桩复合地基桩土应力比 $n=31.4～35.2$，而碎石桩复合地基的桩土应力比 $n=2.2～2.4$，可见 CFG 桩复合地基的桩土应力比明显大于碎石桩复合地基的桩土应力比，即其桩体作用显著。

（2）桩体的挤密作用。

CFG 桩采用振动沉管法施工，利用振动和挤压作用使桩间土得到挤密。某软土地基采用 CFG 桩加固，加固前后取软土进行物理力学指标试验，见表 2-3。经加固，地基土的含水量、孔隙比、压缩系数均有所减小、重度、压缩模量均有所增加，说明桩间土已得到挤密。CFG 桩在饱和粉土和砂土中施工时，由于沉管和拔管的振动，会使土体产生超孔隙水压力。在较好透水层上面还有较差的土层时，刚施工完的 CFG 桩体是一条良好的排水通道，孔隙水将沿着桩体向上排出，直到CFG桩体结硬为止，这样的排水过程可持续几个小时。利用振动沉管机施工，会对周围土体产生扰动，特别是对灵敏度较高的土体，会使其结构破坏、强度降低，施工结束后，经过一定的恢复期，其结构强度会有所恢复。

表2-3 加固前后土的物理力学指标对比

类别	土层名称	含水量	密度/(g/cm^3)	干密度/(g/cm^3)	孔隙比	压缩模量/MPa
加固前	淤泥质粉质黏土	41.8%	17.8	1.25	1.789	3.00
	淤泥质粉土	37.8%	18.1	1.32	1.069	4.00
加固后	淤泥质粉质黏土	36.0%	18.4	1.35	1.010	3.11
	淤泥质粉土	25.0%	19.8	1.58	0.710	9.27

（3）CFG桩的褥垫层作用。

褥垫层技术是CFG桩复合地基的核心技术，复合地基的许多特性都与褥垫层有关。这里所说的褥垫层不是基础施工经常做的10 cm厚的素混凝土垫层，而是由粒状材料组成的散体材料垫层。褥垫层的作用如下：

① 保证桩、土共同承担荷载。

对CFG桩来说，基础是通过厚度为H的褥垫层与桩和桩间土联系的。复合地基承受荷载，桩和桩间土都要发生沉降变形，由于桩的变形模量比土的变形模量大得多，因此，桩的变形比土的变形要小。这是因为基础下面有一定厚度的褥垫层存在，在此变形过程中，垫层材料不断地调整补充到桩间土上，以保证基础始终将一部分荷载传到桩间土上，也就能保证在垂直荷载作用下桩和桩间土共同承担荷载。如果不设置垫层，路基直接与桩和桩间土接触，在垂直荷载作用下荷载特性和桩基差不多；设置一定厚度的垫层情况就不同了，即使桩端落在好的土层上，也能保证一部分荷载通过垫层作用在桩间土上，借助褥垫层的作用，使给定荷载作用下的桩、土受力时程曲线均为常值。

② 调整桩、土垂直荷载分担比。

增加褥垫层厚度可使桩土应力分担比减小，褥垫层厚度越大，桩土承担的荷载越均匀，桩、土应力比越接近于1。

③ 减小桩顶对基础底面的应力集中。

当褥垫层厚度$H=0$时，CFG桩对基础底面的应力集中近似于钢筋混凝土桩对承台或桩上基础的应力集中现象，这时需要考虑桩对承台基础的冲切破坏。当$H\neq 0$并达到一定程度时，基底压力即为天然地基的分布压力。一般情况下，桩顶对应的基础底面测得的应力为σ_{RP}，与桩间土对应的基础底面测得的反力σ_{RS}之比值用β表示（$\beta=\sigma_{RP}/\sigma_{RS}$），当褥垫层厚度$H>10$ cm时，桩顶对基础底面的应力集中已显著降低，当$H=30$ cm时，β值已经很小。

④ 抗水平力作用。

类似地震作用的水平荷载，CFG桩复合地基主要是通过基础与褥垫层之间的摩擦力和基础侧面的土压力承担，又因褥垫层是散体结构，所以传递到桩体的水平力较小或为零，这就是桩体可不配筋的缘由。

2）CFG桩的适用范围

就土性而言，CFG桩适用于处理黏性土、粉土、砂土和正常固结的素填土等地基；对淤泥质土，应按地区经验或通过现场试验确定其适用性。CFG桩既可以用于挤密效果好的土，又可以用于挤密效果差的土。当用于挤密效果好的土时，承载力的提高既有挤密作用，又有置换作用；当用于挤密效果差的土时，承载力的提高只与置换作用有关。CFG桩和其他复合地基的桩型相比，置换作用很突出，这是CFG桩的一个重要特征。对一般黏性土、粉土或砂土，桩端具有良好的持力层。

当天然地基土是具有良好挤密效果的砂土、粉土时，成桩过程的振动可使地基土大幅度挤（振）密，承载力有时可提高2倍以上；对塑性指数高的饱和软黏土，成桩时土的挤密作用微乎其微，几乎等于零，承载力的提高唯一取决于桩的置换作用。由于桩间土承载力小，土的荷载分担比低，会严重影响加固效果，所以对于强度很低的饱和软黏土，要慎重对待。最好在使用前，现场做试桩试验，以确定其适用性。

CFG桩不仅用于承载力较低的土，对于承载力较高的土（如$f_{ak} = 200$ kPa），但变形不能满足要求的地基，也可采用CFG桩来降低地基变形。

3）CFG桩设计思路及设计步骤

（1）设计思路。

当CFG桩桩体强度较高时，具有刚性桩的性状，但在承担水平荷载方面与传统的桩基有明显的区别。桩是一种细长杆，它传递水平荷载的能力远远小于传递垂直荷载的能力。而CFG桩复合地基通过褥垫层，改变了过分依赖于桩承担垂直荷载和水平荷载的传统思想，根据试验结果，桩、土剪应力比随褥垫层厚度的增大而减小。设计时可通过改变褥垫层厚度来调整桩、土荷载分担比。

至于垂直荷载的传递，如何在桩基中发挥桩间土的承载能力，是许多学者都在研究的问题。大桩距布桩的"疏桩理论"，就是为调动桩间土的承载能力而形成的新的设计思想。传统桩基中，只提供了桩可能向下刺入变形的条件。当承台承受垂直荷载时，对摩擦桩，桩端向下刺入，承台发生沉降变形，桩间土可以发挥一定的承载作用，且沉降变形越大，桩间土的作用越明显，桩距越大，桩间土发挥的作用也越大；但桩间土承载能力的发挥占总承载能力的百分比很小，且较难定量预估。对端承桩，承台沉降变形一般很小，桩间土的承载能力很难发挥。而CFG桩复合地基通过褥垫层与基础连接，并有上下双向刺入变形模式，保证桩间土始终参与工作。因此垂直承载力设计中，首先是将土的承载能力充分发挥出来，不足部分由CFG桩来承担。显然，与传统的桩基设计思想相比，桩的数量可以大大减少，再加上CFG桩不配筋，桩体利用工业废料粉煤灰作为掺加料，大大降低了工程造价。

需要特别指出的是：CFG桩不只是用于加固软弱的地基，对于较好的地基土，若荷载较大，天然地基承载力不够或变形不能满足要求，就可以用CFG桩来补足。

在设计中，CFG桩不仅可以采用同一桩长，也可以根据设计条件和地质条件采用不同桩长、不同桩长间作，甚至CFG桩与其他桩型组合，如CFG桩与夯实水泥土桩、碎石桩等间作，形成桩型复合地基。

（2）CFG桩的设计步骤。

① 根据地基土质、施工设备、布桩方式等条件初步确定桩径和桩距，由桩径和桩距求出置换率；

② 由要求达到的复合地基承载力确定桩长；

③ 桩身强度设计；

④ 配料设计；

⑤ 确定褥垫层厚度。

4）CFG桩的施工

（1）关于CFG桩的一般规定。

① 施工前应进行成桩工艺试验（不少于2根），以复核地质资料以及设备、工艺、施打顺序是否适宜，确定混合料配合比、坍落度、搅拌时间、拔管速度等各项工艺参数，报监理单位确认后，方可进行施工。

② CFG桩施工开始后应及时进行复合地基或单桩承载力试验，以确定设计参数。

③ 采用振动沉管成桩时，设备型号选择应根据地质条件以及桩径、设计深度要求确定，其施工应符合下列要求：

a. 振动沉管桩机沉管表面有明显的进尺标记，根据设计桩长、沉管入土深度确定机架高度和沉管长度。

b. 沉管过程中每沉1 m应记录电流一次，并对土层变化处予以说明。

c. 混合料应按设计配合比配制并由搅拌机拌和，坍落度、拌和时间应按工艺性试验确定的参数进行控制，且拌和时间不得少于1 min。

d. 拔管速率应按工艺性试验确定并经监理工程师批准的参数进行控制，拔管中严禁反插。

e. 每根桩的投料量不得少于设计灌注量。

f. 成桩后，桩顶控制标高应考虑除浮浆后的桩长满足设计要求。

④ 采用长螺旋钻管内泵压混合料灌注成桩时，设备型号选择应根据桩径、设计加固深度要求确定，其施工应符合下列要求：

a. 施工组织、施工工艺、施工作业指导书应有防止堵管、窜孔的措施。

b. 钻进应先慢后快。在成孔过程中，如发现钻杆摇晃或难钻时，应放慢进尺。

c. 混合料应按设计配合比配制并由搅拌机拌和，坍落度、拌和时间应按工艺性试验确定的参数进行控制，且不得少于1 min；经搅拌的混合料必须保证混合料圆柱体能顺利通过刚性管、高强柔性管弯管和变径管而到达钻芯管内。

d. CFG桩成孔到设计标高后，停止钻进，泵送混合料，当钻芯管充满混合料后拔管，严禁先提管后泵料。

e. 钻杆采用静止提拔。施工中严格按工艺性试验确定并报监理批准的参数控制钻杆提拔速度和混凝土泵送量，并保证连续提拔。施工中严禁超速提拔。

f. 施工中应保证排气阀正常工作，施工中要求每工班经常检查排气阀，防止排气阀被水泥浆堵塞。

g. 桩机移至下一桩位施工前，应根据轴线或周围桩的位置对需施工的桩位进行复核，保证桩位准确。

（2）CFG桩的施工工艺流程。

CFG桩振动沉管灌注施工流程如图2-7所示，CFG桩长螺旋钻管内泵压混合料灌注成桩施工流程如图2-8所示。

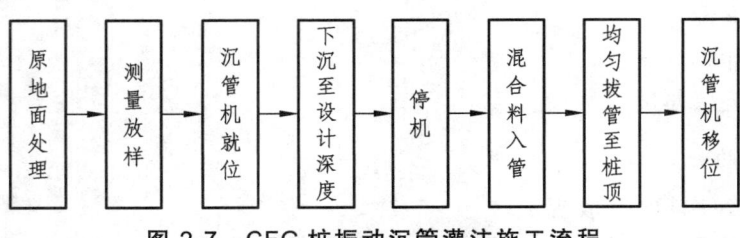

图2-7　CFG桩振动沉管灌注施工流程

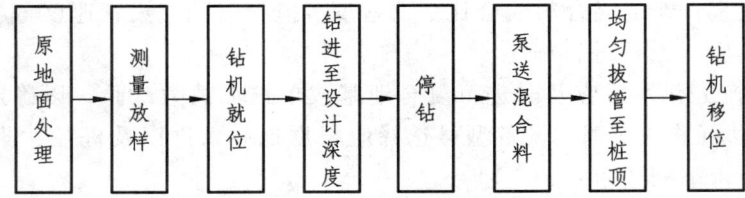

图2-8　CFG桩长螺旋钻管内泵压混合料灌注成桩施工流程

当选择振动沉管机械为施工机具时，施工工序如下：

① 施工准备。

a. 施工前应具备的资料和条件：
- 工程地质报告书。
- CFG桩布桩图，图上应注明桩位编号以及设计说明和施工说明。
- 施工场地邻近的高压电缆、电话线、地下管线、地下构筑物及障碍物等的调查资料。
- 施工场地的水准控制点。
- 具备"三通一平"条件。

b. 施工技术措施内容：
- 确定施工机具和配套设备。
- 材料供应计划，标明所用材料的规格、技术要求和数量。
- 施工前应按设计要求由实验室进行配合比试验，施工时按配合比配制混合料。当用振动沉管灌注成桩和长螺旋钻孔灌注成桩施工时，桩体配比中采用的粉煤灰可选用电厂收集的粗灰，坍落度宜为30~50 mm；当采用长螺旋钻孔、管内泵压混合料灌注成桩时，为增加混合料的和易性和可泵性，宜选用细度（0.045 mm方孔筛筛余百分比）不大于45%的Ⅲ级或Ⅲ级以上等级的粉煤灰，每方混合料粉煤灰掺量宜为70~90 kg，坍落度应控制在160~200 mm。
- 试成孔应不少于2个，以复核地质资料以及设备、工艺是否适宜，核定选用的技术参数。
- 按施工平面图放好桩位，若采用钢筋混凝土预制桩尖，需埋入地表以下30 cm左右。

- 确定施打顺序。
- 复核测量基线、水准点及桩位、CFG 桩的轴线定位点，检查施工场地所设的水准点是否会受施工影响。
- 振动沉管机沉管表面应有明显的进尺标记，并以米（m）为单位。

c. 施工前的工艺试验。

施工前的工艺试验主要是考察设计的施打顺序和桩距能否保证桩身质量。工艺试验也可结合工程桩施工进行，但需做如下两种观测：

- 新打桩对未结硬的已打桩的影响。在已打桩桩顶表面埋设标杆，在施打新桩时量测已打桩桩顶的上升量，以估算桩径缩小的数值，待已打桩结硬后开挖检查其桩身质量并量测桩径。
- 新打桩对结硬的已打桩的影响。在已打桩尚未结硬时，将标杆埋置在桩顶部的混合料中，待桩体结硬后，观测打新桩时已打桩桩顶的位移情况。

对挤密效果好的土（如饱和松散的粉土），打桩振动会引起地表的沉降，桩顶一般不会上升，断桩的可能性小。当发现桩顶向上的位移过大时，桩可能发生断开；若向上的位移不超过 1 cm，断桩的可能性很小。

② 桩机就位。

a. 桩机进入现场，根据设计桩长、沉管入土深度确定机架高度和沉管长度，并进行设备组装。

b. 桩机就位后，调整沉管与地面垂直，确保垂直度偏差不大于 1%。

c. 沉管至设计深度。启动马达，沉管到预定标高，停机。沉管过程中做好记录，每沉 1 m 记录电流表的电流一次，并对土层变化予以说明。

d. 混合料入管。停机后立即向沉管内投料，直到混合料与进料口齐平。混合料按设计配比经搅拌机加水拌和，拌和时间不得少于 1 min；如粉煤灰用量较多，搅拌时间还要适当延长。加水量按坍落度 30～50 mm 控制，成桩后浮浆厚度以不超过 20 cm 为宜。

e. 拔管。启动马达，留振 5～10 s 开始拔管，拔管速率一般为 1.2～1.5 m/min（拔管速度为线速度不是平均速度），如遇淤泥或淤泥质土，拔管速率还可放慢。拔管过程中不允许反插。如上料不足，需在拔管过程空中投料，以保证成桩后桩顶标高达到设计要求。成桩后桩顶标高应考虑计入保护桩长。

f. 封顶、移机。沉管拔出地面，确认成桩符合设计要求后，用粒状材料或湿黏性土封顶，然后移机进行下一桩位的施工。

5）CFG 桩的质量控制

（1）CFG 桩的主控项目。

① 所用的水泥和粗、细集料品种、规格及质量应符合设计要求。

检验数量：同一产地、品种、规格且连续进场的水泥，袋装水泥每 200 t 为一批、散装水泥每 500 t 为一批，当袋装水泥不足 200 t 或散装水泥不足 500 t 时也按一批计。同一产地、品种、规格且连续进场的粗、细集料，分别以 400 m³ 为一批，当不足 400 m³ 时也按一批计。各种原材料，施工单位每批抽样检验 1 组，监理单位按施工单位抽样数量的 20%见证检验或 10%平行检验。

检验方法：检查产品质量证明文件。在水泥库抽样检验水泥强度、安定性、凝结时间，在料场抽样检验粗、细集料的含泥量，做筛分试验检验其颗粒级配。

② CFG 桩混合料坍落度要求。

CFG 桩混合料坍落度应按工艺性试验确定并采用经监理工程师批准的参数进行控制。

检验数量：施工单位每台班抽样检验 3 次，监理单位按施工单位抽样数量的 20%见证检验或 10%平行检验。

检验方法：现场进行坍落度试验。

③ CFG 桩混合料强度应符合设计要求。

检验数量：同配合比设计的每工班拌制的或每 100 m³ 混凝土取样至少留置 1 组试件，不足 100 m³ 混凝土时按 100 m³ 计。施工单位全部检验，监理单位按施工单位检验次数的 10%平行检验，且不少于 1 次。

检验方法：浇筑地点按取样数量和留置频率制作试件，标准养护 28 d 进行混凝土抗压强度检验。监理单位检查试件留置和养护情况。

④ CFG 桩的数量、布桩形式应符合设计要求。

CFG 桩的数量、布桩形式应符合设计要求，其检验应符合规范规定。

⑤ 每根桩的投料量。

每根桩的投料量不得少于设计灌注量。

检验数量：施工单位应对每根桩进行检验。监理单位按施工单位检验数量的 20%平行检验。

检验方法：料斗现场计量或混凝土泵自动记录。

⑥ CFG 桩顶端浮浆处理。

CFG 桩顶端浮浆应清理干净，直至露出新鲜混凝土面。清除浮浆后桩的有效长度应满足设计要求。

检验数量：施工单位应对每根桩进行检验。监理单位按施工单位检验数量的 20%平行检验。

检验方法：施工前测量钻杆或沉管长度，施工中检查是否达到设计深度标志，施工后检查并清理浮浆，计算出桩的有效长度。

⑦ CFG 桩的桩身质量、完整性应满足设计要求。

检验数量：抽样检验桩总数的 20%，且每工点不少于 3 根。监理单位全部见证检验。

检验方法：低应变检测。有疑问时，钻孔取芯检验。

⑧ CFG 桩地基承载力、变形模量要求。

CFG 桩按复合地基设计时，处理后的复合地基承载力、变形模量应满足设计要求；按柱桩设计时，处理后的单桩承载力应满足设计要求。

检验数量：总桩数的 1‰，且每个检验批不少于 3 根。监理单位见证检验。

检验方法：平板载荷试验。

⑨ CFG 桩施工精度。

CFG 桩施工的允许偏差、检验数量及检验方法应符合表 2-4 的规定。

表 2-4 CFG 桩施工的允许偏差、检验数量及检验方法

序号	检验项目	允许偏差	施工单位检验数量	检验方法
1	桩位（纵横向）	50 mm	按成桩总数的 10% 抽样检验，且每个检验批不少于 5 根	采用经纬仪或钢尺丈量
2	桩体垂直度	1%		采用经纬仪或吊线测钻杆倾斜度
3	桩体有效直径	不小于设计值		开挖 50~100 cm 深后，采用钢尺丈量

（2）注意事项。

① 选用合理的施工机械设备。CFG 桩多用振动沉管机施工，也可用螺旋钻机。选用哪一类成桩机和哪种型号，要视工程的具体情况而定。在北方大多数地区，存在夹有硬土层的地质条件，单纯使用振动沉管机施工，会造成对已打桩形成较大的振动，从而导致桩体被振裂或振断。对于灵敏度和密实度较高的土，振动会造成土的结构强度破坏，密实度减小，引起承载力下降，故不能简单使用振动沉管机。此时宜采用螺旋钻预引孔，然后再用振动沉管机制桩，这样的设备组合避免了已打桩被振坏或扰动桩间土导致桩间土的结构破坏而引起复合地基的强度降低。所以，在施工准备阶段，必须详细了解地质情况，从而合理地选用施工机械，这是确保 CFG 桩复合地基质量的有效途径。

② 深入了解地质情况，采用合理的施工工艺。在施工过程中，成桩的施工工艺对 CFG 桩复合地基的质量至关重要，不合理的施工工艺将造成重大的质量问题，甚至导致质量事故，而要选择确定合理的施工工艺必须深入了解地质情况。只有在深入了解地质情况的基础上，才能确定合理的施工工艺，并在施工过程中加强监测，根据具体情况，控制施工工艺，发现特殊情况，做出具体的改变。

③ 施工顺序。在设计桩的施打顺序时，主要考虑新打桩对已打桩的影响。施打顺序大体可分为两种类型：一是连续施打，从 1 号桩开始，依次为 2 号、3 号…，连续打下去；二是间隔跳打，可以隔一根桩也可隔多根桩施打。连续施打可能会造成桩径被挤扁或缩颈。如果桩距大，混合料尚未初凝，连续打一般较少发生桩完全断开的现象。隔桩跳打，先打桩的桩径较少发生缩小或缩颈现象，但土质较硬时，在已打桩中间补打新桩时，已打的桩可能会被振裂或振断。

施打顺序与土性和桩距有关，在软土中，桩距较大时可采用隔桩跳打；在饱和的松散粉土中施工时，如果桩距较小，不宜采用隔桩跳打方案，因为松散粉土振密效果较好，先打桩施工完后，土体密度会有明显的增加，而且打的桩越多，土的密度越大，桩越难打。在补打新桩时，一是加大了沉管的难度，二是非常容易造成已打桩断桩。

对满堂布桩，无论桩距大小，均不宜从四周转圈向内推进施工，因为这样限制了桩间土向外的侧向变形，容易造成大面积的土体隆起，断桩的可能性增大。此时可采用从中心向外推进的方案，或从一边向另一边推进的方案。

对满堂布桩，无论如何设计施打顺序，总会遇到新打桩的振动对已结硬的已打桩的影响，桩距偏小或夹有比较硬的土层时，可采用螺旋钻引孔的措施，以降低沉、拔管时对桩的振动力。

④ 施工监测。施工过程中，特别是施工初期应做好施工监测。

a. 施工场地标高观测。施工前要测量场地的标高，注意测点应有足够的数量和具有

代表性。打桩过程中随时观测地面是否发生隆起,因为断桩常常和地面隆起相联系。

b. 桩顶标高的观测。施工过程中应注意已打桩桩顶标高的变化,特别要注意观测桩距最小部位的桩。

c. 对桩顶上升量较大的桩(>1 cm)或可能发生质量事故的桩,应开挖查看或采取逐桩静压的办法加以处理。

⑤ 混合料坍落度的控制。大量工程实践表明,混合料坍落度过大,桩顶浮浆过多,桩体强度也会降低。长螺旋钻孔、管内泵压混合料成桩施工的坍落度应控制在 160~200 mm,振动沉管灌注成桩施工的坍落度应控制在 30~50 mm,这样其和易性好。对振动沉管灌注成桩施工,当拔管速率为 1.2~1.5 m/min 时,一般桩顶浮浆可控制在 20 cm 以内,成桩质量容易控制。

⑥ 拔管速率的控制。拔管速率太快,会造成桩径偏小或缩颈断桩。大量工程实践证明,拔管速率为 1.2~1.5 m/min 时是适宜的。应该指出,这里说的拔管速率不是平均速度。除启动后留振 5~10 s 之外,拔管过程中不再留振,也不得反插。国产振动沉管机拔管速率都较快,可以通过增加卷扬系统中滑轮组的动滑轮数量来改变拔管速率,也可通过电动机-变速箱系统来实现。

⑦ 保护桩长。所谓保护桩长,是指成桩时预先设定加长的一段桩长,施工时将其剔除。保护桩长是基于以下几个因素而设置的:成桩时桩顶不可能正好与设计标高完全一致,一般要高出桩顶设计标高一段长度;桩顶一般由于混合料自重压力较小或由于浮浆的影响,靠桩顶一段的桩体强度较差;已打桩尚未结硬时,施打新桩可能导致已打桩受震动挤压,混合料上涌使桩径缩小。如果已打桩混合料表面低于地表较多,则桩径被挤小的可能性更大,增大混合料表面的高度即增加了自重压力,可使抵抗周围土挤压的能力提高,特别是基础埋深很大时,空孔太长,桩径很难保持稳定。

保护桩长的设置遵循如下原则:设计桩顶标高与地表的距离不大于 1.5 m 时,保护桩长可取 50~70 cm,上部再用土封顶;桩顶标高与地表的距离较大时,可设置 70~100 cm 的保护桩长,然后上部再用粒状材料封顶直到接近地表。

⑧ 桩头处理。清土和截桩时,不得造成桩顶标高以下桩身断裂或扰动桩间土。多余的桩头需要剔除,剔除桩头时宜注意:

a. 找出桩顶标高位置。

b. 用钢钎等工具沿桩周向桩心逐次剔除多余的桩头直到设计桩顶标高,并把桩顶找平。

c. 不可用重锤或重物横向击打桩体。

d. 桩头剔至设计标高处,桩顶表面不可出现斜平面。

e. 如果在剔除桩头时造成桩体断至桩顶设计标高以下,必须采取补救措施。假如断裂面距桩顶标高不深,可用混凝土接桩至设计桩顶标高。注意在接桩头过程中保护好桩间土。

⑨ 褥垫层铺设。褥垫层所用材料多为粗砂、中砂、级配砂石、碎石等,粒径宜为 8~20 mm,最大粒径不宜大于 30 mm;不宜选用卵石。当基础底面桩间土含水量较大时,应通过试验确定是否采用动力夯实法,避免桩间土承载力下降。对较干的砂石材料,虚铺后可适当洒水,进行碾压或夯实。褥垫层厚度一般为 15~30 cm,由设计给定。

桩头处理后,桩间土和桩头在同一平面,褥垫层虚铺厚度为

$$\Delta H = h/\lambda \tag{2-1}$$

式中 ΔH——褥垫层虚铺厚度；

h——设计褥垫层厚度；

λ——夯填度，不得大于 0.9。

垫层材料虚铺后多采用静力压实，当基础底面下桩间土的含水量较小时亦可采用动力夯实。

⑩ 冬季施工。冬季施工时应采取措施避免混合料在初凝前冻结，保证混合料入孔温度大于 5℃。根据材料加热的难易程度，一般优先加热拌和用水，接着是砂和石。混合料温度不宜过高，以免造成混合料假凝无法正常泵送施工。泵头管线也应采取保温措施。施工完并清除保护土层和桩头后，应立即对桩间土和桩头采用草帘等保温材料进行覆盖，以防止桩间土冻胀而造成桩体拉断。

3. 旋喷桩施工

1）旋喷桩概念

旋喷桩系利用高压泵将水泥浆液通过钻杆端头的特制喷头，以高速水平喷入土体，借助液体的冲击力切削土层，同时钻杆一面以一定的速度旋转，一面低速徐徐提升，使土体与水泥浆充分搅拌、凝固，形成具有一定强度的圆柱固结体（即旋喷桩），从而使地基得到加固。

旋喷桩的特点是：可提高地基的抗剪强度；能利用小直径钻孔旋喷成比孔大 8~10 倍的大直径固结体；可用于已有建筑物的地基加固而不扰动附近的土体；施工噪声低，振动小；可用于任何软弱土层，可控制加固范围；设备较简单、轻便，机械化程度高；料源广，施工简便。

高压旋喷法基本种类有单管法、二重管法、三重管法和多重管法四种。其中，单管法一般用于软土地基加固以增加软土地基承载力；二重管法及三重管法常用于咬合桩防水帷幕等工程，特别是在城市地铁工程地下车站进、出口处的施工防水、基础加固中使用效果明显。

当土中含有较多的大粒径块石、大量植物根茎或含有较高的有机质时，以及在地下水流速过大和已涌水的工程中，应根据现场试验结果确定旋喷桩的适用性。

2）旋喷桩适用范围

旋喷桩适用于淤泥、淤泥质土、黏性土、粉土、砂土、湿陷性黄土、人工填土及碎石土等的地基加固，可用于既有建筑和新建筑的地基处理，深基坑侧壁挡土或挡水，基坑底部加固以防止管涌与隆起，坝的加固与防水帷幕等。

3）旋喷桩施工工艺流程及技术要求

（1）旋喷桩施工的机具设备。

主要机具设备包括：高压泵、钻机、浆液搅拌器等；辅助设备包括操纵控制系统、高压管路系统、材料储存系统以及各种管材、阀门接头安全设施等。

（2）旋喷桩施工工艺流程。

① 施工工艺流程如图 2-9 所示。

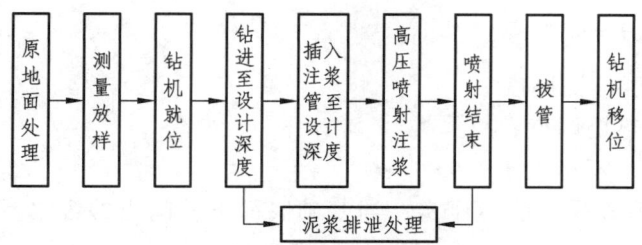

图 2-9 高压旋喷桩施工工艺流程

② 试桩及确定工艺参数。

为保证施工质量,应严格按照试桩要求,在大批量制桩前进行试桩,以检验施工工艺参数是否合理。现根据工程经验提出试桩用工艺参数如下:

a. 注浆管:提升速度 15～20 cm;旋转速度 20～25 r/min。

b. 水:压力 25～30 MPa;流量 85 L/min。

c. 浆液压力:≥20 MPa;流量 >60 L/min。

d. 空气:压力 0.8～1 MPa;流量 0.7 m³/min。

e. 水灰比:1:0.8～1:1。

③ 钻机就位。钻机安放在设计的孔位上并应保持垂直,施工时旋喷管的允许倾斜度不得大于 1%。

④ 钻孔。单管旋喷使用 MJ-50 型旋转钻机,钻进深度可达 20 m,适用于标准贯入度小于 40 m 的砂土和黏性土层;当遇到比较坚硬的地层时,宜用地质钻机钻孔。钻孔的位置与设计位置的偏差不得大于 50 mm。

⑤ 插管。插管是指将喷管插入地层中的预定深度。使用 MJ-50 钻机钻孔时,插管与钻孔两道工序合二为一,即钻孔完成时插管作业同时完成。使用地质钻机钻孔完毕,必须拔出岩芯管并换上旋喷管插至预定深度。在插管过程中,为防止泥砂堵塞喷嘴,可边射水、边插管,水压力一般不超过 1 MPa;若压力过高,则易将孔壁射塌。

⑥ 喷射作业。当喷管插至预定深度后,由下而上进行喷射作业,技术人员必须时刻检查浆液初凝时间、注浆流量、风量、压力、旋转提升速度等参数是否符合设计要求,并随时做好记录,绘制作业过程曲线。

当浆液初凝时间超过 20 h 时,应及时停止使用该水泥浆液(正常水灰比 1:1,初凝时间为 15 h 左右)。

⑦ 打入钢管。当喷射完成后立刻在钻孔中心的位置处打入 φ60 钢管,打入深度以到强风化岩面为止。钢管用打桩锤分段压入,为了保证钢管能顺利插入,每段钢管长度为 1～3 m;钢管连接方式为中间加套筒焊接,以保证打入钢管的竖直度。

⑧ 冲洗。喷射施工完毕,应把注浆管等机具设备冲洗干净,管内、机内不得残存水泥浆。通常把浆液换成水,在地面上喷射,以便将泥浆泵、注浆管和软管内的浆液全部排除。

⑨ 移动机具。将钻机等机具设备移到新孔位上。

(3)浆液材料与水灰比。

高压喷射注浆的主要材料为水泥,对于无特殊要求的工程,宜采用强度等级为 32.5 级及以上的普通硅酸盐水泥或矿渣水泥。使用前进行严格检测,防止使用过期、受潮、结块、变质等的水泥，以免影响成桩质量。根据需要可加入适量的外加剂与掺和料，外加剂与掺和料的用量应通过试验确定。配制水泥浆液时，用水应符合现行《混凝土拌合用水标准》(JGJ63)的有关规定，应使用饮用水，不得使用污水、地下水；水灰比控制在1∶1。

根据喷射工艺要求，浆液应具备良好的可喷性及足够的稳定性。

当处理既有建筑地基时，应采用速凝浆液或跳孔喷射和冒浆回灌等措施，以防喷射过程中地基产生附加变形和地基与基础间出现脱空现象。同时，应对建筑物进行变形监测。高压喷射注浆的施工参数应根据土质条件、加固要求通过试验或根据工程经验确定，并在施工中严格加以控制。

（4）施工控制。

① 钻机就位应平稳，立轴、转盘与孔位对正，高压设备与管路系统应符合设计及安全要求，防止管路堵塞，密封良好。

② 喷射注浆时应注意设备的开动顺序。二重管、三重管的水、气、浆供应应有序进行，衔接紧密。

③ 对深层长桩，应根据地质条件分层选择适宜的喷射参数，保证成桩均匀一致。

④ 在高压喷射注浆过程中，当出现压力突增或突降、大量冒浆或完全不冒浆时，应查明原因，采取相应措施。

⑤ 注浆完毕应迅速拔出注浆管，桩顶凹坑应及时以水灰比为0.6的水泥浆补灌。

⑥ 高压旋喷桩桩体无侧限抗压强度、桩长及成桩均匀性应符合设计要求。

⑦ 高压旋喷桩处理后的复合地基承载力应符合设计要求。

⑧ 钻机成孔和喷浆过程中，应将废弃的加固料及冒浆回收处理，以防环境污染。

⑨ 高压旋喷桩施工允许偏差应按表2-5的要求控制。

表2-5 高压旋喷桩施工允许偏差

序号	项目	允许偏差
1	桩位（纵横向）	50 mm
2	桩身垂直度	1%
3	桩长	不小于设计值
4	桩体有效直径	不小于设计值
5	桩体无侧限抗压强度	不小于设计规定

4）质量检验及施工注意事项

（1）质量检验。

① 高压旋喷注浆可根据工程要求和当地经验采用开挖检查、取芯、标准贯入试验、载荷试验或围井注水试验等方法进行检验，并结合工程测试、观测资料及实际效果综合评价加固效果。

检验点布置在下列部位：a. 有代表性的桩位；b. 施工中出现异常情况的部位；c. 地基情况复杂，可能对高压旋喷注浆质量产生影响的部位。

② 竖向承载旋喷桩地基竣工验收时，承载力检验应采用复合地基载荷试验和单桩载荷试验。载荷试验必须在桩身强度满足试验条件时，并宜在成桩28 d后进行。检验数量为桩总数的0.5%～1%，且每项单位工程不应少于3个点。

依建筑地基处理技术规范规定：其承载力检验应采用复合地基载荷试验。单桩和复合地基载荷试验要点如下：

a. 承压板。承压板应具有足够刚度。单桩复合地基载荷试验可采用圆形或方形承压板，其面积为一根桩承担的处理面积；多桩复合地基载荷试验可采用方形或矩形承压板，其尺寸按实际桩数所承担的处理面积确定。桩的中心（或形心）应与承压板中心保持一致，并与荷载作用点相重合。

b. 试坑深度、长度和宽度。承压板底面标高与桩顶设计标高相适应。承压板底面宜铺设粗砂或中砂垫层，垫层厚度取 50～150 mm（桩身强度高时宜取大值）。试验标高处的试坑长度和宽度，应不小于承压板尺寸的 3 倍。基准梁的支点应设在试坑以外。并且试验前应采取措施，防止试验场地的地基土含水量变化或地基土产生扰动，以免影响试验结果。

c. 加载等级。可分为 8～12 级，最大加载压力不应小于设计要求压力值的 2 倍。

d. 沉降测读时间及稳定标准。每加一级荷载前后均应各读记承压板沉降量一次，以后每半小时读记一次。当一小时内沉降量小于 0.1 mm 时，即可加下一级荷载。

e. 终止试验条件。当出现下列现象之一时可终止试验：沉降急剧增大，土被挤出或承压板周围出现明显的隆起；承压板的累计沉降量已大于其宽度或直径的 6%；当达不到极限荷载，而最大加载压力已大于设计要求压力值的 2 倍。

f. 卸载。卸载级数可为加载级数的一半，等量进行，每卸一次间隔半小时，读记回弹量，待卸完全部荷载后间隔三小时读记总回弹量。

g. 复合地基承载力特征值的确定。

• 当 P-s（压力-沉降）曲线上极限荷载能确定，而其值大于或等于对应比例界限的 2 倍时，可取极限荷载的一半。

• 当 P-s 曲线是平缓的光滑曲线时，可按相对变形值确定。

（2）施工注意事项：

① 在旋喷桩施工区采用 1，4，7…间隔跳打的方法进行施工。

② 钻机或旋喷机就位时机座要平稳，立轴或转盘要与孔位对正，倾角与设计误差一般不得大于 0.5°。

③ 喷射注浆前要检查高压设备和管路系统。设备的压力和排量必须满足设计要求，管路系统的密封圈必须良好，各通道和喷嘴内不得有杂物。

④ 喷射注浆作业后，由于浆液析水作用，一般均有不同程度收缩，使固结体顶部出现凹穴，所以应及时用水灰比为 0.6 的水泥浆进行补灌，并要预防其他钻孔排出的泥土或杂物进入。

⑤ 为了加强固结体尺寸，或对深层硬土，为了避免固结体尺寸减小，可以采用提高喷射压力、泵量或降低回转与提升速度等措施，也可以采用复喷工艺：第一次喷射（初喷）时，不注水泥浆液，初喷完毕，将注浆管边送水边下降至初喷开始的孔深，再抽送水泥浆，自下而上进行第一次喷射（复喷）。

⑥ 在喷射注浆过程中，应观察冒浆的情况，以及时了解土层情况、喷射注浆的大致效果和喷射参数是否合理。采用单管或一重管喷射注浆时，冒浆量小于注浆量的 20%为正常现象，超过 20%或完全不冒浆时，应查明原因并采取相应的措施。若系地层中有较

大空隙引起的不冒浆,可在浆液中掺加适量速凝剂或加大注浆量;如冒浆过大,可减少注浆量或加快提升和回转速度,也可缩小喷嘴直径,提高喷射压力。

⑦应妥善处理冒浆,及时清除沉淀的泥渣。在砂层中用单管或二重管注浆旋喷时,可以利用冒浆补灌已施工过的桩孔;但在黏土层、淤泥层中旋喷时,因冒浆中掺入了黏土或清水,故不宜利用冒浆回灌。

⑧ 在软弱地层中旋喷时,固结体强度低,可以在旋喷后用砂浆泵注入 M15 砂浆。

⑨ 在砂层尤其是干砂层中旋喷时,喷头的外径不宜大于注浆管,否则易夹钻。

⑩ 在开钻前根据管线图摸清管线位置及走向,遇有不明管线应及时向上级汇报。

4．多向搅拌桩施工

1）多向搅拌桩的概念

多向搅拌桩指采用多向多轴搅拌水泥土桩机施工的水泥土搅拌桩。多向多轴搅拌水泥土桩工艺也是采用水泥浆作为固化剂,加固原理与常规水泥土搅拌桩相同,在地基深处将盐渍土等软弱土体和水泥强制搅拌后,水泥和软土将发生一系列物理和化学反应,使软土固结改性,从而改善软土地基的物理力学性质,提高复合地基承载力。

多向多轴搅拌水泥土桩机包括机身、电动机、变速箱,其中机身包括正反箱、转盘、外钻杆、内钻杆、传动箱、外搅拌钻头及内搅拌钻头。电动机主轴与变速箱的主动轮连接;变速箱的从动轮与正反箱的主动轮连接;正反箱的从动轮通过传动轴与转盘连接;外钻杆穿过转盘与转盘同轴;内钻杆穿过外钻杆的中心孔;传动箱中的主动轮与外钻杆连接,换向轮通过与内钻杆齿轮啮合带动内钻杆转动;外搅拌钻头固定于外钻杆上;内搅拌钻头固定于内钻杆上;传动箱位于外钻杆顶部;电动机位于机身的底架部位。

2）多向搅拌桩施工工艺流程及技术要求

（1）多向搅拌桩施工工艺流程。

多向搅拌桩施工流程：修筑施工平台→放样→钻机就位→搅拌喷浆下沉→达到设计深度→搅拌喷浆提升至预定标高→搅拌完毕→移机→下一根桩的施工。具体步骤如图 2-10 所示。

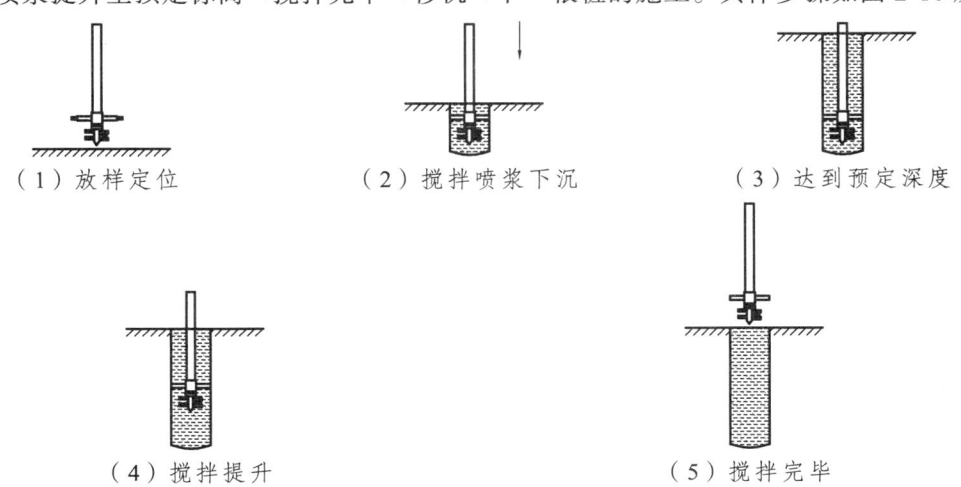

图 2-10 多向搅拌桩施工工艺流程

① 原地面处理。

清除表层腐殖土以后平整场地，当地基表层有淤泥或软弱层时，清淤后回填普通土，场地做好排水坡，挖设排水沟，保证场内不积水。

② 桩孔测量定位。

a. 依据施工图纸及桩位布置图等资料，测量放出控制点轴线。

b. 在不受施工影响的地方设置若干永久性控制点及方向线，根据总平面布置图及桩位布置图建立测量控制网。

c. 测量精确定位，并经二次检测确认无误后方可确定旋喷孔位，并在孔位之上做上明显的标记。

③ 机具定位。将桩机安置在设计的孔位上。使钻杆头对准孔位的中心；钻机就位后对钻机进行水平校正，使其钻杆轴线垂直对准钻孔中心位置。施工时倾斜度不得大于1%。

④ 搅拌、喷浆下沉。启动搅拌机，使其钻杆沿导向架向下搅拌切土，同时开启送浆泵向土体喷水泥浆，此时双轴上的多层叶片同时正、反向旋转搅拌直到设计深度。

达到预定设计深度后，在桩端就地持续喷浆搅拌30 s以上，使桩端水泥土充分搅拌均匀。

下沉喷浆为总浆量的90%~95%及以上。

⑤ 搅拌、喷浆提升。搅拌、喷浆提升到地表或设计标高，完成单根多向多轴搅拌水泥土桩的施工。

此时喷浆目的是避免喷浆口被堵塞，同时多向、多轴搅拌桩机钻杆上叶片正、反向旋转，继续搅拌水泥土。

提升喷浆量为总浆量的5%~10%及以下。

⑥ 搅拌完毕，关闭搅拌机，移机，进行下一根桩的施工。

（2）施工技术参数。

水灰比：0.55；

水泥掺量：55 kg/m；

浆喷压力：0.4~0.6 MPa；

喷浆下钻及提升速度：1.0 m/min；

下钻转速：60~120 r/min，喷浆量不小于44 L/m，下钻喷浆量占总浆量的90%~95%及以上；

提升转速：80~140r/min，喷浆量不大于5L/m，提钻喷浆量占总浆量的5%~10%及以下；

水泥采用P.O42.5级普通硅酸盐水泥。

（3）材质要求。

选用P.O42.5级水泥（当地下水具有侵蚀性时，应根据设计要求采取相应措施），原材料应按相关规定进行进场检验。

3）质量检验标准

（1）检验数量及检验方法。

按照《高速铁路路基工程施工质量验收标准》的规定，每 100 m 或小于 100 m 的独立段为一个检验批，成桩 28 d 后按成桩总数的 10%抽样检验桩位、垂直度及有效桩径，且每一检验批不少于 5 根；按总桩数 0.2%抽样钻孔取芯，观察其完整性和均匀性，取不同深度的 3 个试件作无侧限抗压强度试验，且每检验批不少于 3 根。复合地基完成后，采用平板荷载试验检测复合地基的承载力。

（2）施工允许偏差。

多向搅拌桩施工允许偏差见表 2-6。

表 2-6　多向搅拌桩施工允许偏差

序号	项　目	允许偏差
1	桩位（纵横向）	50 mm
2	桩身垂直度	1%
3	桩　长	不小于设计值
4	桩体有效直径	不小于设计值
5	桩体无侧限抗压强度	不小于设计规定

4）施工注意事项

（1）钻机就位必须正确，其孔位偏差不得大于 50 mm，钻杆垂直度偏差不得大于 1%。钻机开钻前，现场施工人员必须进行检查，及时调整。

（2）施工前应认真检查相关设备及管路系统。设备的性能应满足设计要求。管路系统的密封必须良好，管道必须畅通。

（3）浆液的拌制严格按设计配合比控制，严格监督浆液的制作，搅拌时间必须达到要求，浆液的密度采用浆液比重计检测，不得采用一只桶边拌边抽的方式施工，在喷浆过程中浆液应连续搅动，防止浆液发生离析，确保成桩质量，每根桩检验的次数不得少于 2 次。

（4）搅拌机钻头下沉和提升速度、供浆与停浆时间、下钻深度、喷浆标高及停浆面、单桩喷浆量应符合施工工艺的要求，并应有专人记录。多向多轴搅拌水泥土桩到达桩端时，应原位喷浆搅拌 30 s，桩底水泥浆与土体充分搅拌均匀，再开始提升搅拌头，确保成桩质量。

（5）成桩过程中，如因故停浆，继续施工时必须重叠接桩，接桩长度不小于 0.5 m。接桩时间不得大于 24 h，否则应重打该桩。

（6）施工中若发现喷浆量不足时，应按要求复喷，复喷的喷浆量不小于设计用量。

（7）现场各项原始记录必须真实、齐全。

2-1-4　任务拓展

（1）真空预压砂井法的原理即排水固结法，只是所用排水和预压的组合方式不同，实际工程中根据现场的岩土条件及施工所具备的条件和工期要求选择易当的方法即可。

（2）本学习任务中介绍的软基加固方法在其他特殊土基地加固处理中，在分析了土质及水文情况、施工条件后也可以选用。

（3）除以上介绍的软土地基加固方法外，对软土地基加固还有加筋土法、侧向约束法、反压护道法、强夯法、深层搅拌法、高压喷射注浆法、多向搅拌桩法等，具体采用哪种方法要根据设计、施工等工程实际条件和相关行业规范确定。

（4）CFG桩适用于处理黏性土、粉土、砂土和已经自重固结的素填土等地基。对淤泥质土，应根据地区经验或现场试验确定其适用性。

（5）对于高速铁路路基，由于其对工后沉降要求的严格性，除了采用上述地基处理方法外，目前还有直接采用桩基础的形式控制沉降，如桩板结构和桩网结构等。

任务 2-2　膨胀土地区基底加固

2-2-1　工作任务目标

（1）掌握膨胀土的特殊性质，根据具体条件能够合理选择膨胀土路基基底的加固方法；
（2）掌握各种膨胀土路基基底加固方法的施工管理和质量控制要点。

2-2-2　相关知识

膨胀土是指土中黏粒成分主要由亲水性矿物组成，同时具有吸水膨胀、失水收缩两种变形的高塑性黏土。它是一种有特殊性质的黏土，特别是对含水率变化相当敏感，具有遇水膨胀、失水干缩的特性。这些特性主要是受其矿物组成成分控制，通常其组成含有较多的膨胀性黏土矿物（蒙脱石、伊利石）等，具有很强的吸水性、高塑性以及快速崩解和剧烈的膨胀性。按照土的自由膨胀率膨胀土可分为弱、中、强三级。

膨胀土对高速铁路路基的危害主要如下：

（1）造成路基破坏。路基含水率的不均匀性会引起地基的不均匀胀缩，导致路基基底变形或开裂。膨胀土路基长期环境稳定含水率与施工控制含水率的不一致性宜导致路基发生变形或裂缝等病害。

（2）对路基边坡稳定的破坏。膨胀土坡面最易受大气风化营力的作用，干旱时蒸发开裂、破碎剥落，降雨时坡面冲蚀。膨胀土吸水饱和后甚至会产生破坏性极大的滑坡。

（3）膨胀土地基的问题也很多，对高速铁路路基最大的影响是胀缩变形造成地基的变形量过大及不均匀变形等问题，是控制设计和施工的关键问题，因此，膨胀土地区路基基底加固处理是非常重要的。

膨胀土地基处理方法的选择要考虑膨胀土的膨胀性强弱及是否有地下水的影响，通常可选用换土垫层、机械压（夯）实、堆载预压、砂井真空预压、砂石桩、灰土桩、水泥旋喷或深层搅拌形成的水泥土桩。

膨胀土层较厚时，应采用桩基，桩尖支承在非膨胀土层上或支承在大气影响层以下的稳定层上（桩基属于基础形式范围，在此不做介绍）。

下面重点介绍换填垫层法、水泥土搅拌桩法加固膨胀土地基方法。

2-2-3　任务实施

1. 换填垫层法

1）换填垫层法概念及其适用范围

换填垫层法是指挖去地表浅层软弱土层或不均匀土层，回填坚硬、较粗粒径的材料，并夯压密实，形成垫层的地基处理方法。该法适用于浅层软弱地基及不均匀地基的处理。实践证明，换填垫层可以有效地处理上部结构荷载不大的建筑物地基，如一般的多层房屋、路堤、油罐和水闸等的地基。垫层按其回填的材料可分为砂垫层、碎石垫层、素土垫层、灰土垫层、矿渣垫层及其他性能稳定材料的垫层等。砂垫层不宜用于处理湿陷性黄土地基，用素土或灰土垫层处理湿陷性黄土地基，可消除 1~3 m 厚的黄土的湿陷性。

对于膨胀土地基，挖去地表浅层膨胀土层回填非膨胀性材料或灰土，换土厚度可通过变形计算确定。平坦场地上Ⅰ、Ⅱ级膨胀土的地基处理，宜采用砂、碎石垫层，并夯压密实，垫层厚度≥300 mm，垫层宽度应大于路基基底宽度，两侧宜采用与垫层相同的材料回填，并做好防水处理。

下面以砂（石）垫层为例说明换填垫层的作用和原理。

2）砂（石）垫层的主要作用

（1）提高地基的承载力。一般来说，地基中的剪切破坏是从基础边缘开始的，并随着应力的增大逐渐向纵深发展。因此，若以强度较高的砂代替可能产生剪切破坏的软弱土，就可以避免地基的破坏。

（2）减小沉降量。一般情况下，基础下浅层地基的沉降量在总沉降量中所占的比例比较大。路基等条形基础，在相当于基础宽度的深度范围内沉降量约占总沉降量的50%，同时由侧向变形引起的沉降理论上也属于浅层部分，占的比例较大，若以密实的砂代替浅层软弱土，由于砂垫层对应力的扩散作用，作用在下卧土层上的压力较小，这样就会相应地减小下卧土层的沉降量。

（3）加速软弱土层的排水固结。由于建筑物基础的透水性差，当基础直接与软弱土层接触时，在荷载的作用下，地基中的水被迫绕基础两侧排出，使基底下的软弱土不易固结，形成较大的孔隙水压力，可能导致因地基土强度的降低而产生塑性破坏的危险。砂垫层提供了基底下的排水面，不但可以使基础下面的孔隙水压力迅速消散，避免地基土的塑性破坏，还可以加速砂垫层下软弱土层的固结，使其强度提高。但其固结的效果仅在表层较显著，在深层的影响不明显。

（4）防止冻胀。粗颗粒的垫层材料由于孔隙较大，不易产生毛细现象，因而可以防止寒冷地区地基土因结冰所造成的冻胀；同时，使得寒冷地区路基内、外空气连通温度变化不大,路基内部的冻土不会因温度升高而融陷,可有效利用冻土抗剪强度高的特性。

3)路基垫层材料及要求

(1)砂垫层。宜选用天然级配的中、粗、砾砂,不含草根、垃圾等杂质,含泥量不得超过5%,用作排水固结地基的砂垫层其含泥量不得超过3%。

(2)碎石垫层。应采用未风化的干净砾石或碎石,其最大粒径不宜大于50 mm,含泥量不得超过5%,不含草根、垃圾等杂质。

4)换填垫层设计

换填垫层的设计不但要满足建筑物对地基变形及稳定的要求,而且应符合经济合理的原则。应根据建筑物体形、结构特点、荷载性质、岩土工程条件、施工机械设备及填料性质和来源等进行综合分析,进行换填垫层的设计和选择施工方法。

换填垫层设计的内容主要为确定断面的合理厚度和宽度,既要求有足够的厚度来置换可能被剪切破坏的软弱土层,又要有足够的宽度以防止垫层向两侧挤出。对于有排水要求的垫层来说,还需形成一个排水面,促进软弱土层的固结,使垫层强度提高,以满足上部结构荷载对地基的要求。

(1)垫层厚度的确定。

垫层的厚度 z 应根据需置换软弱土的深度或下卧土层的承载力确定,垫层应力分布如图2-11所示,并符合:

$$\sigma_z + \sigma_{cz} \leqslant f_{az} \tag{2-2}$$

式中 σ_z——相应于荷载效应标准组合时,垫层底面处的附加压力值,kPa;
σ_{cz}——垫层底面处土的自重应力值,kPa;
f_{az}——垫层底面处经深度修正后的地基承载力特征值,kPa。

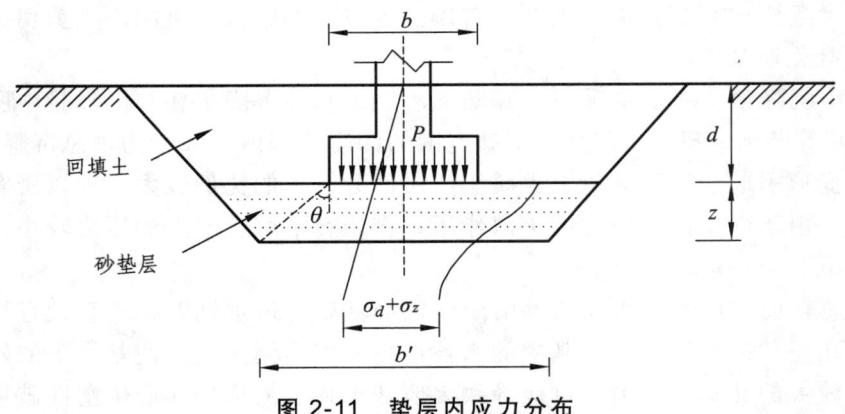

图 2-11 垫层内应力分布

垫层底面处的附加压力值 σ_z 可分别按下式计算。

条形基础:

$$\sigma_z = \frac{b(P_k - \sigma_c)}{b + 2z\tan\theta} \tag{2-3}$$

矩形基础：

$$\sigma_z = \frac{b(P_k - \sigma_c)}{(b + 2z\tan\theta)(l + 2z\tan\theta)} \quad (2\text{-}4)$$

式中　b——矩形基础或条形基础底面的宽度，m；

　　　l——矩形基础底面的长度，m；

　　　P_k——相应于荷载效应标准组合时，基础底面处的平均应力值，kPa；

　　　σ_c——基础底面处土的自重压力值，kPa；

　　　z——基础底面下垫层的厚度，m；

　　　θ——垫层的压力扩散角（°），宜通过试验确定，当无试验资料时，可按表 2-7 采用。

表 2-7　压力扩散角 θ

z/b	换填材料		
	中砂、粗砂、砾砂圆砾、角砾石屑、卵石、碎石、矿渣	粉质黏土、粉煤灰	灰土
0.25	20	6	28
≥0.50	30	23	

注：1. z/b<0.25，除灰土取 θ=28°外，其余材料均取 θ=0°，必要时，宜通过试验确定；
　　2. 当 0.25<z/b<0.5 时，θ 值可内插求得。

计算时，一般先初步拟订一个垫层厚度，再按式（2-3）进行验算。如不符合要求，则改变其厚度，重新验算，直至满足为止。换填垫层的厚度一般为 0.5~3 m。太厚，施工较困难；太薄（<0.5 m），则换土垫层的作用不明显。

（2）垫层宽度的确定。

垫层的宽度除满足应力扩散的要求外，还应防止垫层向两侧挤出。若垫层宽度不足，四周侧面土质又较软弱时，垫层就有可能部分挤入侧面软弱土，使基础沉降量增大。宽度计算通常可按扩散角法，如条形基础，垫层宽度 b' 应为

$$b' \geq b + 2z\tan\theta \quad (2\text{-}5)$$

扩散角 θ 仍按表 2-7 选取。当 z/b<0.25 时，仍按表中 z/b = 0.25 取值。底宽确定后，再根据开挖基坑期间保持边坡稳定以及当地经验的坡度放坡，即得垫层的设计断面。

整片垫层的宽度可根据施工的要求适当放宽。垫层顶面每边超出基础底边不宜小于 300 mm。

垫层断面确定后，对于比较重要的建筑物，要求进行地基变形验算。地基变形由垫层自身变形和下卧层变形组成。换填垫层在满足垫层的压实标准的条件下，垫层地基的变形可考虑其下卧层的变形。对于沉降要求严格或厚度较大的垫层，应计算垫层自身的变形。对于垫层下存在软弱下卧层的建筑，在进行地基变形计算时应考虑邻近基础对软弱下卧层顶面应力叠加的影响。

（3）垫层的压实标准。

不同换填材料的垫层压实系数 λ_c 有所不同，各种垫层的压实标准见表 2-8。

表 2-8　各种垫层的压实标准

施工方法	换填材料类别	压实系数 λ_c
碾压、振密或夯实	碎石、卵石	0.94~0.97
	砂夹石（其中碎石、卵石占全重的 30%~50%）	
	土夹石（其中碎石、卵石占全重的 30%~50%）	
	中砂、粗砂、砾砂、角砾、圆砾、石屑	
	粉质黏土	
	灰土	0.95
	粉煤灰	0.90~0.95

注：1. 压实系数 λ_c 为土的控制干密度 ρ_d 与最大干密度 ρ_{dmax} 的比值；土的最大干密度宜采用击实试验确定，碎石或卵石的最大干密度可取 2.0~2.2 t/m³。
　　2. 当采用轻型击实试验时，压实系数 λ_c 宜取高值，采用重型击实试验时，压实系数 λ_c 可取低值。
　　3. 矿渣垫层的压实指标为最后两遍压实的压陷差小于 2 mm。

5）换填垫层的施工与质量检验

（1）施工方法。

碾压与夯实是修路、筑堤、加固地基表层最常用的处理方法。通过处理，可使填土或地基表层疏松土孔隙体积减小，密实度提高，从而使土的压缩性降低，抗剪强度和承载力提高，减小土的透水性，使经过处理的表层弱软土能承担较大的荷载。目前我国常用的有机械碾压、振动压实和重锤夯实等。

① 机械碾压法。

机械碾压法是利用压路机、羊足碾、平碾、振动碾等碾压机械将地基土压实。对于大面积填土，应分层碾压并逐步提高填土标高。黏性土的碾压，一般用质量为 8~15 t 的平碾（或振压机）或 12 t 的羊足碾，每层铺土（虚铺）厚度为 200~300 mm，碾压 8~12 遍。

碾压的效果，除了与压实机械的压实能量有关外，还与土的含水量有关。因此必须选择最佳含水量 w_{op}。一般来说，最佳含水量可取 $w_P \pm 2\%$（w_P 为塑限）。压实系数 K 一般控制在 0.94~0.97。

② 重锤夯实法。

重锤夯实法是利用起重机将重锤提到一定高度，然后使其自由落下，重复夯打，把地基表层夯实。这种方法可用于处理非饱和黏性土或杂填土，能提高其强度，减少其压缩性和不均匀性，也可用于处理湿陷性黄土地基，消除其湿陷性。

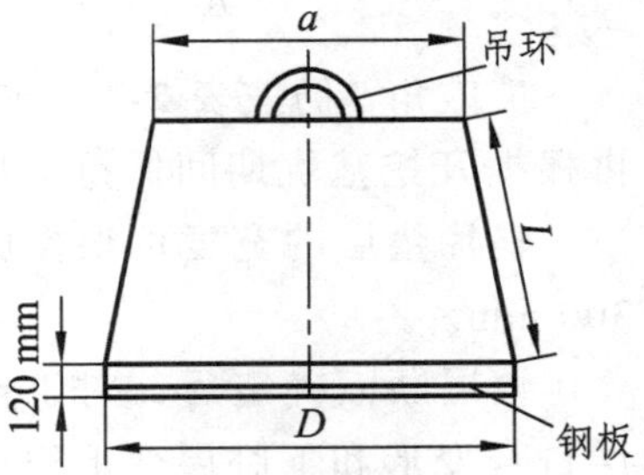

重锤夯实法的主要机具是起重机和重锤。重锤为一截头的圆锥体（见图 2-12），锤重不小于 15 kN，锤底的直径一般为 0.7~1.5 m。

图 2-12　重锤

重锤夯实的效果与锤重、锤底的直径、落距、夯击的遍数、夯实土的种类和含水量有密切关系。合理选定上述参数和控制土的含水量，才能达到较好的夯实效果。通常情况下，增大夯实功或增加夯击的遍数可以提高夯实的效果。但当土夯实到达某一密实度时，再增大夯实功和夯击遍数，土的密度不再增大了，甚至有时土的密实度会降低。夯实功和夯击的遍数一般通过现场试验确定。根据实践经验，夯实的影响深度为重锤底直径的 1 倍左右；夯实后杂填土地基的承载力特征值一般可以达到 100～150 kPa。重锤夯实的影响深度应高出地下水位 0.8 m 以上，且有效夯实范围内不宜存在饱和软土层。

停夯标准：随着夯击遍数增加，每遍土的夯沉量逐渐减少，一般要求最后两遍平均夯沉量对于黏性土及湿陷性黄土不大于 1.0～2.0 cm；对于砂性土不大于 0.5～1.0 cm。

③ 振动压实法。

振动压实法是通过在地基表面施加振动将浅层松散土振实的方法，可用于处理砂土和由炉灰、炉渣、碎砖等组成的杂填土地基。

竖向振动力（50～100 kN）由机内设置的两个偏心块产生。振动压实的效果与振动力的大小、填土的成分和振动时间有关。当杂填土的颗粒或碎块较大时，应采用振动力较大的机械。一般来说，振动时间越长，效果越好；但振动超过一定时间后振实效果将趋于稳定。因此，在施工前应进行试振，找出振实稳定所需要的时间。振实范围应从基础边缘放出 0.6 m 左右，先振基槽两边，后振中间。经过振实的杂填土地基，其承载力值基本可达 100～120 kPa。

（2）施工要点。

① 垫层施工必须保证达到设计要求的密实度。施工应根据不同的换填材料选择施工机械。密实方法常用的有振动法、水撼法、碾压法等。砂石等宜用振动碾和振动压实机。

垫层施工均要求控制填料的含水量，分层铺填厚度可取 200～300 mm，逐层压实，并应经过密实度检验合格后，方可进行上层施工。为了保证分层压实质量，应控制机械碾压的分层厚度。

② 垫层的砂料必须具有良好的压实性。砂料的不均匀系数不能小于 5，以中粗砂为好，容许在砂中掺入一定量的碎石，但要均匀分布。

③ 开挖基坑铺设垫层时，必须避免对软弱土层形成扰动和破坏坑底土的结构，可保留约 200 mm 厚的土层暂不挖去，待铺设填垫层前再挖至设计标高。基抗开挖后应及时回填，不应暴露过久或受冻浸水，并防止践踏坑底。当采用碎石垫层时，应在坑底先铺一层 150～300 mm 厚的砂垫底或铺一层土工织物，以防止软弱土层表面的局部破坏。

④ 垫层底面宜设在同一标高上，如深度不同，应挖成阶梯或斜坡进行搭接，并按先深后浅的顺序进行垫层施工，搭接处应夯压密实。

施工工艺流程见图 2-13。

（3）质量检验。

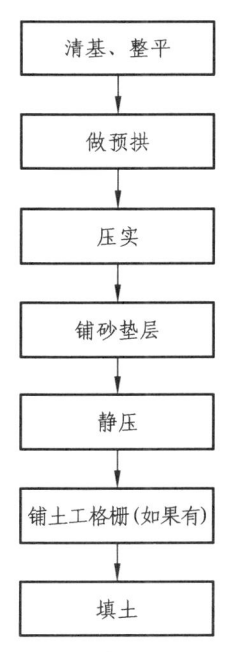

图 2-13 换填垫层施工工艺

① 对砂石、矿渣垫层可用重型动力触探检验。检验均应通过现场试验,以设计压实系数对所对应的贯入度为标准检验垫层的施工质量。压实系数也可采用环刀法、灌砂法、灌水法或其他方法检验。

② 垫层的施工质量检验必须分层进行。各层的压实系数符合设计要求后,才能铺填上层。

③ 用环刀法取样时,取样点应位于每层厚度的 2/3 深度处。检验点数量,对大基坑每 50～100 m^2 不应少于 1 个检验点;对基槽,每 10～20 m 不应少于 1 个点;每个单独柱基不应少于 1 个点。采用贯入仪或动力触探检验垫层的施工质量时,每分层检验点的间距应小于 4 m。

④ 竣工验收采用载荷试验检验垫层承载力时,每个单体工程不宜少于 3 点;对于大型工程,则应按单体工程的数量或工程的面积确定检验点数。

2. 水泥土搅拌桩施工

1) 概　述

水泥土搅拌法是用于加固饱和黏性土地基的一种方法。它是利用水泥(或石灰)等材料作为固化剂,通过特制的搅拌机械,在地基深处就地将软土和固化剂(浆液或粉体)强制搅拌,由固化剂和软土间所产生的一系列物理和化学反应,使软土硬结成具有整体性、水稳定性和一定强度的水泥加固土,从而提高地基强度和增大变形模量。

根据施工方法的不同,水泥土搅拌法分为水泥浆搅拌法(国内俗称"深层搅拌法",又称为"湿法")和粉体喷射搅拌法(又称为"干法")两种。前者是用水泥浆(有时添加减水剂如木质素等和速凝剂)和地基土搅拌,后者是用水泥粉或石灰粉和地基土搅拌。两种方法各有适应性和利弊。从概念方面看,前者搅拌较均匀,易于复搅,但加固体硬化时间长,天然含水量过高时,桩间土多余的孔隙水需较长时间才能排除;对后者来说,虽搅拌均匀性欠佳,难于全程复搅,但水泥硬化时间短,且在一定程度上可降低桩间土的含水量,在一定范围内可提高桩间土的强度。

粉体喷射搅拌法由于采用粉体作为固化剂,不再向地基中注入附加水分,反而能充分吸收周围软土中的水分,因此加固后地基的初期强度高,对含水量高的软土加固效果尤为显著。这为软土地基加固开拓了一种新的方法,可在铁路、公路、市政工程、港口码头、工业与民用建筑等软土地基加固方面广泛使用。

水泥土搅拌法加固软土技术具有其独特优点:①最大限度地利用了原土;②搅拌时无振动、无噪声和无污染,可在密集建筑群中进行施工,对周围原有建筑物及地下沟管影响很小;③根据上部结构的需要,可灵活地采用柱状、壁状、格栅状和块状等加固形式;④与钢筋混凝土桩基相比,可节约钢材并降低造价。

水泥土搅拌法除了加固膨胀土地基外,还适用于处理正常固结的淤泥与淤泥质土、粉土、饱和黄土、素填土、黏性土以及无流动地下水的饱和松散砂土等地基。当地基土的天然含水率小于 30%(黄土含水率小于 25%)、大于 70% 或地下水的 pH 小于 4 时不宜采用干法。冬季施工时,应注意温度在 0 ℃ 以下时对处理效果的影响。水泥土搅拌法用于处理泥炭土、有机质土、塑性指数大于 25 的黏土、地下水具有腐蚀性时以及无工程经验的地区,必须通过现场试验确定其适用性。水泥加固土的室内试验结果表明,有些软土的加固效果较好，而有的不够理想。一般认为含有高岭石、多水高岭石、蒙脱石等黏土矿物的软土加固效果较好，而含有伊利石、氯化物和水铝英石等矿物的黏性土以及有机质含量高、酸碱度（pH）较低的黏性土的加固效果较差。

2）加固机理

水泥加固土的物理化学反应过程与混凝土的硬化机理不同，混凝土的硬化主要是在粗填充料（比表面不大、活性很弱的介质）中进行水解和水化作用，所以凝结速度较快。而在水泥加固土中，由于水泥掺量很小，水泥的水解和水化反应完全是在具有一定活性的介质——土的围绕下进行，所以水泥加固土的强度增长过程比混凝土缓慢。

（1）水泥的水解和水化反应。

普通硅酸盐水泥主要是由氧化钙、二氧化硅、三氧化二铝、三氧化二铁及三氧化硫等组成。由这些不同的氧化物分别组成了不同的水泥矿物：硅酸三钙、硅酸二钙、铝酸三钙、铁铝酸四钙、硫酸钙等。用水泥加固软土时，水泥颗粒表面的矿物很快与软土中的水发生水解和水化反应，生成氢氧化钙、含水硅酸钙、含水铝酸钙及含水铁酸钙等化合物。

所生成的氢氧化钙、含水硅酸钙能迅速溶于水中，使水泥颗粒表面重新暴露出来，再与水发生反应，这样周围的水溶液就逐渐达到饱和。当溶液达到饱和后，水分子虽继续深入颗粒内部，但新生成物已不能再溶解，只能以细分散状态的胶体析出，悬浮于溶液中，形成胶体。

（2）土颗粒与水泥水化物的作用。

当水泥的各种水化物生成后，有的自身继续硬化，形成水泥石骨架，有的则与其周围具有一定活性的黏土颗粒发生反应。

① 离子交换和团粒化作用。黏土和水结合时表现出一种胶体特征，如土中含量最多的二氧化硅遇水后，形成硅酸胶体微粒，其表面带有钠离子 Na^+ 或钾离子 K^+，能和水泥水化生成的氢氧化钙中钙离子 Ca^{2+} 进行当量吸附交换，使较小的土颗粒聚集成较大的土团粒，从而使土体强度提高。

水泥水化生成的凝胶粒子的比表面积约比原水泥颗粒大 1 000 倍，因而产生很大的表面能，有强烈的吸附活性，能使较大的土团粒进一步结合起来形成水泥土的团粒结构，并封闭各土团的空隙，形成坚固的联结，从宏观上看也就使水泥土的强度大大提高。

② 硬凝反应。随着水泥水化反应的深入，溶液中析出大量的钙离子，当其数量超过离子交换的需要量后在碱性环境中能使组成黏土矿物的二氧化硅及三氧化二铝的一部分或大部分与钙离子进行化学反应，逐渐生成不溶于水的稳定结晶化合物，水泥土的强度得到提高。

从扫描电子显微镜观察中可见，拌入水泥 7 d 时，土颗粒周围充满了水泥凝胶体，并有少量水泥水化物结晶的萌芽；1 个月后水泥土中生成大量纤维状结晶，并不断延伸充填到颗粒间的孔隙中，形成网状构造；到 5 个月时，纤维状结晶辐射向外伸展，产生分叉，并相互连接形成空间网状结构，水泥的形状和土颗粒的形状已不能分辨出来。

③ 碳酸化作用。水泥水化物中游离的氢氧化钙能吸收水中和空气中的二氧化碳发生碳酸化反应，生成不溶于水的碳酸钙，这种反应也能使水泥土的强度增大，但增长的速

度较慢，幅度也较小。

从水泥土的加固机理分析，由于搅拌机械的切削搅拌作用，实际上不可避免地会留下一些未被粉碎的大小土团。在拌入水泥后将出现水泥浆包裹土团的现象，而土团间的大孔隙基本上已被水泥颗粒填满。所以，加固后的水泥土中形成一些水泥较多的微区，而在大小土团内部则没有水泥。只有经过较长的时间，土团内的土颗粒在水泥水解产物的渗透作用下才逐渐改变性质。因此在水泥土中不可避免地会产生强度较大和水稳性较好的水泥石区和强度较低的土块区。两者在空间相互交替，从而形成一种独特的水泥土结构。可见，搅拌越充分，土块被粉碎得越小，水泥在土中的分布越均匀，则水泥土结构强度的离散性越小，其宏观的总体强度也越高。

（3）水泥土的物理性质。

① 水泥掺入比为

$$\alpha_w = \frac{掺加的水泥重量}{被加固软土的湿重量} \times 100\% \tag{2-6}$$

或

$$水泥掺量 \alpha = \frac{掺加的水泥体积}{被加固土的体积} \times (kg/m^3) \tag{2-7}$$

② 含水量。水泥土在硬凝过程中，由于水泥水化等反应，使部分自由水以结晶水的形式固定下来，水泥土的含水量略低于原土样的含水量，水泥土含水量比原土样含水量减小 0.5%～7.0%，且随着水泥掺入比的增大而减小。

③ 重度。拌入软土中的水泥浆的重度与软土的重度相近，所以水泥土的重度与天然软土的重度相差不大，水泥土的重度仅比天然软土重度增加 0.5%～3.0%，因此采用水泥土搅拌法加固厚层软土地基时，其加固部分对于下部未加固部分不致产生过大的附加荷重，也不会产生较大的附加沉降。

④ 相对密度。水泥的相对密度为 3.1，比一般软土的相对密度 2.65～2.75 要大，故水泥土的相对密度比天然软土的相对密度稍大。水泥土的相对密度比天然软土的相对密度一般大 0.7%～2.5%。

⑤ 渗透系数。水泥土的渗透系数随水泥掺入比的增大和养护龄期的增长而减小，一般可达 10^{-5}～10^{-8} cm/s 数量级。上海地区的淤泥质黏土，垂直向渗透系数也能达到 10^{-8} cm/s 数量级，但这层土局部常夹有薄层粉砂，水平向渗透系数往往高于垂直向渗透系数，一般为 10^{-4} cm/s 数量级。因此，水泥加固淤泥质黏土能减小原天然土层的水平向渗透系数，而对垂直向渗透性的改善，效果不显著。水泥土可降低天然软土的水平向渗透性，这对深基坑施工是有利的，故可将水泥土用作防渗帷幕。

（4）水泥土的力学性质。

水泥土的无侧限抗压强度一般为 300～4 000 kPa，即比天然软土大几十倍甚至数百倍，其变形特征随强度不同而介于脆性体与弹塑体之间。水泥土受力开始阶段，应力-应变关系基本上符合胡克定律。当外力达到极限强度的 70%～80% 时，试块的应力-应变关系不再继续保持直线关系。当外力达到极限强度时，强度大于 2 000 kPa 的水泥土很快出现脆性破坏,破坏后残余强度很小,此时的轴向应变为 0.8%~1.2%;强度小于 2000 kPa 的水泥土则表现为塑性破坏。

影响水泥土的无侧限抗压强度的因素有：水泥掺入比、水泥强度等级、龄期、含水量、有机质含量、外掺剂、养护条件及土性等。

① 水泥掺入比 α_w 对强度的影响。水泥土的强度随着水泥掺入比的增加而增大,当 $\alpha_w<5\%$ 时,由于水泥与土的反应过弱,水泥土固化程度低,强度离散性也较大,故在水泥土搅拌法的实际施工中,选用的水泥掺入比必须大于 7%。

② 龄期对强度的影响。水泥土的强度随着龄期的增长而增大,一般在龄期超过 28 天后仍有明显增长。根据试验结果的回归分析,可得到在其他条件相同时不同龄期的水泥土无侧限抗压强度间的关系大致呈线性关系。

③ 水泥强度等级对强度的影响。水泥土的强度随水泥强度等级的提高而增加。水泥强度等级提高 10 个等级,水泥土的强度 f_{cu} 增大 50%~90%。如要求达到相同强度,水泥强度等级提高 10 个等级,可降低水泥掺入比 2%~3%。

④ 土样含水率对强度的影响。水泥土的无侧限抗压强度 f_{cu},随着土样含水率的降低而增大,当土的含水率从 157% 降低至 47% 时,无侧限抗压强度则从 260 kPa 增加到 2 320 kPa。一般情况下,土样含水率每降低 10%,强度可增加 10%~50%。

⑤ 土样中有机质含量对强度的影响。有机质含量低的水泥土强度比有机质含量高的水泥土强度大得多。由于有机质会使土体具有较大的水溶性和塑性、较大的膨胀性和低渗透性,并使土具有酸性,这些因素都阻碍水泥水化反应的进行,因此,有机质含量高的软土,单纯用水泥加固的效果较差。

⑥ 外掺剂对强度的影响。不同的外掺剂对水泥土强度有着不同的影响。例如,木质素磺酸钙对水泥土强度的增长影响不大,主要起减水作用;石膏、三乙醇胺对水泥土强度有增强作用,而其增强效果对不同土样和不同水泥掺入比又有所不同。所以选择合适的外掺剂可提高水泥土的强度和节约水泥用量。

一般早强剂可选用三乙醇胺、氯化钙、碳酸钠或水玻璃等材料,其掺入量宜分别取水泥质量的 0.05%、2%、0.5% 和 2%;减水剂可选用木质素磺酸钙,其掺入量宜取水泥质量的 0.2%;石膏兼有缓凝和早强的双重作用,其掺入量宜取水泥质量的 2%。

掺加粉煤灰的水泥土,其强度一般都比不掺粉煤灰的有所增长。不同水泥掺入比的水泥土,当掺入与水泥等量的粉煤灰后,强度均相对不掺粉煤灰的提高 10%,故在加固软土时掺入粉煤灰,不仅可消耗工业废料,还可稍微提高水泥土的强度。

⑦ 养护方法。养护方法对水泥土强度的影响主要表现在养护环境的湿度和温度两方面。国内外试验资料都说明,养护方法对短龄期水泥土强度的影响很大,随着时间的增长,不同养护方法下的水泥土无侧限抗压强度趋于一致,说明养护方法对水泥土后期强度的影响较小。

3）水泥搅拌桩的施工

（1）深层搅拌法（湿法）施工。

① 施工机械设备。

深层搅拌法的机械设备包括深层搅拌机和配套设备两部分。

深层搅拌机是进行深层搅拌施工的关键机械。目前，国内外有中心管输浆方式和叶片喷浆方式。后者是使水泥浆从叶片上若干个小孔喷出，让水泥浆与土体混合均匀。这对于大直径叶片和连续搅拌是合适的；但其喷浆孔小，易被浆液堵塞，只能使用纯水泥浆而不能采用其他固化剂，且加工制造较复杂。中心管输浆方式中的水泥浆是从两根搅拌轴之间的另一根管子输出，这对于叶片直径在 1.0 m 以下时，并不影响搅拌均匀度，而且还可用多种固化剂、纯水泥浆、水泥砂浆，甚至可掺入工业废料等粗粒固化剂。

中心管输浆方式深层搅拌机组成部分：动力部分——潜水电机，2×30 kW，齿轮减速器；搅拌部分——搅拌轴，搅拌头；输浆部分——中心管，穿在中心管内部的输浆管。其配套机械有：灰浆拌制机——一般用两台轮流供料；集料斗、灰浆泵——出口由压力胶管与输浆管相连；电气控制柜。

叶片喷浆方式深层搅拌机组成部分：动力部分——2~30 kW 电机，各连接齿轮减速器；搅拌轴和输浆管——使水泥浆由中空轴经搅拌头叶片，沿旋转方向输入土中；搅拌头——其上设置搅拌叶片、喷浆叶片；喷浆叶片上开有 3 个尺寸相同的喷浆口。其配套机械有：灰浆计，量配料装置——灰浆拌制机 2 台，集料斗、灰浆泵，电磁器量计。

② 施工工艺。

深层搅拌法的施工工艺流程如图 2-14 所示。

a. 定位。起重机（或塔架）悬吊搅拌机到达指定桩位并对中。当地面起伏不平时，应使起吊设备保持水平。

b. 预搅下沉。待搅拌机的冷却水循环正常后，启动搅拌机电机，放松起重机钢丝绳，使搅拌机沿导向架搅拌切土下沉，下沉的速度可由电机的电流监测表控制。工作电流不应大于 70 A。如果下沉速度太小，可从输浆系统补给清水以利钻进。

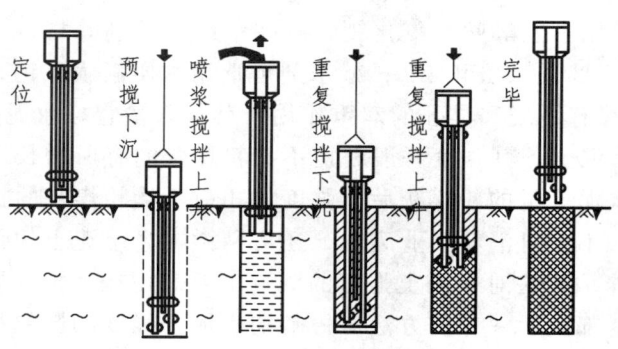

图 2-14 深层搅拌法施工工艺流程

c. 制备水泥浆。待搅拌机下沉到指定深度时，即开始按设计确定的配合比拌制水泥浆，待压浆前将水泥浆倒入集料斗。

d. 提升喷浆搅拌。搅拌机下沉到达设计深度后，开启灰浆泵将水泥浆压入地基，边喷浆边旋转，同时严格按照设计确定的提升速度提升搅拌机。

e. 重复上下搅拌。搅拌机提升至设计加固深度的顶面标高时，集料斗中的水泥浆应正好排空。为使软土和水泥浆搅拌均匀，可再次将搅拌机边旋转边深入土中，至设计加固深度后再将搅拌机提升出地面。

f. 清洗。向集料斗中注入适量清水，开启灰浆泵，清洗全部管路中残存的水泥浆，直至基本干净。

g. 移位。重复上述 a～f 步骤，再进行下一根桩的施工。

③ 施工注意事项。

a. 施工现场应予平整，必须清除地上和地下一切障碍物，遇明浜、暗塘及场地低洼时应抽水和清淤，分层夯实时应回填黏性土料，不得回填杂填土或生活垃圾。开机前必须调试，检查桩机运转和输料管的畅通情况。

b. 根据施工经验，水泥土搅拌法在施工到顶端 0.3～0.5 m 时，因上覆土压力较小，搅拌质量较差，其场地整平标高应比设计确定的基底标高高 0.3～0.5 m。

c. 搅拌桩的垂直度偏差不得超过 1%，桩位布置偏差不得大于 50 mm，桩径偏差不得大于 4%，成桩直径和桩长不得小于设计值。

d. 施工前应确定搅拌机械的灰浆泵输浆量、灰浆经输浆管到达搅拌机喷浆口的时间和起吊设备提升速度等施工参数，并根据设计要求通过成桩试验确定搅拌桩的配比等各项参数和施工工艺。宜用流量泵控制输浆速度，使注浆泵出门压力保持在 0.4～0.6 MPa，并应使搅拌提升速度与输浆速度保持同步。

e. 制备好的浆液不得离析，泵送必须连续。水泥浆应在制浆机中不断搅拌，直至压浆时，才可缓慢地将其注入集料斗。拌制浆液的罐数、固化剂和外掺剂的用量以及泵送浆液的时间等应有专人记录。

f. 为保证桩端施工质量，当浆液达到出浆口后，应喷浆座底 30 s，使浆液完全到达桩端。特别是设计中考虑桩端承载力时，这点尤为重要。

g. 预搅下沉时不宜冲水，当遇到较硬土层下沉太慢时，方可适量冲水，但应考虑冲水成桩对桩身强度的影响。

h. 通过复喷的方法达到提高桩身强度的目的。搅拌次数以 1 次喷浆 2 次搅拌或 2 次喷浆 3 次搅拌为宜，且最后一次提升搅拌宜采用慢速提升。当喷浆口到达桩顶标高时，宜停止提升，搅拌数秒，以保证桩头均匀密实。

i. 施工时因故停浆，宜将搅拌机下沉至停浆点以下 0.5 m，待恢复供浆时再喷浆提升；若停机超过 3 h，为防止浆液硬结堵管，宜先拆卸输浆管路，并清洗干净。

j. 壁状加固时，桩与桩的搭接时间不应大于 24 h，如因特殊原因超过上述时间，应对最后一根桩先进行空钻留出榫头以待下一批桩搭接，如间歇时间太长（停电等）与第二根无法搭接时，应在设计和建设单位认可后，采取局部补桩或注浆措施。

k. 搅拌机凝浆提升的速度和次数必须符合施工工艺的要求，并应有专人记录搅拌机每米下沉和提升的时间。深度记录误差不得大于 100 mm，时间记录误差不得大于 5 s。

④ 常见问题及其处理方法。

深层搅拌法施工中常见的问题和处理方法见表 2-9。

表 2-9　深层搅拌法施工中常见问题和处理方法

常见问题	发生原因	处理方法
预搅下沉困难，电流值高，电机跳闸	① 电压偏低 ② 土质硬，阻力太大 ③ 遇大石块、树根等障碍物	① 调高电压 ② 适量冲水或浆液 ③ 挖除障碍物
搅拌机下沉不到预定深度，但电流不大	土质黏性大，搅拌机自重不够	增加搅拌机自重或开动加压装置
喷浆未到设计桩顶面（或底部桩端）标高，集料斗浆液已排空	① 投料不准确 ② 灰浆泵磨损漏浆 ③ 灰浆泵输浆量太大	① 重新标定投料量 ② 检修灰浆泵 ③ 重新标定灰浆输浆量
喷浆到设计位置集料斗中剩浆液过多	① 拌浆加水过量 ② 输浆管路部分阻塞	① 重新标定拌浆用水量 ② 清洗输浆管路
输浆管堵塞爆裂	① 输浆管内有水泥结块 ② 喷浆口球阀间隙太小	① 拆洗浆管 ② 使喷浆口球阀间隙适当
搅拌钻头和混合土同步旋转	① 灰浆浓度过大 ② 搅拌叶片角度不适宜	① 重新标定浆液水灰比 ② 调整叶片角度或更换钻头

（2）粉体喷射搅拌法（干法）。

粉体喷射搅拌法（简称粉喷法，又称干法）是利用压缩空气向软土输送和喷射干粉（生石灰粉、水泥干粉等），通过干粉与土拌和发生化学反应，改善土质，提高地基的强度。它属于化学加固方法。加固后，可增强路基的稳定性，减小路基的沉降量。这种技术使得施工能在解决了干粉连续输送、压缩空气与干粉在土中分离以及土中空气排除等技术问题后得以进行。压缩空气将粉体加固料以雾状喷入地基深部，凭借钻头叶片的旋转，使粉体加固料与原位软土搅拌并得到充分混合，形成桩体或墙体，与路基下软土形成复合路基，从而使软土硬结。

水泥干粉与软土被搅拌后形成水泥加固土，这与混凝土的硬化机理有所不同。水泥加固土，水泥掺量很小（仅是被加固土的 7%～15%），水泥的水解和水化反应完全是在具有一定的活性介质——软土内进行的，硬化速度缓慢且作用复杂。水泥颗粒表面的矿物质能与软土中的水发生水解反应和水化反应，生成多种化合物，有的自身继续硬化，有的则与其周围具有一定活性的黏土颗粒发生反应。这些新生的化合物在水中和空气中越均匀，则水泥土的结构强度的离散性越小，总体强度越高。

粉体喷射搅拌法适合于加固各种成因的饱和软黏土，目前国内常用于加固淤泥、淤泥质土、粉土、杂填土等含水量较高的黏性土，广泛应用于公路路基、机场、铁路、水坝、港口和工业与民用建筑工程中。以干粉作为加固料，不需要向地基注入附加水分，它能充分吸收周围软土中的水分，使得地基的初期强度较高。可以事先合理选择加固料及配合比，针对不同的地质情况灵活设计桩径、桩长及桩距，可大大降低地基的沉降量。

① 材料要求。

粉体喷射搅拌法通常采用水泥、生石灰粉、粉煤灰等作为加固料，其质量规格应满足以下要求：

a. 生石灰。

• 生石灰应是磨细的。在搅拌过程中，为防止桩体中石灰聚集，石灰粒径宜小于 0.5 mm，最大粒径应小于 2 mm。

• 石灰应纯净无杂质，石灰中氧化钙和氧化镁的总含量不小于 85%，其中氧化钙含量不应低于 80%。

• 石灰粉的液性指数不低于 70%。

b. 水泥。采用普通水泥或矿渣水泥，并应是国家免检产品，严禁使用过期、受潮、结块、变质的劣质水泥。

c. 粉煤灰。粉煤灰化学成分中要求二氧化硅和三氧化二铝的含量应大于 70%，烧失量应小于 10%；也可采用石膏粉作为添加剂，以利于强度的提高。

实际施工中使用的固化剂和添加剂必须通过室内试验检验，符合设计要求后方能使用。

② 机械设备。

粉体喷射搅拌法的施工机械主要是钻机、粉体发送器、空气压缩机和搅拌钻头等。

a. 钻机。钻机是粉体喷射搅拌法施工的主要机械。为便于运输，钻机及桅杆架可安装在载体（如汽车）上，也可用汽车单独运至工地后，移置于地面上进行操作。钻机必须满足：

• 动力大、扭矩大，适合大直径钻头成柱。钻头的直径一般为 500 mm。

• 具有正向钻进、反转提升的功能。

• 提升力大，并能实现匀速提升。

b. 粉体发送器。粉体发送器是定时设置发送粉体材料的设备，是粉体喷射搅拌法加固软土地基施工机械中的关键设备。粉体发送器的工作原理如图 2-15 所示。

工作时，由空气压缩机输入的压缩空气通过节流阀调节风量的大小，进入气水分离器使压缩空气中的气、水分离，然后干风到达粉体发送器喉管与转鼓定量输出的粉体材料混合，形成气粉混合体进入钻机的旋转龙头，再通过空心钻杆喷入地下。

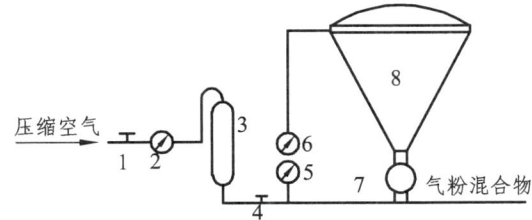

1—节流阀；2—流量计；3—气水分离器；4—安全阀；5—管道压力表；
6—灰罐压力表；7—发送器转鼓；8—灰罐。

图 2-15 粉体发送器的工作原理

粉体的定量输出由控制转鼓的转速来实现。施工前必须按照加固工程的地质条件，通过室内试验，找出最佳粉体掺入量（例如石灰粉的最佳掺入量，采用相当于土量的 4%～5%）、搅拌钻头的类型，选用合理的粉体发送量。

c. 空气压缩机。采用粉体喷射法时，是以空气压缩机作为风源。空压机的选型，主要受加固工程的地质条件和加固深度所控制。

粉体喷射搅拌法与旋喷法（CCP工法）不同，粉体喷射搅拌法是以机械强制搅拌，气粉混合体只需克服喷灰口处土及地下水的阻力而喷进土中，通过搅拌叶片的机械搅拌作用，使灰、土混合，形成加固柱体；旋喷法则是依靠高压脉冲泵所喷射的高压水来破坏土层。因此，粉体喷射搅拌法所用空气压缩机的压力不需要很高，此外，空气压缩机的风量也不宜太大。

d. 搅拌钻头。粉体喷射搅拌法凭借搅拌钻头叶片的搅拌作用使灰粉与软土混合，因此搅拌钻头的形状直接影响灰、土的搅拌效果。钻头的形式应保证在反向旋转提升时，对柱中土体有压密作用，而不是使灰、土向地面翻升而降低桩体质量。

e. 计量装置。计量装置是用于监测粉喷桩施工中粉体输入量的连续性及均匀性的装置。通过该装置可及时掌握钻机在粉喷过程中喷入软土层的水泥数量，并能逐段按层分析粉体的输入量；通过安装在粉体发送机上的调孔装置，使输入量满足设计要求，并能自动记录打印。

③ 施工现场准备。

施工机械设备进场前，施工场地必须做好的准备工作如下：

a. 施工机械进出场的道路条件。对道路及桥梁的要求，一般应满足10 t卡车及汽车吊机的行走要求。

b. 电力供应。一台粉喷桩施工机械的用电功率为50 kW，在没有电源的地区，应配备75 kW柴油发电机组。

c. 查明障碍物。地下有无大块石、树根、地下管线等，空中有无高压线。障碍物均应提前清除。

d. 料库及工具间。施工场地的料库及工具间应便于加固料的运输及工作方便，并有防火、防盗设施。

e. 施工场地。地面土质较差、承载力较低时，应铺设山皮土或碎石垫层，以满足施工机械场地的行走要求。

④ 施工工艺。

粉体喷射搅拌法的施工工艺过程如图2-16所示。

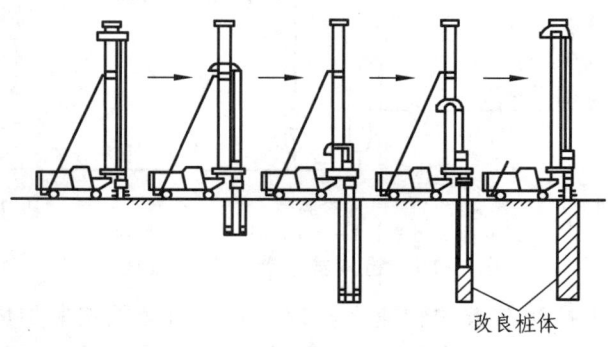

图2-16　粉体喷射搅拌法的施工工艺

a. 场地清理。工作场地表层硬壳很薄时，需先铺砾石，干燥土垫层（厚50 cm左右），以便机械在场区内顺利移动和施钻。不宜铺垫碎石材料,以免给施钻造成困难。如果场地填有石质材料或植有树木,需将石质材料、树木及其根部挖除,应做到"三通一平",为顺利施工打下基础。

b. 放样定位。用经纬仪将桩位精确放样,标出每根桩的位置。

c. 钻机就位。根据确定的加固桩体的位置,移动钻机,准确对孔,水平对孔误差不得大于 50 mm,钻机主轴垂直度误差应不大于 1%。

d. 钻孔。启动搅拌钻机,钻头边旋转边钻进。根据施工要求,以一、二、三挡逐级加速的顺序,正转预搅下沉。钻至接近设计深度时,保持低速慢钻,钻机应原位钻动 1~2 min。为了不堵塞喷射口,不喷射加固材料而喷射压缩空气,钻进一定深度启动一次,将泥沙从喷射口吹出。钻进时喷射压缩空气,可使钻进顺利进行,且负载扭矩小。钻孔深度由钻机上面的刻度盘指示(刻度盘上有指针表明钻孔深度),桩长误差不得超过 ±100 mm,垂直偏差不超过 1.5%。

e. 提升喷粉搅拌。当钻机达到设计标高后,即开启空压机连接水泥罐的阀门,边提升钻杆边喷水泥(空压机与钻杆顶部用橡皮胶管连接,靠空气压力使水泥从钻杆内孔穿过,由麻花钻头中部小孔喷射),直至孔口。在确认加固料已喷至孔底时,按 0.5 m/min 的速度反转提升。当提升到设计停灰标高后,应原地慢速搅拌 1~2 min。沿深度方向加固材料的混合量,是根据发送器输出的加固材料数量与搅拌叶片提升速度的关系来确定的。

f. 提升结束,桩体形成。当钻头提升至距离地面 30~50 cm 时,发送器停止向孔内喷射粉料,成桩结束。装置的回路由于是封闭的,在回路内的输送过程中,粉体不会向空中喷发与飞散。在搅拌钻头距地表 30~50 cm 处停止喷粉,则粉粒不会从地面溢出。

g. 重复搅拌。为使水泥搅拌均匀,对其复钻是必要的,一般复钻深度为设计桩长的 2/3。此时,停止喷粉,钻头边旋转边钻进至设计要求的复拌深度,再反向边旋转边提升。提升搅拌时,其速度控制在 0.5~0.8 m/min,使土体和粉体充拌和,土块被充分粉碎,水泥粉均匀分布在地基中。

h. 钻具提升至地面后,钻机移位对孔,按上述步骤进行下一根桩的施工。

⑤ 施工注意事项。

a. 机身调平以钻杆是否垂直为依据,操作时用钻锤吊线进行控制。

b. 桩体施工中,若发现钻机出现不正常地振动、晃动以及倾斜和移位等现象,应立即停钻检查,必要时应提钻重打。

c. 钻头钻至设计深度时,应有一定的滞留时间,以保证加固粉料到达桩底。滞留时间一般为 2~5 min。

d. 喷粉开始时,应将电子秤显示屏置零,使喷粉过程在电子计量显示下进行。喷粉时,记录人员应随时观察电子秤显示屏的变化情况,保证各段喷粉均匀。

e. 喷粉时灰罐内的气压比管道内的气压高 0.02~0.05 MPa,以确保正常送粉。

f. 喷粉或喷气中,当气压达到 0.45 MPa 时,管路可能堵塞,此时应停止喷粉,将钻头提出地面,切断空压机电源,停止送气,查明堵塞原因,予以排除。

i. 整个制桩过程一定要保证边喷粉边提升,连续作业。当空气湿度大、粉体流动性差、喷气压力大、单位桩长喷粉量大时,应开通灰罐进气阀对料罐加压。如出现断粉,应及时补喷,补喷重叠长度不小于0.5 m。

j. 设计上要求搭接的桩体,须连续施工,一般相邻桩的施工间隔时间不超过8 h。若因停电、机械故障而超过允许时间,应征得设计部门同意,采取适宜的补救措施。

k. 对地下水位较深,基底标高较高的场地,或喷灰量较大,停灰面较高的场地,施工时应加水或及时在施工区的地面加水,使桩头部分的水泥充分发生水解水化反应,以防桩头呈疏松状态。

l. 打设一定工程范围内的粉体搅拌桩后,应进行质量检验。检验项目包括:固化材料用量,粉体桩垂直度,桩位偏差,桩长,桩直径,桩间距。

⑥ 常见问题及其排除方法。

粉喷桩施工常遇到的问题(故障)及排除方法如表2-10所示。

表2-10 粉喷桩常见故障及排除方法

常见问题	产生原因	处理方法及预防措施
卡钻	通过含水量过低或板结坚硬的土层或局部遇到障碍物	应停止钻进,查清原因,并采取下列措施: ① 实行慢速钻进; ② 提出钻头,改进钻头; ③ 如位置较浅,可用其他方法疏松土层后再钻; ④ 如提升钻杆时卡钻,则应暂停喷粉,待正常后再复喷
喷粉不畅或堵塞	① 输气管道连接部分密封不严,造成漏气或气源不足、气压降低; ② 水泥吸潮结块或喷口黏结变小; ③ 固化料中含有杂物或大颗粒; ④ 部分地层透气性不良	① 检查空压机运行情况,调整气源压力,处理输气管密封不严之处,确保正常输气; ② 改用合格水泥,提出钻头,清理喷嘴; ③ 清除固化料中的杂物和大颗粒,改用符合要求的固化料; ④ 喷粉不畅时,操纵喷料阀门由关到开,由开到关,反复多次
桩体疏松	① 土层含水量偏低,固化剂的固结程度差; ② 遇到松散杂填土层,造成粉体流失,使桩体达不到原有的含灰量; ③ 喷粉不足,使桩体达不到原有的含灰量	① 对局部土层含水量过低,在确保质量的前提下,可向土层适当注水;对大面积干燥土层,应改用浆液搅拌法成桩。 ② 可二次钻进,复喷一次粉料。 ③ 检查输灰管路,提高喷灰数量
断桩	① 水泥潮湿结块或其他异物堵塞管道,造成供灰中断; ② 管道漏气或供气不足,造成喷灰量中断; ③ 钻头喷粉孔磨损、堵塞,造成喷灰中断; ④ 先提钻后喷灰或提钻速度过快,造成喷灰中断; ⑤ 储灰罐中灰已用完,喷粉中断	① 水泥或石灰应妥善保管,防止受潮,固化料用前要过筛,确保符合要求的灰料入储灰罐; ② 经常检查管道,确保输灰畅通; ③ 喷灰剂量要准确,供气风压要满足要求; ④ 提升钻杆前要先喷灰1~2 min且均匀搅拌提升; ⑤ 钻头或输灰管道堵塞,应立即停钻清理; ⑥ 对已断灰桩,将上部断桩打除后,用水泥砂浆补桩或在邻位补桩

续表

常见问题	产生原因	处理方法及预防措施
空心桩	土壤含水量过低,使得固化料喷出后不能被土颗粒吸附,造成喷灰远射,四周桩体强度高,中部为土芯,形成空心桩	当土层含水量低于20%时,宜采用钻孔时适当注水的方式或改用喷浆搅拌成桩工艺
桩体强度不均	① 钻杆提升速度不均,使得喷入土层的灰量忽多忽少; ② 输灰管道轻微堵塞,造成气压不稳,灰流量时高时低,使得喷灰不均; ③ 遇局部松软土层漏灰造成喷灰不均; ④ 遇黏土搅拌不开,喷灰量难以控制; ⑤ 供气压力不稳或储灰管与喷射管存在气压差	① 控制提钻速度,确保均匀提升、均匀喷灰、均匀搅拌; ② 经常检查计量秤,保证计量准确; ③ 经常检查输灰管路的喷灰量和供气压力,确保平稳送灰; ④ 遇松软土层或黏土层应调整输出转速,保证钻杆的适应性,使喷灰均匀; ⑤ 调整空压机的气压,确保气压稳定
漏桩	① 粉喷桩未编号或施工中未按桩号逐根成桩; ② 对所有桩位确定后未做明显的标记或桩位标记被土掩埋; ③ 未设专职人员标记桩位和桩号	① 应逐桩编号,成桩过程中应逐排逐号前进; ② 桩位应做明显标记,并注意施工中不得损坏; ③ 应设专职人员做施工记录,认真记录施工桩号、桩长、喷灰量等技术数据,并为钻机移位提供指导; ④ 对已漏桩应予以及时补上

2-2-4 任务拓展

(1)膨胀土地基加固的处理方法较多,但要考虑其作为特殊土的特殊性质,如膨胀土的高液限、与水泥的化学反应、成桩的可能性、桩体的长期强度等。

(2)对于地基处理方法的选用,要清楚每一种方法的主要作用和加固机理,例如,有些方法在提高地基的承载力方面效果显著,有些方法在降低地基的压缩性方面效果显著,有的方法二者兼具,因此,要根据具体情况选择地基加固处理方式。

(3)换填垫层法适用于浅层软弱地基及不均匀地基的处理。其主要作用是提高地基承载力,降低沉降量,加速软弱土层的排水固结,防止冻胀和消除膨胀土的胀缩。

任务 2-3 黄土地区基底加固

2-3-1 任务目标

(1)根据具体的条件能够合理选择黄土路基基底加固方法;
(2)掌握黄土路基基底加固方法的施工管理和质量控制要点。

2-3-2 相关知识

黄土是在第四纪干旱、半干旱的气候环境下形成的一种特殊的陆相松散堆积物,其重度小,以粉土颗粒为主要组成成分,富含碳酸钙,颜色一般为黄色或褐黄色,无层理,孔隙度高,发育大孔隙和垂直节理,在我国的分布面积约为 $6.4 \times 10^5 \mathrm{~km}^2$。根据形成时间的不同和环境的差异,黄土又分为新黄土和老黄土,新黄土一般都具有湿陷性,老黄土不具湿陷性。湿陷性黄土又分为自重湿陷性和非自重湿陷性黄土。

湿陷性黄土对高速铁路路基的危害:湿陷性黄土是一种特殊性质的土,其土质较均匀、结构疏松、孔隙发育,在未受水浸湿时,一般强度较高,压缩性较小;当在一定压力下受水浸湿后,土结构会迅速遭到破坏,产生较大附加下沉,强度迅速下降。故在湿陷性黄土场地上进行高速铁路路基建设,由于在使用期间对沉降变形和不均匀沉降的限制非常严格,所以应考虑地基受水浸湿可能造成的变形,采取以地基处理为主的综合措施,避免或消除地基的湿陷或因少量湿陷所造成的危害,防止地基湿陷对高速铁路路基产生危害。

黄土地基加固处理的方法较多,常用的有素土垫层、强夯、素土挤密桩、水泥土挤密桩、碎石桩、旋喷桩、灌浆、深层搅拌、CFG桩等加固方法。湿陷性黄土地基加固处理方法如表 2-11 所示。

表 2-11 湿陷性黄土常用地基加固处理方法

名称	适用范围	可处理的湿陷性黄土层厚度/m
垫层法	地下水位以上,局部或整处处理	1~3
强夯法	地下水位以上,$S_r \leq 60\%$ 的湿陷性黄土,局部或整片处理	3~12
挤密法	地下水位以上,$S_r \leq 65\%$ 的湿陷性黄土	5~15
预浸水法	自重湿陷性黄土场地,地基湿陷等级为Ⅲ级或Ⅳ级,可消除地面下 6 m 以下湿陷性黄土层的全部湿陷性	6 m 以上,尚应采用垫层或其他方法处理
其他方法	经试验研究或工程实践证明行之有效	

垫层法和CFG桩法等加固方法前面已经介绍,本任务重点介绍强夯法和单液硅化法等。

2-3-3 任务实施

1. 强夯法加固地基处理

1)强夯法概念及加固原理

(1)强夯法概念。

强夯法又称动力固结法,是利用起吊设备,将 10~40 t 的夯锤提升至 10~40 m 高处让其自由下落，给地基以冲击和振动能量，这样反复进行，将地基土夯实的地基处理方法，如图2-17所示。

强夯法适用于处理碎石土、砂土、非饱和细粒土、湿陷性黄土、素填土和杂填土等地基；含有良好透水性夹层的饱和细粒土地基应通过试验确定是否采用强夯法。

强夯法有效夯实深度是指从最初被加固的地基土表面算起，经强夯地基处理后地基土满足了设计要求的加固深度。

影响强夯法有效夯实深度的因素很多，除了锤重和落距外，还有地基土的性质、不同土层的性质与埋藏顺序、地下水位和其他强夯的设计参数。

图 2-17 强夯法加固地基现场

对非饱和的黏性土地基，一般采用连续夯击或分遍间歇夯击的方法，并根据工程需要通过现场试验确定夯实次数和有效夯实深度。

现有经验表明：在 100～200 t·m 夯实能量下，一般可获得 3～6 m 的有效夯实深度。在缺少经验或试验资料时，可按表2-12预估。

表 2-12 强夯法有效夯实深度

单击夯击能/(kN·m)	碎石土、砂土等	粉土、黏性土、湿陷性黄土等
1 000	5.0～6.0	4.0～5.0
2 000	6.7～7.0	5.0～6.0
3 000	7.0～8.0	6.0～7.0
4 000	8.0～9.0	7.0～8.0
5 000	9.0～9.5	8.0～8.5
6 000	9.5～10.0	8.5～9.0
8 000	10.0～10.5	9.0～9.5

注：强夯法有效夯实深度应从最初起夯面算起。

（2）强夯法加固机理。

强夯法应用于地基加固，主要有三种不同的加固机理：

① 动力固结。当强夯法应用于处理细颗粒饱和土时，其加固机理遵循动力固结理论。强夯时，巨大的冲击能量在土中产生很大的应力波破坏土体的原有结构，使土体局部发生液化并产生许多裂隙，排水通道增大，使孔隙水顺利逸出，待超孔隙水压力消散后，土体固结。软土由于具有触变性，其强度得到恢复。

② 动力密实。采用强夯法加固多孔隙、粗颗粒、非饱和土是基于动力密实的机理，即冲击型动力荷载，使土体中的孔隙减小，土体变得密实，从地基土强度得到。非饱和土的夯实过程，就是土中的气相（空气）被挤出的过程，其夯实变形主要是土颗粒的相对位移引起的。

③ 动力置换。动力置换可分整式置换和桩式置换。整式置换是采用强夯将碎石整体挤入淤泥,其作用机理类似于换土垫层。桩式置换是通过强夯将碎石填到土中,部分碎石桩(或墩)间隔地夯到软土中,形成桩式(墩式)的碎石桩(墩),其作用机理类似于振冲法形成的碎石桩,整体形成复合地基。

2)强夯法施工相关规定及相关参数确定

(1)强夯试验。

根据相关的规范要求,为验证强夯工艺参数的合理性和强夯加固效果,须在现场有代表性的场地上选取一个或几个试验区进行试夯,以检验强夯效果是否满足使用要求,并根据试夯结果调整相关的强夯工艺参数。

强夯试验应满足以下要求:

① 确定地基的有效加固深度,确定处理后地基土的强度、承载力和变形指标;
② 确定合适的夯击能、夯锤尺寸和落距等施工参数;
③ 校核强夯后场地的沉降量或抬升量,为确定起夯面标高提供依据;
④ 确定夯点间距、夯击次数、夯击遍数、最后两击夯沉量和间隔时间等设计参数;
⑤ 确定强夯施工停夯标准等施工质量控制指标;
⑥ 了解强夯施工振动、侧向挤压等对周边环境和工程的影响,确定与周边工程的安全施工最小距离。

试验区数量应根据场地复杂程度、工程规模、工程类型及施工工艺等确定,强夯试验面积不应小于 20 m×20 m。根据初步确定的强夯参数,提出强夯试验方案,进行现场试夯。应根据不同土质,待强夯结束一至数周后,对试夯场地进行检测,并与夯前测试数据进行对比,检验强夯效果,确定工程采用的各项强夯参数。

(2)有效加固深度确定。

① 湿陷性黄土地基强夯的有效加固深度(消除湿陷深度)可按《湿陷性黄土地区建筑规范》(GB 50025—2004)确定,见表 2-13。

表 2-13 采用强夯法消除湿陷性黄土层的有效深度预估值

单击夯击能/(kN·m)	土的名称	
	全新世(Q_4)黄土、晚更新世(Q_3)黄土	中更新世(Q_2)黄土
1 000~2 000	3~5	—
2 000~3 000	5~6	—
3 000~4 000	6~7	—
4 000~5 000	7~8	—
5 000~6 000	8~9	7~8
7 000~8 000	9~12	8~10

注:1. 在同一栏内,单击夯击能小的取小值,单击夯击能大的取大值;
2. 消除湿陷性黄土层的有效深度,从起夯面算起。

② 按修正的梅纳公式估算：

$$h = \alpha\sqrt{WH} \tag{2-8}$$

式中 h ——有效加固深度，m；

W ——锤的质量，t；

H ——落距，m；

α ——有效加固深度修正系数，与土质、含水率、锤型、锤底面积、工艺和设计标准等多种因素有关，可按表 2-14 取值。

表 2-14 湿陷性黄土 α 值

粉土（$I_P \leq 10$）			粉质黏土（$I_P > 10$）		
I_L	α 取值范围	备注	I_L	α 取值范围	备注
$I_L < 0$	0.35 ~ 0.45	I_P 小时取大值，I_P 大时取小值	$I_L < 0$	0.20 ~ 0.30	I_L 绝对值大时取小值，I_L 绝对值小时取大值
$I_L > 0$	0.45 ~ 0.5	I_L 小时取小值，I_L 大时取大值	$0 \leq I_L < 0.25$	0.36 ~ 0.45	I_L 小时取小值，I_L 大时取大值
			$0.25 \leq I_L < 0.5$	0.45	

（3）强夯夯点布置。

强夯夯点布置形式可根据基础形式、地基土类型和工程特点选用，宜为正方形、矩形、正三角形、等腰三角形等。

夯点间距宜为锤径的 1.2 ~ 2.5 倍，低能级时取小值，高能级和考虑能级组合时取大值。

（4）夯击次数的确定。

夯点的夯击次数应按现场试夯确定的夯击次数和夯沉量关系确定，并应同时满足下列条件：

① 最后两击平均夯沉量不宜大于下列数值：单击夯击能小于 4 000 kN·m 时为 50 mm；单击夯击能为 4 000 ~ 6 000 kN·m 时为 100 mm；单击夯击能大于 6 000 kN·m 时为 200 mm。

② 夯坑周围地面不应发生过大的隆起。

③ 不应夯坑过深发生提锤困难的情况。

（5）夯击其他相关参数确定。

① 两遍夯击之间应有一定的时间间隔，间隔时间根据地基土的渗透性确定；对于渗透性好的地基，可连续夯击。

② 满夯能级应根据点夯后地表扰动层的厚度确定，满夯可一遍或隔行分两遍完成，夯击时点与点之间宜重叠 1/4 锤径的密度。满夯的击数可根据地基承载力特征值的设计要求确定，当地基承载力特征值在 150 ~ 250 kPa 时，满夯击数不宜少于 3 ~ 5 击。

③ 满夯后的地表应加一遍机械碾压，以满足地基土的压实度要求。

a. 强夯地基的处理范围应大于工程基础范围，每边超出外缘的宽度宜为基础下设计处理深度的 1/2 ~ 2/3，并不宜小于 3 m。

b. 路堤坡脚外不小于 3 m。

④ 采用强夯法时应预估地面的沉降量，并在试夯时予以校正。根据场地夯后的沉降值和夯后地面的整平设计标高确定场地的起夯面标高。夯后的地面整平标高应根据场地的使用要求、基坑开挖时的土方平衡确定，宜高出基底设计标高 0.5 m 以上，低于室外地坪设计标高 0~0.8 m。

⑤ 强夯法地基承载力特征值应通过现场载荷试验确定，初步设计时可根据试夯后原位测试和土工试验指标按现行国家标准的有关规定确定。

⑥ 强夯地基变形计算应符合现行国家标准的有关规定，夯后有效加固深度内土层的压缩模量应通过原位测试或土工试验确定。

（6）强夯法处理湿陷性黄土的相关规定。

① 强夯地基处理湿陷性黄土地基的单位面积夯击能，应根据施工设备、黄土地质年代、湿陷性黄土层的厚度和要求消除湿陷性黄土层的有效深度等因素确定，宜取 1000~4000 kN·m/m²。

② 采用强夯法处理湿陷性黄土地基，土的天然含水率宜比塑限含水率低 1%~3%。在拟夯实的土层内，当土的天然含水率低于 10% 时，宜增湿使土体接近最优含水率；当土的天然含水率大于塑限含水率 3% 以上时，宜采用晾晒或其他降低含水率的措施。

③ 对于湿陷土层厚度超过 14 m、含水率偏低、土质坚硬的超厚湿陷性黄土地基，应采用以下施工措施：

a. 增湿法。

b. 大夯距、多批次、隔行隔点施工。

c. 以夯坑深度为夯击质量控制标准。第一、第二遍的夯坑深度宜大于 5 m，第三、第四遍的夯坑深度宜大于 4.5 m。

④ 对于含水率低于最佳含水率的湿陷性黄土地基，强夯前按以下方法采取增湿措施：

按一定间距的方格网点并在中心加一点的布孔方式钻孔（一般以洛阳铲成孔），孔中灌砂后，向孔中定量注水，将处理厚度内的含水率增至接近最优含水率，每孔注水量按下式计算：

$$V = \frac{0.5 \times (\overline{w}_{op} - \overline{w}) \times b^2 h \overline{\rho}_d}{\rho_w} \qquad (2-9)$$

式中 V——每孔注水量，m³；

$\overline{w}$，$\overline{w}_{op}$——润湿土体厚度 h 内土层的天然含水率加权平均值和最优含水率加权平均值，以小数计；

b——注水孔方格网边长（m），可取 1~2 m；

h——加水增湿的土层厚度；

$\overline{\rho}_d$——增湿厚度内土层天然干密度加权平均值，g/cm³；

ρ_w——水的密度，取 $\rho_w = 1$ g/cm³。

⑤ 对于饱和度较高的湿陷性黄土地基，强夯前可采取以下方法降低含水率：

按一定间距的方格网点并在中心加一点的布孔方式钻孔（一般以洛阳铲成孔），孔中填入生石灰块，将处理厚度内土体的含水率降至接近最优含水率，每孔填灰量按下式计算：

$$V = \frac{0.5 \times (\overline{w} - \overline{w}_{op}) \times b^2 h \overline{\rho}_d}{w_s \rho_w} \times 1100 \tag{2-10}$$

式中 V——每孔填灰量，kg；

$\overline{w}$，$\overline{w}_{op}$——处理深度土体厚度 h 内土层的天然含水率加权平均值和最优含水率加权平均值，以小数计；

b——灌灰孔方格网边长（m），可取 1.5～2 m；

h——需降低含水率的土层厚度；

$\overline{\rho}_d$——降湿厚度内土层天然干密度加权平均值，g/cm³；

ρ_w——水的密度，取 ρ_w =1 g/cm³。

w_s——每千克生石灰的降水率，可取 0.6～0.75。

3）强夯法施工工艺

（1）施工准备。

① 施工场地准备。

a. 根据经验或强夯试验结果，预估场地夯后下沉量（或抬升量），确定场地起夯面标高，挖填、平整场地至起夯面标高。施工场地应平整，并能承受强夯机械的重力；施工前，必须查明施工区周围及场地范围内需保护的建筑物、地下构筑物、挡土墙和地下管线等的位置及标高等，并采取必要的保护措施。

b. 清除场地内的耕植土、污染土及有机物质。

c. 高水位地基强夯时，地下水位以上必须保持厚度 2～5 m 的覆盖层；当不满足这一条件时，应铺设硬质粗集料垫层或采取降水措施。

② 施工机具准备。

a. 根据设计要求的强夯能级，选用带有自动脱钩器装置、与夯锤质量相匹配的履带式起重机或其他专用设备。中、高能级强夯施工时，起重机宜配门架或采取其他措施，防止落锤时机架倾覆。

b. 自动脱钩器的设计应保证强度和耐久性，起吊时不产生滑沟；结构形式应使脱钩灵活，能保持夯锤能平稳下落，挂钩方便、迅速。

c. 夯锤底面宜为圆形，重心应在中垂线上，且低于 1/2 夯锤高度，夯锤底面积宜按土的性质确定。夯锤质量满足夯实要求，并应有明显、永久的标志。

d. 铲车用作回填、整平夯坑和作地锚用。

e. 配有标准贯入度、静力触探仪等检测设备及常规土工试验仪器。

f. 备有全站仪、经纬仪、水准仪等测量仪器。

③ 技术准备。

a. 黄土地基强夯处理设计文件及图纸会审记录。

b. 检查强夯试验的有关资料，当地有关湿陷性黄土强夯施工的经验资料。

c. 结合场区内的实际情况编写强夯地基处理的施工组织设计。

d. 测定湿陷性黄土地基处理深度内的含水率。

e. 对现场人员进行技术交底，对专业工种进行技术培训。

f. 进行测量基准交底，建立现场坐标平面控制点和标高控制点，并进行复测及验收工作。

（2）强夯法施工。

强夯法施工工艺流程如图2-18所示。

① 强夯法施工步骤如下：

a. 清理并整平施工场地；

b. 标出第一遍夯点位置，测量场地标高；

c. 夯机就位，起吊吊钩至设计落距高度，将吊钩牵引钢丝绳固定，锁定落距；

d. 将夯锤平稳提起置于夯点位置，测量夯前锤顶标高；

e. 起吊夯锤至预定高度，夯锤自动脱钩下落夯击夯点；

f. 测量锤顶标高，记录夯坑下沉量；

g. 重复步骤 a～f，按设计的夯击数和控制标准完成一个夯点的夯击；

h. 夯锤移位到下一个夯点，重复步骤 b～f，完成全部夯点的第一遍夯击；

i. 用推土机将夯坑填平或推平，用方格网测量场地标高，计算场地本遍的夯沉量；

j. 在规定的间歇时间后，按以上步骤完成全部夯击遍数；满足间歇时间后，进行满夯施工。

② 施工注意事项。

a. 推土机将场地平整之后，若有坑洼或软土层时，应采用强度高的土进行整平或换填，以便机械通行及夯击。场地平整后，标出夯点位置，并量测场地标高。

b. 在点夯时，要对每一夯点的能量、夯击次数、每次夯坑沉陷量、夯坑周围土的隆起量以及埋设测点进行量测和记录，并注意夯击振动的影响范围和程度。点夯完成后按设计要求进行满夯。

c. 两遍夯击之间应有一定的时间间隔，间隔时间取决于土中超静孔隙水压力的消散时间。当缺少实测资料时，可根据地基土的渗透性确定间隔时间；对于渗透性较差的黏性土地基，间隔时间不应少于 4～5 周；对于渗透性好的地基，可连续夯击。

d. 点夯时要保证夯锤的下落度，确保夯击力。

e. 强夯施工压实后，不得有松散、软弹、翻浆及表面不平整现象，一经发现应立即采取返工或换填处理措施。

f. 强夯施工必须由专人指挥。机械作业时，配合作业人员严禁站在机械作业和行走范围内；配合人员在机械行走范围的作业时，机械必须停止作业。

g. 施工后，综合分析测量记录，做出初步评价，并进行总结。同时配合业主组织专业部门进行试验，检测地基加固的效果，检验点数量应满足设计及规范要求。

h. 夯点的夯击次数，应按现场试夯得到的夯击次数和夯沉量关系曲线确定，且同时满足下列条件：夯沉量不大于规定数值；夯坑周围的地面不应发生过大的隆起；不因夯坑过深而发生起锤困难。

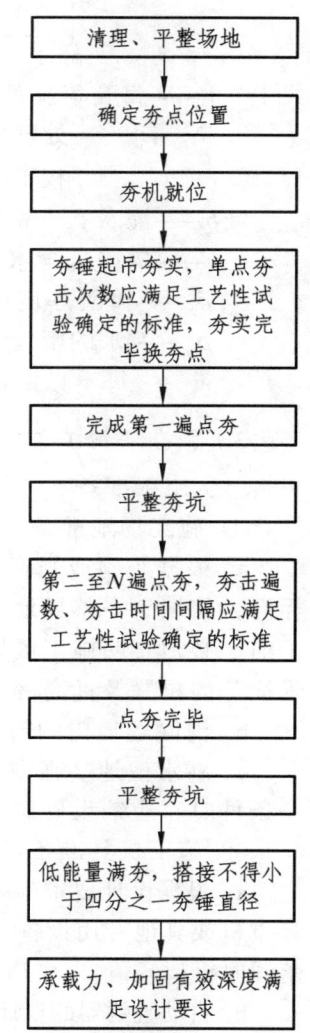

图 2-18 强夯法施工工艺流程

i. 夯击遍数根据地基土的性质确定。对于渗透性较差的细颗粒土，必要时夯击次数可增加，满夯时可采用轻锤或低落距多次夯击，锤印相切。

j. 两遍夯击之间应有一定的间隔时间。对砂性土，由于其透水性能好，夯击时孔隙压力消散快，可连续夯击；对黏性土，需间隔4~5周才能继续夯击。

4）强夯施工质量控制与检测

（1）质量控制。

强夯施工质量偏差控制应符合下列规定：

① 夯点测量定位允许偏差±5 cm；

② 夯锤就位允许偏差±15 cm；

③ 满夯后场地整平平整度允许偏差±10 cm。

（2）施工监测。

施工过程中应有专人负责下列监测工作：

① 施工前检查夯锤的质量和落距，确保单次夯击能符合设计要求；

② 在每一遍施工前，应对夯点放线进行复核，夯完后检查夯坑位置，发现偏差或漏夯应及时纠正；

③ 按设计要求检查每个夯点的夯击次数和最后两击的夯沉量；

④ 施工过程中应对各项参数及施工情况进行详细的记录。

强夯施工质量控制流程如图2-19所示。

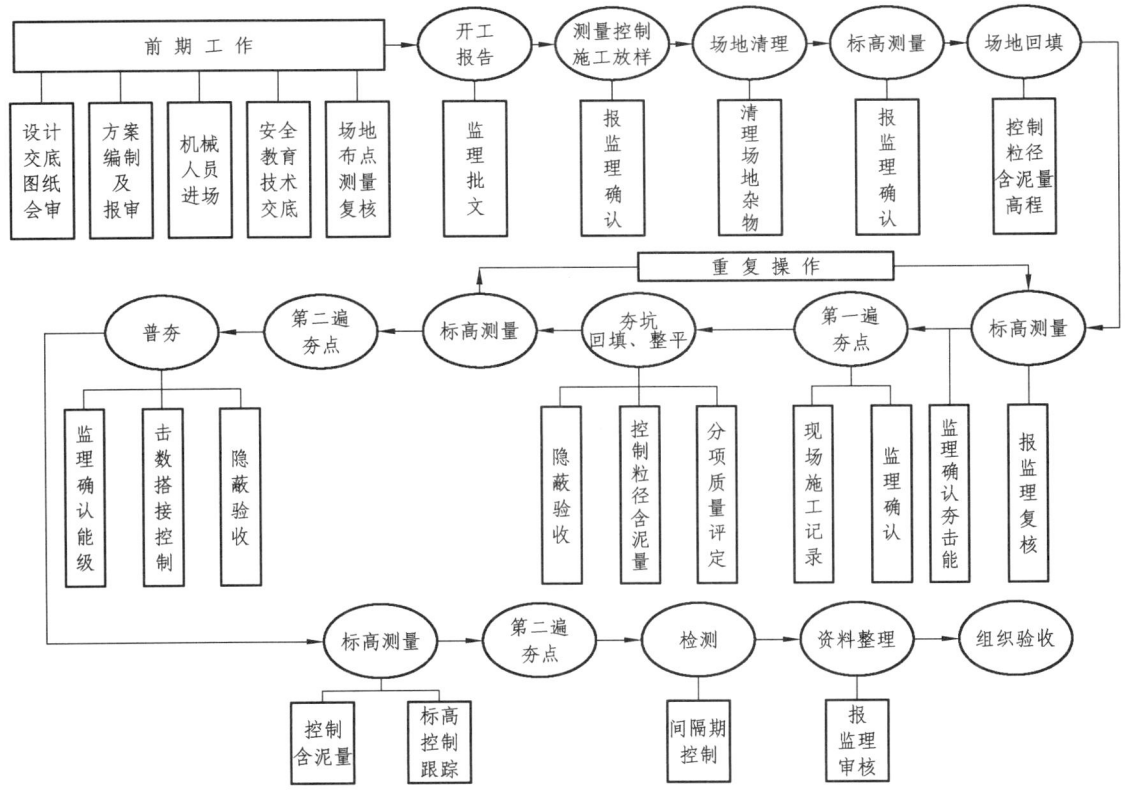

图 2-19 强夯施工质量控制流程

⑤ 检查施工过程中的各项测试数据和施工记录，不符合设计要求时应补夯或采取其他有效措施，检测项目按表2-15的规定执行。

表2-15 施工质量检验项目

序号	检查项目	允许偏差或允许值		检测方法
1	夯锤落距	mm	±300	钢尺量，钢索设标志
2	质量	kg	±100	称重
3	夯击遍数及顺序	设计要求		计数法
4	夯点间距	mm	±500	钢尺量
5	夯击范围（超出基础宽度）	设计要求		钢尺量
6	间歇时间	设计要求		
7	夯击击数	设计要求		计数法
8	最后两击平均夯沉量	设计要求		水准仪

（3）竣工验收。

① 验收项目。

强夯地基竣工验收质量检测项目，包括主控项目和一般项目，并符合表2-16的规定。

表2-16 强夯地基竣工验收质量检验标准

项	序号	检查项目	允许偏差或允许值		检查方法
			单位	数值	
主控项目	1	地基强度	设计要求		按规定方法
	2	地基承载力	设计要求		按规定方法
一般项目	1	夯锤落距	mm	±300	钢索设标志
	2	质量	kg	±100	称重
	3	夯击遍数及顺序	设计要求		计数法
	4	夯点间距	mm	±500	钢尺量
	5	夯击范围（超出基础范围距离）	设计要求		钢尺量
	6	前后两遍的间歇时间	设计要求		

② 施工验收标准。

a. 夯击点布置应符合设计要求。施工单位每100 m等间距检查3个断面，每个断面左、中、右各1点。监理单位见证检验1个断面。

b. 单击夯击遍数、最后两击平均夯沉量应符合试夯确认的工艺要求。前、后两遍的夯迹应错开一半。施工单位对最后两击平均夯沉量和前后两遍的夯迹搭接进行检查，检查数量为每遍总夯击点数的10%。监理单位按施工单位检查数量的20%见证检验。

c. 强夯加固地基的承载力应符合设计要求。检验深度不小于设计处理深度，检验时间应符合设计规定。必要时，设计单位、监理单位、施工单位共同确认检验结果。施工单位每 100 m 等间距检查 3 个断面，每个断面左、中、右各 1 点。监理单位见证检验 1 个断面。每个断面作动力触探试验 2 点（贯入深度<4 m 的一般黏性土或黏性素填土采用 N_{10}，砂土或碎石土采用 $N_{63.5}$）；作静力触探试验 1 点。

d．强夯地基顶面的标高、中线至边缘距离、宽度、横坡、平整度允许偏差及检验方法应符合表 2-17 的规定。

表 2-17　强夯地基顶面的标高、中线至边缘距离、宽度、横坡、平整度允许偏差及检验方法

序号	项目	允许偏差	施工单位检验数量	检验方法
1	高程	±50 mm	每 100 m 等间距检查 3 点	水准仪测量
2	中线至边缘距离	±50 mm	每 100 m 等间距检查 3 点	尺量
3	宽度	不小于设计值	每 100 m 等间距检查 3 点	尺量
4	横坡	±0.5%	每 100 m 等间距检查 3 个断面	尺量
5	平整度	50 mm，填石 100 mm	每 100 m 等间距检查 5 点	2.5 m 直尺量测

（4）施工与竣工后场地维护。

施工与竣工后的场地均应设置良好的排水系统，防止场地被雨水浸泡，并应符合以下规定：

① 在夯区周围根据地形情况开挖截水沟或砌筑围堰，保证外围水不流入夯区；在夯区内，规划排水沟和集水井。夯坑内有积水时，可采用小水泵和软管及时将水抽排到夯区外。

② 当天打完的夯坑及时回填，并整平压实；

③ 如遇暴雨夯坑积水，必须将水排除并挖净坑底淤土，晾干或填入干土后方可继续夯击施工。

2．灰土挤密桩施工

1）概　述

灰土挤密桩法是重要的地基处理方法之一，形成的复合地基具有较高的承载力。经处理的地基土无需挖出，在原来的地层位置上即可进行处理。这种方法因处理的深度较深，故称深层捣实法。它与夯实、碾压等竖向加密方法不同，为横向加密土层。

挤密灰土桩适用于处理地下水位以上的湿陷性黄土、素填土和杂填土等，可处理的地基深度为 5～15 m；地基含水率大于 24%，饱和度大于 65%时，不宜用灰土挤密桩法。

图 2-20　灰土挤密桩施工现场

图 2-20 为灰土挤密桩加固地基现场图，图 2-21 为灰土挤密桩加固路堤地基示意图。

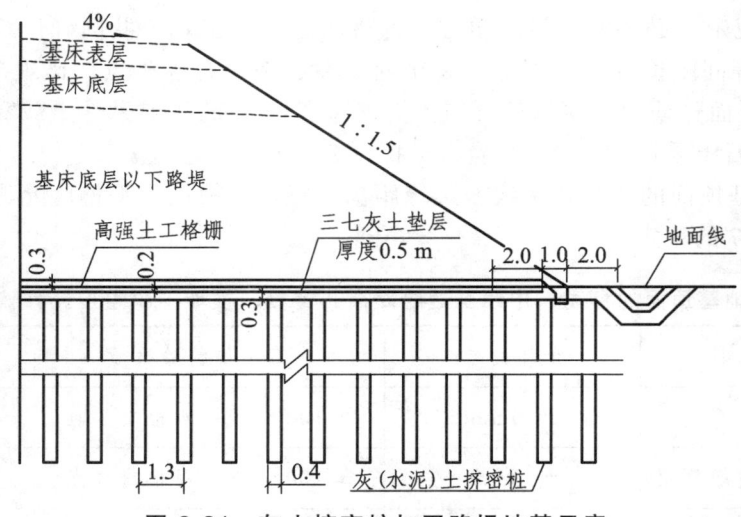

图 2-21 灰土挤密桩加固路堤地基示意

（1）灰土挤密桩工艺原理。

灰土挤密桩是利用打桩机或振动器将钢套管打入地基土层并随之拔出（部分桩亦利用爆扩等方法），在土中形成桩孔，然后在桩孔中分层填入拌制均匀的石灰土，再夯实而成灰土桩。施工中当套管打入地层时，管周地基土受到较大的水平向挤压作用，使管周一定范围内的地基土的工程物理性质得到改善，土的密度增大、压缩性降低、湿陷性得以全部或部分消除。

① 对土的侧向挤密作用。

土（或灰土、双灰）桩挤压成孔时，桩孔位置原有土体被强制侧向挤压，使桩周一定范围内的土层的密实度得到提高。其挤密影响半径通常为（1.5～2.0）d（d 为桩径直径）。相邻桩孔间挤密效果试验结果表明，在相邻桩孔挤密区交界处挤密效果相互叠加，桩间土中心部位的密实度增大且密度变得均匀，桩距越近叠加效果越显著，合理的相邻桩孔中心为 2～3 倍桩孔直径。

土的天然含水率和干密度对挤密效果影响较大。当含水率接近最佳含水率时，土呈塑性状态，挤密效果最佳；当含水率偏低，土呈坚硬状态时，有效挤密区变小；含水率过高时，由于挤压引起超孔隙水压力，土体难以挤密，且孔壁附近土的强度因受扰动而降低，拔管时容易出现缩颈等情况。

土的天然干密度越大，则有效挤密范围越大；反之，有效挤密区较小，则挤密效果较差。土质均匀则有效挤密范围大，反之有效挤密范围小。

土体的天然孔隙比对挤密效果有较大影响，当 $e = 0.90～1.20$ 时，挤密效果好；当 $e < 0.80$ 时，一般情况下土的湿陷性已消除，没有必要挤密地基，故应持慎重态度。

② 桩体材料的作用。

a. 灰土桩是用石灰和土按一定体积比例（2∶8 或 3∶7）拌和，并在桩孔内夯实加密后形成的桩。石灰和土的拌和物在化学性能上具有气硬性和水硬性，且拌和物中带正电荷的钙离子与带负电荷的黏土颗粒相互吸附，形成胶体凝聚，并随灰土龄期的增长土体固化作用提高，土体的强度逐渐增大。在力学性能上，这种拌和物可达到挤密地基效果，提高地基承载力，消除湿陷性，沉降均匀和沉降量减小的目的。

b. 桩体作用在灰土桩挤密地基中，由于灰土桩的变形模量远大于桩间土的变形模量（灰土的变形模量为 E_0=29~36MPa，相当于夯实素土的 2~10 倍），荷载向桩上产生应力集中，使基础底面以下一定深度内土体中的应力减小，由此可消除持力层内产生大量压缩变形和湿陷变形的不利影响。此外，灰土桩对桩间土可起到侧向约束作用，限制土的侧向移动，桩间土只产生竖向压密，使压力与沉降始终呈线性关系。

（2）设计要求。

灰土挤密桩设计主要是确定相关工艺参数。灰土挤密桩处理湿陷性黄土地基，只有根据现场的地质条件和工程的使用要求，正确选用施工参数，才能达到经济有效的目的。

灰土挤密桩参数包括：承载力、桩孔直径、桩孔深度、处理宽度、桩孔的平面布置、桩距、填料等。

① 承载力。

湿陷性黄土地基经过灰土桩挤密之后，工程物理性质发生明显变化，桩体与桩间挤密土的工程物理性质相近，两者能较好地合理分担荷载，共同组成的复合地基一般称为灰土桩挤密地基。

根据 P-s 曲线上的拐点确定的比例界限所对应的荷载值或相对沉降量 s/b=0.015~0.020（b 为承压板宽度）所对应的荷载值，综合分析确定灰土桩挤密地基的容许承载力。

② 桩孔直径。

桩孔直径的大小主要取决于施工机械的能力和地基土层的原始密实度。选择的桩径过小，桩的数量增加，就增加了打桩和回填的工作量；桩径过大，桩间土挤密效果不好，不能完全消除黄土地基的湿陷性，土的均匀性也差，同时要求成孔机械的能量也太大，振动过程对周围建筑物的影响大。总之，应对以上因素进行综合考虑后确定桩径的大小。

③ 桩孔深度。

挤密孔深度主要取决于湿陷性黄土层的厚度、性质以及成孔机械的性能，且不得小于 3 m。

对于非自重湿陷土黄土地基，其处理厚度应为主要持力层的厚度，即基础下土的湿陷起始压力小于附加压力和上覆土层的饱和自重压力之和的全部黄土层，或附加压力等于 25%深度处的自重压力。

④ 处理宽度。

灰土挤密桩地基的效果也与处理宽度有关。当处理宽度不足时，仍可能造成基础产生明显的下沉。根据现场浸水试验，灰土挤密桩的处理宽度宜采用：在非自重湿陷土黄土地区，挤密地基每边超出地基边缘的尺寸不小于 0.3 m。

⑤ 桩孔的平面布置。

布孔的基本原则是尽量减小未得到挤密的空白面积。因此，桩孔应尽量按等边三角形排列，如图 2-22 所示，这样可使桩间土得以均匀挤密。但有时为了适应基础几何形状的需要或需要减少桩的数量，也可按正方形、梅花形排列。

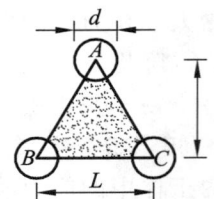

图 2-22 钻孔布置示意图

⑥ 桩距和排距。

灰土挤密桩地基的效果与桩距的大小关系极大。桩距太大，桩间土的挤密效果不好；桩距太小，桩的数量增加太多而不经济，同时成孔时地面隆起，桩管打不下去，给施工造成极大的困难。因此，必须合理地选择桩距，选择时应以桩间挤密土能达到设计的密实度为准。要消除桩间土层的湿陷性，桩间土的最小干容重不得小于 15 kN/m³。

桩距的确定还与土的原始干密度和孔隙比有关，一般应通过试验或计算确定，桩间土的平均压实系数 $\lambda_c=0.90 \sim 0.93$。

按等边三角形布置桩孔时的桩距 L 和桩排 h 的计算原则是挤密范围内平均干密度达到一定密实度的指标，如图 2-22 所示，等边 $\triangle ABC$ 范围内天然土的平均干密度 ρ_d，挤密后其面积减少正好是半个圆面积，而面积减少了的干土密度由于桩孔内土的挤入而增大，由此可导出：

$$L = 0.95d\sqrt{\frac{\bar{\lambda}_c \rho_{dmax}}{\bar{\lambda}_c \rho_{dmax} - \bar{\rho}_d}} \qquad (2\text{-}11)$$

式中　d——桩孔直径，mm；

　　　L——桩间距，mm；

　　　λ_c——地基挤密后，桩间土的平均压实系数，宜取 0.93；

　　　ρ_{dmax}——桩间土的最大干密度，kN/m³；

　　　ρ_d——挤密前土的平均干密度，kN/m³。

处理填土地基时，鉴于其干密度值变动较大，一般不易按上式计算桩孔间距，为此，可根据挤密前地基土的承载力标准值 $f_{s,k}$ 和挤密后处理地基要求达到的承载力标准值 $f_{sp,k}$，利用下式计算桩孔间距：

$$L = 0.95d\sqrt{\frac{f_{p,k} - f_{s,k}}{f_{sp,k} - f_{s,k}}} \qquad (2\text{-}12)$$

式中　$f_{p,k}$——灰土桩体的承载力标准值，宜取 500 kPa。

对重要工程或缺乏经验的地区，在正式设计桩间距之前，应根据现场成孔挤密试验确定桩孔间距。

⑦ 填料和压实系数。

桩孔内的填料，应根据工程要求或地基处理的目的确定，并应用压实系数 λ_c 控制夯实质量。当用素填土回填夯实时：$\lambda_c \geq 0.95$；当用灰土回填夯实时：$\lambda_c \geq 0.97$，灰与土的体积配合比宜为 2 : 8 或 3 : 7。

承载力和变形模量的确定：

a. 载荷试验法。对重大工程，一般应通过载荷试验确定其承载力，如挤密桩的目的是消除地基湿陷性，则还应进行浸水试验。在自重湿陷性黄土地基上，浸水范围的直径或边长不应小于湿陷性黄土层的厚度，且不小于 10 m。

试验时，如 P-s 曲线上无明显直线段，则土桩挤密地基按 s/b=0.01~0.015，灰土挤密桩复合地基按 s/b=0.008（b 为载荷板宽度）所对应的荷载作为处理地基的承载力值。

b. 工程经验法。对一般工程，可参照当地经验确定挤密地基土的承载力值。当缺乏经验时，对土挤密桩地基，不应大于处理前的 1.4 倍，并不应大于 180 kPa；对灰土挤密桩地基，不应大于处理前的 2 倍，并不应大于 250 kPa。二灰具有明显的水硬性，水养试块强度更高，且随龄期的增长而提高。30 天龄期的单桩容许抗压强度可达 900~1600 kPa，比灰土桩强度高 1/4 左右。

2）灰土挤密桩施工工艺标准

灰土挤密桩工艺流程如图 2-23 所示。

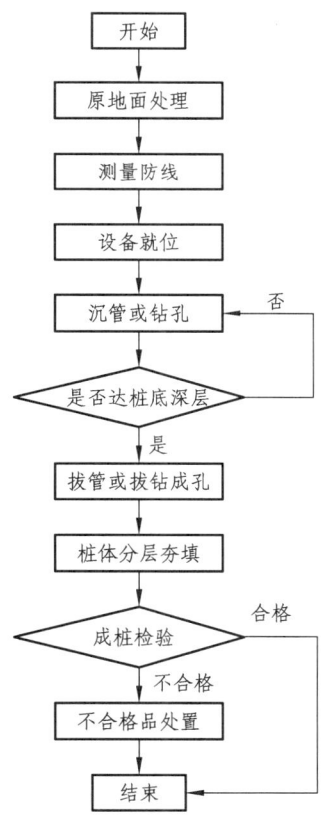

图 2-23 灰土挤密桩施工工艺及质量控制流程

（1）施工准备。

① 主要机具设备。

a. 成孔设备。0.6 t 或 1.2 t 柴油打桩机或自制锤击式打桩机,亦可采用冲击钻或洛阳铲。

　　b. 夯实设备。卷扬机、提升式夯机或偏心轮夹杆式夯实机及梨形锤。

　　c. 主要工具。铁锹、量斗、水桶、胶管、喷壶、铁筛、手推胶轮车等。

　② 作业人员。

　　a. 主要作业人员：打桩工、焊工。

　　b. 施工机具应由专人负责使用和维护,大、中型机械和特殊机具的,操作者须经培训,执有效的合格证书上岗作业。主要作业人员已经过安全培训,并接受了施工技术交底(作业指导书)。

　③ 施工前选定具有代表性的段落进行工艺试验,确定有关施工技术参数,并对试桩进行复合地基承载力检测等；含水率较大时(如大于塑限含水率)应特别关注缩孔的问题,因缩孔影响桩长和桩径时,应及时与设计单位协商予以解决。试桩的数量应符合设计要求且不得少于2个施工单元(如按三角形布置,每个施工单元有7根桩)。

　④ 复核地基土的含水率、饱和度,当地基土的含水率小于12%或大于24%、饱和度大于65%时,及时通知设计单位予以确认,由设计单位确定是否变更设计。

　⑤ 施工前清除地表耕植土。平整场地,清除障碍物,标记处理场地范围内的地下构造物及管线,做好施工场地的"三通一平"工作。

　⑥ 测量放线,定出控制轴线、打桩场地边线并作标识。

　⑦ 确定灰土挤密桩的桩顶标高和原地面标高。

　⑧ 桩位放样。按照设计图纸测放桩位,桩位处用钢钎打入20 cm深后灌入白灰,或直接用钢尺拉出点位后用白灰点出桩位。

　⑨ 成孔机械表面应有明显的进尺标记,以此来控制成孔深度。

　⑩ 施工顺序。隔排隔行,间隔1~2孔跳打,成孔后立即回填,以防止邻孔之间互相挤压造成相邻孔缩孔或振动坍塌。当整片处理时宜由内向外进行,局部处理宜由外向内进行。

　⑪ 桩体使用的石灰块径不得大于5 mm,石灰不得受潮、结块,应符合设计要求。按相关规定检验石灰质量。

　⑫ 进行填料的轻型击实试验,确定施工用的相关参数,如最佳干密度、最佳含水率(注意实际施工时的最佳含水率低于轻型击实试验做出的最佳含水率)、配合比等。

　(2)施工工艺与流程。

　　灰土挤密桩采用振动沉管法成孔,管内击锤夯击回填夯实成桩。振动沉管法成孔工艺流程如图2-24所示。

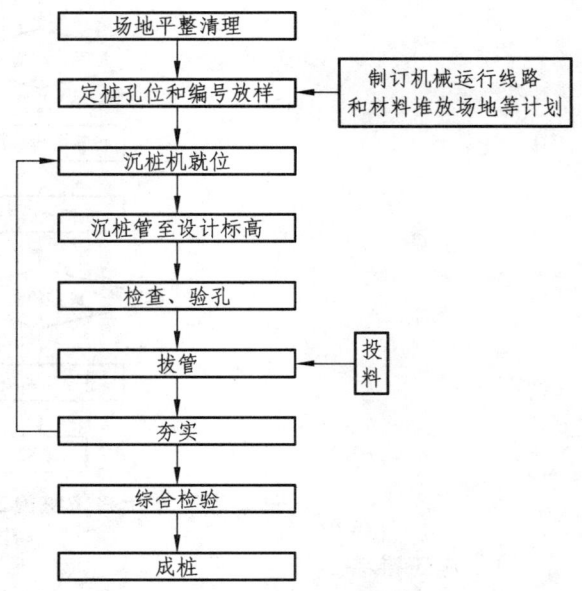

图2-24 灰土挤密桩振动沉管法施工工艺流程

处理区段地基土的含水量宜接近最佳含水量,当土的含水率低于 12%时,宜对处理范围内的土层进行增湿。增湿处理应在地基处理前 4~6 d 完成,需增湿的水通过一定数量和一定深度的渗水孔均匀地渗入处理范围的土层。

施工工序如下:

① 桩机就位。沉管机械按布置好的桩位就位,使沉管管尖对准桩位,调平扩桩机架。沉管上刻划刻度线,桩机保持垂直,用吊锤或经纬仪检查垂直度,垂直度偏差不大于 1.5%。

② 成孔工艺。锤击成孔按隔排跳打或根据成孔情况采用隔桩法进行,用沉桩机将与桩孔同直径的钢管打入土中然后拔管成孔。开始成孔阶段要轻击慢沉,至设计深度后,立即关闭油门,桩管停滞 1 min 后开始缓慢均速地拔锤。成孔后清底夯实、夯平,夯实次数不少于 8 击;若孔底的含水量较大,应先填筑 10~20 cm 的混合料再进行底夯,成孔后进行孔中心位移、垂直度、孔径、孔深的检查,合格后进入下道工序的施工或用盖板盖住孔口防止杂物落入。夯锤不宜在土中搁置太长时间,以免摩阻力增大后提拔困难。

在成孔的过程中,如土质较硬且均匀,可一次性成孔至设计深度;如中间夹有软弱层,柴油机点火装置可能熄灭,需要人工辅助点火几次,反复几次才能达到设计深度。

③ 灰土混合料的拌和。

a. 材料选择。土料宜选用粉质黏土,土料中的有机物含量不得超过 5%,不得含有冻土和渣土垃圾;石灰要选用新鲜的消石灰或袋装生石灰,其粒径不应大于 5 mm,保存期不宜超过 3 个月;对选定的石灰和土进行原材料和土工试验,确定石灰土的最大干密度、最佳含水率等技术参数。灰土桩的石灰剂量宜为 12%(重量比),配制时确保充分拌和且颜色均匀一致。灰土的夯实最佳含水率宜控制在 21%~26%,边拌和边加水,确保灰土的含水率为最优含水率。

b. 拌和要求。灰土混合料的拌和采用稳定土拌和设备在拌和场集中进行,同时配备碎土设备消除土壤中的土块。拌和土必须使用经试验合格的土源,并按预定配合比在拌和设备内拌制灰土混合料。混合料需拌和均匀,混合料中不应含有大于 20 mm 的土块;并应使混合料的组成和含水率达到规定。

拌和应在灌桩前进行,拌和灰土时石灰与土的体积比为 2∶8;若为原状土,通过测定其实际含水量确定施工配合比。拌和后确保水泥土含水量接近最优含水量,其允许偏差不得超过 ±2%。混合料拌和好后可在现场根据"手捏成团、落地散花"判断其含水量是否合适。

④ 灰土回填夯实成桩。

成孔后及时夯填,在向孔内填料前先夯实孔底。

a. 灰土分层回填夯实,逐层以量斗定量向桩孔内下料,每层回填厚度为 280~320 mm。采用电动卷扬机提升式夯实机分层夯实,落锤高度不小于 2 m,每层夯击不少于 10 锤;采用锤击夹杆夯实机夯填,锤径 28 cm,锤重 1 800 N,落距为 50~60 cm,每分钟的夯击次数为 42~45 次。

b. 夯填前测量成孔深度、孔径,做好记录。

c. 夯填前先对孔底夯击 4~5 锤,每填入 3 cm 厚夯击不少于 3 锤,听到第三锤声音清脆,回弹明显,站在孔位旁有回音感觉,夯填连续进行,每一米深的回填量为 0.186 m³ 左右,直到填满夯实为止。

（3）灰土挤密桩桩位布置。

为确保桩位置的准确无误，施工时先放出边线，再按设计要求用石灰粉撒好每一个桩的准确位置。桩间距为1.2 m，呈等边三角形布置。施工范围为两侧坡脚线以内，施工完成后将桩顶夯实并铺设0.5 m的二八灰土垫层。

（4）施工控制。

① 根据场地土含水率的高低合理采用从外围向中间或由中间向外围间隔1~2孔的顺序进行施工，以提高挤密效果或避免出现场地隆起、桩径回淤、缩颈等现象；如若发生前述现象，必须及时采取救措施。

② 打孔遇到障碍物时，应在其四周补桩，不得漏桩、减桩。

③ 填料前应夯实孔底，并应抽检桩孔的直径、深度、垂直度。

④ 桩孔夯填至桩顶时应进行多次回填夯实，确保桩顶的压实度达到要求。

⑤ 桩孔夯填终止高度宜高于桩顶标高500 mm以上，以上剩余桩孔可用其他土料轻夯回填至地面。

⑥ 铺设灰土垫层前，将桩顶标高以上部分连同桩间土一并清除并夯实，桩顶应基本水平。如发现某处标高以下部分的桩间土呈松软状态，应将其换填夯实，方可进行垫层施工。

⑦ 雨季与冬季施工中，应采取防雨或防冻措施，防止灰土受雨淋或冻结。

⑧ 路基地基处理的灰土挤密桩桩身密实度采用动力触探法检测；桥涵地基经处理的灰土挤密桩桩身密实度检测采用标准贯入法检测。

3）施工应注意的质量问题

（1）桩缩孔或塌孔，挤密效果差。

地基土的含水率在达到或接近最佳含水率时，挤密效果最好。当含水率过大时，必须采用套管成孔。成孔后如发现桩孔缩颈比较严重，可在孔内填入干散砂土、生石灰块或砖渣，稍待一段时间后再将桩管沉入土中，重新成孔。如含水率过小，应预先浸湿加固范围的土层，使之达到或接近最佳含水率。

必须遵守成孔挤密的顺序，应先外圈后内圈，并间隔进行。

① 当含水率过大缩径比较严重时，可向孔内填干砂、生石灰块、碎砖渣、干水泥、粉煤灰；如含水率过小，可预先浸水，使之达到或接近最优含水率。

② 遵守成孔顺序，由外向里间隔进行（硬土由里向外）。

③ 施工中宜打一孔，填一孔，或隔几个桩位跳打击实。

④ 合理控制桩的有效挤密范围。

（2）桩身回填夯击不密实，疏松、断裂。

① 成孔深度应符合设计规定，桩孔填料前，应先夯击孔底3~4锤。根据试验测定的密实度要求，随填随夯，对持力层范围内（5~10倍桩径的深度范围）的夯实质量进行严格控制。若锤击数不够，可适当增加击数。

② 回填料应拌和均匀，且适当控制其含水率，一般可按经验在现场直接判定。

③ 每个桩孔回填用料应与计算用量基本相符。

④ 夯锤的质量不宜小于100 kg，采用的锤型应有利于将边缘土夯实（如梨形锤和枣核形锤等），不宜采用平头夯锤。

（3）沉管成孔过程中遇障碍物。

① 用洛阳铲探查并挖除障碍物，也可在相应位置的上面或四周适当增加桩数，以弥补局部处理深度的不足，或从结构上采取适当措施进行弥补。

② 对未填实的墓穴、坑洞、地道等面积不大，挖除不便的情况，可将桩打穿通过，并在此范围内增加桩数，或从结构上采取适当措施进行弥补。

4）施工质量控制和质量检验

（1）质量控制措施。

① 混合料的拌和必须在稳定土拌和站进行，实测含水率确定施工配合比，配料时严格计量。

② 桩孔回填时按照一定速率回填，夯击次数达到技术要求，回填夯击均匀、有序地进行。

③ 桩机就位必须平稳，不得发生移动或倾斜，桩管对准桩位，桩管垂直度的偏差不大于1.5%。

④ 雨季或低温季节施工，应采取防雨或防冻措施，防止土料淋湿后冻结。

⑤ 混合料要求随拌随用，已拌成的填料储放时间不得超过24 h；被雨水淋湿、浸泡的填料严禁使用，按作废处理。下雨期间不得进行拌制。

⑥ 混合料回填至桩顶时，应重复多次进行回填夯实，保证桩顶灰土的密实度。

⑦ 灰土挤密桩施工属隐蔽工程，施工完毕报监理签认后方可进行下一道工序的施工。

（2）质量标准。

① 主控项目。

灰土挤密桩的桩数、排列尺寸、孔径、深度、填料质量及配合比，必须符合设计要求或施工规范的规定。

② 一般项目。

a. 施工前应检查土及灰土的质量、桩孔放样位置等。

b. 施工中应检查桩孔直径、桩孔深度、夯击次数、填料的含水率等。

c. 施工结束后，应检查成桩的质量及地基承载力。

d. 土和灰土挤密桩地基质量检验标准应符合表2-18的规定。

表2-18 灰土挤密桩工程质量检验标准

项目	序号	检查项目	允许偏差或允许值		检查方法
			单位	数值	
主控项目	1	桩长	mm	±500	测桩管长度或垂球测孔深
	2	地基承载力	设计要求		按规范方法
	3	桩体及桩间土干密度	设计要求		现场取样检查
	4	桩径	mm	−20	用钢尺量
一般项目	1	土料有机质含量		<5%	试验室焙烧法
	2	石灰粒径	mm	<5	筛分法
	3	桩位偏差	满堂布桩≤0.4d	条基布桩≤0.25d	用钢尺量
	4	垂直度		<1.5%	用经纬仪测桩管
	5	桩径	mm	−20	用钢尺量

注：桩径允许偏差是指个别断面。

③ 特殊工艺关键控制点控制见表 2-19。

表 2-19 特殊工艺关键控制点控制

序号	关键控制点	控制措施
1	施工顺序	分段施工
2	灰土拌制	土料、石灰过筛、计量，拌制均匀
3	桩孔夯填	石灰桩应打一孔填一孔，若土质较差，夯填速度较慢，宜采用间隔打法，以免因振动、挤压，造成相邻桩孔出现颈缩或坍孔
4	管理	施工中应加强管理，认真进行技术交底和检查；桩孔要防止漏钻或漏填；灰土要计量、拌匀；干湿要适度；厚度和落锤高度、锤击数要符合规定，以免桩出现漏填灰、夹层、松散等情况，造成严重的质量事故

3. 单液硅化加固湿陷性黄土地基

1）概念及加固机理

（1）硅化加固概念。

硅化加固是一种快速改造不良地基土的方法，包括单液硅化和双液硅化，二者均属于化学加固方法。此法系利用带孔眼的花管将硅酸钠（俗称水玻璃）溶液注进土中，或将硅酸钠和氯化钙两种溶液先后轮换注进土中。仅用硅酸钠一种溶液注进土中的，称为单液硅化；用硅酸钠和氯化钙两种溶液注进土中的，称为双液硅化。根据溶液注入方式的不同，又可分为压力单液硅化、压力双液硅化和电动双液硅化。压力（单液和双液）硅化一般借助于空气压缩机或水泵将溶液压进土中，电动硅化则是借助电渗和电泳作用使土脱水后将溶液扩散到土中。地下水位以上的湿陷性黄土，一般采用单液硅化加固比较合适；地下水位以下的饱和黄土，一般采用双液硅化加固比较合适；对已有建筑物地基进行加固时，在非自重湿陷性黄土场地上，宜采用压力灌注；在自重湿陷性黄土场地上，应让溶液通过灌注孔自行渗到土中。上述两种方法一般用于加固地下水以上的地基。此外，还有碱液加固法是将碱液（NaOH）通过灌注孔渗到土中，适宜加固非自重湿陷性黄土场地上的已有建筑物地基。

（2）硅化加固机理。

单液硅化法是以浓度低、黏滞度小的硅酸钠溶液掺入 1.5%～2.5%氯化钠组成。溶液入土后，经一定时间，溶液中的钠离子与黄土中的钙离子产生互换的化学反应，从而在土之间及其表面形成硅酸凝胶薄膜，使土粒间的联结作用增强，赋予土以耐水性、稳固性和不湿陷性，并提高土的抗压和抗剪强度。其化学反应式为

$$Na_2O \cdot nSiO_2 + CaSO_4 + mH_2O = nSiO(m-1)H_2O + Na_2SO_4 + Ca(OH)_2$$

通过 X 光镜和显微镜观察研究，可以看出硅酸凝胶的生成过程。最初硅胶薄膜的厚度只有几微米，随着时间的增长，其薄膜逐渐地增厚和硬化，土的强度亦随时间增长而提高。溶液入土 15 d 左右，硅酸凝胶形成的作用很强烈，土的强度增长速度最快；但溶液刚入土时，两者还未产生化学反应析出胶凝物质，被硅酸钠溶液浸湿的土体并未起加固作用，此时土的强度不是提高而是降低。同时自重湿陷性黄土浸湿后的剩余强度很小，

湿陷起始压力小于其上覆土的饱和自重压力。因此采用单液硅化法加固自重湿陷性黄土地基，按照国内外以往传统的工艺，在基础旁侧瞬时间内将大量溶液自上向下分层压入土中，是导致地基产生显著附加下沉的主要原因。

湿陷性黄土的孔隙率很高，常达其总体积的50%或更大，地下水位以上土的天然含水率较小。孔隙间一般无自由水，溶液入土后不致受水稀释，有利于采用单液硅化法的新工艺灌注低浓度的硅酸钠溶液加固湿陷性黄土地基，并可获得较好的技术经济效果。双液硅化法通常用于加固砂性土与饱和黄土地基。

单液硅化灌浆加固法需用水玻璃和氯化钙等工业原料，成本较高，其优点是能使土的强度得到很大提高；但对于酸性土和已渗入石油产品、树脂和油类的地基土，不宜采用硅化法加固。

2）参数确定

（1）灌注孔的布置。

灌注孔的布置应使欲加固的土体在平面及深度范围内形成整体，灌注孔的平面距离与土的渗透系数、灌注溶液的压力、时间及溶液的黏滞度等因素有关，一般可通过单孔灌注试验确定。正常情况下，灌注孔径为 50~70 mm，单孔的加固半径为 0.25~0.40 m，灌注孔宜按正三角形或梅花布置，超出基础底面的宽度，每边不应小于 0.5 m，灌注孔之间的距离为 $1.73r$（r 为土的加固半径），排距为 $1.5r$，局部地层可根据地基土的主要物理力学性质指标进行微调。加固既有建筑物地基时，灌注孔的布置宜根据基础形式、基底面积和单孔的加固半径确定。对条形基础，一般沿其两侧布置 1~2 排竖向灌注孔；对面积较大的独立基础，在其周围除布置 1~2 排竖向灌注孔外，还应在基础内设置穿透基础的竖向灌注孔或在靠近基础边缘布置斜向基础中心的灌注孔，使溶液直接注入基础底面以下的土层中。

（2）溶液用量的计算。

硅化加固土的溶液用量与土的孔隙率、饱和度及土粒表面等因素有关，土的孔隙率越大或土的颗粒越细，土的表面积越大，吸收溶液能力越强。

单液硅化加固黄土，需要的溶液用量可按下式计算：

$$Q = vnd_1a \tag{2-13}$$

式中　v——欲加固土的体积，m³；

　　　n——加固前土的平均孔隙率（%）；

　　　a——溶液填充孔隙的系数，一般为 0.6~0.8；

　　　d_1——硅酸钠溶液稀释后的密度，一般为 1.13~1.15 kg/L。

当硅酸钠溶液的浓度大于拟加固地基土要求的浓度时，应加水稀释。硅酸钠的加水量可按下式计算：

$$g = [(d-d_1)/(d_1-1)]N \tag{2-14}$$

式中　d——硅酸钠溶液稀释前的密度，一般为 1.45~1.53 kg/L；

　　　d_1——硅酸钠溶液稀释后的密度，kg/L；

　　　N——硅酸钠溶液稀释前的数量，L。

3）单液硅化加固施工工艺

（1）成孔及灌浆设备。

主要设备为灌注管、钻（或打）孔机、分配器、灌注罐、配液桶（或槽）、空气压缩机（或水泵）、胶皮管、压力表和滑车等。

灌注管由管帽，带孔眼的花管、连接头，不带孔眼的连接管和管尖等组成。带孔眼的花管和不带孔眼的连接管，通常采用内径为 19~38 mm 和壁厚不小于 5 mm 的无缝钢管制作；花管和连接管的长度，每节各为 1.0~1.5 m。带孔眼的花管，其带孔眼部分的长度一般为 0.6~1.0 m，孔眼直径为 2~3 mm，向外扩成喇叭状，孔眼中距为 20 mm，按梅花形排列，管尖为 20°~30°的三角锥体。

灌注罐可用 8~12 mm 的钢板焊接而成，其容积约为 400 L，灌注罐内壁承受的压力不应小于 60 kPa，灌注溶液前应进行水压试验，以检查其强度是否符合要求。

钻（或打）孔机视加固深度、地层及场区条件情况决定采用钻机或人工洛阳铲。灌浆泵采用普通低压、小流量泥浆泵或清水泵，推荐用 BW-160 型泥浆泵。

（2）工艺流程。

单液硅化加固湿陷性黄土地基的施工工艺可分为压力灌注和溶液自渗两种。溶液由于自渗施工工期长，大都在 2 个月以上，故新建工程一般不采用溶液自渗工艺。在此仅介绍压力灌注施工工艺。压力灌注成孔及灌注溶液自上向下分层进行，加固湿陷性黄土地基一般分为 2 层（如果加固深度≤5.0 m，可不分层），即先施工第一加固层，将带孔的金属灌注管送入第一加固层，随即利用灌注设备将配好的溶液压入该土层；待第一加固层施工完毕后重复上述步骤完成第二加固层的施工。灌浆工艺流程为：设备安装→灌浆孔定位→成孔→验孔→安装灌浆管→安装灌浆堵塞→浆液配制→灌浆→封孔。封孔采用体积比为 1∶9（水泥∶土）的水泥土拌和均匀后夯填捣实至孔口。

4）质量控制

（1）成孔质量。

① 必须采用干钻工艺成孔，严禁采用水或泥浆等冲洗液固壁。

② 灌浆孔的孔位、顺序、孔深、孔径和孔斜度按施工图纸要求进行。孔位误差≤50 mm。

③ 钻机安装应平整、稳固，在钻进过程中要测斜，孔斜<1%，发现钻孔偏斜超过规定时应及时纠偏。钻孔结束后，孔口要堵盖，防止落物。

（2）灌浆。

① 灌浆分段。一般灌浆段长度不宜超过 4.0 m 或不能超过 10 个孔。注浆管距孔底不得大于 10 cm，灌浆堵塞应塞在非加固深度段段底以上 15 cm 处，以防漏灌。

② 灌浆方法。灌浆采用灌、停循环间歇方法。为了保证灌浆质量，如果加固深度>5.0 m，必须分层灌注，自上向下分层交替、间隔灌注作业。

③ 灌浆材料。采用硅化法加固地基，使用的液体一般为水玻璃（即硅酸钠），其颜色多为透明或稍许混浊，不溶于水的杂质含量不宜超过 2%。其中，硅酸钠的模数 M 值可按下式计算：

$$M = [\mathrm{SiO}_2(\%) / \mathrm{Na}_2(\%)] \times 1.032 \qquad (2\text{-}15)$$

M 值越大，说明硅酸钠中含 SiO_2 的成分越多。因为硅化加固主要依靠 SiO_2 对土的胶结作用，所以硅酸钠的模数值直接影响加固土的强度。经试验研究证明，M 值为 1 的纯偏硅酸钠加固土的强度很小，不宜用于加固地基；M 值为 2.6～3.3 时，加固土的强度可达 300～1 000 kPa，满足工程要求；M 值在 3.3 以上时，随着 M 值增大，加固土的强度反而降低，说明 SiO_2 含量过多对土的强度有不良影响。因此，采用硅化法加固地基时，硅酸钠的模数值宜为 2.5～3.3。

④ 制浆要求。

配溶液时，先将拟稀释的硅酸钠溶液送入金属或木制的容器，然后加入计算加水量及 1.5%～2.5%浓度氯化钠，搅拌均匀，浆液高速搅拌的时间≥30 s，普通搅拌的时间≥5 min，并用密度计测其浓度。稀释后的硅酸钠溶液密度一般为 1.13～1.15 kg/L，如果地基土含水率平均值>22%，可适当提高密度至 1.18～1.25 kg/L，符合要求后即可使用。

⑤ 灌浆参数。

施工过程中收集反馈信息，根据变化情况，及时调整灌浆压力、速度、时间参数，以达到最优效果。

湿陷性黄土的渗透系数较小，一般为 0.5～2.0 m/d，浆液渗透较困难，如果压力过大，加固的土体中易形成劈裂通道，不但造成浆液大量流失浪费，而且浆液不能均匀渗入被加固的土体，不符合本方法的加固机理，更达不到单液硅化加固目的；压力过小，浆液渗透缓慢且影响加固效果。因此灌浆压力、速度等参数的调控是灌浆成败的决定性因素。具体操作步骤方法：

初始灌注时采用 30～50 L/min 的泵量，泵压调整到 100 kPa 左右，当孔压瞬时达到 250 kPa 时，立即停止灌注并关闭止回阀，通过孔内压力使浆液均匀渗透，当压力表显示孔内压力降到 20 kPa 以下时，开泵继续灌注，如此循环，达到理论计算吃浆量时即可停止。局部出现窜浆和冒浆时应立即停灌封堵，然后跳打间隔灌注。

5）质量检查

（1）灌浆结束 10 天后，在加固范围内采用动力触探和探井取样方法对加固效果进行检测，以确定加固土的承载力和湿陷性消除情况。

（2）必要时，尚应在加固土的全部深度内每隔 1 m 取土样进行室内试验，测定其压缩性和湿陷性。

（3）结束后，尚应对已加固地基的建（构）筑物或设备基础进行沉降观测，直至沉降稳定，观测时间不应少于半年。

2-3-4　任务拓展

（1）除了单液硅化法以外，还可采用双液硅化法加固地基。双液硅化法按传统工艺先压入硅酸钠溶液，后压入氯化钙溶液，实际上与单液硅化一样，在氯化钙溶液未压入土中与硅酸钠溶液接触前，地基湿陷和建筑物的附加沉降就产生了，故采用双液硅化或加气硅化,在分层压入硅酸钠溶液的过程中亦不能阻止自重湿陷性黄土地基产生湿陷。

(2)黄土地基加固处理方法的选择要考虑黄土湿陷原因和湿陷性的强弱,除了本学习任务介绍的处理方法外,根据高速铁路路基所处的位置及对沉降控制的要求,还可以选择其他方法。另还也可以采用桩板结桩筏结构等基础形式。

任务 2-4　杂填土地区基底加固

2-4-1　任务目标

(1)能够选择合适的杂填土地基加固方案,提出合理的施工措施。
(2)能够对施工过程中的关键工序及质量检验进行控制并完成方案实施工作。

2-4-2　相关知识

杂填土是人类生产活动中形成的地面填土层。杂填土的组成物质因各地区生产和生活特点的不同而各不相同,可分为建筑垃圾、生活垃圾、工业垃圾所形成的杂填土或是几者的混合。杂填土的土质组成成分、堆积的时间与成因以及杂填土环境条件不同,则相应地基的工程性质差异很大,主要表现在:①性质不均匀,厚度变化大;②承载力低;③变形大并有较强的湿陷性;④孔隙率大且渗透性不均匀;⑤腐蚀性和污染性。

常用的杂填土地基处理方法有换填法、砂石桩法、强夯法和强夯置换法、夯实水泥土桩法、柱锤冲扩桩法、振冲法、水泥土搅拌法、石灰桩法、水泥粉煤灰碎石桩(CFG)等。

下面重点介绍碎(砂)石桩及土工合成材料在地基加固中的应用。

2-4-3　任务实施

1. 碎(砂)石桩法

1)概　述

(1)碎(砂)石桩的概念。

砂桩也称为挤密砂桩或砂桩挤密法,是指用振动或冲击荷载在软弱地基中成孔后将砂再挤入土中,形成大直径密实砂柱体的加固地基的方法。砂桩法适用于挤密松散的砂土、粉土、黏性土、素填土、杂填土等地基。饱和黏土地基对变形控制要求不严的工程也可采用砂桩置换处理。

碎石桩是以碎石(卵石)为主要材料制成的复合地基加固桩。碎石桩和砂桩等在国外统称为散体桩或粗颗粒土桩。散体桩是无黏结强度的桩,由碎石桩或砂桩等散体桩和桩间土组成的复合地基亦可称为散体桩复合地基。目前在国内外广泛应用的碎石桩、砂桩等复合地基都是散体桩复合地基。

（2）加固机理。

① 砂性土地基加固原理。

松散砂土地基属单粒结构，是典型的散粒状体，其颗粒之间存在较大的孔隙，颗粒位置不稳定，在动（静）荷载的作用下很容易产生位移，因而产生较大的沉降，特别是在振动力作用下更为明显（体积可减小20%）。另外，砂土地基的承载力和抗液化能力也随其密实度的变化有很大差别，密实砂土地基承载力和抗液化能力最佳，随着密实度的减小，其承载力和抗液化能力也随之减小。所以，松散砂土地基只有经过处理才能作为建筑物的地基。

挤密碎（砂）石桩法加固砂性土地基的主要目的是提高地基土承载力、减小变形和增强抗液化性。碎（砂）石桩加固砂土地基抗液化的机理主要体现在以下三个方面：

a. 挤密作用。

对挤密碎（砂）石桩，由于在成桩过程中桩管对周围砂层产生很大的横向挤压力，桩管中的碎石挤向桩管周围的砂层，使桩管周围的砂层孔隙比减小，密实度增大。

b. 振密作用。

采用沉管施工时，桩管四周的土体受到挤压，同时桩管的振动能量以波的形式在土体中传播，引起桩四周土体的振动，由于土的结构破坏，土颗粒重新进行排列，从而使土由较松散状态转变为密实状态。如果有排水通道，如碎（砂）石桩，土中的水就沿排水通道排出。土体由于孔隙水排出，孔隙比降低，密实度便得到提高。

c. 抗液化作用。

在振动作用下，饱和砂土的结构遭到破坏，土中的孔隙水压力升高，从而使土的抗剪强度降低。当土的抗剪强度降低或完全丧失，使土不再能抵抗它原来所能承受的剪应力时，土体就发生液化流动破坏。碎（砂）石桩形成的复合地基，其抗液化作用主要有两个方面：

• 桩间可液化土层受到挤密和振密作用。

碎（砂）石桩法形成的复合地基，可使土层密实度增大，结构强度提高，表现为土层标贯击数的增加，从而提高土层本身的抗液化能力。工程实践表明：只要小于0.075 mm的细颗粒含量不超过10%的土，均可得到显著的挤密效应。

• 碎（砂）石桩的排水通道作用。

作为复合地基的碎（砂）石桩具有良好的排水通道，能有效地消散振动所引起的超孔隙水压力，提高桩间土的抗液化能力。

② 黏性土地基加固原理。

对黏性土地基（特别是饱和软土），碎（砂）石桩的作用不是使地基挤密，而是置换。通过成桩机械将不良地基土强制排开并置换，虽然对桩间土的挤密效果并不明显，但是可在地基中形成密实度高和直径大的桩体，与原黏性土构成复合地基，共同工作。

碎（砂）石桩的刚度由于比桩周黏性土的刚度大，且地基中应力按材料变形模量进行重新分配，因此，大部分荷载将由碎（砂）石桩承担。从碎（砂）石桩和土组成复合地基角度来看，碎（砂）石桩处理饱和软弱黏性土地基主要有以下两个作用：

a. 置换作用。

对黏性土地基，特别是软弱黏性土地基，其黏粒含量高，粒间应力大，并多为蜂窝结构，渗透性小，在振动力或挤压力的作用下，土中的水不易排走，会出现较大的超静孔隙水压力。砂桩在黏性土地基中的作用之一是密实的砂桩在软弱黏性土中取代了同体积的软弱黏性土（置换作用），形成复合地基。通过载荷试验和工程实践表明，在砂桩复合地基承受外荷载时，可发生压力向刚度大的桩体集中的现象，使桩间土层承受的压力减小，沉降比相应减小。砂桩复合地基与天然的软弱黏性土地基相比，地基承载力增大率和沉降减小率与置换率成正比。在淤泥质黏性土中形成的砂桩地基的载荷试验结果表明，在同等荷载作用下，其沉降可比原地基土减小 20%~30%。

b. 排水作用。

软弱黏性土是一种颗粒细、渗透性低且结构性较强的土，在成桩的过程中，由于振动挤压等扰动作用，桩间土出现较大的超静孔隙水压力，从而导致原地基土的强度降低。制桩结束后，一方面原地基土的结构强度逐渐恢复；另一方面，在软黏土中，所形成的砂桩是黏性土地基中良好的排水通道，砂桩可以和砂井一样起排水作用，可大大缩短孔隙水的水平渗透距离，加速软土的排水固结，促进地基土沉降至稳定。

总之，碎（砂）石桩复合地基除了可提高地基承载力、降低地基的沉降量外，还可用于提高土体的抗剪强度，增强土坡的抗滑稳定性。

2）碎石桩施工方法

按制桩工艺分为振冲（湿法）碎石桩和干法碎石桩两大类。利用振动水冲法施工的碎石桩称为湿法碎石桩。各类碎石桩的主要特性见表 2-20。

表 2-20 碎石桩的主要特性

名 称		设备与工艺	制桩工效	桩长/m	桩径/m	挤密能力	环境影响
振冲碎石桩		专用振冲器水平振冲加水冲造孔，分层挤密填料	较快	20~25	0.6~1.2	强	泥浆污染
干法碎石桩	干震碎石桩	专用振动孔器水平振动造孔，分层振实填料	较快	≤6	0.4~0.7	强	无泥浆污染
	锤击碎石桩	重锤内击沉管，分层击实填料	中等	12~15	0.4~0.7	较强	
	振挤碎石桩	振动沉管法造孔，分层振实填料	较快	19~28	0.4~0.6	中等	

（1）振冲碎石桩施工方法。

振冲法是碎石桩的主要施工方法之一，是以起重机吊起振冲器，启动潜水电机，带动偏心块，使振冲器产生高频振动，开动水泵，通过喷嘴喷射高压水流，在边振边冲的联合作用下，将振冲器沉到土中的设计深度。经过清孔，从地面向孔中逐段填入碎石，每段填料均在振动作用下被振挤密实，达到所要求的密实度后提升振冲器，如此重复填料和振密，直至地面，从而在地基中形成一根大直径、很密实的桩体。

① 桩身材料。

碎石或卵石可选用自然级配，含泥量不宜超过 10%，材料的最大粒径不宜大于 80 mm，碎石常用粒径为 20～50 mm，粒径太大不仅容易卡孔，而且会使振冲器外壳强烈磨损。

桩体材料，碎石比卵石好，碎石之间咬合力大，形成的碎石桩强度高，而卵石用作填料时下料容易。

② 施工机具。

振冲法施工的主要机具有振冲器、起吊机械、水泵、泥浆泵、填料机械、电控系统等。起重机械一般采用履带吊机、汽车吊机、自行井架式专用吊机等。起重能力和提升高度均应满足施工要求，并需符合起重规定的安全值，一般起重能力为 10～15 t。

③ 施工顺序。

施工一般采用"先中间后周边"或"一边推向一边"的顺序进行。在软黏土地基中施工时需要减少对土的扰动，宜用间隔跳打的方式。在邻近建筑物施工时，必须遵循图 2-25 所示顺序或者用功率较小的振动器施工。

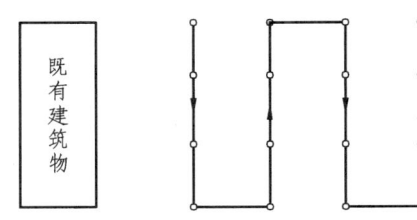

图 2-25 临近既有建筑物的施工顺序

④ 振冲法施工工艺。

振冲法施工工艺流程如图 2-26 所示。

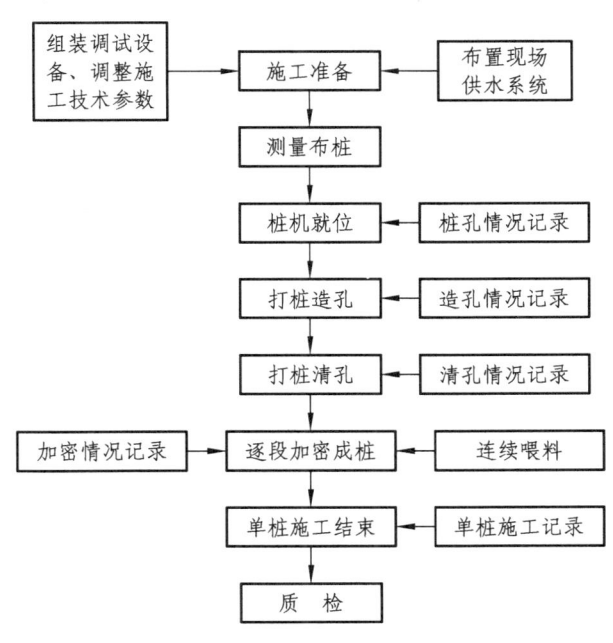

图 2-26 振冲法施工工艺流程

具体施工顺序如下：

a. 就位。施工机具就位，振冲器对准桩位，开动水泵，待振冲器下端水口出水后，启动振冲器，检查水压、电压和振冲器的空载电流是否正常，如图 2-27（a）所示。

b. 成孔。启动起吊机械，使振冲器以 1～2 m/min 的速度下沉。成孔过程中应使振冲器保持铅直状态。当下沉过程中电流值超过额定电流值时，必须减速或者停止下沉，或者向上提起振冲器，待电流下降后继续下沉。在成孔过程中记录电流值、成孔速度和返水情况。当孔口不返水时，应加大水量。当振冲器达到设计处理深度以下 0.3～0.5 m 时，缓速将振冲器提至孔口，如图 2-27（b）所示。

c. 清孔。成孔后孔内泥浆重度较高，填料在孔内的下降速度将减慢，甚至造成淤塞。因此成孔后要留一定的时间（一般 1～2 min）进行清孔，如图 2-27（c）所示。

d. 填料。清孔后，将振冲器提出孔口，即可开始填料。填料的方式一般有两种，一种是把振冲器提出孔口并往孔内加料，然后再放入振冲器振密，每次往孔内倒入 30～50 cm 深度的石料，分段填料分段振密，直到制桩结束；另一种是振冲器不提出孔口，只是往上提一些，使振冲器离开原来振密过的地方，然后往下倒料，再放下振冲器进行振密，如图 2-27（d）所示。

e. 振密加固。利用振冲器将填入桩孔的石料不断挤入侧壁土层，同时使桩身填料密实。无论采用哪种填料方式都应保证振密自孔底开始，以每段 30～50 cm 的长度逐段自下而上直至孔口，如图 2-27（e）所示。

f. 成桩。振密加固到孔口时桩体形成，先关闭振冲器，再关闭水泵，如图 2-27（f）所示。

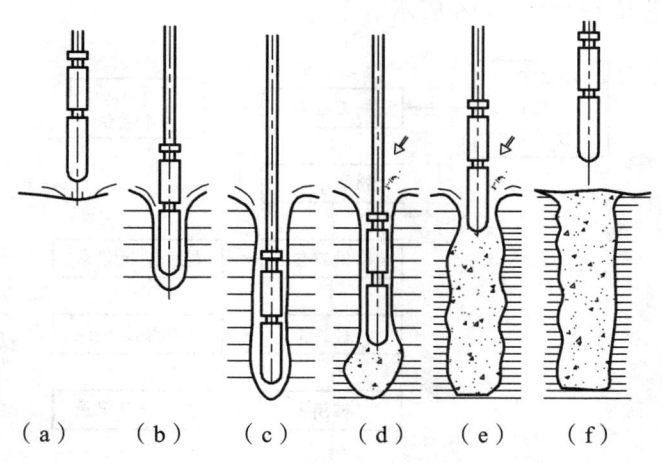

(a)　(b)　(c)　(d)　(e)　(f)

图 2-27　振冲法施工过程示意图

⑤ 施工要点。

a. 水压、水量控制。施工过程中，强度较低的软土，水压要小些；强度较高的土，水压宜大些，且随深度适当增加。但接近加固深度 1 m 处时应降低水压，以免扰动底层土。成孔过程中，水压和水量要尽可能大；加料振密过程中，水压和水量均宜小些。

b. 数量控制。加料时宜量少勤加，制桩时每次往孔内倒入的填料量宜为 1 m 孔深，用振冲器振密后，再继续加料。

c. 在强度很小的软土地基中施工时,要采用"先护壁、后制桩"的方法。即在开孔时,可先到达第一层软弱层,然后加料进行初步挤振,让填料挤入孔壁,加固此段孔壁,以防塌孔。然后使振冲器下降至下一段软土中,用同样的方法加料护壁。

如此重复进行,直到设计深度。孔壁护好后,按常规步骤制桩。

d. 在桩的顶部 1 m 范围内,由于该处的地基土上覆压力小,施工时桩体的密实度很难达到要求。应将顶部的松散桩体挖除或用碾压等方法使之密实,随后铺一层 30~50 cm 的碎石垫层,并压实。

(2) 沉管法碎石桩施工。

沉管法主要用于制作砂桩,近年来已开始用于制作碎石桩。沉管法成桩包括振动成桩法和冲击成桩法两种。

① 沉管法碎石桩施工设备。

采用塔架式或桅杆式机架,机架高度应根据桩长选用,一般为 8~15 m。为保证导管处于铅直状态,机架应设置导向装置。卷扬机配备两套,即主、副各一套,卷扬机提升能力应大于冲锤和导管的重力与拔管阻力之和,一般主卷扬机提升能力为 25~35 kN,副卷扬机提升能力为 15~25 kN,电机功率应与卷扬机配套。采用厚壁无缝钢管制作的导管。

② 沉管法碎石桩施工工艺。

沉管法碎石桩施工工艺流程如图 2-28 所示。

a. 就位。机架就位,对准桩位,调平机架,放置导管,如图 2-28(a)所示。

b. 制塞。在导管内先投入一定量的碎石,形成一定高度的"石塞",投料要适当,如图 2-28(b)所示。

c. 沉管。用冲锤反复冲击导管内的碎石石塞,通过碎石与导管间的摩擦力作用带动导管与石塞一起下沉,直到设计深度为止。在冲击石塞料的沉管过程中,投料孔入土前必须封闭,如图 2-28(c)所示。

d. 穿塞。沉管到位后,提升导管至一定高度(一般为 30 cm),用低冲程将石塞击至管外,并将其冲至管下一定深度;为确认石塞是否被冲击出导管,可轻冲管底 1~2 次,如导管不随之下沉,可判断已经穿塞,如图 2-28(d)所示。

e. 制桩。制桩包括提管、投料和击实三个过程,如图 2-28(e)所示。在制桩的过程中应严格控制每次提管高度,在淤泥质土层中应小于 15 cm,在一般黏土层中应为 30 cm 左右。每次投料量以顺利击出管口并保证桩体连续为准,但要保证每米投石量。每次击实时一般先轻击,后重击,锤底一般不超过管口。

f. 形成桩体。制桩完成时,桩顶标高一般应高出基础底面 0.5~1.0 m,这段高度称桩顶超高,以保证基底处的桩体和桩周土获得足够的密实度。超高部分在基础施工时挖除,如图 2-28(f)所示。

g. 表土处理。碎石桩施工完成后应对地基表面进行处理。处理方式如下:

对条基和独立柱基,将基底标高以下 30 cm 厚的加固土挖去,回填 30 cm 厚的碎石垫层,并夯实,回填范围超出基础边缘 50 cm;对片筏基础,将基底标高下 50 cm 厚的加固土挖去,回填 50 cm 厚的碎石垫层,并压实,回填范围超出基础边缘 100 cm。

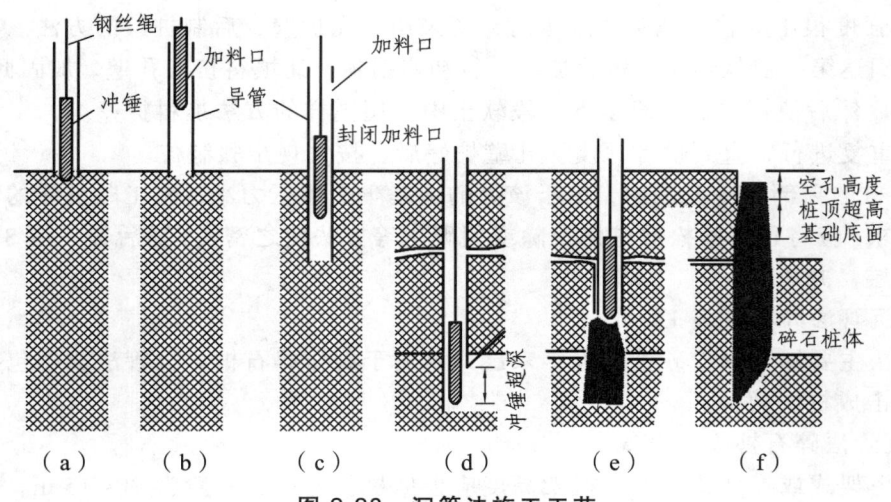

图 2-28 沉管法施工工艺

2. 土工材料加固地基施工

1) 概　述

土工合成材料是以合成纤维、塑料、合成橡胶等高分子聚合物为原料制成的应用于岩土工程中的特殊材料。根据制造工艺及应用功能的不同,土工合成材料可分为土工织物、土工膜、土工格栅、土工复合材料和土工特种材料五大类,主要具有加筋、隔离、反滤、排水、防渗、防护等功能,在地基加固处理以及排水、沥青路面增强等领域应用广泛并取得了显著效益。

制作土工合成材料的合成纤维是以煤、石油、天然气等作为原料,经过化学加工而形成高分子聚合物,再经过机械加工制成纤维、条带、网格、薄膜等。目前国内用于生产的土工纤维多以丙纶(聚丙烯纤维)、涤纶(聚酯纤维)为主要原料。

土工合成材料的产品类型繁多,根据制造方法大致分为编型土工织物、织型土工纤维(机织物)、无纺型土工织物、土工复合材料、土工格栅及其他材料。

2) 土工合成材料的特性及作用机理

(1) 土工合成材料的特性。

土工合成材料突出的优点是重量轻,整体连续性好,施工方便,抗拉强度较高,耐腐蚀性和抗微生物侵蚀性好;无纺型的当量孔隙直径小,渗滤性好,质地柔软,能与土很好地结合。缺点同其原材料一样,未经过特殊性处理则抗紫外线能力低,如暴露受到紫外线光的直接照射容易老化,但如不直接暴露,则抗老化及耐候性能较高。表征土工织物产品性能的指标包括以下几方面:

① 产品形态。材质加工方法、宽度、每卷的直径及重量。

② 物理性质。主要有单位面积质量、厚度,开孔尺寸(孔隙分布及等效孔径),均匀性等。

③ 力学性质。包括抗拉强度、断裂时延伸率、撕裂强度、冲穿强度、顶破强度、蠕变性和岩土间的摩擦系数等。

④ 水理性质。垂直向、水平向透水性。

⑤ 抗老化能力。包括对紫外线、温度的敏感性,抗化学腐蚀性和抗生物腐蚀性等。

上述有关产品的形态及物理性质均在制造时形成。有关指标必须经过产品检测,并提供材料性能规格说明。聚合材料本身的力学性能参数、水力特性以及抗老化性能等参数通常要依靠标准试验确定。这些参数作为产品特性和分类的依据,多数并不能直接用作设计参数。

土与土工合成材料的相互作用性质(如土和土工合成材料复合体的强度和变形特性、摩擦和黏聚力、蠕变性和动力特性、反滤性能等)对提供设计参数和建立分析计算理论十分重要。目前土工合成材料的试验方法和标准国内外尚不统一,关于土与土工合成材料的相互作用性质的试验方法也大多处于研究探索之中。

土工合成材料产品因制造方法和用途不一,宽度和重量规格变化甚大,开孔尺寸(等效孔径)也存在较大的差异:无纺型土工织物为 0.05~0.5 mm,编织型土工织物为 0.1~1.0 mm,土工垫为 5~10 mm,土工网及土工格栅为 5~100 mm。

⑥ 导水性。大部分编织与热黏型无纺型土工织物的导水性很小,针刺无纺型土工织物导水性为 $10^{-6} \sim 10^{-5}$ m²/s,土工网的导水性为 $10^{-4} \sim 10^{-2}$ m²/s,排水用土工复合聚合物的导水性为 $10^{-4} \sim 10^{-1}$ m²/s。

⑦ 抗拉强度。大部分常用无纺型土工织物为 10~30 kN/m,高强度的无纺型土工织物为 30~100 kN/m;最常用的编织型土工织物为 20~50 kN/m,高强度的编织型土工织物为 50~100 kN/m,特高强度的编织物(包括带状织物)为 100~1 000 kN/m;一般土工格栅为 30~200 kN/m,高强度的土工格栅为 200~400 kN/m。不同类型的土工合成材料的拉应力和应变关系变化差别很大。

⑧ 渗透性。土工合成材料的渗透性是其重要的水力学特征之一。根据工程应用的需要,常常需要确定垂直于和平行于织物平面的渗透性,这时以渗透系数表示。土工织物的渗透系数为 $8 \times 10^{-4} \sim 5 \times 10^{-1}$ cm/s,无纺型土工织物的渗透系数为 $4 \times 10^{-3} \sim 5 \times 10^{-1}$ cm/s,土工膜渗透系数为 $5 \times 10^{-11} \sim 3 \times 10^{-10}$ cm/s。

(2)土工合成材料的作用机理。

① 反滤。

在有渗流的情况下,利用一定规格的土工织物铺设在被保护的土层上,可起到与一般砂砾石反滤层同样的作用,既容许水流畅通而同时又能阻止细小土粒的移动,从而防止发生流土、管涌和堵塞。

对土工织物滤层工作机理的研究结果表明,多数渗水性土工织物在单向渗流的情况下,初期紧贴土工织物的土体中发生细粒逐渐向滤层移动的现象,同时还有部分细粒通过土工织物被带走,遗留下来的较粗颗粒同与滤层相邻的一定厚度的土层逐渐自然形成一个反滤带和一层骨架网阻止土粒的继续流失。由此,土工织物同与其相接触部分的土层共同形成一个完整的反滤体系。

② 排水。

某些具有一定厚度的土工织物具有良好的三维透水性,利用这种特殊性除了可以透水反滤外,还可使水经过土工织物的平面迅速地沿水平方向排走,且不会堵塞,构成水平排水层。

③ 隔离。

土工织物设置在两种不同土或者土与其他材料之间，把它们互相隔开，避免混杂而产生不良的效果。其作用原理是依靠土工织物的高抗拉性、抗顶穿性及抗撕裂性，依靠其整体连续性、柔韧性以及良好的耐酸碱性、抗生物侵蚀性等，适应受力、变形和各种环境变化的影响。

作为隔离用的土工织物，其渗透性应大于所隔离的土的渗透性并不被堵塞，在荷载作用下还要具备足够的耐磨性。当被隔离体的材料或土层之间无水流作用时，不透水土工聚合膜同样可起到隔离水流的作用。

④ 加固和补强。

土工织物具有高强度、高韧性等力学性能，能与地基土组合形成一个整体，限制地基土的侧向变形，分散荷载，增大土体的刚度模量，改善土体（或加筋土）及各种复合土工结构的受力性能，减少不均匀沉降。

a. 加固补强机理。

土工合成材料中常用于地基加固补强的有土工格栅、土工格网以及土工布等。土工格栅、土工网格等筋材的作用机理与土工布有相似之处，即它们都可以通过与土体的摩擦发挥自身的抗拉强度；同时又有很大区别，土工格栅、土工格网具有一定的开孔率，通过与土体颗粒以及其他粒状填料之间的嵌锁作用与咬合作用来发挥性能。这使得这种材料总体优于土工布类材料，而且还克服了土工布这类材料分隔了土体，不能充分发挥土体自身抗剪强度的弱点。

加固补强材料表面糙度及机械嵌锁性是发挥其与土体界面效应的重要条件。土工格栅、土工格网的节点厚度远大于筋条厚度，增强了表面与土体界面的摩擦作用，机械咬合作用远大于土工布。当粒状填料堆积在土工格栅上时，部分填料穿过网孔，并与下部土层相嵌，使网孔受到的拉力负荷转变成周围土体中的压应力，使嵌锁土体受到压缩、包裹作用，格栅与土体形成一个稳定的、有一定模量的，能抵抗水平剪力的类似柔性平面的复合结构。所用的筋材层数越多，填料越密实，加固效果越好。

为充分发挥筋材的抗拉特性，铺设土工格栅时，应尽可能拉紧铺平，从而给加筋材一个预拉力，并应注意筋材间的搭接与固定。

当很软的地基可能产生很大变形时，铺设的土工合成材料通过其承受的拉力和与土的摩擦作用可增强侧向限制，阻止土侧向挤出，从而减小变形，特别是侧向变形，从而增强地基的稳定性。通常可采用将土工材料反包回折的方式以进一步增强侧向限制的作用。

b. 加筋土工作机理。

土工合成材料用于加筋土时，其作用与其他筋材的加筋土相似。加筋土是一种土和抗拉筋材的组合体，土与加筋材料之间通过摩擦力形成一个整体提供锚固力，保证支挡建筑物保持稳定。

土工合成材料的这种筋材是相对柔性的，对于一般无加筋的无黏性水平半无限土体，随着横向变形的逐渐增大，土楔体从静止状态变为主动状态而破坏，如果在水平方向埋置有拉筋，则拉筋之间的土层上下被拉筋压紧，土和拉筋之间的摩擦充分作用，若各拉筋层非常靠近,则横向变形就和拉筋的变形相等。一般拉筋的弹性模量要比土的弹性模量大若干倍,所以横向变形很小,可以忽略不计。只要拉筋不发生破坏,土体内部的应力状态几乎不变,于是无黏性土在加筋方向获得和拉筋的抗拉强度相适应的表观黏聚力,如对应于荷载条件,适当地配置加筋,加筋土就成为能够同时支承外力和自重的结构体。实际应用中,加筋提供的补强和稳定作用主要是侧向应变和加筋的刚度。

3)土工合成材料加筋垫层施工简介

下面以某高速铁路路基土工合成材料加筋垫层施工为例进行介绍。

(1)施工准备。

① 施工场地清理。将路基范围内原地面上的淤泥、树根、草皮、腐殖土等全部挖除,对地面进行平整,填平坑穴,并形成约2%的向外排水坡。修筑临时排水沟,疏干场内积水,使周边水不再进入场地,雨水、渗水随时排出。同时做好临时储备砂、石等垫层料的场地布置。

② 新修或扩建既有道路,为垫层填料进场和机械进场做好道路准备。

③ 接地方电网或备发电机,满足施工用电的需求。

④ 打井或拉水,保证施工用水的需要,因中粗砂垫层施中常需采用灌水法完成垫层的压实。

⑤ 备用适当数量土工材料、砂、石垫层料,保证连续施工。

⑥ 机械设备进场、检修、维护、试运转,并购置备件、耗材。

(2)技术准备。

① 压实工艺试验。试验段长度原则上不小于 100 m,以确定机械配置、松铺厚度、压实遍数、压路机行驶速度等参数,并报监理批准。编制土工材料加筋垫层施工方案,经审批后向操作人员进行技术交底。施工前应合理确定铺土厚度和碾压遍数等参数。

② 收集场地内的工程地质资料和水文地质资料。

③ 核查地质资料。必要时可利用试验设备核查,确认垫层施工的范围和厚度。

④ 测量放样。根据设计提供的控制点,用全站仪准确放出垫层施工的平面范围,用水准仪准确测量需换填的厚度。在验收后的原地面上钉标高控制桩,以便于对每层垫层填料的厚度进行控制。

⑤ 对原地面进行清理、整平处理。用推土机、自卸汽车配合人工进行清理、整平,并按照设计要求进行基底碾压。

⑥ 采用平地机做出 2%~4%的横向路拱,以利于排水。

(3)施工工艺。

加筋垫层施工工艺如图 2-29 所示。

(4)土工合成材料的铺设。

① 铺设土工合成材料的下承层表面应整平并压实,同时清除表面坚硬的凸出物。

② 铺设土工合成材料时,应将强度高的方向作为路堤主要受力方向;当设计有特殊要求时,按设计铺设。

③ 土工合成材料的连接应牢固,受力方向的连接强度不低于设计抗拉强度。

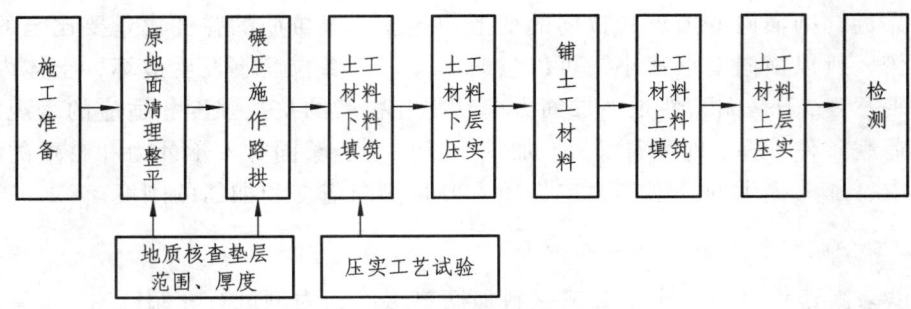

图 2-29 加筋垫层施工工艺流程

④ 铺设土工合成材料时，必须拉紧展平并插钉固定；同时应与路基面密贴，不得有褶皱扭曲。

⑤ 铺设多层土工合成材料时，其上、下层接缝应交替错开，错开距离不宜小于 0.5 m。

⑥ 土工合成材料不得直接铺设在碎石等坚硬的下承层上。应在土工合成材料和碎石之间铺设 5 cm 厚的中、粗砂保护层。

⑦ 土工合成材料铺好后应按设计要求铺回折段，并及时用砂覆盖。

⑧ 严禁碾压及运输等设备直接在土工合成材料上碾压或行走。

⑨ 当土工合成材料上的垫层和填料厚度大于 0.5 m 时，方可采用重型压实机械碾压密实，以免损坏土工合成材料。

⑩ 碎石垫层和土工合成材料之间宜设置 5 cm 的中粗砂保护层，然后碾压密实。

（5）质量要求及验收标准。

土工合成材料施工时的质量要求如表 2-21 和表 2-22 所示。

表 2-21 土工合成材料加筋垫层的检测项目、方法、频次及允许偏差

序号	检验项目	允许偏差	检验数量	检验方法
1	铺设范围	不小于设计值	沿线路纵向每 100 m 抽样检验 5 处	尺量
2	厚度	不小于设计值	沿线路纵向每 100 m 抽样检验 5 处	尺量
3	顶面标高	+50，-20 mm	沿线路纵向每 100 m 抽样检验 5 处	水准测量
4	横坡	±0.5%	沿线路纵向每 100 m 抽样检验 5 个断面	坡度尺量

表 2-22 土工合成材料铺设的允许偏差、检验数量及检验方法

序号	检验项目	允许偏差	施工单位检验数量	检验方法
1	铺设范围	不小于设计值	沿线路纵向每 100 m 抽样检验 3 处，且每检验批不少于 3 处	尺量，查施工记录
2	搭接宽度	+50，0 mm		
3	竖向间距	±30 mm		
4	上下层接缝错开距离	±50 mm		
5	回折长度			

（6）质量记录。

① 及时做好试验、检测、测量等记录。

② 需要变更工程量时，应及时做好需施工、监理、设计及业主四方签认的资料。

③ 做好检验批交验资料。

④ 做好各工序的施工影像资料。

（7）安全及环保注意事项。

① 现场保护。伐树、拆除构筑物前必须检查现场环境，观察风向，排除地面和空中的危险物。划定作业区域，设围挡，并设专人警戒和疏导交通。负责警戒的人员应坚守岗位，阻止非作业人员进入作业区。检查工具，确认符合安全要求。根据环境及风向、操作方法选择倾倒方向，不得倒向人、墙、房屋、桥梁等构筑物。

② 环境保护。应做好原地面临时排水设施，并与永久排水设施相结合。排出的雨水不得流入农田、耕地，亦不得引起水沟淤积和路基冲刷。水田、堰塘地段，应视其具体情况采用排水清淤或晾晒压实，废土弃于指定弃土场，并做好防护，严禁乱堆乱放。

2-4-4　任务拓展

（1）土工合成材料在岩土工程中的应用非常广泛。土工合成材料除大量用于软弱地基的加固外，在路堤边坡的分层加筋中已得到大量应用，以防止边坡溜坍、滑坡，提高边坡的稳定性，同时可增大坡度比，减小占地面积。

（2）在地基加固中应用土工合成材料时，要注意其适用性；根据其使用目的不同，可选择相应的材料，也可根据实际情况，同时选择多种土工合成材料。

（3）本项目中介绍的地基处理方法有很多适用于杂填土地基加固处理，在实际工程中根据具体情况选择。

项目小结：

（1）本项目针对特殊土的不同性质，主要介绍常用的地基处理方法有：换填垫层法、排水固结法、砂石桩法、石灰桩法、水泥土搅拌法、CFG桩法、高压旋喷桩法、灰土挤密桩法、强夯法及土工合成材料的应用等，各种方法的选用要根据现场的土质条件和施工条件确定。

（2）冻土、红黏土、盐渍土、岩溶、洞穴等特殊土和特殊地质条件下的地基处理，根据相关行业规范、规程选择合适的处理方法。

（3）地基加固处理时，根据具体情况可以在同一场地同时选择几种方法进行综合整治。

（4）高速铁路路基的地基工程地质条件复杂，尤其是经过特殊土地区的路基较多，为了满足高速铁路路基对强度和变形的特殊要求，必须对特殊土基底进行加固处理。因此，需要了解地基土的物理力学性质指标，选择合适的处理方法、施工机具、加固材料等，结合适当的施工管理及质量控制，使地基的不均匀沉降减小，以满足轨道的平顺要求。

（5）地基通过加固处理仍然达不到高速铁路路基对沉降的要求时，可以采用桩基础等形式控制工后沉降。目前很多高速铁路路基按结构物设计，采用桩板结构、桩网结构等形式；根据具体情况还可以采用长短桩组合的形式。

（6）注意施工中的各项安全问题。

项目训练：

1. 根据不同土质条件及施工条件，选择合适的路基地基加固方法；
2. 完成开挖换填施工的垫层材料选择、垫层厚度确定工作；
3. 完成 CFG 桩施工的技术交底工作；
4. 完成水泥土搅拌桩施工的质量验收评定工作；
5. 完成高压旋喷桩施工的施工方案编制工作；
6. 制定碎石桩施工的环境保护方案和措施；
7. 搜集土工合成材料在路基工程中的应用。

本项目数字资源

项目 3　高速铁路路堤施工及维护

项目描述：

路堤是铁路线路中以填筑方式施工的轨道基础部分。在高速铁路高平顺性的要求下，对路堤施工质量的控制提出了更高的要求。在我国，高速铁路推广的是无砟轨道，对线下工程提出了"零沉降"的建设理念。高速铁路线下工程的设计和施工都要以"工后零沉降"为追求目标，故对高速铁路路堤填料、施工工艺、验收标准提出了新的要求。

学习目标：

知识目标：

掌握路堤填料的分类标准和高速铁路路堤不同部位的填料要求；掌握路堤各部位的压实标准；掌握路堤各部位的检验项目和检验数量。

能力目标：

能够熟练进行路堤填筑的施工管理和质量控制；能够熟练进行路堤填筑质量的验收工作。

素质目标：

具有执行路基规范和标准的能力；具有拓展学习的能力；具备协作精神；具备一定的协调、组织能力。

思政目标：

培养奋斗精神、实践创新精神。

思政案例：

高铁路堤是高铁线路中的薄弱部分，需要在路堤填料、压实工艺和质量检验等多环节进行实践创新来保证质量。太原局集团公司重载司机景生启的故事能够启发同学们在实践中突破，在实践中创新。

太原局集团重载司机景生启，他是全路第一个享受国务院政府特殊津贴的重载司机，秉承"会开车只是技术，开好车才是艺术"的执着精神，解决了大秦铁路运输中的难题。大秦铁路的运输主力是 20 kt 重载列车，这种列车由 2 台机车牵引，210 节车厢长达 2.6 km。经过大坡道时，列车首尾高低落差相当于 10 层楼的高度。怎么开这种车，国内外都没有可借鉴的经验。为了解决这一难题，他一遍遍试车，重新绘制受力分析图，计算缓解时间点，寻找调速手柄的最佳级位，计算出 20 kt 列车在长大下坡道运行的下滑力，并结合不同车底及温度、湿度等诱因，制定针对性操纵方法。20 kt 列车中部机车渡板变形等多个难题迎刃而解。景生启首创的"分步循环制动法"被命名为"生启治坡法"，填补了我国重载列车操纵技术空白。

  作为一名高速铁路施工与维护专业的学生，在铁路建设过程中会遇到各种技术难题，要发扬在实践中创新的精神，为高铁发展做出自己的贡献。

任务 3-1 基床以下路堤施工

3-1-1 任务目标

能够根据具体的地质条件对原始地面做出恰当的处理,完成路堤下部的填筑任务;能够独立完成路堤填筑施工的技术交底工作。

3-1-2 相关知识

1. 路堤填料分类标准

填料是指构成铁路路基等土工建筑物的原材料。填料质量的好坏,直接关系到路基建筑物的强度高低与变形,已越来越为工程界所重视。填料可根据岩土工程性质及适用条件进行分类。

在《铁路路基设计规范》(TB 10001—2005)中,填料分类新标准在采用"粒径累积法"分类体系定名后,即进行"填料分组"。

根据土石的颗粒组成、颗粒形状、塑性指数等,路基填料可分为巨粒土、粗粒土和细粒土三大类,如表 3-1(a)、表 3-1(b)所示。

新标准中填料共分 5 个组别,即 A、B、C、D、E 五组,分组意义与原有的"填料分组"不同,是以土的剪切强度、可压实性、压缩性、对气候的灵敏性为依据,其中 A、B 组均为强度较高、压缩性较小的石、砾、砂和粗粒混合土,取消了原有规范 B 组中的黏性土。细粒土由于强度较低、压缩变形较大,在雨水作用下易发生沉陷变形,均归为 C 组和 D 组,以 B 线 w_L=40 为界,w_L≤40 时的黏土和粉土为 C 组,w_L>40 的黏土和粉土为 D 组。

表 3-1(a) 巨粒土、粗粒土填料分类与分组

一级定名				二级定名			填料分组
类别	名称		说明	细粒含量	颗粒级配	名称	
巨粒土	碎石类土	块石类	硬块石土	粒径大于 200 mm 颗粒的质量超过总质量的 50%(不易风化,尖棱状为主)	—	—	硬块石	A
			软块石土	粒径大于 200 mm 颗粒的质量超过总质量的 50%(易风化,尖棱状为主)	—	—	R_c>15 MPa 的不易风化软块石	A
					—	—	R_c≤15 MPa 的不易风化软块石	B
					—	—	易风化软的块石	C
					—	—	风化软的块石	D
			漂石土	粒径大于 200 mm 颗粒的质量超过总质量的 50%(浑圆或圆棱状为主)	<5%	良好	级配好的漂石	A
						不良	级配不好的漂石	B
					5%~15%	良好	级配好的含土漂石	A
						不良	级配不好的含土漂石	B
					15%~30%	—	土质漂石	B
					>30%	—	土质漂石	C

续表

一级定名				二级定名			填料分组
类别		名称	说明	细粒含量	颗粒级配	名称	
巨粒土	碎石类	卵石土	粒径大于60 mm颗粒的质量超过总质量的50%（浑圆或圆棱状为主）	<5%	良好	级配好的卵石	A
					不良	级配不好的卵石	B
				5%~15%	良好	级配好的含土卵石	A
					不良	级配不好的含土卵石	B
				15%~30%	—	土质卵石	B
				>30%	—	土质卵石	C
		碎石土	粒径大于60 mm颗粒的质量超过总质量的50%（尖棱状为主）	<5%	良好	级配好的碎石	A
					不良	级配不好的碎石	B
				5%~15%	良好	级配好的含土碎石	A
					不良	级配不好的含土碎石	B
				15%~30%	—	土质碎石	B
				>30%	—	土质碎石	C
粗粒土	碎石类土	粗圆砾土	粒径大于20 mm颗粒的质量超过总质量的50%（浑圆或圆棱状为主）	<5%	良好	级配好的粗圆砾	A
					不良	级配不好的粗圆砾	B
				5%~15%	良好	级配好的含土粗圆砾	A
					不良	级配不好的含土粗圆砾	B
				15%~30%	—	土质粗圆砾	B
				>30%	—	土质粗圆砾	C
	砾石类	粗角砾土	粒径大于20 mm颗粒的质量超过总质量的50%（尖棱状为主）	<5%	良好	级配好的粗角砾	A
					不良	级配不好的粗角砾	B
				5%~15%	良好	级配好的含土粗角砾	A
					不良	级配不好的含土粗角砾	B
				15%~30%	—	土质粗角砾	B
				>30%	—	土质粗角砾	C
		细圆砾土	粒径大于2 mm颗粒的质量超过总质量的50%（浑圆或圆棱状为主）	<5%	良好	级配好的细圆砾	A
					不良	级配不好的细圆砾	B
				5%~15%	良好	级配好的含土细圆粗角砾	A
					不良	级配不好的含土细圆砾	B
				15%~30%	—	土质细圆砾	B
				>30%	—	土质细圆砾	C

续表

一级定名				二级定名			填料分组
类别	名称		说　明	细粒含量	颗粒级配	名　称	
粗粒土	碎石类土	砾石类 细粒土 细角砾土	粒径大于2 mm颗粒的质量超过总质量的50%（尖棱状为主）	<5%	良好	级配好的细角砾	A
					不良	级配不好的细角砾	B
				5%~15%	良好	级配好的含土细角砾	A
					不良	级配不好的含土细角砾	B
				15%~30%	—	土质细角砾	B
				>30%	—	土质细角砾	C
	砂类土	砾砂	粒径大于2 mm颗粒的质量超过总质量的25%~50%	<5%	良好	级配好的砾砂	A
					不良	级配不好的砾砂	B
				5%~15%	良好	级配好含土的砾砂	A
					不良	级配不好含土的砾砂	B
				>15%	—	土质砾砂	B
		粗砂	粒径大于0.5 mm颗粒的质量超过总质量的50%	<5%	良好	级配好的粗砂	A
					不良	级配不好的粗砂	B
				5%~15%	良好	级配好含土的粗砂	A
					不良	级配不好含土的粗砂	B
				>15%	—	土质粗砂	B
		中砂	粒径大于0.25 mm颗粒的质量超过总质量的50%	<5%	良好	级配好的中砂	A
					不良	级配不好的中砂	B
				5%~15%	良好	级配好含土的中砂	A
					不良	级配不好含土的中砂	B
				>15%	—	土质中砂	B
		细砂	粒径大于0.075 mm颗粒的质量超过总质量的85%	<5%	良好	级配好的细砂	B
					不良	级配不好的细砂	C
				5%~15%	—	含土细砂	C
		粉砂	粒径大于0.075 mm颗粒的质量超过总质量的50%	—		粉砂	C

注：1. 颗粒级配分为良好（$C_u \geq 5$，且$C_c=1\sim3$）和不良（$C_u<5$，且$C_c \neq 1\sim3$），其中不均匀系数$C_u=d_{60}/d_{10}$；曲率系数$C_c=d_{30}^{20}/(d_{10} \times d_{60})$，$d_{10}$、$d_{30}$、$d_{60}$分别为颗粒级配曲线上相应于10%、30%、60%含量颗粒的粒径。
2. 硬块石的单轴饱和抗压强度$R_c>30$MPa；软块石的单轴饱和抗压强度$R_c \leq 30$ MPa。
3. 细粒含量指细粒（$d \leq 0.075$ mm）的质量占总质量的百分数。

表 3-1(b) 细粒土填料分类与分组

一级定名			液限含水率	塑性图	填料分组
细粒土	粉土	$I_P \leq 10$，且粒径大于 0.075 mm 颗粒的质量不超过全部质量50%的土	$w_L < 40\%$	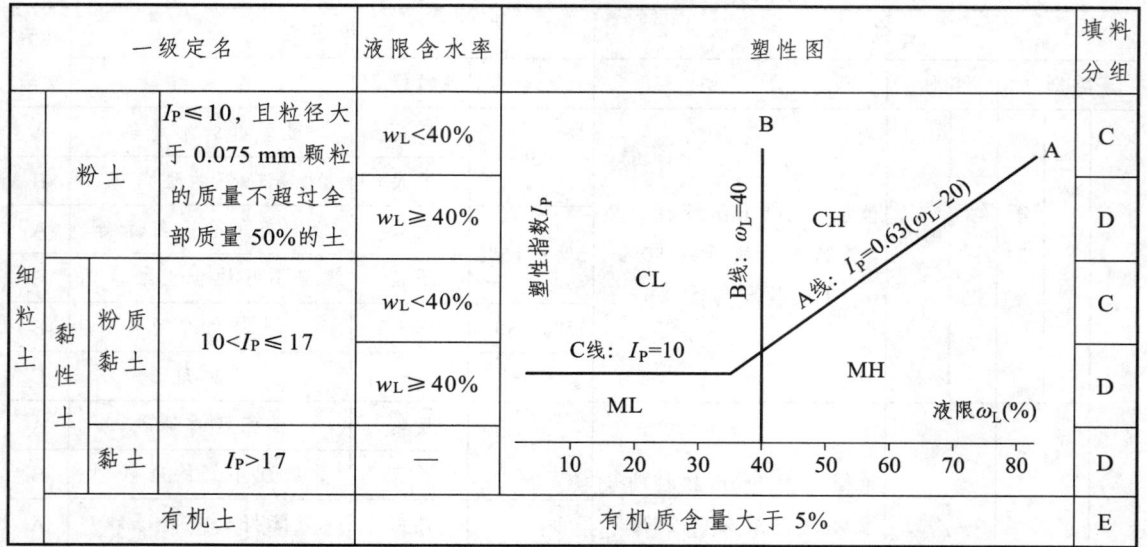	C
			$w_L \geq 40\%$		D
	黏性土	粉质黏土	$10 < I_P \leq 17$	$w_L < 40\%$		C
				$w_L \geq 40\%$		D
		黏土	$I_P > 17$	—		D
有机土				有机质含量大于 5%	E

注：1. 液限含水率试验采用圆锥仪法，圆锥仪总质量为 76g，入土深度为 10 mm。
2. A 线方程中的 w_L 按去掉%符号后的数值进行计算。

填料根据土质类型和渗水性可分为渗水土、非渗水土。A、B 组填料中，细粒土含量小于 10%、渗透系数大于 10^{-3} cm/s 的巨粒土、粗粒土（细砂除外）为渗水土，其余为非渗水土。

2. 改良土

改良土是通过改变土的物质成分和结构特点，达到改善土的工程地质性质，满足工程活动需要的土质。改良方法分为物理改良和化学改良两种。

（1）物理改良。

对填料的颗粒组成及级配进行改善，即在一种填料中掺入另一种填料，拌和均匀后使其级配得到改善，成为物理力学性质有所提高的新填料。在填料中掺入粗粒料（中粗砂），改善其级配条件；掺入较细颗粒（黏粒），通过提高黏粉比增强其强度指标。

（2）化学改良。

向填料中加入掺入料，促使土与掺入料之间发生化学作用，从而使土的结构与性质发生较大变化。掺入料为石灰、水泥、粉煤灰、土壤固化剂及其他有机及无机材料。

3-1-3 任务实施

1. 施工工艺流程

基床以下路堤填筑施工工艺是一种以工序管理为中心，以工序质量保工程质量，以工作质量保工序质量的全面管理方法。按照系统分析原理，整个路基填筑按照"三阶段、四区段、八流程"的施工工艺组织施工。各区段或流程内只允许进行该段和流程的作业，不允许几种作业交叉进行。

每个区段的长度应根据所使用的机械能力、台车数量确定。但为了保证机械有足够的安全作业场地，每个区段的长度宜取 200 m 以上或以构造物为界。长度不够或因桥涵隔断不连续，则也应按四个区段程序安排施工。分段工作由主管技术人员、队长、领工员现场确定。

三阶段：准备阶段→施工阶段→整修验收阶段。

四区段：填筑区→平整区→碾压区→检验区，如图 3-1 所示。

图 3-1 四区段施工现场

八流程：施工准备→基底处理→分层填筑→摊铺平整→洒水晾晒→机械碾压→检验签证→路基整修，如图 3-2 所示。

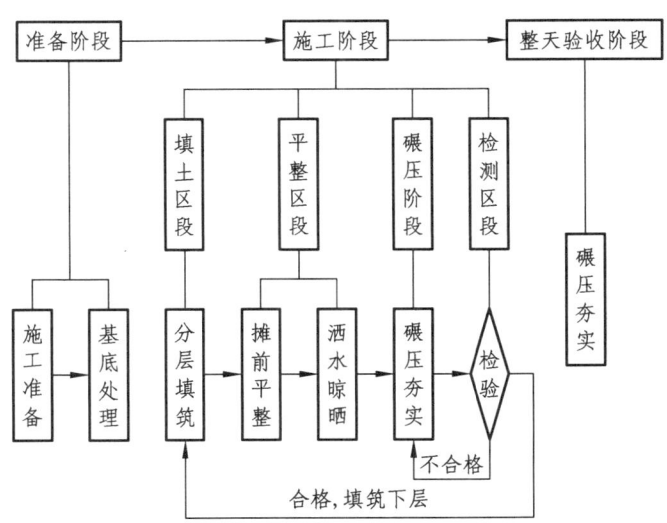

图 3-2 基床以下路堤填筑施工工艺流程

1）施工准备

（1）测量放线，测出基底处理后的原地面标高，依据设计资料精确测放路基坡脚及线路中心线，打桩标示。直线地段每 20 m 一个桩，曲线地段每 10 m 一个桩，并在桩上作出虚铺厚度的标记。

（2）修建施工便道，施工便道宜结合地方交通部门规划的永久性道路计划，参照临时道路修建标准进行修建，力求避免与铁路、通信电力线路、农田灌渠和各种大型管道平交。

（3）设置排水系统，不论是填方还是挖方，开工前均应按设计图纸和规范的有关规定将急需的永久性排水工程先行施工，并按照施工过程的需要设置临时排水设施。

（4）修建临时排水设施，修建生产与生活用房屋，架设通信、电力线路，解决工程与生活用水设施，修建机械停放场与料库。

2）基底处理

路基基底应根据施工时的地面和土质的实际条件，按设计文件的要求进行处理。

（1）拆迁地面建筑物，砍伐地面种植附着物，清除地面植被。

（2）对于高度大于 3.0 m 且地面横坡缓于 1∶5 的路堤，清除草皮、腐殖土后，经预压直接填筑在天然地面上。如果地基土层不符合要求，应按照设计要求采取相应的处理措施。

（3）地面横坡为 1∶5～1∶2.5 时，在清除草皮杂物后，还应将原地面挖成台阶，台阶宽度不小于 2 m，高度为 0.2～0.3 m，台阶顶面做成向内倾斜 3%～5% 的斜坡，如图 3-3 所示。当基岩面上的覆盖层较薄时，宜先清除覆盖层再挖台阶；当覆盖层较厚且稳定时，可予保留。

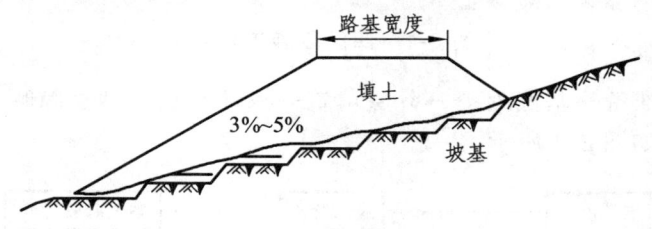

图 3-3　斜坡基底处理

（4）对于高度小于 3.0 m 的路堤，为了保证基床质量，在基床厚度范围内应无软弱土夹层（即静力触探比贯入阻力 P_s<1.5 MPa 或天然地基容许承载力 $[\sigma]$<0.18 MPa 的土层），否则应采取地基改良和加固措施。

（5）水田、池塘或饱和粉细砂等松软基底的处理，应根据设计文件的要求，采取排水疏干、挖除淤泥、抛填片石、填砂、填砾石及其他土质等加固措施，保证基底稳固。施工时应按照施工规范的有关规定进行。

3）分层填筑

（1）在分层填筑前，应依据技术标准、压实机械性能、填料土质类别，做填土压实试验段。试验段长度为 100～200 m。宽度至少为压路机宽度的 3 倍。普通填料的碎石类土、砾石类土每层的最大压实厚度不宜大于 40 cm，砂类土和改良细粒土填料每层的最大压实厚度不宜大于 30 cm,分层填筑的最小分层厚度不应小于 10 cm。压路机走行三行,相邻两行中间重叠 40 cm,三行碾压相同遍数。在中间一行取样进行压实度试验,确定填层厚度及各类机械的压实参数,据以指导施工。

图 3-4 路堤分层填筑施工现场

(2)路堤填筑应采取横断面全宽、纵向分层填筑的方式,上、下两层填筑接头应错开不小于 3.0 m,如图 3-4 所示。当原地面高低不平时,应先从最低处分层填筑,由两边向中部填筑。为保证路堤全断面压实度一致,边坡两侧各超填 0.5 m,竣工时刷坡整平。

(3)不同性质的填料分别填筑,每一水平层的全宽采用同一种填料填筑,每种填料累计总厚度不小于 50 cm。对于不同种类的填料,遵循有利于层间土层渗透反滤的原则施工,其粒径符合 $D_{15}<4d_{85}$。

(4)按工艺试验确定的合理摊铺层厚进行分层上土,虚铺厚度控制采用方格网法和挂线法,如图 3-5 和图 3-6 所示。

图 3-5 方格网法控制填土现场施工　　图 3-6 挂线法控制填土现场施工

4)摊铺平整

(1)填筑区段完成一层卸土后,用推土机进行初平,再用平地机进行精平,控制层面应无显著的局部凸凹,平整面应做成向两侧的横向排水坡,如图 3-7 和图 3-8 所示。

图 3-7 推土机初平现场施工　　图 3-8 平地机精平现场施工

(2)在摊铺的同时,应对路肩进行初步压实,并保证压路机压到路肩时不致发生滑坡。

(3)对路堤填高大于 3 m 的地段,按设计要求在边坡宽度 2.5～3.0 m 内每填筑 2 层

（不大于 60 cm）铺一层双向土工格栅。铺设土工格栅后，严禁汽车及其他重型施工机械直接行驶在土工格栅上。

（4）摊铺、整平施工工序作业要点。

上道工序：填料运输

序号	工序	作业控制要点
1	测量放样	每 10 m 为一断面，在边桩上标示出填高，再在桩边打入竹条，绑扎好布条用以控制填筑厚度
2	挖台阶	当路基各段不同步填筑时，纵向接头处应在已填筑压实的基础上挖出硬质台阶，台阶宽度不宜小于 2 m，高度同填筑层厚
3	摊铺	采用推土机摊铺，每层摊铺厚度应按压实厚度乘以试验段确定的松铺系数而定。摊铺时，应计算出每车料的摊铺面积，确定堆放密度，以方格网、插标杆控制松铺厚度、路拱、路基横坡
4	整平	采用平地机整平，在高边坡、陡坡、高坎上作业时，必须设专人指挥、防护，严禁刮刀超出边坡边缘。刮土时，应低速行驶，刮刀的升降量不得相差过大。整平后，横坡偏差≤0.5%：采用坡度尺量，每 100 m 抽样检验 5 个断面；平整度偏差基床表层≤10 mm，基床底层及以下≤15 mm：采用 2.5 m 长直尺量，每 100 m 抽样检测 10 点

下道工序：碾压

5）洒水晾晒

（1）使用细粒土填料填筑路堤时，必须严格控制填料的含水率，要求其不超过土质试验中求得的最佳含水量的 2%或不低于最佳含水量的 3%。

（2）当含水量太低时，应在表层洒水并尽可能地搅拌，待含水量提高后进行碾压。

（3）当填料含水量超过规定时，应在摊铺后先晾晒，待含水量降低后碾压，填层厚度可适当减小。在洒水或晾晒时，前、后两区段可交叉施工。

6）机械碾压

（1）对于填土压实作业，粗粒土用重型振动压路机或轮胎压路机，细粒土用振动压路机或轮胎压路机进行。

（2）碾压前应进行技术交底，其内容包括碾压起讫范围、碾压遍数、碾压的速度等。

（3）用振动压路机进行碾压时，第一遍静压，然后先慢后快，由弱振至强振，最快行驶速度控制在 4 km/h，由两侧向中心纵向进退式进行。各区段交接处，应互相重叠压实，纵向搭接长度不应小于 2.0 m，沿线路纵向行与行之间压实重叠不应小于 40 cm。做到压实均匀，没有漏压、死角。

（4）应按照压实部位的密度标准、填层厚度及控制压实遍数进行压实。压实遍数由试验人员根据试验段确定的压实参数提供。一般情况下，基床表层压 6~8 遍，基床底层压 5~6 遍，基床下部压 2~4 遍，基底压 1~3 遍，最多可达 10 遍；如超过 10 遍，应检查、分析原因。经密度试验合格后，可转入下一道工序；不合格时应进行补压，直至试验合格。

（5）碾压过程中做好对沉降观测桩的保护，如图 3-9 所示，沉降观测桩周围碾压不到的边角部位，应采用人工冲击夯夯实。

图 3-9 沉降观测桩保护示意图

（6）碾压施工工序作业要点。

上道工序：摊铺、整平

序号	工序	作业控制要点
1	初压	碾压时，填料的含水量控制在最佳含水量的 −3%～+2%。初压采用轻型压路机碾压两遍，初压速度应为 1.2～1.5 km/h。启动压路机前，确认压路机前后、左右无障碍物。两台以上压路机同时作业时，前后间距不得小于 3 m。压路机靠近路堤边缘时，应确保有不小于 0.5 m 的安全距离。碾压时，纵向行之间的轮迹重叠不小于 40 cm，上、下两层接头应错开不小于 3 m
2	复压	采用重型振动压路机进行复压，先弱振一遍，再强振，碾压遍数参照试验段确定的遍数。碾压次序：在直线地段，应从两侧向中间进行；在曲线超高地段，应从曲线内侧向外侧进行；碾压傍山路基时，应由里侧向外侧碾压，距路基边缘不得小于 1 m。压路机的碾压速度，开始两遍采用 1.5～1.7 km/h，以后采用 2.0～2.5 km/h。压路机不可在未完成或正在碾压的地段调头和急刹车
3	终压	采用光轮压路机进行终压，终压后用平地机轻轻刮一刀，使表面平顺、路拱和坡度符合设计要求

下道工序：检测

7）检验签认

在填料质量、填筑厚度、填层面纵横方向平整均匀度等符合规定标准的基础上，进行密实度或地基系数的测定。凡没有达到标准者，不予签认。

8）路基整修

（1）路堤按设计标高填筑完成后，进行平整和测量。恢复中线，每 20 m 设一桩，进行水平标高测量，计算平整高度，施放路肩边桩，修筑路拱，并用平碾压路机碾压一遍，使路面光洁无浮土，横向排水坡符合要求。

（2）自检测量。自检测量要求：直线方向的闭合差，自检长度小于 400 m 时，每 100 m 的闭合差允许 5 mm；自检长度大于 400 m 时，允许闭合差为 20 mm。曲线方向的闭合差，每条曲线为 50 mm。直线测距闭合差与曲线测距闭合差为 1/2000。中线标高允许偏差为±50 mm。路面宽不小于设计宽度,每 100 m 丈量 3 个点。

(3)对于细粒土边坡,依据路肩边线桩,用人工按设计坡率挂线刷去超填部分,进行整修拍实。整修后的边坡应达到转折处棱线明显,直线处平直,变化处平顺。边坡刷去超填部分后,应作为一个流程进行整修夯实,做到坡面平顺没有凹凸,压实密度合格。

2. 高速铁路路堤下部质量控制

1)填料质量控制

基床以下路堤应宜选用 A、B 组填料和 C 组碎石、砾石类填料。当选用 C 组细粒土填料时,应根据土源的性质进行改良,再进行填筑。

路堤填料的种类、质量应符合设计要求。基床以下路堤填料的最大粒径应小于 75 mm;用于寒冷地区路基冻结影响范围的填料,设计无要求时,砾石类土的细粒含量不应大于 15%,砂类土的细粒含量不应大于 5%;用于浸水路堤的填料,细粒含量应小于 10%。填筑前应对取土场填料进行取样检验;填筑时应对运至现场的填料进行抽样检验。当填料土质发生变化或更换取土场时应重新进行检验。

填料的检验项目、检验数量应符合表 3-2 的规定。

表 3-2 路堤填料检验项目及频次

填料类别	出场检验		施工现场检验		
	最大干密度	含水率	颗粒级配	细粒含量	粒径
砂类土、细砾土、粗砾土、碎石类土	$1×10^4$ m³(或土性明显变化)	每工班不少于 2 次	$1×10^4$ m³(或土性明显变化)	$1×10^4$ m³(或土性明显变化)	$1×10^4$ m³(或土性明显变化)

2)路堤填筑质量控制

(1)基床以下路堤填筑施工工序作业要点。

上道工序:原地面处理

序号	工序	作业控制要点
1	测量放样	每 10 m 为一断面,在边桩上标示出填高,再在桩边打入竹条,绑扎好布条用以控制填筑厚度
2	填料选择	填料种类、质量应符合设计要求,填筑前对取土场填料进行取样检验,当填料土质发生变化或更换取土场时应重新进行检验。每 10 000 m³ 检测颗粒级配、细粒含量、粒径和最大干密度,每工班检验含水率不少于 2 次
3	填料运输	采用大型自卸车运输,并应保证运输能力,运料车不能在新铺且未碾压成型的层面上行驶
4	摊铺整平	采用推土机摊铺、平地机精平的摊铺方法,摊铺作业中必须设专人指挥、防护。刮土时,应低速行驶,刮刀的升降量不得相差过大
5	碾压	碾压时填料的含水量控制在最优含水量的 −3%~+2%。碾压时先用轻型压路机初压,再用重型振动压路机复压、终压。压路机不可在未完成或正在碾压的地段调头和急刹车。改良细粒土、砂类土每层压实厚度不大于 30 cm,碎石类填料不大于 40 cm,最小压实厚度均不应小于 10 cm

下道工序：基床底层填筑

（2）质量控制标准。

① 填筑控制。

a. 每一水平层的全宽应用同一种填料填筑。

b. 对不同的填料，每层的具体摊铺厚度及碾压遍数应按试验段工艺试验确定的并经监理工程师批准的参数进行控制。

c. 上下相接的填筑层使用不同种类及颗粒条件的填料时，其粒径应符合 $D_{15}<4d_{85}$ 的要求。下部填料为化学改良土时，可不受此项规定的限制。

d. 碾压时，各区段交接处应互相重叠压实，纵向搭接长度不应小于 2.0 m，纵向行与行之间的轮迹重叠不小于 40 cm，上、下两层填筑接头应错开不小于 3.0 m。

检验数量：施工单位区间正线路基沿线路纵向连续长度每 100 m、站场路基折合正线双线每 100 m 每层检查 6 处（左、中、右各 2 处）。监理单位按施工单位检验数量的 10%做平行检验。

检验方法：观察检验每一水平层的全宽是否用同一种填料填筑，尺量摊铺厚度及碾压时的搭接长度、轮迹重叠宽度及上下层填筑接头错开长度是否符合要求；检查该层和下承层土工试验报告的筛分结果，比较其粒径是否符合 $D_{15}<4d_{85}$ 的要求。

② 压实控制。

日本标准规定基床以下路堤的压实系数应大于 0.90，粗颗粒孔隙率 $n<10\%$（细颗粒含量>50%时）和 $n<15\%$（细颗粒含量 20%～50%时），$K_{30}>70$ MPa/m。德国要求压实系数为 0.95～0.97，粗粒土的孔隙率 $n<12\%$。法国要求压实系数达到 0.95。由此可见，欧洲国家对填土密实度的要求比日本还高。

室内试验结果表明，填土的压实系数除与路堤的自然压缩量关系密切外，还与填土的水稳性有关。目前，关于这两方面的研究资料不多。但从已有的试验资料看，压实系数从 0.85 提高到 0.90，相对压缩量可减小 70%，从 0.90 提高到 0.95，又可减小 35%～40%。因此，为了保持高速铁路路基的变形稳定性，提高压实土体的压实系数是非常必要的。

我国高速铁路路堤填筑质量按表 3-3 的检测频次和相应压实标准对压实质量进行检测和控制。对站场内多线路基或填筑压实质量可疑地段，应据工程质量控制的需要，增加检验的点数，压实标准应符合表 3-4 的规定。

表 3-3 基床以下路堤压实质量检测频次

填料	压实标准	检测频次
A、B 组填料	地基系数 $K_{30}/$（MPa/m）	每填高约 90 cm 沿线路纵向每 200 m 检测 4 点，其中距路基边缘 2 m 处左右各 1 点，路基中部 2 点
	压实系数 K	每压实层沿线路纵向每 200 m 检测 6 点，其中距路基边缘 1 m 处左右各 2 点，路基中部 2 点
化学改良土	7d 饱和无侧限抗压强度 q_u/kPa	抽样检验 3 处（同一连续作业段左、中、右各一处）

表 3-4 基床以下路堤压实标准

压实标准	化学改良土	砂类土及细砾土	碎石类及粗砾土
压实系数 K	≥0.92	≥0.92	≥0.92
地基系数 K_{30}/（MPa/m）	—	≥110	≥130
7 d饱和无侧限抗压强度/kPa	≥250	—	—

注：无砟轨道可采用 K_{30} 或 E_{v2}。当采用 E_{v2} 时，其控制标准为 E_{v2}≥45 MPa 且 E_{v2}/E_{v1}≤2.6。

（3）特殊要求。

高度小于 3.0 m 的路堤，应满足路基基床的质量要求。如为有砟轨道时，基床范围内的地基应无 P_s<1.5 MPa 或 σ_0<1.8 MPa 的土层；如为无砟轨道时基床范围内的地基，应无 P_s<1.8 MPa 或 σ_0<0.2 MPa 的土层。不能满足时，应根据地下水位、地层条件等采取整平碾压、夯实、翻挖回填、换填或其他地基加固处理措施。换填或翻挖回填部分，应分层压实，达到路堤相应部位的压实标准。

① 0.7 m<路堤高度 h≤3.0 m时：

当地基为黏性土时，应挖除的表层厚度不小于0.5 m，并填筑渗水土，于渗水土顶部设置"两布一膜"复合土工布，两侧坡脚设置排水沟，排除基床表层积水和地下水。

当地基为砂类土或碎石类土时，应将地表整平碾压。

当地基为岩石时，视其风化程度分别处理。对坚硬岩石，应清除凹凸不平面，或采用C25混凝土填平后，直接在其上填筑。对强风化硬质岩和软质岩，应清除风化层，整平岩石面后填筑A、B组填料，应保证基床底层换填厚度不小于1.0 m，并于基床底层顶部设置"两布一膜"复合土工布。岩石地基顶面应设置向外4%的排水坡。

② 当路堤高度 h≤0.7 m时，应满足基床表层的质量要求。

当地基为黏性土时，应在基床表层下换填厚度不小于1.0 m的A、B组填料，并碾压密实，于其顶部设置"两布一膜"复合土工布，两侧坡脚设置排水沟，排除基床表层积水和地下水。

当地基为砂类土或碎石类土时，应将地基翻挖回填厚度不小于0.5 m，并整平碾压。

当地基为岩石时，视其风化程度分别处理。坚硬岩石应清除凹凸不平面，或采用混凝土填平后，直接在其上填筑（保证级配碎石厚度不小于 20 cm）。强风化硬质岩和软质岩应清除风化层，整平岩石面后填筑 A、B 组填料，应保证基床底层换填厚度不小于 1.0 m（可根据风化层等情况确定厚度），并于基床底层顶部设置两布一膜复合土工布。岩石地基顶面应设置向外 4%的排水坡。

3）基床以下路堤顶面外形尺寸控制

基床以下路堤顶面尺寸应满足表 3-5 的要求。

表 3-5 基床以下路堤顶面外形尺寸允许偏差

序号	检验项目	允许偏差	施工单位检验数量	检验方法
1	顶面路基压实宽度	不小于设计值	沿线路纵向每200 m各抽样检验3个断面	尺量
2	顶面横坡	±0.3%		坡度尺量

3-1-4 任务拓展

改良土场拌法施工介绍

1. 搅拌站设置

改良土拌和站设置在取土场内。面积在 10 000 m² 以上的,选择功效高、性能稳定、满足工厂化生产的 WCB500 型拌和机。每处拌和站布设 1 台,相关配套设备有 YST600A 型碎土机 1 台、装载机 2~3 台等。

2. 区段划分

改良土施工区段划分一般以构造物为界。较长的段落可以分段连续施工,每段控制在 200~300 m。

3. 施工工艺及控制要点

1) 施工工艺流程

场拌改良土施工分为准备阶段、施工阶段、整修验收阶段,其中施工阶段包括上料区段、平整区段、碾压区段和检测区段。场拌改良土施工工艺流程如图 3-10 所示。

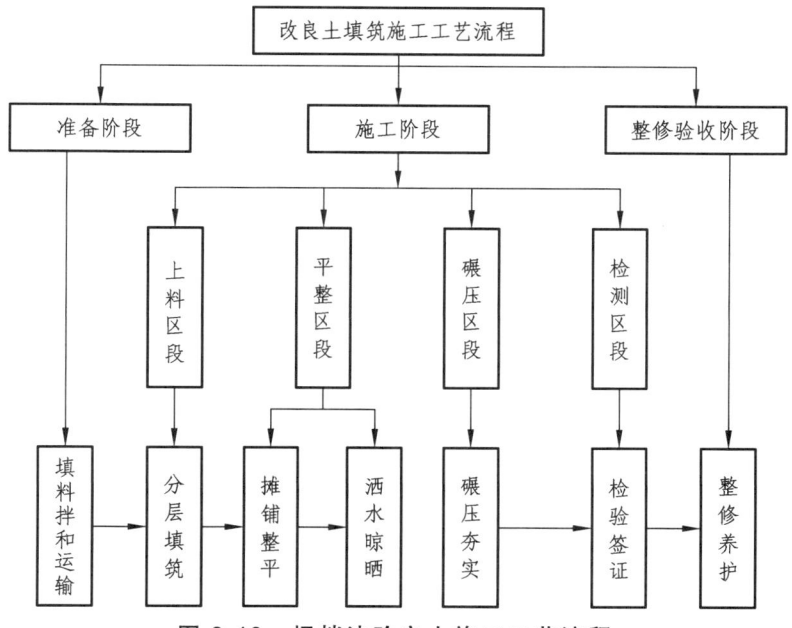

图 3-10 场拌法改良土施工工艺流程

2) 原状土破碎

检测素土的含水率,当含水率较大时,将土运至晾晒场地摊开晾晒并用三铧犁、旋耕机等机械将尺寸大的土块破碎。破碎前清除土中的石块及树根等杂物,以免损坏液压碎土机。

在碎土机的出料口安装孔径为 15 mm 的筛子,人工配合清理筛余物,并装入料仓进行二次粉碎。如土料改良拌制后的含水率高于最佳含水率的 2%,在取土场或晾晒场地将其晾晒，再进行粉碎。经粉碎的土料做好覆盖措施，防止雨淋或水分损失。

当填料的天然含水率较大，破碎困难，采用预掺改良材料碎土的施工方法，预掺材料量不大于2%。预拌过程中设专人检查拌和物外观，要求大面上色泽均匀一致，无灰团、灰条和大于15 cm的素土块。

粉碎后及时拌制，不能及时拌制时用雨布覆盖，防止雨淋或受潮而再次硬结。

3）拌　　和

改良土拌和料采用稳定土搅拌设备在拌制场进行集中拌制，用运送机把经粉碎的土运至搅拌设备的料仓内，用泵将外掺料泵入粉料仓，进行配料拌制。经拌制后外掺料应均匀，定时在出料口检测改良材料的含量。

改良土拌和料的最佳含水率控制方案：如土的天然含水率与最佳含水率的差距不大，在场拌设备中拌制时，将水成雾状均匀地喷入改良土中拌制均匀；如土的天然含水率与最佳含水率差距较大时，应考虑在取土场分块灌水焖土。如土的天然含水率过大，事先进行适度的晾晒或加入适量的磨细生石灰来降低含水率。

混合料中不应含有大于15 mm的土块和未消解的掺合料颗粒。拌和成品混合料经皮带机运送进入储料仓。

改良土二级场拌法机械布置如图3-11所示。

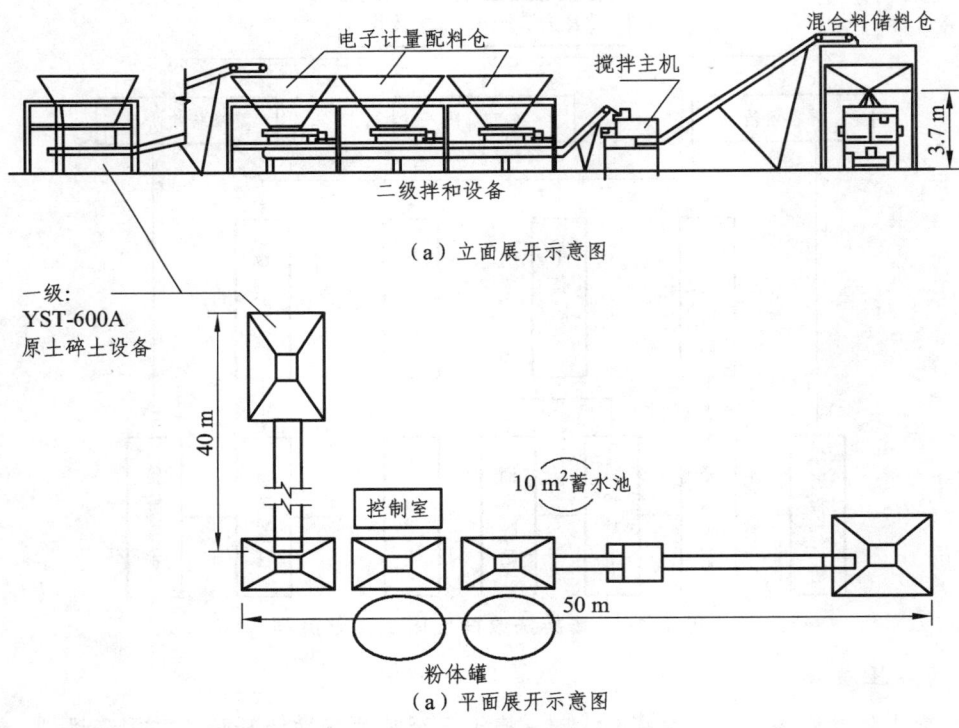

图3-11　改良土二级场拌法机械布置

4）运　　输

采用大型自卸车运输，成品仓前一般准备数台车等待装料，防止成品仓储料过多、时间过长,造成"黏""堵""拱""卡"现象。

在气候干燥、水分蒸发过快的天气条件下运输时,车斗加苫布覆盖,以保证混合料的含水率维持在允许的误差范围内。运料车不得从新铺且未碾压成型的层面上行驶。

5)摊　铺

改良土填筑下承层为细粒土时,对表面进行拉毛、润湿处理。

改良土全断面均匀摊铺,不应出现纵向接缝。横向中断超过一定时间后,设置横向施工缝,两工作段的横向接缝应采用搭接的形式。

路幅较宽采用两台摊铺机同时施工时,前后保持 5～10 m 的间距同步作业,以免形成纵向施工接缝。

采用平地机摊铺施工时,应符合下列规定:

(1)改良土卸车数量和间距应采用方格网控制。

(2)卸在路基上的改良土及时摊铺平整,先初平,后精平。

(3)初平后,改良土的厚度不超过工艺试验确定的松铺厚度,表面应平整,并具有 2%～7%的横向排水坡。

(4)初平后,改良土用压路机快速碾压 1～2 遍,然后再整平并碾压 1 遍。局部坑洼处,将表面厚度不小于 5 cm 的范围耙松,用新拌和混合料找平。

(5)整型应注意接缝处的平整,保证接缝平顺。

采用摊铺机铺筑时,以日进度需要量和搅拌设备的产量为度,合理计算卸料需要量。每层的摊铺厚度按工艺试验确定的参数严格控制。摊铺时,根据摊铺能力及拌和能力配置运输车辆,使摊铺机的摊铺作业能够不间断地连续进行。如作业区段较长,搅拌设备拌和能力较大,可采用两台摊铺机梯队作业(两台摊铺机的间距为 10 m 左右)一次性全断面摊铺。

6)碾　压

改良土碾压过程中,表面应始终保持湿润,防止发生松散、起皮等现象。

改良土碾压按照工艺试验确定的工艺参数进行。碾压时,沿线路纵向行与行之间横向重叠宽度不小于 40 cm,各区段交接处纵向搭接长度不小于 2.0 m,上、下两层填筑接头应错开不小于 3.0 m。

要重视预埋管线等结构物周围的填料的摊铺整形和碾压。压路机在构造物接头处不能靠近压实时,采用小型压实机具压实。预埋管线等结构的施工与路基工程同步实施。对各类与路基同步施工的结构物制订有针对性和详细的作业指导书并加强检查与监测,确保路基表层及与路基同步施工结构物的施工质量和安全。

7)养　护

当一层填筑合格后,若不能立即铺筑上层的或暴露于表层的改良土必须保湿养护;如果随即在其上面进行下一填筑层的施工,可以不进行特别的养护。

养护可采用洒水或用草袋覆盖的方法,养护期一般不少于 7 d。

养护期间要保持层面湿润,除洒水车外不准任何车辆通行。

任务 3-2 路堤基床施工

3-2-1 工作任务目标

（1）能够根据具体条件，制定合理的路堤基床施工方案；
（2）能够胜任基床施工组织与管理。

3-2-2 相关知识

级配碎石的概念和配制

1. 级配碎石概念

粗、细碎石集料和石屑各占一定比例的混合料，当其颗粒组成符合密实级配要求时，即称为级配碎石。级配碎石一般是由预先筛分成几个（如四个）大小不同粒级的碎石组配而成，也可用未筛分碎石和石屑组配成。未筛分碎石指控制最大粒径（仅过一个规定筛孔的筛）后，由碎石机轧制的未经筛分的碎石料。石屑指碎石场孔径 5 mm 筛下的筛余料，其实际颗粒组成常为 0~10 mm，并具有良好的级配。缺乏石屑时，也可以添加细砂砾或粗砂，但其强度和稳定性不如添加石屑的级配碎石。也可以用颗粒组成合适的含细集料较多的砂砾与未筛分碎石配合成级配碎砾石。

2. 级配碎石配合比的设计

（1）级配碎石的级配范围要满足规定。在实际工作中，最有效的判定方法是，配比的筛分结果达到或接近规范要求的级配中值，为最佳配比。特别是在 0.075 mm、0.5 mm、1 mm、16 mm 几个点上要力求达到中值。

（2）为保证筛分曲线圆滑，容易击实，配比筛分结果应满足颗粒不均匀系数 $C_u \geqslant 5$ 及曲率系数 $C_c = 1~3$。

（3）为防止道砟及下部土层颗粒嵌入基床表层，基床表层与上部道砟与下部填土之间的颗粒级配均要满足太沙基的反滤准则，即 $D_{15} < 4d_{85}$；如不能满足反滤准则，基床表层可采用颗粒级配不同的双层结构或在基床底层表面铺设土工合成材料。

（4）为了验证理论配合比的正确性，应按照《铁路工程土工试验规范》（TB 10102—2010）进行四项试验：

① 颗粒分析试验，制定级配范围。
② 界限含水率试验，判定液限 w_L。
③ 重型击实试验，确定最佳含水率 w_{opt}。级配碎石含水率一般可选取一个合适的含水率范围（如 5%~7%）。
④ 重型击实试验，确定最大干密度 ρ_{max}。

（5）根据理论配合比，做工程试验段，通过实践对配比进行调整，以确定施工最佳配比及工艺参数。

① 调整含水率。级配碎石填筑中可能有多次补水过程（搅拌、摊铺碾压、养护），要根据天气等现实条件及实际经验，经反复试验确定。施工过程中的含水率是保证级配碎石路面质量极为重要的因素。

② 调整颗粒集料含量。在理论配比计算中，大颗粒含量常常偏高，易于离析，造成表面观感差，空隙率大，故粗细颗粒含量应根据实际情况作局部调整（一般是增加细颗粒含量，减小大颗粒含量）。调整后的配比，除做工程检测外，关键指标仍需通过试验进行判定。

3-2-3 任务实施

1. 高速铁路路基基床表层施工工艺

基床表层级配碎石应分层填筑，按"四区段、八流程"施工工艺组织施工，填筑至最后一层时，对有预压要求的路基按设计铺设隔离土工布后填筑预压土，并进行沉降观测。通过数据分析，预测和推算总沉降值，评价剩余沉降满足无砟轨道工后沉降要求且沉降稳定后，卸掉预压土、撤除隔离土工布，再使用摊铺机铺设最后一层基床表层级配碎石。工艺流程如图 3-12 所示。

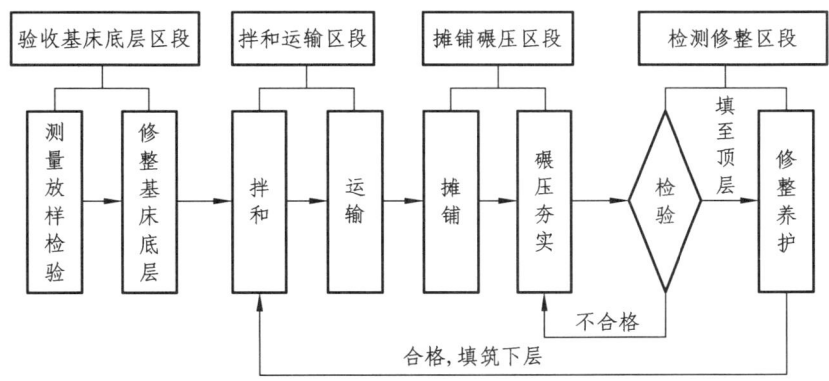

图 3-12 基床表层级配碎石施工工艺流程

1）测量放样检验

（1）基床表层填筑前对基床底层的压实质量和几何尺寸进行复查确认。

（2）依照设计资料精确测放路基边线及线路中心线，打桩标示。直线地段每 10 m 一个桩，曲线地段每 5 m 一个桩，并在桩间挂线标示出填料分层摊铺厚度。

2）修整基床底层

（1）对路堑换填地段，当开挖至换填底面标高时，将开挖表面整理平顺、整齐，并按设计做成向两侧的横向排水坡。

① 不易风化的硬质岩路堑基床，应将基床表层以下 0.2 m 的岩石挖除，并作成向两侧 4%的横向排水坡；对凹凸不平处，应用不低于 C25 的混凝土填平，之上填筑级配碎石。

② 软质岩、强风化的硬质岩及土质基床处理，应符合下列规定：

a. 基床表层深度范围内应进行换填并满足表 3-13 压实标准的要求；

b. 基床表层以下，基床底层表面作成向两侧 4%排水坡，且在基床范围内不得夹有 P_s<1.5 MPa 或 σ_0<1.8 MPa 的土层（采用无砟轨道时基床范围内的地基应无 P_s<1.8 MPa 或 σ_0<0.2 MPa 的土层），不满足以上条件时应进行改良或加固处理；

③ 土质路堑其地层土质不满足基床底层填料条件时，换填 A、B 组填料或改良土，厚度不应小于 1.0 m；

④ 基床挖除、换填或改良、加固处理时，应采取加强排水和防渗等措施，分层压实，压实标准应执行基床相应部位标准。

（2）基床基底应平整、坚实并具有规定的路拱，没有任何松散的材料和软弱的区域。在基床基底的碾压过程中，如发现土过干，表层松散，应适当洒水；如土过湿，发生"弹簧"现象，应采取挖开晾晒、换土、掺石灰或粒料等措施。

3）拌 和

（1）按级配砂砾石或级配碎石的级配要求，计算不同粒径的配合比。

（2）根据基床的宽度、厚度和预定的压实度，按确定的配合比确定各路段需要的集料数量。

（3）集料的拌和须在中心拌和站进行，采用具有自动计量配料系统的拌和机，按试验确定的配合比（加水量根据气候及运距在最优含水率基础上增加 0.5%~1%）进行配料与拌和，以获得颗粒级配稳定和含水率合适的基床表层级配碎石混合料。拌和料应随拌随用。

（4）经检测，混合料的级配、含水率在工艺试验确定的允许范围内，方可出场。

4）运 输

将级配碎石生产厂拌和好的级配碎石混合料用自卸汽车尽快运至现场，防止水分因蒸发而损失过多。

5）摊 铺

（1）采用摊铺机按工艺试验确定的每层摊铺厚度分层铺摊，曲线地段根据所在地段级配碎石的总厚度均匀分层，但分层的压实厚度最大不超过 25 cm，最小不低于 15 cm。

（2）摊铺前根据测量标线调整好摊铺机左、右的控制高度，挂摊铺线。摊铺线的高度是依据不同集料的松铺系数确定的。集料的松铺系数是事先通过试验决定的，人工摊铺混合料时，松铺系数为 1.40~1.50；平地机摊铺混合料时，松铺系数为 1.25~1.35。

（3）摊铺时，在摊铺机后面安排人员及时消除粗、细集料出现的离析现象。出现粗集料"窝"和粗集料"带"时，应添加细集料并拌和均匀；出现细集料"窝"时，应添加粗集料，并拌和均匀。

（4）在每一层的填筑过程中，确认级配碎石混合料颗粒级配、含水量的均匀性、铺筑厚度、填层表面平整度符合设计及施工控制参数的要求。

6）碾 压

（1）摊铺后，当表面尚处于湿润状态时，应立即进行碾压。如表面水分蒸发较多，出现明显的干燥失水，在其表面喷洒适量水后，再进行碾压。

（2）在直线地段，由两侧路肩向路中心碾压；在曲线地段，由内侧路肩向外侧路肩进行碾压。

（3）按工艺试验确定的碾压速率和遍数进行碾压。碾压时，压路机的碾压行驶速度采取开始时慢速，以后几遍逐渐加快，但最大速度不得超过 4 km/h。

（4）沿线路纵向行与行之间压实重叠不小于 40 cm，各区段交接处的纵向搭接压实长度不小于 2 m，上、下两层填筑接头应错开不小于 3.0 m。

7）检 验

（1）运至现场的级配碎石混合料按每施工作业段每一层抽检不少于一组的频次，检测颗粒级配和含水量。当发现运至路基填筑现场的混合料级配或含水量有明显变化时，及时抽样复查，并将检测信息反馈给填料生产拌和站，以便对配料比例作相应调整，使后续生产出来的级配碎石混合料符合要求。

（2）每层的填筑压实质量按表 3-6 的检测频次和相应压实标准进行检测和控制。对站场内多线路基或填筑压实质量可疑地段，应根据工程质量控制的需要，增加检验的点数。

表 3-6 基床表层级配碎石压实质量检测频次

填料	压实标准	检测频次
级配碎石	地基系数 K_{30}/（MPa/m）	沿线路纵向每 200 m 检测 4 点，其中左、右距路基边缘 1.5 m 处各 1 点，路基中部 2 点
	压实系数 K	沿线路纵向每 200 m 检测 6 点，其中左、右距路基边缘 1.5 m 处各 2 点，路基中部 2 点
	动态变形模量 E_{vd}	

8）修整养护

基床表层路基外侧的斜坡台阶，待最上层级配碎石填筑碾压成型且板结后，再用斜坡切割机按设计厚度切除斜坡处的级配碎石。

2．高速铁路路基基床质量控制

1）填料质量控制

（1）基床底层填料。

我国高速铁路路基基床底层采用 A、B 组填料及改良土，填料的最大粒径小于 60 mm。

填筑前应对取土场填料进行取样检验；填筑时应对运至现场的填料进行抽样检验。当填料土质发生变化或更换取土场时，应重新进行检验。

普通填料和物理改良土的检验项目、检验数量应符合表 3-2 的规定。

化学改良土填筑前，应对改良土原材料、外掺料和混合料的出场检验资料进行核查。

检验数量：施工单位和监理单位逐批检查检验资料。

检验方法：查验相关原材料的产品合格证、复检报告和混合料的出场检验报告。

（2）基床表层填料。

我国高速铁路路基基床表层填料采用级配碎石，材料规格应符合《高速铁路路基工程施工技术指南》的要求，质量应符合设计要求。级配碎石必须场拌生产，拌和设备应计量准确。

级配碎石材料由开山块石、天然卵石或砂砾石经破碎筛选而得。

级配碎石颗粒级配应符合表 3-7 的要求，不均匀系数 C_u 不应小于 15，0.02 mm 以下颗粒的质量百分比不应大于 3%，大于 22.4 mm 的粗颗粒中带有破碎面的颗粒所占的质量百分比不应大于 30%。

表 3-7 基床表层级配碎石粒径级配要求

级配类别	通过方孔筛孔（mm）质量百分率（%）						
	0.075	0.5	1.7	7.1	22.4	31.5	45	60
Ⅰ型	0~7	19~32	33~46	53~75	79~91	89~100	100	—
Ⅱ型	0~3（5）	8~20	16~33	37~53	63~79	73~89	85~100	100

注：括号内数据对应Ⅱ型级配碎石压实后的细粒含量要求。

级配碎石粒径大于 1.7 mm 的颗粒的洛杉矶磨耗率不应大于 30%，硫酸钠溶液浸泡损失率不应大于 6%，粒径小于 0.5 mm 细颗粒的液限不应大于 25%，塑性指数不应小于 6，不应含有黏土及其他杂质。

级配碎石混合料拌制前，应检查配料计量系统的工作状态，测定各种集料的含水率，并根据测试结果和环境条件及时调整施工配合比。级配碎石混合料出场时的含水率宜在工艺试验确定的填料出场控制含水率范围内。

级配碎石混合料生产期间，施工单位每工班抽样检验 1 次颗粒级配、黏土及其他杂质的含量、大于 22.4 mm 的粗颗粒中带有破碎面的颗粒含量。

级配碎石出场前每 5 000 m³ 检验 1 次最大干密度，材质发生变化或者更换石场时应重新检验；施工单位每 5 000 m³ 检验 1 次颗粒级配。

2）压实质量控制

（1）基床底层压实控制。

基床底层压实质量采用地基系数 K_{30}、动态变形模量 E_{vd}、压实系数 K 或 7d 饱和无侧限抗压强度四项指标控制。采用无砟轨道时，还应增加对二次变形模量 E_{v2} 的控制标准。施工工序按照表 3-8 进行控制，压实质量按照表 3-9 要求进行检验，压实标准应符合表 3-10 的规定。

表 3-8 基床底层填筑施工工序作业要点

上道工序：基床以下路堤填筑

序号	工序	作业控制要点
1	测量放样	每 10 m 为一断面，在桩边上标示出填高，再在桩边打入竹条，绑扎好布条用以控制填筑厚度
2	填料选择	填料种类、质量应符合设计要求。填筑前对取土场填料进行取样检验。细粒土：每 10 000 m³ 检测颗粒级配、细粒含量、粒径和最大干密度，每工班检验含水率不少于 2 次
3	填筑运输	采用大型自卸车运输，并应保证运输能力。运料车不能在新铺且未碾压成型的层面上行驶
4	摊铺整平	采用推土机摊铺、平地机精平的摊铺方法，摊铺作业中须设专人指挥、防护
5	碾压	碾压时，填料的含水量控制在最优含水量的 −3%~+2%。碾压时，先用轻型压路机初压，再用重型振动压路机复压、终压。压路机不可在已完成或正在碾压的地段调头和急刹车。改良细粒土、砂类土每层压实厚度不大于 30 cm，碎石类填料不大于 35 cm，最小压实厚度均应不小于 10 cm

下道工序：基床表层填筑

表 3-9　基床底层压实质量检测频次

	检验项目	检测频次	检验方法
压实质量	压实系数 K	每压实层沿线路纵向每 200 m 检测 6 点，其中左、右距路基边缘 1 m 处各 2 点，路基中部 2 点	按照《铁路工程土工试验规程》进行检验
	地基系数 K_{30}/（MPa/m）	每填高 90 cm 沿线路纵向每 200 m 检测 4 点，其中左、右距路基边缘 2 m 处各 1 点，路基中部 2 点	按照《铁路工程土工试验规程》进行检验
	动态变形模量 E_{vd}		

表 3-10　基床底层压实标准

压实标准	化学改良土	砂类土及细砾土	碎石类及粗砾土
压实系数 K	≥0.95	≥0.95	≥0.95
地基系数 K_{30}/（MPa/m）	—	≥130	≥150
动态变形模量 E_{vd}/MPa	—	≥40	≥40
7d 饱和无侧限抗压强度/kPa	≥350（550）	—	—

注：括号内的数字为寒冷地区化学改良土考虑冻融循环作用所需的强度值。

（2）基床表层压实控制。

级配碎石基床表层采用压实系数 K、地基系数 K_{30}、动态变形模量 E_{vd} 三项指标控制。填筑施工工序作业要点见表 3-11，压实检验标准见表 3-12，压实标准应符合表 3-13 的规定。

表 3-11　基床表层级配碎石填筑施工工序作业要点

上道工序：基床底层填筑

序号	工序	作业控制要点
1	测量放样	每 10 m 为一断面，用全站仪（经纬仪）和水准仪精确测量，并在边桩上标示出填、挖高，再在边桩打入竹条，绑扎好布条用以控制填筑厚度
2	填料选择	每 5 000 m³ 对颗粒级配、黏土及其他杂质的含量等进行检测；水应洁净，不得含有害物质
3	填料拌和	采用级配碎石拌和机拌制。在拌和生产过程中，按规定频率检测集料的级配和含水量，以便及时调整施工配合比。施工拌和的含水率应比最佳含水率高 0.5%~1.0%
4	运输	采用大型自卸车运输，并应保证运输能力，运料车不能在新铺且未碾压成型的层面上行驶
5	摊铺	采用推土机摊铺、平地机精平的摊铺方法，摊铺作业国须设专人指挥、防护
6	碾压	碾压时，填料的含水量控制在最优含水量的 -3%~+2%。碾压时，先用轻型压路机初压，再用重型振动压路机复压、终压。压路机不可在未完成或正在碾压的地段调头和急刹车。每层压实厚度不大于 30 cm

下道工序：道床施工

表 3-12 基床表层级配碎石压实质量检测频次

	检验项目	检测频次	检验方法
填料质量	填料颗粒级配	每 5 000 m³ 抽样检验 1 次	颗粒级配试验
	填料出场试验报告	每 5 000 m³ 抽样检验 1 次	查验出场报告
	填料含水率	每压实层沿线路纵向连续长度每 100 m 抽样检验 1 次	按照《铁路工程土工试验规程》
	摊铺厚度	每压实层沿线路纵向连续长度每 100 m 抽样检验 6 处（左、中、右各 2 处）	尺量
压实质量	地基系数 K_{30}/（MPa/m）	每压实层沿线路纵向每 100 m 检测 4 点，其中左、右距路基边缘 1.5 m 处各 1 点，路基中部 2 点	按照《铁路工程土工试验规程》
	压实系数 K	每压实层沿线路纵向每 100 m 检测 6 点，其中左、右距路基边缘 1.5 m 处各 2 点，路基中部 2 点	按照《铁路工程土工试验规程》
	动态变形模量 E_{vd}		

表 3-13 基床表层级配碎石压实标准

压实标准	级配碎石
压实系数 K	≥0.97
地基系数 K_{30}/（MPa/m）	≥190
动态变形模量 E_{vd}/MPa	≥55

3）外形尺寸控制

（1）基床底层外形控制。

基床底层填筑厚度、顶面宽度、顶面横坡的允许偏差、检验数量及检验方法应符合表 3-14 的规定。

表 3-14 基床底层外形控制的允许偏差、检验数量及检验方法

序号	检验项目	允许偏差	施工单位检验数量	检验方法
1	厚度	±30 mm	沿线路纵向每 200 m 抽样检验 3 点	测量仪器测量
2	顶面宽度	不小于设计值	沿线路纵向每 200 m 抽样检验 3 个断面	尺量
3	顶面横坡	±0.5%	沿线路纵向每 200 m 抽样检验 3 个断面	坡度尺量

（2）基床表层外形控制。

基床表层填筑厚度、顶面宽度、顶面横坡、平整度、标高等的允许偏差、检验数量

及检验方法应符合表 3-15 的规定。

表 3-15 基床表层外形控制的允许偏差、检验数量及检验方法

序号	检验项目	允许偏差	施工单位检验数量	检验方法
1	级配碎石厚度	−20 mm	沿线路纵向每 200 m 抽样检验 3 点	测量仪器测量
2	砂垫层厚度	不小于设计值	沿线路纵向每 200 m 抽样检验 3 点	测量仪器测量
3	中线标高	±10 mm	沿线路纵向每 200 m 抽样检验 5 点	测量仪器测量
4	路肩标高	±10 mm	沿线路纵向每 200 m 抽样检验 5 点	测量仪器测量
5	中线至路肩边缘距离	+20 mm 0	沿线路纵向每 200 m 抽样检验 5 处	尺量
6	宽度	不小于设计值	沿线路纵向每 200 m 抽样检验 5 处	尺量
7	横坡	±0.5%	沿线路纵向每 200 m 抽样检验 5 个断面	坡度尺量
8	平整度	不大于 15 mm	沿线路纵向每 200 m 抽样检验 10 点	3.0 m 直尺量

3-2-4 任务拓展

路基填筑工艺性试验

1. 路基填筑工艺性试验要求

1）目 的

现场填筑工艺性试验是将设计标准和室内试验数据转化为施工控制参数的必要环节，在大规模施工之前或材料来源发生变化后，按规定进行现场工艺性试验，以确保填筑工艺合理，保证填筑质量。

通过对比试验，确定最合理的松铺厚度、含水率控制范围、最佳的机械组合、最经济的压实遍数、合理的机械走行速度、合理的分段长度以及最合理的施工控制方法。

2）方案编制

（1）选定试验段的位置及长度；
（2）确定试验段的人员及机械、试验检测设备配置；
（3）确定试验检测的内容；
（4）确定数据采集的方式；
（5）成果的总结。

3）工艺性试验实施

（1）路基填筑工艺性试验流程如图 3-13 所示。工艺试验记录按表 3-16 所示样式填写。

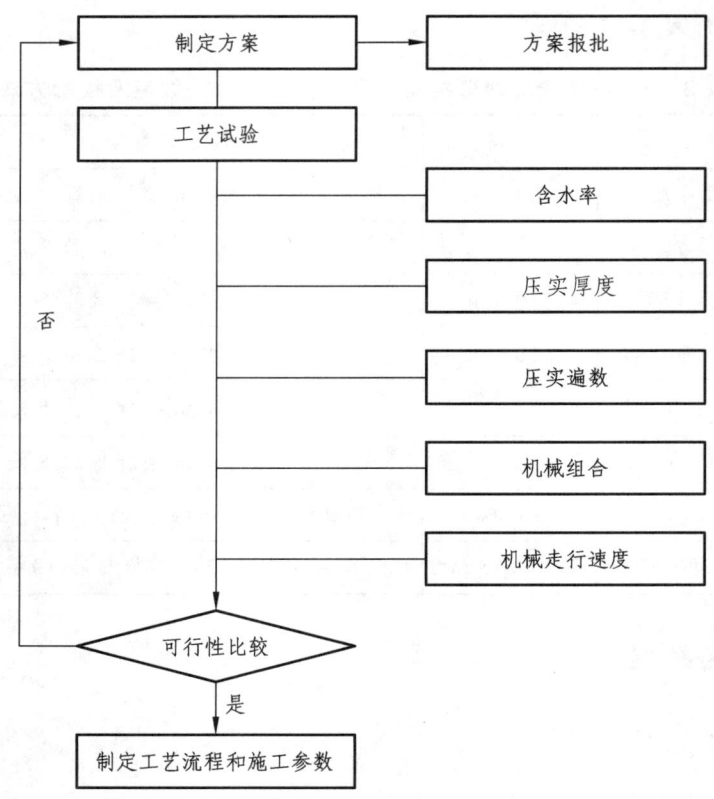

图 3-13 现场工艺性试验流程

表 3-16 路基填筑工艺试验记录

序号	填土种类	含水率		虚铺厚度	压实厚度	压实遍数	走行速度	机械组合	密实度检测值					填筑加宽量	备注
		最佳含水率	实测含水率						地基系数 K_{30}	压实系数 K	孔隙率 n	E_{vd}	E_{v2}		

注：序号从 0 编起，1 及以后为填土层数，0 层表示原地面处理情况；备注栏说明填层位于路基何部位（基底、路堤下部、基床底层，基床表层）；压实遍数中应注明静压、振动压遍数。

（2）路基试验段长度一般为 100~200 m，各种形式的过渡段分别进行填筑工艺试验。

（3）普通填料的碎石类、砾石类土每层现场填筑的最大压实厚度为 40 cm（基床以下）或 35 cm（基床底层），砂类土和改良细粒土填料每层现场填筑的最大压实厚度为 30 cm，分层填筑的最小分层厚度为 10 cm；级配碎石每层现场填筑的最大压实厚度不宜大于 30 cm，最小填筑压实厚度为 15 cm；过渡段采用小型机械压实部位的填料和级配碎石每层现场填筑的最大压实厚度为 15 cm。

（4）普通填料填筑工艺试验现场选用重型振动压路机，通过试验确定不同功能的压实机械条件下不同填料施工含水率的控制范围、松铺厚度和相应碾压遍数、机械配套方案及施工组织方式。

（5）改良土填筑工艺试验现场选用重型振动压路机，改良土的含水率控制在最佳含水率±2%范围内，通过试验得出不同功能的压实机械条件下不同改良土填料的松铺厚度、相应的碾压遍数及填筑施工的延迟时间、机械配套方案及施工组织方式。

（6）级配碎石填筑工艺试验现场选用重型振动压路机，过渡段距离结构物小于 2 m 的部位采用小型压实机械压实。通过试验确定生产配合比、松铺厚度与相应碾压遍数、机械配套方案及施工组织方式；过渡段掺水泥级配碎石的，应确定合理的填筑施工延迟时间。

（7）填筑工艺性试验应根据施工进展情况，按不同部位分别进行试验。现场主要有以下几种路基填筑工艺性试验：

① 基床以下填料填筑工艺试验；
② 基床底层填筑工艺试验；
③ 基床表层级配碎石填筑工艺试验；
④ 过渡段填筑工艺试验；
⑤ 改良土填筑工艺试验。

通过工艺性试验取得工艺参数并经现场监理单位确认后，方可对路基进行大面积填筑施工。

4）总结报告

（1）路基填筑工艺试验主要整理、总结以下内容：

① 绘制不同虚铺厚度的压实系数 K、地基系数 K_{30} 或变形模量 E_{v2}（E_{v2}/E_{v1} 比值）和动态变形模量 E_{vd} 随碾压遍数变化的关系曲线，并根据相应的试验结果确定适宜的碾压遍数和松铺厚度。

② 绘制在某一固定的适宜填筑厚度条件下压实系数 K、地基系数 K_{30} 或变形模量 E_{v2}（E_{v2}/E_{v1} 比值）和动态变形模量 E_{vd} 随含水率变化的关系曲线，并根据相应的试验结果确定施工控制含水率的范围。

③ 绘制掺水泥的化学改良土、掺水泥的级配碎石在某一的固定适宜填筑厚度条件下压实系数随延迟时间变化的关系曲线，并根据相应的试验结果确定适宜的延迟时间范围。

④ 整理分析化学改良土填筑工艺试验无侧限抗压强度试验验证数据，最终确定化学改良土适宜的外掺料掺入比。

⑤ 在软土地基地段，应根据沉降及边坡位移观测结果确定合适的填筑速率和填层厚度。

（2）路基填筑工艺性试验段完成后，及时编制试验段总结报告并报监理单位确认。报告主要包括以下内容：

① 机械设备组合；
② 压路机碾压行走速度、碾压方式、碾压遍数；
③ 填料的施工含水率控制范围；
④ 适宜的松铺厚度；

⑤ 改良土外掺料掺入比（此项仅对改良土填筑工艺试验时有要求）。

项目小结：

路堤是高速铁路线路工程中的薄弱部位，要满足高速铁路高平顺性的要求，需控制路基的变形和不均匀沉降，关键是控制路堤的工后沉降量。高速铁路路堤填筑主要从控制填料类型、提高压实标准、强化基床结构和规范施工管理等方面来实现"工后零沉降"的要求。

项目训练：

1. 完成路堤下部填筑的施工放线、技术交底和质量验收评定工作。
2. 完成路堤基床表层填筑的施工放线、技术交底和质量验收评定工作。

本项目数字资源

项目 4　高速铁路路堑施工及维护

项目描述：

路堑是铁路线路中以开挖方法施工的轨道基础部分。根据岩土体类别的不同，路堑分为土质路堑和石质路堑。路堑开挖应根据地形情况、岩层产状、断面形状、路堑长度、施工季节和环境保护要求，合理选用开挖方式。施工过程中，按照验收标准进行施工控制，保证工程质量；同时，严格按照安全规程操作，保证施工安全。

学习目标：

知识目标：

掌握土质路堑开挖方法和施工要求；掌握石方路堑光面爆破施工工艺；掌握路堑各部位检验项目和检验标准。

能力目标：

能够熟练进行路堑开挖的施工管理和质量控制；能够熟练进行路堑质量验收工作。

素质目标：

养成安全生产意识；具备协作精神；具备一定的协调、组织能力。

思政目标：

加强品德修养，培养高度的职业"责任感"和"爱岗敬业"的精神。用"最美铁路人"黄伟的事迹告诉大家如何成为一名优秀的铁路钢铁卫士。

思政案例：

铁路线路跨度大，建设在各种各样的地质条件上，在运营过程中又要经受各种自然因素的影响，为了保障列车的运营安全，铁路"线路工"需要有高度的职业"责任感"和"爱岗敬业"的精神，仔细勘察地形地貌，对于现状做出精准判断，及时采取有效措施来保证铁路线路的安全。

黄伟是西安局集团公司汉中工务段乐素河桥隧车间主任。2018 年 7 月 12 日，陕南略阳县城被洪水倒灌后，宝成铁路白雀寺隧道上方的猫儿山出现滑移式连续崩塌。为守护钢铁大动脉的安全畅通，黄伟和上千名抢险人员展开了持续 16 天的艰苦鏖战。黄伟和工友们登上山，发现了 15 m 长的裂缝，导致铁路护墙开裂，险情超出了想象。面对随时可能出现塌方的山体，黄伟独自摸索着又往山上爬了 20 m，发现护墙开裂得更严重。他大声警示山下的工友们赶紧下山，进北头隧道去避险，将自己的安危置之度外，用手电筒开路，逐渐摸清了山上 15 至 20 道台阶式护墙全部拉裂、越往上护墙拉裂越严重等情况，并第一时间上报。7月12日晚，中国铁路总公司技术专家和西安局集团公司干部职工就地驻扎，成立现场抢险指挥部。坍塌体上的刷方作业与平日扫山不同，没有上山的路，抢险人员要背着土镐和撬棍，抓着安全绳、系着安全带登到 150 m 高、坡度近乎 90° 的山顶，身体悬空像蜘蛛人一样，从上向下清理危石和悬空的树根桩。黄伟再次带领工友们站到了最前线。在黄伟的带领下，乐素河桥隧车间人人奋勇争先，奔着早日抢通宝成铁路的目标，完成了多项抢险攻坚任务。

我们在路堑的施工与维护工作中要具备高度的职业"责任感"和"爱岗敬业"的精神，来守护钢铁大动脉，保证铁路正常运营。

任务 4-1　土质路堑施工

4-1-1　工作任务目标

（1）能够根据具体地质条件，选择合适的施工方法，完成土质路堑的施工管理任务。
（2）能够完成路堑施工的质量验收工作。

4-1-2　相关知识

1. 路堑开挖方法

路堑施工时，根据施工地段的地形地貌条件以及路堑深度、纵向长度，路堑开挖可按下列方式进行：

1）横挖法

以路堑整个横断面的宽度和深度，从一端或两端逐渐向前开挖的方式称为横挖法，如图 4-1 所示。横挖法适用于短而深的路堑。

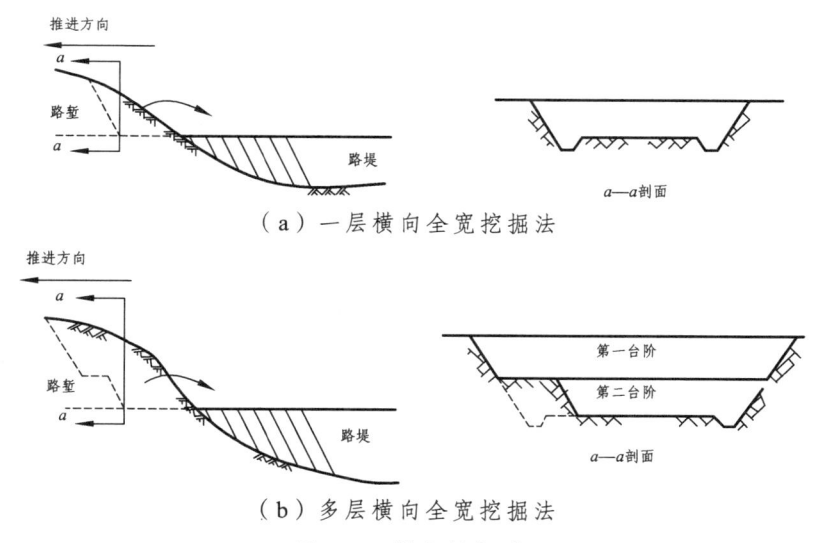

图 4-1　横向挖掘法

（1）用人力按横挖法挖路堑时，可在不同高度分几层台阶开挖。台阶高度宜为 1.5 ~ 2.0 m。无论是从两端一次横挖到路基标高还是分台阶横挖，均应设单独的运土通道及临时排水沟。

（2）用机械按横挖法挖路堑且弃土（或以挖作填）运距较远时，宜用挖掘机配合自卸汽车进行。每层台阶高度可增加到 3 ~ 4 m。其余要求与人力开挖路堑相同。

（3）路堑横挖法挖路堑也可用推土机进行。若弃土或以挖作填运距超过推土机的经济运距时，可用推土机推土堆积，再用装载机配合自卸汽车运土。

（4）机械开挖路堑时，边坡应配以平地机或人工分层修刮平整。

2）纵挖法

路堑较长的地段，采用分层或分段向纵深方向开挖的施工方法为纵挖法。根据具体条件，纵挖法又分为分层纵挖法、通道纵挖法和分段纵挖法。

（1）分层纵挖法。沿路堑全宽以深度不大的纵向分层挖掘的方法称为分层纵挖法，如图4-2（a）所示。分层纵挖法适用于宽度和深度都不大且较长地段的路堑开挖。

（2）通道纵挖法。先沿路堑纵向挖掘一条通道，然后将通道向两侧拓宽，上层通道拓宽至路堑边坡后，再开挖下层通道，如此向纵深开挖至路基标高的方法称为通道纵挖法，如图4-2（b）所示。通道纵挖法适用于路堑较长、较深且两端地面纵坡较小的路堑开挖。

（3）分段纵挖法。沿路堑纵向选择一点或几点适宜处，将较薄一侧堑壁横向挖穿，使路堑分为两段或数段，各段再沿纵向开挖的方法称为分段纵挖法，如图4-2（c）所示。分段纵挖法适用于路堑较长，弃土运距过远的傍山路堑，且其一侧路堑不厚的地段开挖。

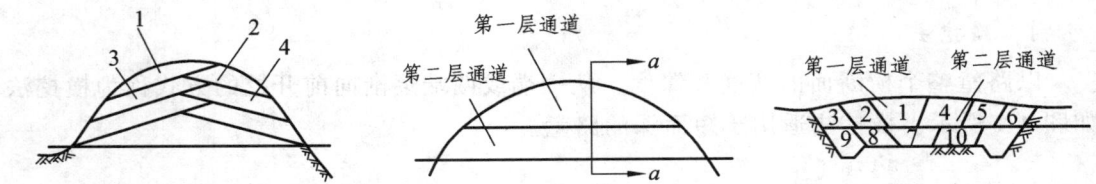

(a) 分层纵挖法（图中数字为挖掘顺序）　　(b) 通道纵挖法（图中数字为拓宽顺序）

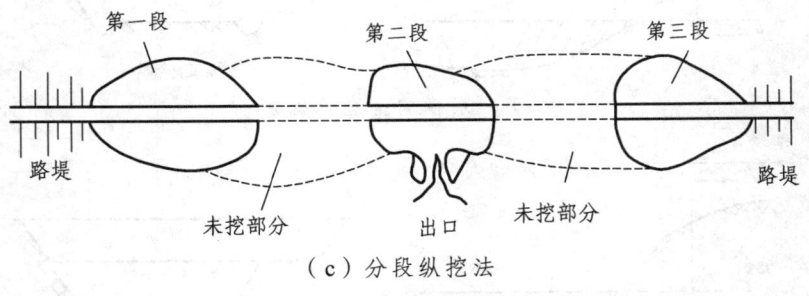

(c) 分段纵挖法

图4-2 纵向挖掘法

3）混合挖掘法

当路堑纵向长度和挖深都很大时，宜采用混合挖掘法，即将横挖法与通道纵挖法混合使用。先沿路堑纵向挖通道，然后沿横向坡面挖掘，以增加开挖坡面，如图4-3所示。每一坡面应安排一个施工小组或一台机械。

2．路堑机械开挖适用的土质

机械开挖路堑适用于不需要爆破开挖的土质路堑、强风化和全风化的岩质路堑，机械开挖路堑岩土分类如表4-1所示。

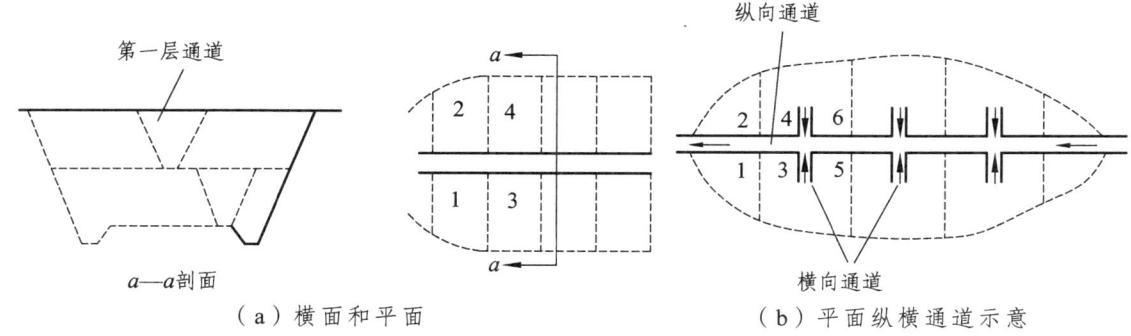

图 4-3 混合挖掘法

表 4-1 机械开挖路堑岩土分类

类别		特征
细粒土		黏土、粉质黏土、粉土
粗粒土		漂石土、块石土、卵石土、碎石土、圆砾土、角砾土
风化岩	强风化	1. 结构和构造层理不甚清晰，矿物成分已显著变化，组织结构已大部分破坏。 2. 岩体被节理、裂缝分割成碎石块（2~3 cm），碎石用手可折断、用镐可以挖掘，手摇钻不易钻进
	全风化	1. 组织结构已基本或大部分破坏，但尚可辨认。 2. 有微弱的残余结构强度。 3. 用镐挖，易挖掘，干钻可钻进

4-1-3 任务实施

1. 土质路堑开挖施工工艺

土质路堑开挖施工工艺流程包括施工准备、测量放样、防排水设施修筑、路堑开挖、边坡清理、基面整平、基面验收等，施工工艺流程如图4-4所示。

1）施工准备

开挖路堑施工前，定出路基地界桩和路堑堑顶、弃土堆等的具体桩位，并完成路基范围内的既有房屋、道路、电力设施、给排水管及其他建筑物的拆迁或改造。

2）测量放线

在施工前，必须按施工图的要求测量放线，设置护桩，测量误差必须符合《高速铁路工程测量规范》（TB 10601—2009）有关要求，测量工作必须贯彻复核制。

3）防排水设施修筑

（1）应首先做好堑顶截水沟、天沟，在路堑的开挖过程中要自始至终保证排水畅通。要做到临时排水设施与永久性排水设施相结合。

（2）堑顶为土质或含有软弱夹层时，天沟应及时铺砌或采取其他防渗措施，排水口应引向自然沟或排水构筑物。

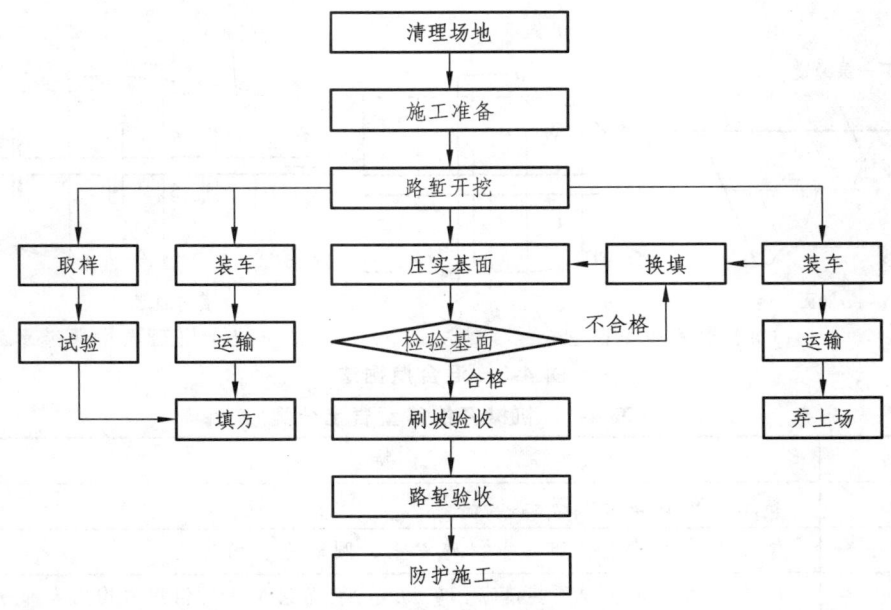

图 4-4 机械开挖路堑施工工艺流程

（3）在路堑施工期间要注意检查维护，如发现路堑或边坡内发生地下水渗流，应根据渗流的位置及流量大小采取设置排水沟、水井、渗沟等设施，降低地下水位或将地下水引出。截、排水设施要满足以下要求：

① 边沟整齐，沟坡、沟底平顺，无浮土杂物。

② 排水沟泄水不得对路基产生危害。

③ 截水沟的弃土应于路堑与截水沟间筑成土台，并分层压实，台顶设 2%倾向截水沟的横坡。土台边缘坡脚与路堑顶的距离不应小于 5 m。

4）路堑开挖

（1）路堑开挖形式。

① 路堑错台分层开挖。

路堑开挖平均深度在 10 m 以上时，宜从上到下分层依次进行。待上一台阶开挖到一定程度，不影响下一台阶的工作安全时，即可进行下一台阶的开挖作业。

开挖深度在 10 m 以内的临时性挖方边坡的坡度，考虑土质的稳定性和施工的安全性，可参考表 4-2 确定。挖方经过不同类土（岩）层或深度超过 10 m 时，其边坡可做成台阶形状。

表 4-2 开挖边坡坡度

土壤类别		边坡坡度
砂土（不包括细、粉砂）		1∶1.25～1∶1.5
一般黏土	坚硬	1∶0.75～1∶1
	硬塑	1∶1～1∶2.5
碎石类土	充填坚硬，硬塑黏性土	1∶0.5～1∶1
	充填砂土	1∶1～1∶1.5

② 纵向分段开挖。

路堑过长，运距较远，且有挖方较薄的地段时，可用纵向分段开挖或分层分段相结合的方式。当傍山路堑一侧堑壁不厚时，可适当地选择一处或几处将堑壁挖穿（俗称"马口"），将长路堑变成几段进行开挖，增加工作面。分段开挖的分段长度，以不小于 8～10 倍的开挖深度为宜。如果马口开挖数量不大，路堑深度较小，开挖标高可一次设计在路基面标高上；如果马口开挖数量较大，路堑较深，开挖标高则应分层确定。

③ 分层拉槽开挖。

这种开挖方式用于深度在 15 m 左右的路堑。开挖时，可分为 5 m 左右一层，以最上层顺线路中心拉槽开挖，槽宽，以能布置挖装和运输机械的工作场地为限。

（2）推土机开挖路堑施工作业。

① 路堑两端出土纵向开挖。

采用这种开挖方式时，推土机作纵向开挖，从路堑的两端出土。纵向开挖利用下坡推土作业，效率较高。一般，推土机作纵向弃土的运距为 40～60 m，此运距通常也是移挖作填的最大经济运距。

② 傍山半挖堑填堤法。

傍坡半挖堑半填堤，需根据地形及挖除土体的宽度，分别采取傍坡槽推或傍坡顺推的作业方法。其中，槽推法以安装斜角推土刀片为宜，这种作业方法的施工关键是路堑与路堤连接部分的挖台阶处理和半路堤部分的分层压实，必须认真按工艺设计和作业细则要求进行施工。

（3）铲运机开挖路堑施工作业。

① 连续铲卸法。

丘陵地区移挖作填施工，常用铲运机进行连续作业，如填挖土方利用数量很大，事先要用推土机开出运行路线，然后用铲运机降坡取土。当路堑逐渐下降、路堤逐渐填高，形成连续作业条件时，采用连续作业路线。

② 横向出土法。

由于条件限制路堑施工不能作纵向出土时，可采用横向出土法。横向出土开挖路堑的作业方法与横向取土填筑路堤的作业方法基本相似，但施工中应注意以下几点：

一是分段长度可按照路堤计算公式确定。为了减少通道数量，并适应纵向利用开挖限界的需要，路堑横向出土分段长度可比路堤分段长 10～20 m。

二是深路堑内，为了便于机械进出，一般在横向通道位置上将堑顶以下一定高度挖成锁口，以降低路堑通道的高度。此锁口一般只需做好上游排水、挡水措施，完工后可不予回填；如必须回填，应保证与原土的密贴和分层夯实。

三是横向出土开挖地段内铲运机应采用逐渐延伸的作业方法，保持下坡铲土的有利条件。自堑顶地面边线处斜对堑底已挖出的边线，按直线运行铲土。

路堑不论采取何种形式开挖，都应随时做临时排水沟，并避免超挖和欠挖。

（4）特殊土质路堑开挖。

① 膨胀土路堑不宜在雨季施工，膨胀土路堑的侧沟、天沟、吊沟、排水沟的铺砌必须及时完成，保证铺砌前不受雨水侵入。施工、生活、工业用水应采取有效措施，禁止流入施工现场，应集中力量、快速施工，及时封闭、分段完成，应避免在大雨、连续阴

雨天施工。设有支挡结构的边坡应随开随挖随砌筑，如防护不能紧跟开挖完成，应暂留厚度不小于50 cm的保护层。膨胀土路堑基床换填要紧随开挖完成，当有困难时，应暂留厚度不小于0.5 m的保护层。路堑高侧山坡不应设弃土堆；需要设置弃土堆时，弃土堆距边坡顶不应小于10 m。

② 黄土路堑宜在旱季施工，确需在雨季施工时，应集中力量快速施工，工作面应随时保持大于4%的坡度，横向排水沟距路堑边坡不小于2 m。施工前应做好堑顶截、排水和地面排水设施，各种水沟铺砌必须保证质量，严防渗漏。生产和生活用水应妥善处理，不得流入施工现场软化地基、浸泡边坡。灌浆施工时应有符合环保要求的废浆隔离与回收设施。降雨量大的地区应及早做好边坡防护和冲刷防护。

（5）路堑开挖遇到下列情况时，应办理变更设计。

① 边坡、基床的土石种类和构造与施工图明显不符。

② 因自然灾害危及堑底或边坡的稳定。

③ 采用新的或特殊施工方法，需改变边坡坡度。

④ 需增设或改变支挡、防护结构及排水设施。

5）路堑弃土

路堑施工应尽量考虑移挖作填，符合填料使用条件的土用作路堤填料必须舍弃时，应本着"高土高弃、低土低弃、劣土废弃、优土还田"的原则，合理规划弃土场，防止堆置不当影响路堑边坡的稳定或造成水土流失、淤塞排灌沟渠等病害。弃土堆的设置及要求如下：

（1）弃土堆位置与高度的确定应保证路堑边坡和自身的稳定，并考虑地形以及对附近建筑物、农田、水利、河道、交通的影响。

（2）沿河岸的弃土，不得弃入河道，挤压桥孔或涵洞出入口，以防止改变水流方向和加剧对河岸的冲刷。严禁贴近桥墩台处、岩溶漏斗处及暗河口弃土。

6）边坡整修

（1）正确标出边桩连线。经常检查边坡开挖坡度，纠正偏差。

（2）坡面应平顺，无明显的局部高低差及浮石、渣堆、杂物等。

（3）边坡上出现的坑、凹槽应嵌补平整。

（4）平台应有向路基侧沟排水的坡度。

（5）需要防护的边坡，应按施工图及时防护；当防护不能紧跟开挖进行，应留一定厚度的保护层并放缓开挖面坡度，待做护坡时再刷边坡。

7）基面修整

（1）路堑施工接近堑底时，鉴别核对土质，按施工图断面测量放样，开挖修整，或按施工图采取压实、换填、改良土质、排水封闭等措施。

（2）填补凹坑应采用与路基面种类相同的填料，并予以压实。

2. 路堑开挖工艺控制要点

1）路堑开挖原则

（1）尽可能增加开挖工作面和运输线，采取"高挖高弃""低挖低弃"。

（2）充分利用地势高差，加快装车速度。

（3）土质路堑施工，应优先考虑按机械施工进行工地的布置和规划。

（4）运输道路一般应布置重车下坡，以利车辆的运行和路堑开挖时渗水和雨水的排出。

2）施工注意事项

（1）大型土方机械开挖应从上至下分层分段依次进行，严禁掏挖。在挖方边坡上如发现有危岩、孤岩、滑坡等土体或岩（土）体倾向挖方一侧易引起滑移的软弱夹层、裂隙时，应及时清除并采取相应措施。

（2）在滑坡地段挖方时，应详细了解该处的地质资料，制定施工方案，明确开挖的方法、顺序和措施，防止发生坍滑。

（3）开挖接近开挖控制标高时，应尽量保护好下部土层，减少扰动。使用挖掘机开挖（正铲或反铲）时，可在开挖控制标高以上保留30cm的土层，待基床施工前用小型机具挖除。

（4）强风化的硬质岩石、软质岩石及土质路堑基床表层进行换填级配碎石处理，施工工艺及压实质量应符合基床表层级配碎石的施工要求。

（5）土方边坡的加固（包括填方、排水沟和截水沟等的边坡）应遵照施工图和施工组织设计进行，一般应使同一个层段的开挖和防护施工在一个时间段内集中完成，挖一个层段，砌筑一个层段。

（6）开挖过程中，派专人仔细调查开挖坡面稳定情况，发现问题及时加固处理，同时做好地下设备的调查和勘察工作。

（7）开挖土方时，对地下管线、缆线、文物古迹和其他构造物做好保护工作。在居民区附近开挖土方时，采取有效措施保证居民及施工人员的安全，并为附近居民的生活提供有效的临时便道或便桥。

（8）路堑施工开挖出土适用于种植草皮和其他用途的表土，应储存于指定地点。

（9）路堑施工开挖出的土满足路堤填料要求的，可用于路基填筑。各类材料不应混杂。

（10）路堑施工开挖出的土不能用作路堤填料的，应按规定处理。

① 在开挖路堑弃土地段前，应提出弃土的施工方案，报有关单位批准后实施（该方案包括弃土的方式、调运方案、弃土的位置、弃土形式、坡角加固处理方案、排水系统的布置及计划安排等）。方案改变时，应报批准单位复查。

② 弃土堆的边坡不应陡于1:1.5，顶面向外应设不小于2%的横坡，其高度不应大于3m。路堑旁的弃土堆，其内侧坡脚与路堑顶之间的距离，对于干燥硬土，不应小于3m；对于软湿土，不应小于路堑深度加5m。

③ 在山坡上侧的弃土堆应连续而不中断，并在弃土前设截水沟；山坡下面的弃土堆应每隔50~100m设不小于1m的缺口排水，弃土堆坡脚应做防护加固处理。

④ 严禁在岩溶漏斗处、暗河口处、贴近桥墩台处弃土。

3）冬、雨季施工措施

（1）雨季开挖土质路堑时，分层进行，每层底面设大于1%的纵坡，挖方边坡沿边坡预留30cm厚，待雨后再整修到设计边坡线。开挖路堑的过程中，在距基顶面30cm时停止开挖，待雨季后再挖到设计标高。

（2）冬季施工中，开工未挖完的土质路堑、基坑时，将开挖面表层翻松 30～40 cm，耙平作为保温层防冻；已开挖完的，表层预覆松土或草袋上覆松土，待继续施工时再清除。土方开挖完毕，立即施工上部结构，防止基底冻结；如有工艺间歇，按冬季防护办法处理。

4）施工机械配置要求

（1）当采用分层纵挖法挖掘的路堑长度较短（不超过 100 m），开挖深度不大于 3 m，地面坡度较陡时，宜采用推土机作业。

（2）采用推土机作业时，每一铲挖地段的长度应能满足一次铲切达到满载的要求，一般为 5～10 m。铲挖宜在下坡时进行：对于普通土，下坡坡度宜为 10%～18%，不得大于 30%；对于松土，下坡坡度不宜小于 10%，亦不得大于 15%；傍山卸土的运行道应设有向内稍低的横坡，但应同时留有向外排水的通道。

（3）当采用分层纵挖法挖掘的路堑长度较长（超过 100 m）时，宜使用铲运机作业。

（4）对于拖式铲运机和铲运推土机，铲斗容积为 4～8 m³ 的适宜运距为 100～400 m，容积为 9～12 m³ 的适宜运距为 100～700 m。自行式铲运机的适宜运距可参照上述运距加倍。铲运机在路基上的作业距离不宜小于 100 m。有条件时，宜配备一台推土机（或使用铲运推土机）配合铲运机作业。

（5）铲运机运土道的单道宽度不应小于 4 m，双道宽度不应小于 8 m；重载上坡坡度不宜大于 8%，空驶上坡坡度不得大于 50%。弯道应尽可能平缓，避免急弯。路面表层应在回驶时刮平，重载弯道处路面应保持平整。

（6）铲运机作业面的长度和宽度应能使铲斗易于达到满载。在地形起伏的工地上，应充分利用下坡铲装；取土时应沿其工作面有计划地均匀进行，不得局部过度取土而造成坑洼积水。

（7）铲运机卸土场的大小应满足分层铺卸的需要，并留有回转余地。填方卸土应边走边卸，防止成堆；行走路线外侧边缘至填方边缘的距离不宜小于 20 cm。

3. 土质路堑质量检验标准

开挖后，路堑表面应平整、密实，曲线圆顺，边线顺直，边沟整齐，沟底无阻水或积水现象。路堑开挖标高、中线至路肩边缘的距离、宽度、横坡、平整度、边坡坡率、变坡点位置、平台位置和宽度的允许偏差及检验方法符合表 4-3 的要求。

表 4-3　路堑质量允许偏差及检验方法

检验项目	允许偏差	检验数量	检验方法
中线标高	±30 mm	每 100 m 等间距检验 3 点	水准仪测量
路肩标高	±30 mm	每 100 m 等间距检验 6 点（左、右各 3 点）	水准仪测量
中线至路肩边缘距离	+50 mm 0	每 100 m 等间距检验 3 个断面	尺量
宽度	不小于设计值	每 100 m 等间距检验 3 个断面	尺量
横坡	±0.5%	每 100 m 等间距检验 5 个断面	坡度尺量或水准仪测量
平整度	<15 mm	每 100 m 等间距检验 10 次	2.5 m 长直尺量

续表

检验项目	允许偏差	检验数量	检验方法
边坡坡率（偏陡量）	不得陡于设计坡率	沿线路纵向每 100 m 抽样检验 8 点	测量仪器量或尺量
变坡点位置	±200 mm	沿线路纵向每 100 m 抽样检验 6 点	测量仪器量或尺量
平台位置	±100 mm	沿线路纵向每 100 m 抽样检验 6 点	测量仪器量或尺量
平台宽度	±50 mm	沿线路纵向每 100 m 抽样检验 6 点	尺量

4-1-4 任务拓展

深挖路堑的施工要求

路堑边坡的高度大于或等于 20 m 时称为深挖路堑。施工前，应详细复查设计文件所确定的深挖路堑地段的工程地质资料及路堑边坡，并搜集和了解土石界限、工程等级、岩层风化厚度及破碎程度、岩层工程特征。路堑为砂类土时，应了解其颗粒级配、密实程度和稳定角；路堑为细粒土时，应了解其含水量和物理力学性质指标，以及不良地质情况、地下水及其存在形式等。应根据详细了解的工程地质情况、工程量的大小和工期编制施工组织设计，并据以配备适当的机械设备、数量和劳动力。

深挖路堑的边坡应严格按照设计坡度施工。若边坡的实际土质与设计勘探的地质资料不符，特别是土质较设计的松散时，应向有设计单位提出修改的意见，经批准后实施。施工土质边坡时，宜每隔 10 m 的高度设置一平台。平台的宽度，人工施工的不宜小于 2 m，机械施工的不小于 3 m。平台表面横向坡度应向内倾斜，坡度为 0.5%～1%，纵向坡度宜与路线纵坡平行。平台上的排水设施应与排水系统相通。施工过程中，如修建平台后边坡仍然不能够稳定或大雨后立即坍塌时，应考虑修建石砌护坡，在边坡上植草皮或设挡土墙。

土质单边坡深挖路堑的施工可采用多层横向全宽挖掘法；土质双边坡深挖路堑的施工宜采用分层纵挖法和通道纵挖法。若路堑纵向长度较大，一侧边坡的土壁厚度和高度不大时，可采用分段纵挖法。施工机械可采用推土机或推土机配合铲运机。当弃土运距较远，超过铲运机的经济运距时，可采用挖掘机配合自卸汽车作业或采用推土机、装载机配合自卸汽车作业。土质深挖路堑无论是单边坡还是双边坡，靠近边坡 3 m 以内都禁止采用爆破法炸土施工。在距边坡 3 m 以外准备使用爆破法施工时，应先进行缜密设计，防止炸药用量过多，并报请当地公安部门批准。

任务 4-2　石质路堑施工

4-2-1　工作任务目标

（1）能够根据爆破方案，合理组织施工，完成石质路堑开挖的施工管理任务。

（2）能够完成石质路堑施工的安全管理工作。

4-2-2 相关知识

1. 控制爆破

控制爆破是指通过一定的技术措施，严格控制爆破能量和爆破规模，使爆破的声响、冲击波、爆轰波、振动、破坏区域、飞块距离以及破碎物的散塌范围控制在规定的限度以内。

根据不同场所、不同材料、不同要求而采用不同的爆破方法，以控制爆破效果。控制爆破对象的规模、质量、数量、大小、形状等不同，必须针对爆破目标有目的地加以控制。这些都需要通过精确的设计计算和精心的操作来实现。

控制爆破的方法多种多样，有定向爆破、微差爆破、光面爆破、预裂爆破、松动爆破、切割爆破等，采用什么方法实施控制爆破，应因物制宜。没有定向爆破空间的宜采用折叠爆破或原地坍塌的爆破方法；高大建筑物的控制爆破采用毫秒或半秒分段起爆的微差爆破法；需要爆破半截、留半截，或爆掉一部分、完好地保留一部分的控制爆破应采用切割爆破或预裂爆破法和光面爆破法。

光面爆破是一种深（浅）孔控制爆破方法，其特点是在设计开挖轮廓线上钻凿一排孔距与最小抵抗线相匹配的光爆孔，并采用不耦合装药或其他特殊的装药结构，在开挖主体的装药响炮之后，光爆孔内的装药同时起爆，从而形成一个贯穿光爆炮孔光滑平整的开挖面。光面爆破的特点是爆破后壁面光滑平整，开挖轮廓线能大致符合设计要求，并减少爆破对边坡岩石的扰动，以及减小超挖和欠挖量。目前，铁路石质路堑开挖为减少爆破对成形边坡的扰动和减小刷坡整形工作量，在靠近边坡的附近多采用光面爆破技术。

1）光面爆破工艺原理

光面爆破的破岩机理是十分复杂，炸药起爆时，对岩体产生两种效应：一是药包爆炸瞬时高温高压气体形成炮轰波，后转化为冲击波，并形成冲击波效应；二是爆炸气体膨胀做功所起的作用。光面爆破的爆破成缝机理具体表现为如下几点：

（1）炸药爆炸时，炮孔壁面受压缩应力波所衍生的切向拉应力作用，在相邻炮孔之间形成应力加强带，产生少数径向裂缝。

（2）不耦合装药、间隔装药等缓冲装药结构使得爆轰气体对孔壁的作用时间延长，在相邻炮孔之间形成由炮轰气体引起的应力加强带。

（3）孔壁存在着钻孔时形成的细微裂隙，所以只要孔距合适，裂隙就从孔壁开始延炮孔连心线向邻孔方向发展。同时，孔内爆轰气体高速楔入，加大了裂隙扩展速度，最终导致相邻炮孔贯穿成缝。

2）光面爆破参数

光面爆破参数的选择直接影响着爆破效果，是光面爆破工程设计的重要内容光面爆破参数的选择原则是：利用一切有利于提高光面爆破质量的因素，努力提高爆破质量。

光面爆破参数设计计算有公式计算法、直接试验法、经验类比法和模型试验法等。

（1）炮眼直径 d_b。

炮眼直径的确定直接关系到施工的效率和成本，应综合考虑岩石特性、现场机械设备情况及工程具体要求等。

一般情况下，主要应依据爆破的现场状况和钻工机具确定。如在地下小断面的巷道实施光面爆破时，孔径取 35~45 mm；在露天情况下实施光面爆破时，孔径可取大些，路堑开挖炮孔直径取 80~100 mm。

（2）炮眼间距 a。

光面爆破的实质是使炮眼之间产生贯通裂隙，形成平整的断裂面。因此，炮眼间距对形成贯通裂隙有着非常重要的作用。炮眼间距的大小主要取决于炸药的性质、不耦合系数和岩石的物理力学性质。

① 对光面爆破，有

$$a = 2R_i + \left(\frac{P_i}{S_t}\right) \cdot d_b \tag{4-1}$$

式中，$R_i = \left(\frac{bP_b}{S_t}\right)^a r_b$，为每个炮眼产生的裂缝长度；$S_t$ 为岩石的抗拉强度；d_b 为炮眼直径；P_i 为爆生气体充满炮眼时的静压；P_b 为孔壁压力；b 为切向应力与径向应力比例系数，$b = \frac{\mu}{1-\mu}$（μ—波松比）。

② 对预裂爆破，有

$$a = d_b\left(\frac{P_b}{\sigma_{dt}} + 1\right) \tag{4-2}$$

式中，P_b 为孔壁压力；σ_{dt} 为岩石动载抗拉强度。

另外，瑞典兰格弗斯（Langefors）给出了如下公式：

$$a = (8 \sim 12)d_b \quad (d_b > 60 \text{ mm}) \tag{4-3}$$

和

$$a = (9 \sim 14)d_b \quad (d_b \leqslant 60 \text{ mm}) \tag{4-4}$$

③ 最小抵抗线 W。

对光面爆破，最小抵抗线也即光面厚度；由经验公式有：

$$W = Q/Cal_b \tag{4-5}$$

式中，C 为爆破系数，相当于炸药单耗值；l_b 为炮孔深度；Q 为单孔药量。

最小抵抗线 W 还应根据岩石性质及地质条件加以调整。经验表明，岩石坚韧、可爆性差时，最小抵抗线可小些；岩石松软、易破碎时，W 可取大些。

最小抵抗线 W 也可通过炮眼密集系数 m 来确定。光面爆破中的炮眼密集系数是指孔距 a 与最小抵抗线 W 的比值，即

$$m = a/W \tag{4-6}$$

一般取 $m = 0.8 \sim 1.0$。有研究者认为：m 的优化值为 $0.8 \sim 1.13$，合理取值为 $0.7 \sim 1.3$。根据工程实践经验，当岩石性质、地质构造和开挖跨度等条件发生变化时，也应作相应的调整。因此，最终选取的 m 值应通过现场的爆破试验确定。

对于预裂爆破，则以间距系数（孔径与孔距之比）表示炮眼的密集度。当孔径在 70 mm 以下时，则间距系数为 $7 \sim 12$ 按不同岩性选取；若孔径大于 70 mm，则间距系数取 $5 \sim 10$。

④ 不耦合系数 B。

不耦合系数 B 是指孔径与药径之比，它反映了药包与孔壁的接触情况，现已有不少的相关研究。

当药包全部填满药孔整个断面时，不耦合系数就达到最小值 1。这时装药起爆后，能量可直接传入岩壁，可避免传播过程中的损耗。随着不耦合系数的增大，药孔周壁上的切向最大应力急剧下降，作用时间延长，使得爆炸能以应力波形式传播能量的部分减少，而以准静态压力形式传播能量的部分增多，在岩石中就有利于形成应力叠加、应力集中以及拉伸裂隙，而不易产生粉碎。

一般情况下，光面爆破采用的不耦合系数 B 为 $1.6 \sim 3.0$。当不耦合系数增大到一定值时，可使作用于孔壁的压应力等于或小于岩石的极限抗压强度，不使孔壁发生破坏的条件。由于岩石的极限抗拉强度一般仅为岩石极限抗压强度的 $1/40 \sim 1/10$，因此，孔壁周围以外的岩石很容易受拉破坏。

预裂爆破中预裂孔只是要求形成预裂缝，而不是大量崩落岩石，因此不宜采用太大的孔径和装药直径。根据试验及经验数据，不耦合系数 B 一般取 $2 \sim 4$，坚硬的岩石因抗压强度高，可采用较小的不耦合系数；而松软的岩石则应取较大的不耦合系数。

⑤ 每米深炮眼装药量 q。

对光面爆破，有

$$q = AKmk_1W \tag{4-7}$$

式中，A 是炮眼口堵塞系数，一般取 1.0；K 为与岩石性质有关的介质系数，软岩为 $0.5 \sim 0.7$，中硬岩 $0.75 \sim 0.95$，硬岩 $1.0 \sim 1.5$；m 为炮眼密集系数；k_1 依炮眼密度定的系数，一般为 0.5，每加深 1 m 增加 0.2；W 为最小抵抗线。

对预裂爆破，有

$$q = Kd_b\sqrt{a} \tag{4-8}$$

式中，K 为岩石系数，坚硬岩石为 0.6，中等强度岩石为 $0.4 \sim 0.5$，软岩 $0.3 \sim 0.4$；其他同前。

上述药量计算公式具有形式简单、方便计算的特点。公式经工程实践应用，证明是基本可行的，但考虑到各个工程的实际情况，建议以上述公式计算药量为参考数据，在现场做局部试验，根据试验情况再进行适当调整，最终确定符合工程实际情况的药量值。

2. 爆破器材

爆破器材，指的是雷管、炸药、导爆索、导爆管、非电导爆管雷管、高能燃烧剂、膨胀剂等。对于不同的爆破对象，应根据环境、位置、破坏规模和具体要求选用适当的爆破器材。

控制爆破的炸药，应尽可能地选用"五低一细"（低密度、低猛度、低爆速、低威力、低噪音、细直径）的炸药。切割爆破尽可能地选用高燃烧剂、高能复合燃烧剂或"五低一细"的硝铵炸药。在有杂散电流、静电作用可能性大的环境条件下，宜选用非电导爆管系统，在高大建筑物的控制爆破中也应优先选用非电导爆管系统实施微差控制爆破。在小规模、小批量的控制爆破中也可根据具体条件选用安全的电爆网实施顺发或微差控制爆破。对于有容易燃爆顾虑的爆破对象，不能选用高能燃烧剂或高能复合燃烧剂，否则会有失控的可能。

1）炸药

炸药是能够发生爆炸反应，并具有爆炸三要素的物质。工业炸药是指用于矿山、铁道、水利、建材等部门的民用炸药。工业炸药需具备以下特点：

（1）具有足够的爆炸能量；

（2）具有合适的感度，保证使用、运输、搬运等环节的安全，并能被8号雷管或其他引爆体直接引爆；

（3）具有一定的化学安定性，在储存中不变质、老化、失效甚至爆炸，且具有一定的储存期；

（4）爆炸生成的有毒气体少；

（5）原材料来源广，成本低廉，便于生产加工。

2）起爆器材

起爆器材是用于引爆炸药的器材。采用一定的器材和方法，使炸药按照工程需要的先后顺序准确而可靠地发生爆轰反应，利用炸药爆炸的能量。工程中使用的起爆器材包括：雷管、导火索、导爆管、导爆索、继爆管、起爆药柱、起爆弹等。

（1）雷管。

雷管分火雷管和电雷管（瞬发电雷管、秒延期电雷管、毫秒延期电雷管、抗杂散电流电雷管、安全电雷管）。

① 火雷管。

火雷管由管壳、起爆药和加强药、加强帽组成，如图4-5所示。

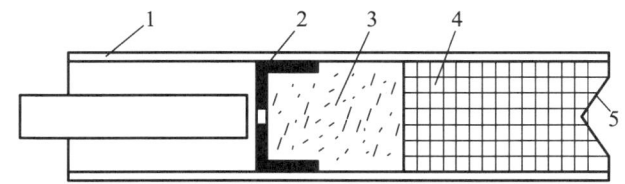

1—管壳；2—加强帽；3—正起爆药；4—加强药；5—聚能穴。

图4-5 火雷管构造示意图

② 电雷管。

电雷管包括：瞬发电雷管、秒延期电雷管、毫秒延期电雷管、抗杂散电流电雷管、安全电雷管。

a. 瞬发电雷管构造如图 4-6 所示。

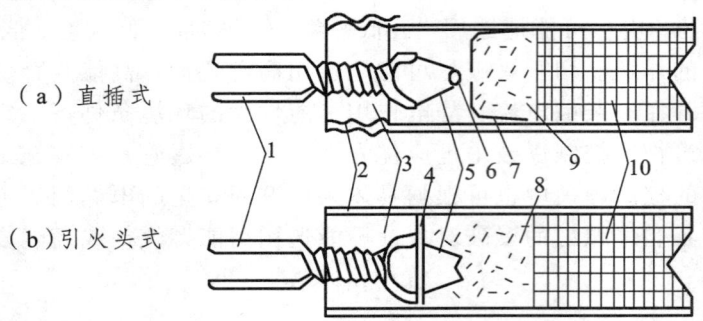

1—脚线；2—管壳；3—密封塞；4—纸垫；5—桥丝；6—引火头；
7—加强帽；8—DDNP；9—正起爆药；10—副起爆药。

图 4-6　瞬发电雷管构造示意图

b. 秒延期电雷管。

秒延期电雷管是在电桥丝与起爆药之间加了延时材料，通电至爆炸延迟时间长短以秒为单位计量，构造如图 4-7 所示。

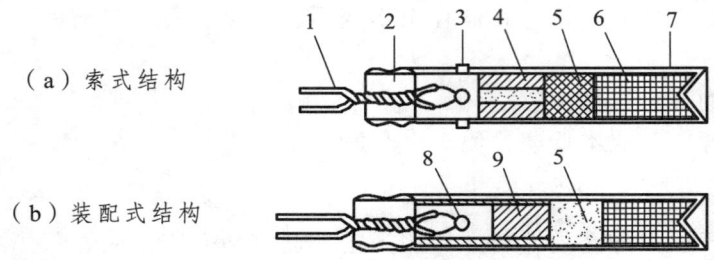

1—脚线；2—密封塞；3—排气孔；4—精制导火索；5—起爆药；
6—加强药；7—管壳；8—引火药头；9—延期药。

图 4-7　秒延期电雷管构造示意图

c. 毫秒延期电雷管。

毫秒延期电雷管构造如图 4-8 所示。

d. 抗杂散电流电雷管

抗杂散电流电雷管包括：无桥丝电雷管、低阻率桥丝电雷管和电磁雷管。

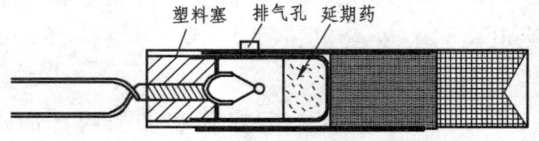

图 4-8　毫秒延期电雷管构造示意图

e. 安全电雷管

安全电雷管用于有瓦斯、煤尘爆炸危险的工作面爆破。安全电雷管有瞬发与延期雷管之分。

（2）导爆管。

与毫秒延期电雷管的主要区别是，导爆管不用毫秒电雷管中的电点火装置，而用一个与塑料导爆管相连接的塑料连接套，由塑料导爆管的爆轰波来点燃延期药。

（3）导火索。

导火索是以黑火药为索芯，制作方法简单，费用低；但危险性大，不易用仪器量测网路，难以预测爆破效果；燃烧时有火焰喷发，产生大量有毒气体。

（4）继爆管。

继爆管与导爆索配合使用，具有毫秒延期作用的起爆器材，构造如图 4-9 所示。

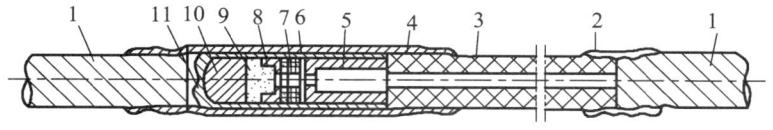

1—导爆索；2—连接管；3—消爆管；4—外套管；5—大内管；6—纸垫；
7—延期药；8—加强帽；9—起爆药；10—加强药；11—雷管壳。

图 4-9 继爆管构造示意图

4-2-3 任务实施

1. 石方路堑光面爆破施工工艺流程

光面爆破施工工艺流程如图 4-10 所示。

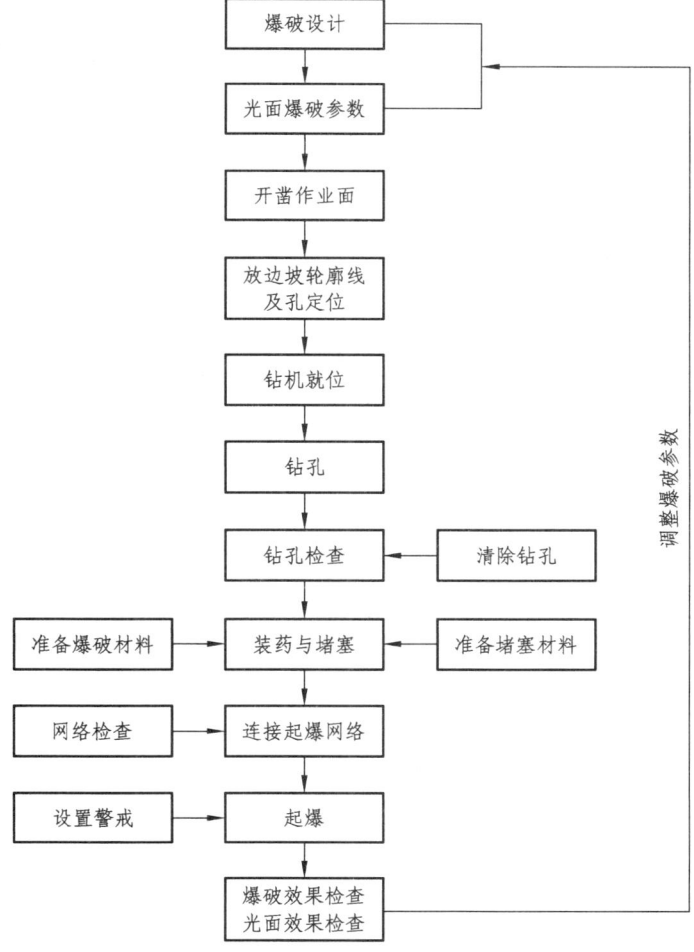

图 4-10 光面爆破施工工艺流程

1）爆破设计

根据工程特点及现场实际情况进行光面爆破设计。确定爆破参数、装药结构、起爆程序。

（1）爆破参数。

包括钻孔直径 D、最小抵抗线 W、孔距 a，根据相关要求计算确定，预裂爆破常用参数如表 4-4 所示。

表 4-4 预裂爆破主要参数

岩石类别	极限抗压强度/MPa	参数	钻孔直径/mm				
			50	70	100	125	150
坚石	60 以上	a	0.45~0.65	0.75~0.95	1.1~1.3	1.45~1.65	1.8~2.1
		q'	215~340	355~560	390~620	485~765	555~875
		q''	孔深 $L>10$ m 时，$q''=5q'$；$L=5~10$ m 时，$q''=4q'$；$L=3~5$ m 时，$q''=3q'$				
次坚石	30~60	a	0.4~0.5	0.6~0.75	0.9~1.1	1.2~1.4	1.5~1.8
		q'	155~215	250~355	280~390	345~485	395~555
		q''	孔深 $L>10$ m 时，$q''=4q'$；$L=5~10$ m 时，$q''=2.5q'$；$L=3~5$ m 时，$q''=q'$				
			50	70	100	125	150
软石	5~30	a	0.3~0.4	0.5~0.6	0.75~0.85	1~1.2	1.2~1.5
		q'	60~155	100~250	115~280	140~345	160~395
		q''	孔深 $L>10$ m 时，$q''=4q'$；$L=5~10$ m 时，$q''=2.5q'$；$L=3~5$ m 时，$q''=q'$				

注：1. 表中 a 为钻孔间距，单位符号为 m；q' 为线装药密度（全孔装药量扣除孔底部增加装药量除以装药段长度），单位符号为 g/m；q'' 为孔底装药密度，单位符号为 g/m。
2. 表列 q' 值按 40% 耐冻胶质炸药计列，并以不耦合系数取 2~3 为选用条件。
3. 堵塞长度在 0.8~1.0 选取。

（2）装药量。

装药量的经验计算法：

$$Q=qL+Q_{底}$$

式中　Q——单孔装药量；

q——线装药密度（$q=kaW$），也可根据经验取值，预留光爆层时 $q=180~200$ g/m，

有准光爆层时 $q=200\sim220$ g/m；（其中，k 为光面爆破的单位用药量，预留光爆层时取 75 g/m³，有准光爆层时取 90 g/m³；a 为孔距；W 为抵抗线）

L——炮孔深度；

$Q_底$——光面爆破底部加强药量，预留光爆层时取 $Q_底=(3\sim5)Q\cdot L_1$，有准光爆层时取 $Q_底=(5\sim8)Q\cdot L_1$，实际爆破时，要根据炮孔深度确定底部装药长度和药量增量。

其中 L_1——底部加强药量装药长度，一般取 $L_1=1.5\sim2.0$ m。

2）开凿作业面

清除地面杂物和覆盖土层，有必要时搭建钻孔平台。钻孔作业在高陡的坡顶上进行，钻机移位及架设均需要人工来完成，必须保证人员和机械的安全。搭建钻孔平台就是为了施工作业的安全。

光爆孔精度要求高，三角架式钻机定位较难，为减小钻孔偏差，钻孔平台应有一定宽度，以利于钻机的调整。平台宽度一般为 1.5~2.0 m。在进行多层光爆施工时应预留出下面各层的钻孔平台宽度。

3）布　孔

根据设计要求放出开挖轮廓线和各炮孔孔位，并编号，插木牌逐孔写明孔深、孔径、倾斜角方向及大小。

光面爆破后边坡一次成型，若要变动，将浪费大量的人力物力，所以边坡测量放线及布设孔位需严格控制误差。

4）钻　孔

钻孔是保证爆破质量的重要一环，严格按爆破设计的位置、方向、角度进行钻孔，并采取先慢后快的方式。钻孔过程中，必须仔细操作，严防卡钻、欠钻、漏钻和错钻。钻孔精度是光面爆破成败的重要因素。要想保证钻孔精度，把炮孔钻在同一平面上，使用三角架式钻机，除提高钻孔技术外，还要按"对位准、方向正、角度精"三要点来操作。

（1）钻机对位要准。

为了保证钻机在同一平面上对位，在钻机平台上铺设钢管，作为钻机移动轨道。钢管一般铺设在边坡线外 30 cm 处，根据设计的光爆距用油漆在钢管上表明孔位。

（2）钻孔方向要正。

沿边坡开挖线拉一条测线，量测机架两侧至测线的距离，当两者距离相同时，则说明钻机安放准确。

（3）钻孔角度要精确。

精确的钻孔角度是光面爆破后坡面平整、光滑的保证。钻孔角度大于边坡坡度时，将使抵抗线偏小，会产生飞石；小于边坡坡度时，则抵抗线增大，会使光爆层炸而不塌。保证钻孔精度应用仪器测定钻杆角度，符合要求后，固定钻机进行钻孔作业。

（4）钻孔作业基本要领。
① 熟悉岩石性质，掌握不同岩层的凿岩规律。
② 孔口要完整，孔壁要光滑，保证排渣顺利。
③ 软岩慢打，硬岩快打。

5）钻孔检查

装药前必须检查孔位深度，倾角是否符合设计要求，孔内有无堵塞，孔壁是否有石块以及孔内有无积水。发现孔位和深度不符合设计要求时，应进行补孔。严禁少打眼、多装药。清除孔口周围的碎石、杂物，孔口岩石破碎不稳固段应进行维护，避免孔口形成喇叭状，钻孔结束后封盖孔口或设立标志。

6）装药与堵塞

严格按设计的炸药品种、规格及数量进行装药并堵塞。炮孔堵塞长度应大于最小抵抗线，一般为0.8 m。堵塞时先用纸团塞紧在堵段下部，然后用黄黏土堵实。采用不耦合的方式装药，装药结构形式有两种：

（1）用低爆速、小直径的光爆专用药卷或现场加工的传爆性能好的细长药卷时，采用均布连续装药。

（2）用普通2号岩石硝铵炸药卷或水胶、乳化炸药卷（常用于有水的炮孔中）时，采用加导爆索间隔捆绑成药串的间隔装药。

炮孔底部加强装药段，装药长度和炸药增量可按表4-5确定。

表 4-5　炮孔药增量

炮孔深度/m	<3	3~5	5~10	10~15	>15
底药长度/m	0.5	0.5~1.0	1.0~1.5	1.0~1.5	1.5~2.0
增量（倍）	0.5~1	1.0~1.5	1.5~2.0	2~3	>3

7）爆破网路敷设

网路敷设前，应检验起爆器材的质量、数量、段别并对其进行编号和分类，严格按敷设网路敷设，严格遵守《爆破安全规程》中有关起爆方法的规定，网路要经检查确认完好，起爆点应设在安全地带。

8）起　爆

在网路检测无误、防护工程检查无误、各方警戒正常的情况下，指挥员即可在规定时间起爆。起爆方法有两种：一是用设计段数的电雷管或非毫秒雷管绑于内药柱或药串上起爆；二是用导爆索连接起爆。

在与主炮孔同时施爆的时候，先爆孔要滞后于主爆孔50~100 ms（硬岩可取小值，软岩宜取大值）起爆。

9）安全检查

爆破完成并间隔规定的时间后，若安全检查无误，即可进行机械施工。

10）出　渣

（1）路堑石方运距大于 1 km 时，采用自卸汽车配合装载机械施工。

（2）用装载机铲运装车在铲挖工作面与车辆间进退运行采用 V 形或 L 形循环方式，装载机进铲方向应大致与工作面垂直，避免偏载。装车行走速度控制在 0.7～1.8 m/s。

（3）汽车运输道路的车道宽度、纵坡、曲线半径应符合有关规定，路面结构要满足重载车辆运行的需要。倾卸时要采取安全防护措施。

11）总结分析

爆破后对爆破效果进行全面检查，综合评定各项技术指标是否合理，进一步确认已暴露岩石的结构、产状、地质构造和岩石的物理力学性质，综合分析岩石单位耗药量，做好爆破记录。聘请有经验的爆破专家进行分析和总结，以便对下一循环爆破作业进行优化。

12）修整边坡和路基面

（1）爆破后，边坡和堑顶山体稳定，边坡平顺，不破碎不振动。及时清除凸面悬危石、浮石、砟堆杂物。

（2）边坡上出现的坑穴、凹槽用浆砌片石嵌补平整。

（3）整修基面。在岩石路堑的侧沟平台上应按设计图预留信号、电力电缆、排水沟槽。开挖时不得损坏边坡坡脚，必须保证侧沟平台和基面平整，有凹坑或损坏处用混凝土或浆砌片石补齐。

2. 光面爆破工艺要点及质量、安全保证措施

1）爆破工艺要点

（1）路堑中间部分开挖爆破必须控制好爆破边线，使光面爆破区域控制在距路堑设计边线 4 m 左右。

（2）光面爆破设计参数的选择很关键，它直接影响到光面爆破的效果。为使光面爆破取得良好效果，在设计时应注重如下几点：

① 根据岩石特点，合理选定周边眼的间距和最小抵抗线，尽最大努力提高钻眼质量。

② 严格控制周边眼的装药量，尽可能将药沿眼长均匀分布。

③ 周边眼宜使用小直径卷和低猛度、低爆速的炸药。为满足装药结构要求，可借助导爆索来实现空气间隔装药。

④ 采用毫秒微差有序起爆，要安排好开挖程序，使光面爆破具有良好的临空面。

（3）周边眼常用参数的选择：

① 周边眼间距 E。它是直接控制开挖轮廓面平整度的主要因素，一般情况下 $E=$

$(12\sim15)d$，其中炮眼直径 $d=35\sim45$ mm，对于节理较发育、层理明显以及开挖轮廓要求较高的工程，周边眼间距可适当减小，也可在两炮眼之间增加一个不装药的导向空眼。

② 最小抵抗线 W（光面层厚度）。W 直接影响光面爆破效果和爆渣块度，其取值为 $(13\sim22)d$。

③ 周边眼密集系数 K。一般情况下，以 $K=E/W=0.7\sim1.0$ 为宜。

④ 装药集中度 q。采用 2 号岩石炸药进行光面爆破时，$q=0.2\sim0.3$ kg/m；采用其他炸药时则须进行换算，其换算系数 C 按式 $C=1/2\times$（$2^\#$岩石炸药猛度÷换算炸药猛度+$2^\#$岩石炸药爆力÷换算炸药爆力）求得。

（4）严格控制周边眼的药量，采用合理的装药结构并尽量使炸药沿孔深均匀分布，是实现光面爆破的重要条件。常用的装药结构有以下几种：

① 连续装药。将计算出的药量按装药集中度连续均匀地装入炮眼，其起爆包置于眼底。

② 间隔装药。为使爆炸力沿炮眼均匀分布，需将炸药沿炮眼全长布设；其所需炸药药卷连续长度短于炮眼长度较多时，应采用间隔装药。

③ 不耦合装药。采用卷装炸药时，多为不耦合装药结构。

2）光面爆破质量保证措施

（1）对参加施工的人员进行岗前培训及技术交底。

（2）选取光面爆破参数时，除理论计算外，还可用类比法与同类项目比较确定；必要时在与所做工程地质条件相类似的岩层中试验，以求得更准确的爆破参数。

（3）钻孔要严格按照设计孔位、孔深、孔径及倾斜度进行。

（4）炮位设计应充分考虑岩石的产状、类别、节理发育程度、溶蚀情况等，炮孔药室宜避开溶洞和大的裂隙。避免在两种岩石硬度相差很大的交界面处设置炮孔。

3）光面爆破安全保证措施

（1）对参加施工的人员进行安全教育及爆破规则培训。

（2）石方爆破工程的施工方案在报请当地公安机关批准后，方可组织实施；爆破员须经当地公安机关培训，考试合格后，持公安机关核发的有效操作证上岗作业。

（3）爆破施工时，指定一名领导在现场负责全面工作。

（4）装药量、装药结构及堵塞质量均应符合设计要求，已装置炸药的炮孔用泥土覆盖及保护，爆破作业区段与既有建筑物之间设排架及防护网防护。

（5）施爆前，应规定醒目、清晰的爆破信号，并发布通告，及时疏散危险区内的人员、牲畜、设备及车辆等。对不能撤离的建筑物，应采取保护、加固措施，并在危险区周围设警戒，严禁人、畜、车辆进入。爆破后，对危及人身安全的危石、落石，及时清除。

（6）起爆后 15 min，由指定爆破专业人员进入爆破内进行安全检查，确认无拒爆现象和其他问题后，方能解除警戒。

（7）对每次爆破的地质状况、主要参数、爆破效果等做详细记录，为改进爆破方案提供可靠依据。

（8）为预防盲炮现象发生，应选取合格的爆破器材，装药前要清理炮孔积水。装药时要小心，以防损坏药包相连线；联结网路时要仔细操作并按规定进行检查。

（9）要注意妥善处理盲炮，起爆线路完好时，可重新起爆；起爆线路已被破坏时，用木竹工具将填塞物掏出，用聚能药包将盲炮诱爆或在安全距离外用风水喷管吹出填塞物及炸药，并回收雷管。

（10）爆破施工的路段，如空中有缆线，应查明其平面位置和高度，还应调查地下有无管线，若有则应查明其平面位置和埋设深度，同时应调查开挖边界线外的建筑物结构类型、完好程度、距开挖界距离，然后制定爆破方案。任何爆破方案的制订，都必须确保空中缆线、地下管线和施工区边界外的建筑物的安全。

3. 石质路堑质量检验

1）装药量检验

石质路堑采用爆破法开挖的装药量应符合批准的爆破设计用药量。

检验数量：施工单位全部检验。

检验方法：对照爆破设计文件核对各项爆破参数。

2）边坡及基面检验

（1）石质挖方边坡应顺直、圆滑、大面平整。边坡上、下不得有松石、危石。光面爆破的边坡坡面上宜保持炮孔痕迹。硬质岩石边坡炮孔痕迹率应达到85%；中硬岩达到70%；软岩达到50%。边坡坡面平顺，凹凸差应小于15 cm。

（2）路基面应平顺、无积水，路肩较整齐、曲线圆顺。爆破后，边坡岩壁和留下的半孔孔壁上都不应出现爆破裂纹；石质路堑路基面超爆坑应用C25混凝土补平。

（3）路堑边坡坡率、变坡点、平台位置、宽度、侧沟排水坡度允许偏差及检验方法应符合表4-6的规定。

表4-6 路堑质量允许偏差及检验方法

检验项目	允许偏差	检验数量	检验方法
边坡坡率（偏陡量）	不得陡于设计坡率	每50 m每侧检查8点，上下各4点	用坡度尺测量，计算
变坡点位置	±100 mm	每100 m单侧边坡各抽样检验6点	水准仪测量或尺量
平台位置	±100 mm		
平台宽度	±50 mm		尺量
侧沟排水坡度	不得积水	每条沟全检	目测

3）基床检验标准

路堑开挖至设计标高后,应核查地质情况。基床为软质岩及土质层时,其范围内的地基土比贯入阻力 P_s 值不应小于 1.5 MPa 或基本承载力 σ_0 不应小于 0.18 MPa。地质情况与设计不符时,应提出变更设计。

检验数量:施工单位按路基沿线路纵向连续长度每 100 m 抽样检验 2 点。

检验方法:对照设计文件核对并详细记录。按《铁路工程地质原位测试规程》(TB10018)规定的试验方法进行检验。

4-2-4 任务拓展

爆破开挖路堑施工质量通病及防治措施

爆破开挖路堑施工中,易出现的质量通病主要为爆破后边坡出现裂缝、松动、滑移等现象,严重影响边坡的稳定性。

1. 可能存在的原因

(1)没有充分考虑爆破体的地质条件,采用了不当的爆破技术参数,如采用过大的爆破指数,造成边坡超爆、开裂、松动。

(2)采用了过大的爆破岩土单位体积消耗量系数值,使一次爆破药量过大,扩大了爆破作用范围。

(3)没有预留足够的边坡保护层厚度,将边坡坡面破坏;开坡放炮引起坡脚松动破坏或将坡脚坡面开成爆破漏斗坑,破坏了边坡土体的内力平衡,使上部土体(或岩体)失去稳定。

2. 防治措施

(1)爆破设计时,在邻近最终边坡的爆破区考虑预留一定厚度的边坡保护层,使边坡处于爆破压碎圈半径范围以外。

(2)根据地质条件,通过计算选择用药量和适宜的药包布置方式,确定相应的爆破参数;对不良地质、地段,避免采用影响边坡稳定的爆破方法,控制用药量。

(3)为减轻爆破对边坡的振动,尽量采用分段延时起爆。

(4)爆破时防止坡脚松动,或在坡脚或坡面开成爆破漏斗坑。

(5)对松动的坡脚,可用设挡土墙与岩石锚杆或挡土板、柱与土层锚杆相结合的办法来整治。锚桩、锚杆均设在边坡松动层以外的稳定岩(土)层内。

(6)对坡面因振动出现较大的裂隙,可用砌石或砂浆封闭;对裂缝的悬石,采用岩石锚杆与稳定岩层拉结。

项目小结:

路堑施工过程中需加强管理,严格按照工艺要求进行。石方路堑爆破施工要采用光面爆破技术，施工过程中尽量避免扰动边坡，保证边坡稳定。避免基床部位出现超挖现象，超挖部分用混凝土回填。

项目训练：

1．完成土质路堑开挖的施工放线、技术交底和土方量计算工作。
2．完成石质路堑施工放线、安全技术交底和质量验收评定工作。

项目 5　高速铁路路基排水设备施工及维护

项目描述：

水对土体的软化和冲蚀作用，是影响路基坚固和稳定的主要因素之一。路基的各种病害，如翻浆冒泥、下沉挤出、冻害、边坡坍塌、滑坡、陷穴、岩溶等，其发生和发展或多或少与地面水、地下水的活动有关。为保证路基的坚固和稳定，首要任务是做好路基排水工作。路基排水的任务是把路基工作区内的土基含水量降到工程容许范围内，以保证路基稳定的工作状态。路基排水设备是指为保证路基稳定而采取的汇集、拦截、排除地表或地下水的设施，包括路基地面排水设备和路基地下排水设备。

学习目标：

知识目标：

掌握路基地面排水设备的类型和施工要求；掌握路基地下排水设备的类型和施工要求；掌握路基排水设备的养护要求。

能力目标：

能够熟练完成路基排水设备的施工放线、技术交底和质量控制等施工管理工作；能够熟练完成路基排水设备的维护工作；能够熟练完成路基排水设备的质量验收工作。

素质目标：

养成安全意识；具备严谨细致的工作态度；具备一定的协调、组织能力。

思政目标：

具备扎根基层、牺牲小我、成就铁路事业的奉献精神。通过在学生中宣传张富清这种扎根基层、牺牲小我、成就大我的优秀共产党员的典型事迹，让学生体会奉献精神的可贵之处，把中华民族的优良美德传承下去。

课程思政：

路基排水设备分布广泛、技术难度低，很容易被忽视。

老英雄张富清在部队，他保家卫国；到地方，他为民造福。他用自己的朴实纯粹、淡泊名利书写了精彩人生。作为一名军人，张富清九死一生立下赫赫战功；作为一名党员，他又在退出现役后俯下身子、甘守清贫，始终为党、为祖国、为人民奉献自己的光与热。古往今来，无数仁人志士"先天下之忧而忧，后天下之乐而乐"，无不饱含着牺牲小我、成就大我的奉献精神。这些感人至深的故事，撑起了一代又一代中国人的民族脊梁，无不体现着奉献精神。

作为新时代的大学生，作为未来的铁路建设者，我们一定要在学习和生活中从优秀人物身上吸取精华和力量，把自己培养成为勇于担当、扎根基层、乐于奉献的铁路建设者。

任务 5-1 路基地面排水设备施工及维护

5-1-1 任务目标

（1）能够独立完成路基地面排水设备的施工管理任务。
（2）能够完成路基地面排水设备的检查和维护工作，能够及时发现问题，制定维护方案，完成维护任务。

5-1-2 相关知识

1. 路基地面排水设备类型

地面排水设备主要有：排水沟、侧沟、天沟、截水沟、矩形水槽、跌水和急流槽，如图 5-1 所示。

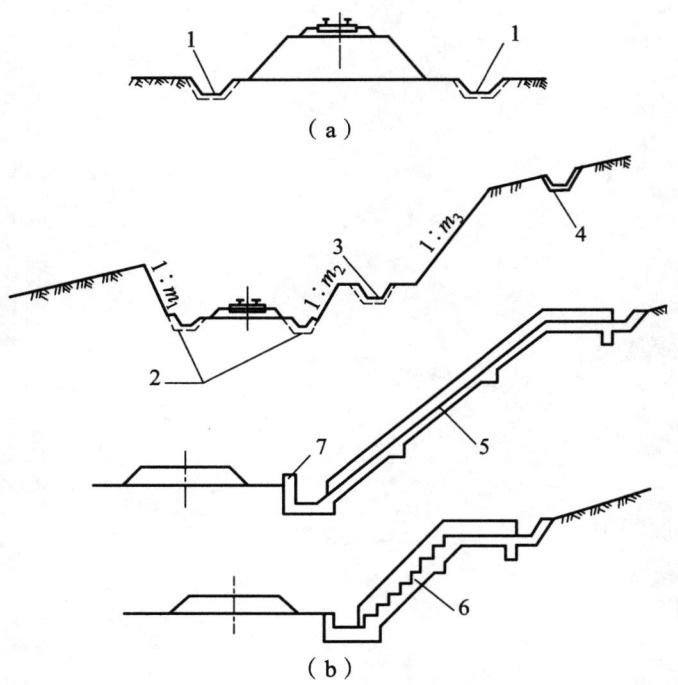

1—排水沟；2—侧沟；3—截水沟；4—天沟；5—吊沟（急流槽形式）；6—吊沟（跌水形式）；7—挡水墙。

图 5-1 路基地面排水设备

1）排水沟

排水沟是设于路堤护道的外侧，用以排除路堤范围内的地面水和截排从田野方向流向路堤的地面水的地面排水设备。排水沟的断面形式常采用梯形和矩形，如图 5-2 所示。

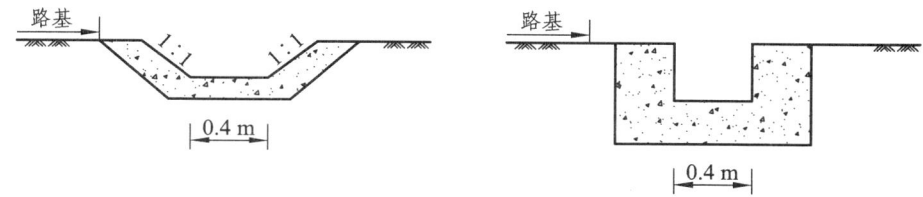

图 5-2　路基排水沟常用断面图

（1）平坦地带，横坡不明显，且路堤高度小于 2 m 时，宜在路堤两侧设置排水沟。

（2）当路堤高度大于 2.0 m 时，可以只在大面积横坡方向的上方设置排水沟。在路堤高度小于 2.0 m 的平原地带，确认下侧不会有积水和造成地面径流的可能时，也允许只在上方设置排水沟。

（3）在农田地区，常把开挖排水沟的弃土置于排水沟的外侧，筑成挡水埝，以阻挡农田排灌水流入排水沟。挡水埝顶宽一般采用 0.5 m，两侧边坡坡度不大于 1：1，靠排水沟一侧的坡脚与排水沟之间应留出适当的距离。

（4）紧靠路堤护道外侧的取土坑，如能适当控制其深度，以连接上、下游的排水沟或排水通路，则可利用于地面排水。此时，取土坑底部宜做成由两侧边缘向中间倾斜的 2%～4% 的横坡，或在取土坑中部设置断面合适的排水沟。

2）侧沟

侧沟位于路堑路肩边缘的外侧，用以汇集和排除路堑范围以内的地面水。在线路不填不挖的地段亦应设置侧沟。

（1）侧沟水不宜流入隧道排水沟。因此，当出洞方向路堑为上坡时，侧沟要用与线路纵坡相反的坡度，称为反坡排水。只有对长度为 300 m 以下的短隧道，在洞外路堑水量较小，且含砂量小，不易淤积，修建反坡排水将增加大量土石方等困难条件下，才允许将侧沟水引入隧道排水沟，但应验算隧道水沟断面（不够时应予扩大），并在高端洞口设置泥砂沉淀井。

（2）侧沟水应排到路堑以外，在填挖交界处沿山弯转偏离路基排出，以防冲刷路堤。但对深长路堑和反坡排水的侧沟，可以根据地形条件增建穿越路基的横向盖板水沟，将水引排到路基的外侧，在路堑边坡较低处开挖马口排走。

3）天沟

天沟位于堑顶边缘以外，可设一道或几道，用以截排堑顶上方流向路堑的地面水。

（1）天沟距堑顶的距离一般情况下不宜小于 5 m。

（2）如果边坡为不易渗漏的岩石和黏性土，或对天沟已采取防渗措施，或路堑不高，即使边坡坍塌也不致影响行车时，天沟距堑顶的距离可以减小到 2 m。

（3）湿陷性黄土地区的天沟距堑顶的距离一般不应小于 10 m，同时还应加固防渗。

（4）如果堑顶上有弃土堆，天沟一般应设在弃土堆以外 2.0～5.0 m。

4）截水沟

截水沟设置于路堑边坡平台上以及排水沟、侧沟、天沟所在部位以外的其他地方，用以截排边坡平台以上的坡面水或所在地区的部分地面水。

5）矩形水槽

当水沟所在地段土质不良或地质不良，水沟易于变形，以及受地形、地物或建筑限界的限制，不能设置占地较宽的梯形水沟时，排水沟、侧沟、天沟、截水沟均宜采用矩形水槽的形式。

矩形水槽一般用浆砌片石或浆砌砖石混合砌筑（片石铺底，砖砌壁）。砌筑时采用M5 水泥砂浆，有严格防渗要求或有防寒要求的地区应适当提高砂浆标号。浆砌砖石矩形水槽的内壁和壁顶，尚应用 M7.5 水泥砂浆抹面，厚度为 1.5 cm。较潮湿的路堑，侧壁宜增设泄水孔。在黏土路堑中，水沟底面以下应加设厚 0.1~0.15 m 的砂砾或碎石垫层。每 10~15 延长米应设伸缩缝一道，宽约 2 cm，用沥青麻筋或沥青木板填塞（以下各种水沟的沉降缝及伸缩缝的尺寸和填塞方法除指明者外，均与此相同）。

浆砌片石矩形水槽的断面形式如图 5-3 所示，当沟顶有挖方土坡时，用直墙式；无挖方土坡时，沟深在 1.2 m 以内用直墙式，超过 1.2 m 用斜墙式。常用断面尺寸列于表 5-1。

浆砌砖石矩形水槽的断面形式如图 5-4 所示，当沟顶有挖方土坡时，用直墙式；无挖方土坡时，用台阶式。常用断面尺寸列于表 5-2 中。

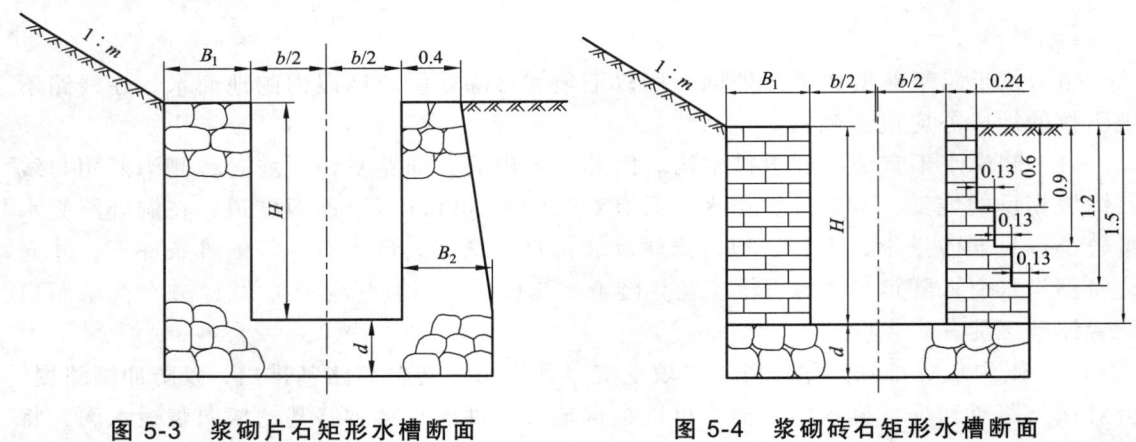

图 5-3　浆砌片石矩形水槽断面　　　　图 5-4　浆砌砖石矩形水槽断面

表 5-1　浆砌片石矩形水槽常用断面尺寸（m）

沟深 H	d	B_2	B_1		
			沟顶挖方边坡		
			1:1.5	1:1.75	1:2
0.4	0.4	0.40	0.40	0.40	0.40
0.6	0.4	0.40	0.40	0.40	0.40
0.8	0.4	0.40	0.40	0.40	0.40

续表

沟深 H	d	B_2	B_1 沟顶挖方边坡		
			1:1.5	1:1.75	1:2
1.0	0.4	0.40	0.40	0.40	0.40
1.1	0.4	0.40	0.40	0.40	0.40
1.2	0.4	0.40	0.50	0.45	0.45
1.3	0.4	0.45	0.55	0.50	0.45
1.4	0.4	0.55	0.60	0.55	0.50
1.5	0.4	0.65	0.60	0.55	0.55

表 5-2 浆砌砖石矩形水槽常用断面尺寸（m）

沟深 H	d	B 沟顶挖方边坡	
		1:1.5	1:1.75～1:2
0.4	0.4	0.37	0.24
0.6	0.4	0.37	0.24
0.9	0.4	0.50	0.37
1.2	0.4	0.63	0.50
1.5	0.4	0.75	0.63

6）跌水、缓流井和急流槽

在地形陡峻的地段，水沟的沟底纵坡很大时，可修建跌水、急流槽和缓流井等排水设施，以减小沟内流速，降低动能，如图5-5所示。

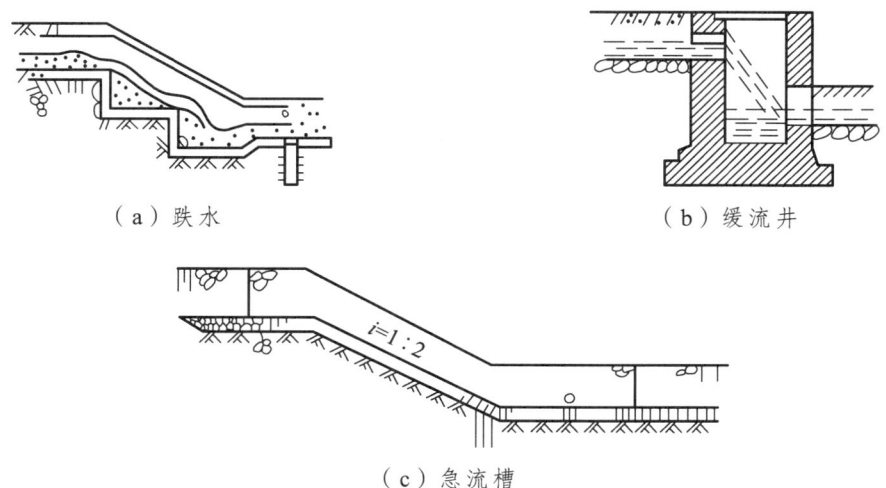

（a）跌水　　　　　　　　　　（b）缓流井

（c）急流槽

图 5-5 水沟底纵坡较大时的地面排水设施

（1）跌水：主槽底部呈台阶状的急流槽，构造可有单级和多级两类，每级高差为 0.2～2.0 m，利用台阶跌水消能。一般应作铺砌防护。

（2）缓流井：沟底纵坡较陡的水沟，可设计成坡度较缓的两段，用缓流井连接起来。两端水沟的落水高差最大可达 15 m。

（3）急流槽：用片石、混凝土材料筑成，衔接两段标高较大的排水设施。主槽纵坡大，水流急。出口设有消力池、消能槛等消能装置。沟底纵坡可达 1:2。

在不得已的情况下，从天沟向侧沟排水时，可采用路堑边坡吊沟（急流水槽的一种形式），如图 5-6 所示。

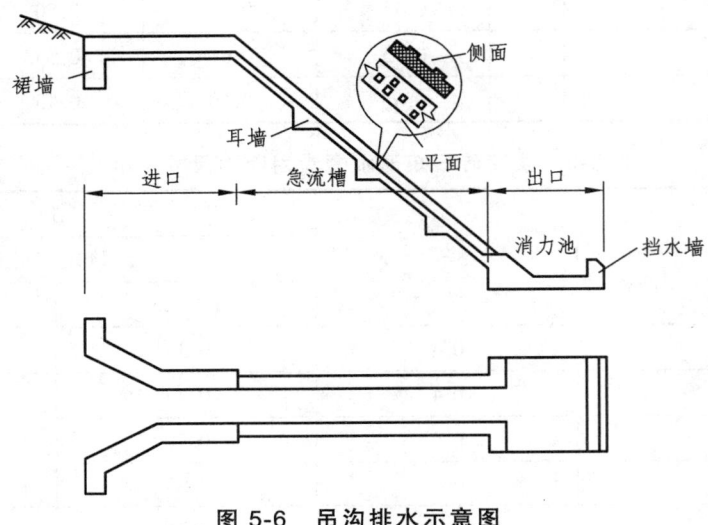

图 5-6 吊沟排水示意图

急流槽槽身的坡度一般大于 10%。为使通过急流槽的水流能贴着槽底面流下而不致发生飞溅，槽身坡度不可陡于 1:0.75。

急流槽的结构分进口、急流槽和出口三部分。进口是连接上游水沟的部分，宜做成喇叭口。急流槽槽身断面采用矩形的形式，其大小决定于流量和坡度。槽底面可做成石牙粗糙面，以降低流速。底部每 2～5 m 设一防滑耳墙，嵌入基底，以保持槽身的稳定性。出口部分包括消力池、消力槛等，以降低流速，防止冲刷与之连接的下游水沟；在路堑边坡吊沟靠路肩的一侧，还需设置挡水墙，防止水流直冲路肩。为了避免进、出口处水流下渗冲淘沟底，在其端部应设置裙墙。和急流槽出口相连接的排水沟或侧沟，在适当范围内（一般不小于 2.5 m）应进行铺砌，以防止冲刷。

跌水的结构与急流槽大体相似，分为进口、台阶和出口三部分。用于路基排水的跌水，每级台阶的高度一般以不小于 0.2 m 且不大于 1.5 m 为原则，对于石质渠槽，或能防止高跌水的冲刷和消除水能时，才可修建较高的台阶。水流在台阶处脱离槽身，以瀑布的形式冲泻而下，因此，跌水的消能部分，其铺底应比急流槽稍厚。

2. 地面排水设备要求

1）排水沟、侧沟、天沟、截水沟要求

（1）排水沟、侧沟、天沟、截水沟的纵坡，一般不得小于 2‰，最好为 3‰～4‰，以保证一定的流速,避免淤塞。仅在平坦地带排水出口受到限制或反坡地带工程量增加很多时,才允许减小到1‰。

(2)在线路坡度大于2‰的路堑中,侧沟一般选用与线路纵坡相同的纵坡。

(3)天沟、截水沟的纵坡应相应于水沟延伸方向的地形地势,以免增加工程数量。同时纵坡不宜过大,以免沟底被冲刷或形成急流。每一下游坡度应不缓于其上游的坡度,使流速自上游至出口能逐渐缓慢增加,把水迅速排出,防止淤积;但相邻的坡度差不宜过大,以免造成冲刷。当天沟引入桥涵或天然沟谷时,应使入口处沟底标高略高于桥涵或天然沟谷底部的标高。

(4)排水沟、侧沟、天沟、截水沟的断面尺寸应根据流量计算确定。计算时,洪水频率采用1/25,并保持沟顶高出该流量水位0.2 m。一般可不进行计算,而采用底宽0.4 m、深为0.6 m的梯形断面。侧沟的边坡,靠线路一侧一般为1∶1,外侧与路堑边坡相同,当有侧沟平台时,亦为1∶1;在砂性土中,两侧均应不陡于1∶1~1∶1.5。天沟、截水沟、排水沟的边坡应根据土质和边坡高度决定,一般采用1∶1~1∶1.5。

(5)在干旱少雨地区或岩石路堑中,侧沟深度可减小到0.4 m;但对半岩质岩石的侧沟,仍应按土质考虑。

(6)考虑到一般情况下侧沟水的流量由出口往分水点是逐渐减少的,因而在反坡排水地段或线路坡度小于2‰的路堑中,为减中工程量,允许将分水点的侧沟深度减小到0.2 m。

2)跌水、急流槽要求

(1)进、出口裙墙应埋至当地冻结深度以下,其厚度浆砌片石不小于0.4 m,混凝土不小于0.3 m。

(2)各部分断面的高度均应高出槽中计算水位至少0.2 m,槽壁顶面厚度浆砌片石不小于0.3 m,混凝土不小于0.2 m。

(3)槽底厚度,对于高度小于2.0 m的跌水不小于0.4~0.5 m,急流槽不小于0.3~0.5 m。

(4)路堑边坡吊沟出口处的挡水墙厚度一般采用0.4~0.5 m,长2~3 m,并高出路基面0.4~0.6 m。

(5)耳墙宽度一般采用1.0 m左右。

(6)在土质变化处或每隔10延长米左右应设置沥青麻筋沉降缝(伸缩缝)一道。

(7)跌水和急流槽一般采用M7.5浆砌片石或C15混凝土砌筑,严寒地区应适当提高强度等级。

5-1-3 任务实施

1. 地面排水设备施工

1)浆砌混凝土预制块(片石)排水沟施工

浆砌混凝土预制块(片石)排水沟施工工艺流程如图5-7所示。

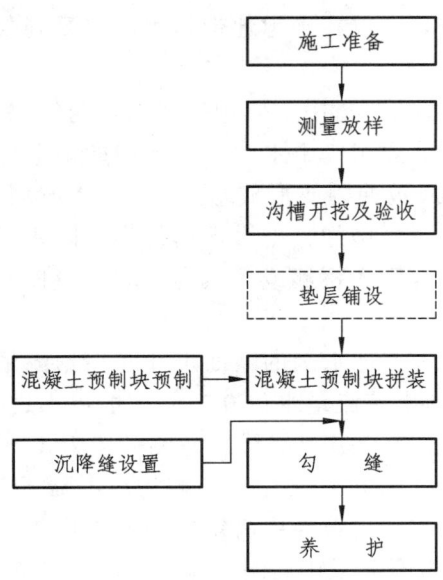

图 5-7 混凝土预制块拼装排水沟施工工艺流程

（1）施工准备：编制浆砌水沟施工方案，对有关人员进行技术交底。施工前先清除水沟位置处淤泥、草根等地面杂物，对原地面进行碾压或夯实处理水泥、预制块（片石）、砂等材料进场并经检验合格。水泥应入库或堆放在工地不受潮的地点并覆盖。砌筑水沟前，应对片石进行修凿，选出面石。砂浆拌制用水宜采用饮用水。确定砂浆配合比。

（2）测量放样：按设计测设沟的中线和开挖边线控制出入口标高与排水坡度。

（3）沟槽开挖及验收：沟槽开挖采用人工配合小型挖掘机开挖；不适合机械开挖的，采用人工开挖。土质地段沟底预留 10~20 cm，人工修整到位；在石质地段开挖时，先爆破松动后再开挖成形。沟槽开挖完成后，检查沟底地质情况，采用样架法检查断面尺寸，如图 5-8 所示，报监理工程师验收。

沟槽开挖前应做好地面临时排水，防止在施工期间因地表水及地下水的侵入而造成沟槽边坡失稳或坍塌。沟槽开挖中和开挖后砌筑沟身前，基坑内不得积水；否则，受积水浸泡的基底土壤应晾晒或清除。沟槽开挖完成后按照坑底标高拉线清底找平整修，不得破坏沟底原状土，坑底尺寸、标高、坡率等符合设计要求。

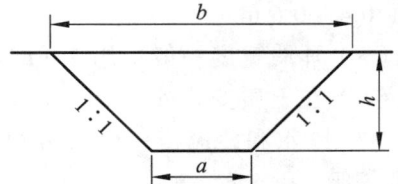

图 5-8 样架法检查断面尺寸大样图

（4）垫层铺设：沟底设计有碎石或砂垫层时，基槽经验收合格后，采用挂线控制标高、人工夯填铺设。设计无垫层时，用水泥砂浆找平。

（5）混凝土预制块（片石）砌筑：预制块拼装就位平顺，采用整体梯形断面的预制块时，用砂浆塞缝；采用断面分块的预制块时，先沟底再沟帮。砌缝宽度一般为 15~20 mm。拼装砂浆采用砂浆拌和机拌制，并按配合比计量，随拌随用。

（6）沉降缝设置：为防止沟体不均匀下沉而造成拉裂，每隔 10~15 m 设置沉降缝一道，且沟身、基础沉降缝设置在同一位。沉降缝按设计要求设置，设计无要求时，可用 2 cm 厚的沥青木板放置在缝的位置上，最后用 M10 水泥砂浆塞缝，塞缝深为 10 cm，如图 5-9 所示。

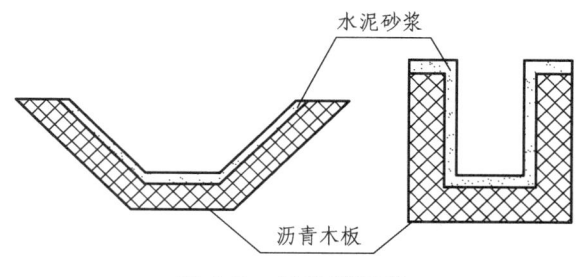

图 5-9 沉降缝设置

（7）勾缝：预制块拼装时留出 2 cm 深的空缝，分段拼装完成及时勾缝，勾缝采用平缝或凹缝。

（8）养护。在砌筑好的排水设施上覆盖草或其他保水材料后，洒水湿润养护。

2）现浇混凝土侧沟施工

现浇混凝土（钢筋混凝土）侧沟施工工艺流程如图 5-10 所示。

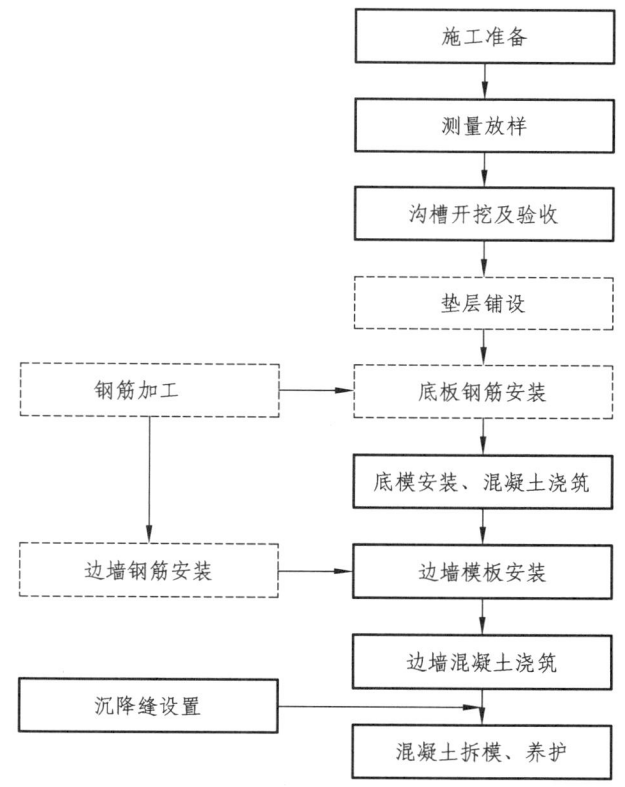

图 5-10 现浇混凝土（钢筋混凝土）侧沟施工工艺流程

（1）施工准备：施工前先清除水沟位置处的淤泥、草根等地面杂物，对原地面进行碾压或夯实处理。水泥、碎石、砂、钢筋等材料进场并经检验合格。水泥应入库或堆放在工地不受潮的地点并覆盖。混凝土及砂浆拌制用水宜采用饮用水。钢筋应按类型、直径、钢号、批号等条件分别堆放，并应避免油污、锈蚀。施工前编制混凝土现浇水沟施工方案，对有关人员进行技术交底，确定混凝土及砂浆配合比。

(2) 测量放样：按设计测设沟的中线和开挖边线，控制出入口的标高与排水坡度。

(3) 沟槽开挖及验收见"浆砌预制块排水沟沟槽开挖"的相关内容。

(4) 垫层铺设：当沟底设计有碎石或砂垫层时，基槽验收完后，采用挂线控制标高、人工夯填铺设。

(5) 钢筋加工、安装：钢筋采用机械加工。纵向接长采用搭接连接，扎丝绑扎。钢筋保护层采用不低于沟体混凝土设计强度的混凝土垫块，分散布置，混凝土垫块采用矩形块，厚度同钢筋保护层厚度，如图5-11所示。

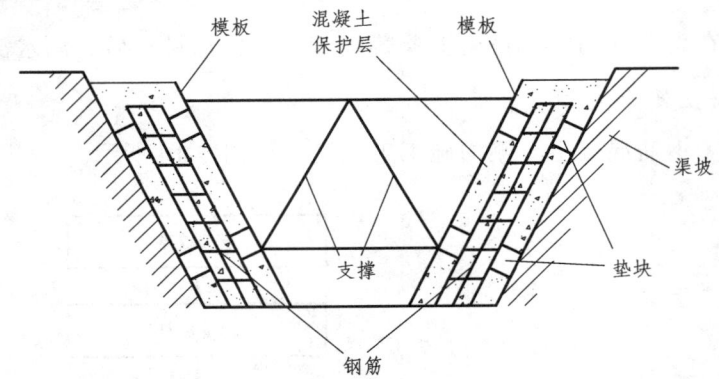

图 5-11 钢筋保护层垫块安装示意图

(6) 混凝土浇筑：内模采用钢模板，外模利用开挖的沟槽壁形成。内模表面涂刷脱模剂。立模时先控制好中心线、对角线、收坡、拼缝，然后进行加固、支撑，检查合格后灌筑混凝土。内模二次使用前清除表面杂物，保证表面平整光滑。混凝土采用机械拌和，运输车运输，振动棒振捣。混凝土浇筑采用分段、分层连续进行，分段位置尽量设置在沉降缝处。如分段位置无法设置在沉降缝处或混凝土无法连续浇筑（间歇时间超过初凝时间）时，需留置施工缝。施工缝处浇筑新混凝土时，凿除、冲净施工缝处的水泥砂浆薄膜、松动石子或松弱混凝土层，并在润湿接缝后涂刷水泥砂浆。

(7) 沉降缝设置见"浆砌预制块排水沟沉降缝"的相关内容。

(8) 养护。在砌筑好的排水设施上覆盖草袋或其他保水材料后，洒水湿润养护。

(9) 水沟边墙模板应在混凝土强度达到 2.5 MPa 及以上，方能拆模，拆模时要注意不得损坏水沟表面及棱角。

2. 路基地面排水设备施工质量验收

1) 浆砌预制块（片石）排水沟施工质量控制

(1) 原材料控制。

工程所用的砂、碎（卵）石、水泥、预制件（片石）等的品种、规格、质量按设计要求和质量标准进行进场检验和验收。

检验数量：砂、碎（卵）石按同一生产地点每 400 m³ 抽样检验 1 组；水泥按同一产地、品种、规格每 200 t 抽样检验 1 组；钢筋按同一牌号、批号抽样检验 1 组；预制件需全部检验。

检验方法：查验水泥、预制件的产品质量证明文件和材料性能报告单。现场抽样检查砂、碎（卵）石的筛分曲线、细度模量、针片状、含泥量和有机质含量，水泥的安定性、凝结时间和强度，预制件的外观质量等。

（2）施工过程控制。

① 基底、基坑尺寸符合设计要求。

检验数量：全部检验。

检验方法：观察、检查测量。

② 排水设施、垫层的结构形式符合设计要求，垫层的厚度不小于设计要求，并保证排水畅通。

检验数量：每条沟每 50 m 检验 3 个断面。

检验方法：观察、尺量。

③ 混凝土强度等级符合设计要求。

检验数量：同配合比设计的每工班拌制的每 100 m³ 混凝土，取样至少留置 1 组试件，不足 100 m³ 混凝土时按 100 m³ 计。施工单位全部检验，监理单位按施工单位检验次数的 10%平行检验，且不少于 1 次。

检验方法：浇筑地点按取样数量和留置频率制作试件，标准养护至规定龄期进行混凝土抗压强度检验。监理单位检查试件留置和养护情况。

④ 预制拼装水沟铺砌应密实、平顺、整齐，无渗、漏水，沟内不积水，无淤塞。

检验数量：全检。

检验方法：观察。

⑤ 砂浆强度等级符合设计要求。

检验数量：每 100 m³ 水沟砌体制作 1 组砂浆强度等级抗压试件。

检验方法：抗压强度试验。

⑥ 沉降缝设置、缝宽与缝的塞封符合设计要求。

检验数量：全部检验。

检验方法：观察、尺量。

（3）排水沟各部允许偏差、检验数量及检验方法应符合表 5-3 的规定。

表 5-3 排水沟各部允许偏差、检验数量及检验方法

序号	检验项目	允许偏差	检验数量	检验方法
1	沟底中心位置	±100 mm	每 100 m 排水沟抽样检验 5 处	尺量
2	沟底高程	±20 mm		水准测量
3	净空尺寸	±20 mm		尺量
4	沟底坡度	不小于设计坡度		坡度尺测量
5	水沟铺砌厚度	−10 mm		尺量
6	沟底平整度	25 mm/3 m		3.0 m 直尺，尺量
7	沟顶高程	$\begin{array}{c}0\\-20\end{array}$ mm		水准测量

2）现浇混凝土侧沟施工质量控制

（1）原材料控制。

① 工程所用钢筋的品种、规格、质量按设计要求和质量标准进行进场检验和验收。

检验数量：按同一牌号、批号抽样检验1组。

检验方法：查验钢筋的产品质量证明文件和材料性能报告单。现场抽样检查钢筋的屈服强度、抗拉强度、伸长率和冷弯性能。

② 其他原材料按浆砌水沟原材料内容控制。

（2）施工过程控制。

① 钢筋按设计加工，当设计未要求时，应符合下列规定：

a. 热轧光圆钢筋的末端做成180°弯钩，其弯曲直径 d_m 不小于钢筋直径的2.5倍，钩端留有不小于钢筋直径3倍的直线段，如图5-12所示。

b. 热轧光圆和带肋钢筋的末端，采用直角形弯钩时，直钩的弯曲直径 d_m 不小于钢筋直径的5倍，钩端留有不小于钢筋直径3倍的直线段，如图5-13所示。

c. 用低碳钢热轧圆盘条制成的箍筋，其末端做成不小于90°的弯钩；弯钩的弯曲直径大于受力钢筋直径，且不小于箍筋直径的2.5倍；弯钩端直线段的长度一般结构不小于箍筋直径的5倍。

检验数量：按钢筋编号抽检10%，且不少于3件。

检验方法：尺量。

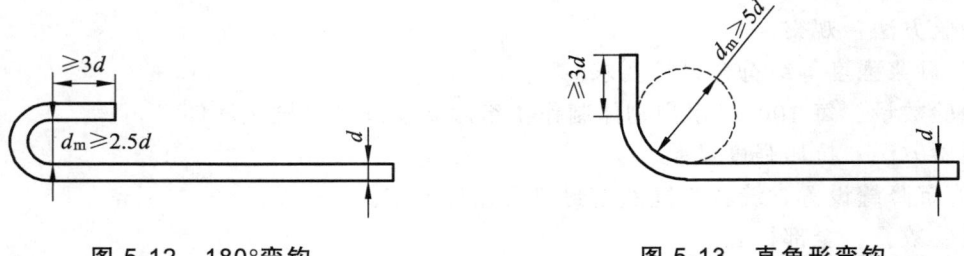

图 5-12　180°弯钩　　　　　　　　图 5-13　直角形弯钩

② 钢筋焊接：钢筋接头的技术要求和外观质量符合《铁路混凝土工程施工质量验收补充标准》的规定，按批抽取试件做力学性能试验。

检验数量：外观质量全部检查；力学性能检验以同级别、同规格、同接头形式和同一焊工完成的每200个接头为一批，不足200个时按一批计。

检验方法：尺量和拉伸试验。

③ 钢筋接头位置布置：钢筋接头应分散布置。配置在"同一截面"内受力钢筋接头的截面面积，占受力钢筋总截面面积的百分比符合设计要求。当设计未要求时，符合下列规定：

a. 钢筋接头避开钢筋弯曲处，距弯曲点的距离不小于钢筋直径的10倍。

b. 在同一根钢筋上少设接头。"同一截面"内，同一根钢筋上不超过一个接头。

检验数量：全部检验。

检验方法：观察和尺量。

④ 钢筋安装：钢筋的品种、级别、规格和数量应符合设计要求。钢筋保护层垫块的

位置和数量符合设计要求;当设计无具体要求时,侧面和底面的垫块数量不少于 4 个/m²。

检验数量:全部检验。

检验方法:观察、尺量。

⑤ 沟身各部位尺寸检查:模板安装后,检查沟身各部位的尺寸,尺寸应符合设计要求。

检验方法:尺量。

⑥ 其他施工过程控制见"浆砌水沟"的相关内容。

(3)侧沟各部的允许偏差、检验数量及检验方法应符合表 5-4 的规定。

表 5-4 侧沟各部允许偏差、检验数量及检验方法

序号	检验项目	允许偏差		施工单位检验数量	检验方法
		石质路堑侧沟	现浇或预制		
1	沟底中心位置	+50 0 mm	+50 0 mm	每 100 m 侧沟抽样检验 5 处	尺量
2	沟底高程	±20 mm	±10 mm		水准测量
3	净空尺寸	±20 mm	±20 mm		尺量
4	边坡坡度(偏陡量)	5%设计坡度	5%设计坡度		坡度尺测量
5	铺砌厚度	−10 mm	−10 mm		尺量
6	沟底坡度	±5%设计坡度	±5%设计坡度		坡度尺测量
7	沟底平整度	25 mm/3 m	12 mm/3 m		3.0 m 直尺,尺量
8	平台宽度	+50 0 mm	+50 0 mm		尺量
9	沟顶高程		0 −20 mm		水准测量

3)天沟施工质量控制

天沟各部的允许偏差、检验数量及检验方法应符合表 5-5 的规定。

表 5-5 天沟各部允许偏差、检验数量及检验方法

序号	检验项目	允许偏差	检验数量	检验方法
1	沟底中线位置	±100 mm	每 100 m 抽样检验各 5 处	尺量
2	净空尺寸	±20 mm		尺量
3	预制水沟厚度	−10 mm		尺量

4)平台截水沟施工质量控制

平台截水沟各部的允许偏差、检验数量及检验方法应符合表 5-6 的规定。

表 5-6 平台截水沟各部允许偏差、检验数量及检验方法

序号	检验项目	允许偏差	检验数量	检验方法
1	净空尺寸	−50,0 mm	每 100 m 抽样检验各 6 处	尺量
2	沟身厚度	−10%设计厚度		尺量

5）吊沟施工质量控制

吊沟（急流槽）各部的允许偏差、检验数量及检验方法应符合表5-7的规定。

表 5-7　吊沟（急流槽）各部允许偏差、检验数量及检验方法

序号	检验项目	允许偏差	检验数量	检验方法
1	净空尺寸	+50，0 mm	每 100 m 抽样检验各 6 处	尺量
2	预制水沟厚度	−10 mm	抽检 2%	尺量

3. 地面排水设备的养护

（1）路堤排水沟应经常养护维修。在养护维修工作中要注意如下事项：

① 必须对原来不完善的路堤排水设备进行有计划的增建、改建或加固。沿路堤坡脚的坑洼应填平夯实或挖沟引出积水。原有取土坑未挖通造成积水时应挖通，并开沟引水。坡脚有水塘或小型水库时，应用非渗水性土筑成宽 1~5 m 的护道，必要时砌筑片石或卵石坡脚墙。当排水沟因纵坡过缓而发生大量淤积或纵坡过大而造成冲刷，或有渗漏现象影响路基稳定时，应及时予以改建或加固。

在横坡较大的地面上修筑路堤时，一定要在较高一侧的坡脚以外修建排水沟；当土质渗透性较强时，还应采取防渗措施。填筑在沟口的陡坡路堤，宜沿山脚修筑截水沟，并进行防渗加固。

② 对已有的排水沟，应加强检查，及时铲除杂草，清除淤积，保持排水畅通。捶面或砌石排水沟，如出现有开裂漏水、小块损坏、灰缝脱落、个别石块松动脱落等现象时，要及时修补。

（2）侧沟必须经常保持顺直、光滑，无积水，无阻塞。在养护维修工作中要注意如下事项：

① 经常清除杂草、淤积和其他杂物。清出的淤泥杂物应弃置到路堑范围以外，严禁用以垫铺路肩或堆弃于边坡、坡顶及侧沟平台上。捶面及砌石侧沟，更应注意做好其出口处与之相衔接的土质水沟的除草、清淤和防冲刷等工作。在北方，还应在春融前清除侧沟中的积雪，以保证春融时排水畅通。

② 捶面及砌石侧沟中，如发现有裂缝、小块损坏、灰缝脱落、个别石块松动脱落时，应及时修补。

③ 如出现大量淤积或冲刷现象时，应有计划地予以加固改造。一般在改造土质侧沟时，均同时加宽路基，加大侧沟的排水断面。为了避免大量刷坡和破坏原有的边坡防护设备，可以适当采用小型挡土墙。

④ 如需利用侧沟过水灌溉，必须进行流量检算，并及时加固侧沟。

⑤ 侧沟出水口处，如填方较高，宜偏离路堤在天然地层上增设浆砌片石吊沟，以免冲刷路堤坡面和坡脚。

（3）天沟和截水沟，常因养护不当而产生沿沟底纵向裂缝渗水及天沟边坡坍塌，水沟堵塞，致使水流集中冲向路基边坡而导致边坡坍塌。因此，必须经常保持天沟、截水沟不长草、不淤积、不堵塞、无坍塌、无冲刷、无渗漏。在养护中，应特别注意如下事项：

① 必须十分重视对天沟和截水沟状态的检查，尤其在雨季前后，一定要详细检查。检查时要特别注意沟底与两侧边坡交接处有无裂缝，如有裂缝，应及时分析原因，采取措施。如因山体滑动开裂而切断天沟，应立即将天沟改移到裂缝上方，并将原天沟填平夯实。

② 经常清除杂草，及时填补裂缝，整修脱落灰缝和松动石块等。清理出的淤泥杂草，严禁抛弃在天沟附近。在严寒地区，还应在春融前自出水口向上游除雪。

③ 有淤积、冲刷或设置在渗水土上的天沟、截水沟，未采取防渗漏、防淤积、防冲刷等加固措施时，应按轻重缓急有计划地予以加固。

④ 当天沟上方水量较大以致发生漫溢时，应在原天沟上方增设一道或多道天沟。在陡坡下增设天沟时，因其平面转折处极易淤积，外侧沟底易淘刷，所以转折要尽量缓和一些，曲线半径不得小于 5~10 m，并适当增高水沟外壁。两条天沟汇合时，夹角应为锐角。

⑤ 天沟附近，特别是天沟与堑顶之间，不容许出现坑洼和积水现象，必须经常平整、夯实。

（4）急流槽和吊沟的养护，应着重如下方面：

① 在路堑边坡吊沟和侧沟衔接处，一定要严防水流冲刷路肩。除可设置消力池与路肩挡水墙外，还可采用钢轨栅栏或砌石留泄水洞等消能措施，如图 5-14、图 5-15 所示；必要时进水口处亦应设置防止杂草、杂物、石块冲入吊沟的钢筋或钢轨栅栏。当流速过大或急流槽身坡度过陡而出现射水现象时，可增设混凝土挡水帘，如图 5-16 所示。

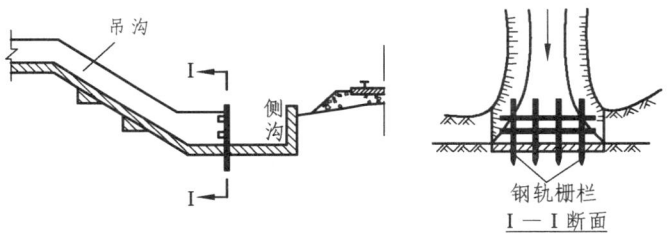

图 5-14 钢轨栅栏示意图

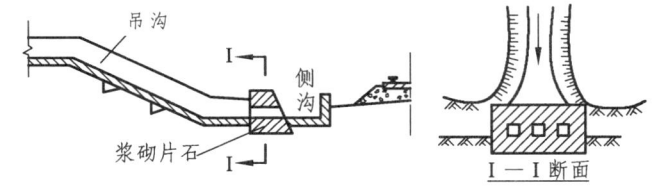

图 5-15 砌石流水洞示意图

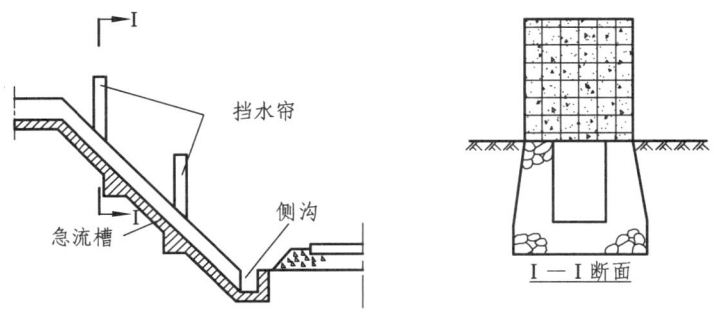

图 5-16 混凝土挡水帘示意图

② 如发现设备横向断裂、抹面破裂、石块下陷、灰缝脱落等，应及时整治；对严重地段，应拆除破损部分，检查沟底地质情况，适当挖除不良土质然后重砌。

③ 切实注意进出口与土质水沟衔接的地方，如因冲淘产生坑洼洞穴，务必及时填平夯实，防止继续发展而造成基底淘空和设备损坏。必要时可将进出口外的铺砌段延长至坡度较缓的地段。

任务 5-2　路基地下排水设备施工及养护

5-2-1　任务目标

（1）能够根据设计图纸完成路基地下排水设备的施工管理任务。

（2）能够完成路基地下排水设备的检查和维护工作。

5-2-2　相关知识

1. 处理路基地下水的方式

排降地下水建筑物的结构极为复杂，修复与改建都较困难，所以要掌握对路基有危害的地下水的活动规律，做有效的、有针对性的治理。

处理地下水的常用措施有：拦截排除、引出排除（包括降低地下水位和疏干土体、封闭隔水三种类型）。对于地下水埋藏不深和含水层下有隔水层时，最好采取拦截排除措施，将拦截地下水的建筑物沟底和基础置于稳定的隔水层内，并与地下水流向垂直，把所流过的地下水全部截断排除；对于滑坡、堆积层和路堑边坡土层里的地下水，最好采取引出排除措施，达到疏干土体、稳定边坡的目的；对于因地下水位很高，而引起的地基松软、边坡坍滑、路基隆起、冻害、翻浆冒泥等病害，也宜采用引出排除措施，达到降低地下水位，改善土体的物理力学性质，提高强度，消除病害的目的；对于由裂隙泉眼中冒出的地下水所引起的路基病害，若采取上述措施有困难或不经济时，可采用压浆措施或做封闭层实行封闭隔水。

2. 路基地下排水设备的类型及要求

为使地下水能迅速排除，水平式地下建筑物（如渗沟、隧洞）的底部纵坡不宜小于 5‰，在困难情况下不应小于 2‰，出水口处的纵坡应陡一些。除侧沟下的渗沟须沿线路方向外，其他排降地下水的建筑物轴线都宜与地下水的水流方向垂直。主要设备如下：

1）明沟与槽沟

明沟与槽沟是敞开的地下排水设备，用于拦截、引排埋深不大的地下水（一般为 2 m 以内的潜水和上层滞水），并可兼排地表水。设置时，宜沿线路方向和顺沟谷走向布置，沟底应埋入不透水地层，沟壁最下一排渗水孔的底部应高出沟底不小于 0.2 m。为避免开挖断面过大，明沟深度不宜超过 1.2 m；若再深，可用槽沟。槽沟深度不宜超过 2 m；若再深，宜改用渗沟。

明沟断面常用梯形，用 M5 水泥砂浆砌筑片石，底宽 0.6~1.0 m，厚 0.3 m，沟壁上应留渗水孔，外侧沟壁与含水层之间应设反滤层，如图 5-19 所示。沿沟每隔 10~15 m 及土层分界处应设沉降缝一道，缝宽 2 cm，以沥青麻布或沥青木板填实。槽沟断面常用矩形，缝宽 0.6~1.0 cm，用 M5 或 M7.5 水泥砂浆片石砌筑，如图 5-17、图 5-18 所示。常用的断面尺寸参见表 5-8。

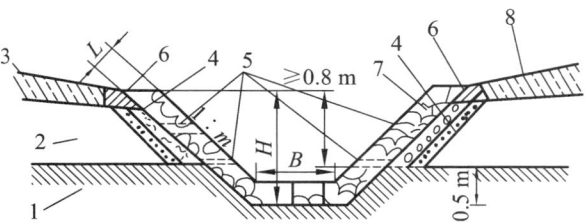

1—不透水层；2—含水层；3—覆盖层；4—反滤层；5—渗水孔；6—回填夯实层；7—浆砌片石水沟。

图 5-17 浆砌片石明沟断面

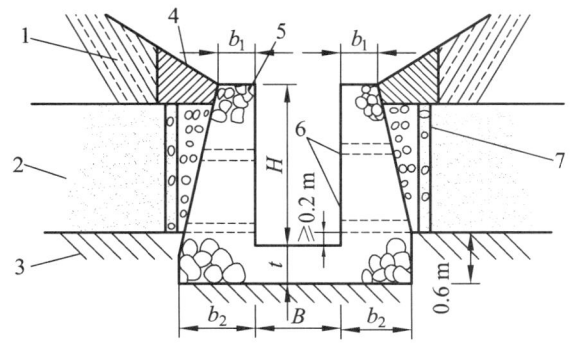

1—覆盖层；2—含水层；3—不透水层；4—回填夯实土层；5—排水沟；6—排水孔；7—反滤层。

图 5-18 浆砌片石槽沟

表 5-8 常用浆砌片石槽沟断面尺寸

沟岸边坡	断面尺寸/m			
	H	b_1	b_2	t
1:1.5	1.1	0.4	0.4	0.4
	1.2	0.4	0.5	0.4
	1.5	0.4	0.65	0.4
	1.8	0.4	0.80	0.4
	2.0	0.4	0.85	0.4
	1.0	0.4	0.4	0.4
	1.2	0.4	0.45	0.4
	1.5	0.4	0.60	0.4
	1.8	0.4	0.70	0.4
	2.0	0.4	0.75	0.4

2）边坡渗沟

边坡渗沟是为疏干潮湿边坡及引排边坡上局部露出的上层滞水和泉水而修建的排水设备，同时可起支撑边坡的作用，适用于土质路堑边坡不陡于1∶1或路堤边坡因潮湿容易发生表土坍滑的部位。边坡渗沟一般按条带形、马蹄形或分岔形布置，基础应埋置在边坡潮湿土层以下的干燥而稳定的，深度小于 0.5 m 的土层内，通常采用矩形断面，宽度 1.3~1.5 m，沿壁外围设置适当的反滤层，沟内底部用大粒径石料充填，其余的用小粒径的渗水材料充填，其结构形状、断面形式如图 5-19~图 5-21 所示。

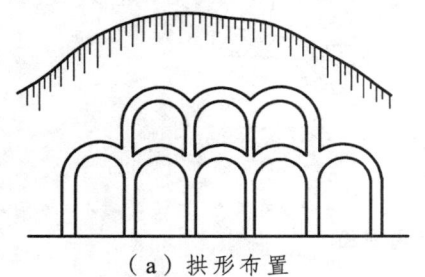

（a）拱形布置

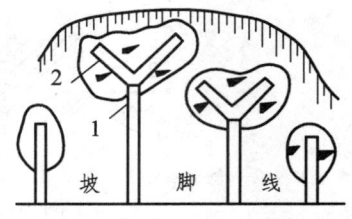

（b）条带形及分岔形布置

图 5-19 边坡渗沟布置示意图

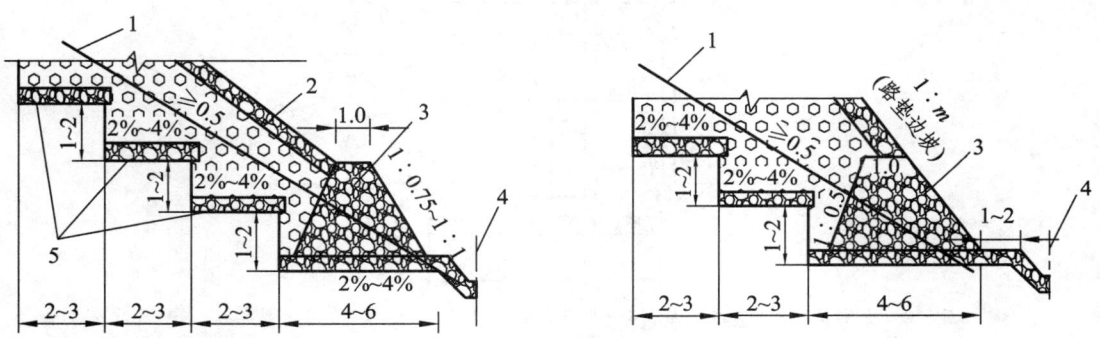

1—潮湿与干燥稳定土层分界线；2—单层干砌片石覆盖；3—干砌片石垛；4—侧沟中线。

图 5-20 边坡渗沟纵断面示意图

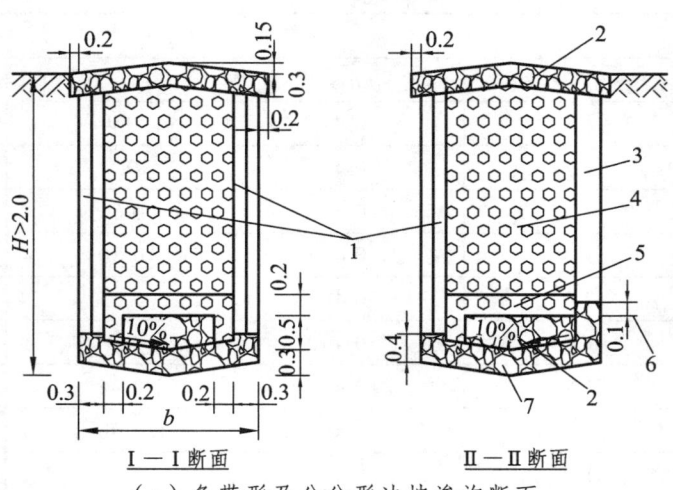

（a）条带形及分岔形边坡渗沟断面

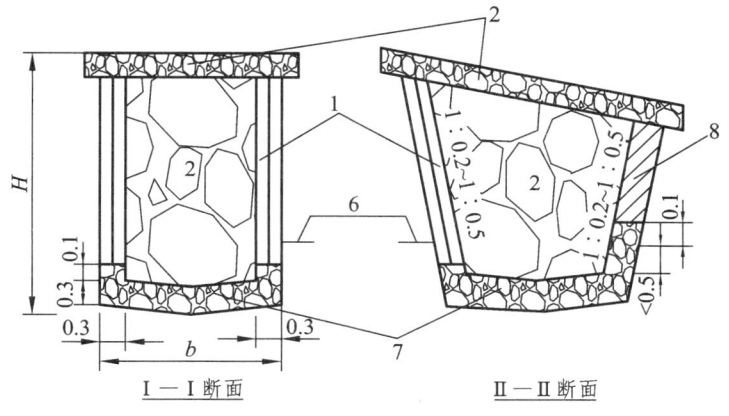

(b) 拱形边坡渗沟断面

1—反滤层；2—干砌片石；3—夯填黏土或M5浆砌片石；4—填充洗净砂石；5—2~5cm卵碎石；
6—干湿土层分界线；7—M5浆砌片石封底；8—夯填黏土；B—渗沟宽度；H—渗沟深度；
Ⅰ—Ⅰ—主沟断面；Ⅱ—Ⅱ—岔沟或拱部断面。

图 5-21 边坡渗沟横断面示意图

3）支撑渗沟

支撑渗沟是用来支撑可能滑动的不稳定土体或山坡，并排除在滑动面（滑动带）附近的地下水和疏干潮湿土体的一种地下排水设备。根据不稳定土体的范围大小可成群布置，也可与抗滑挡墙配合使用，如图 5-22 所示。

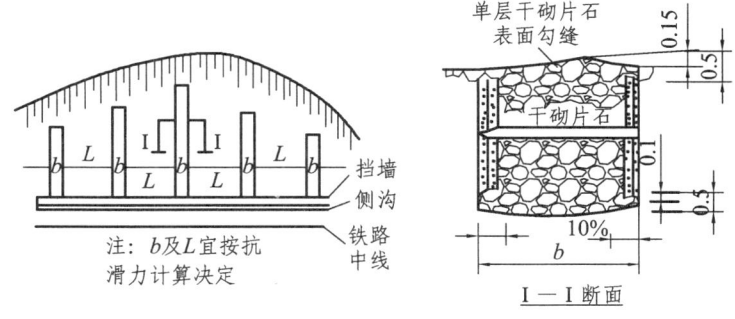

(a) 平面布置示意图

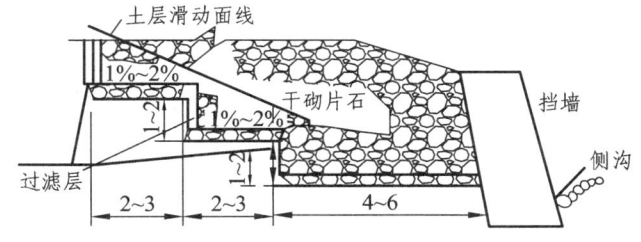

(b) 纵断面及出口布置示意图

图 5-22 支撑渗沟示意图

渗沟常用成组的条带形布置，其沟的轴线大致与山体（土体）滑移的方向平行；断面用矩形，宽度一般为 2~3 m。各条渗沟的间距为 8~15 m。

渗沟的基底必须埋入滑动面（带）以下的稳定土层或基岩至少 0.5 m，基础底应挖成台阶形，铺砌防渗，以利增强抗滑能力，渗沟中填料要用较大的块石干砌，沟壁外侧与土层之间要按土质设或不设反滤层；沟壁的顶都要用单层干砌片石覆盖，表面要用水泥砂浆勾缝，以防地面水流入。

支撑渗沟与抗滑挡墙配合使用时，出水口可与挡墙下部设置的若干个泄水孔相连，以利将集引的地下水能排到墙外的侧沟内。

当支撑渗沟单独使用时，其出水口可做成干砌片石垛的形式。

4）截水渗沟与引水渗沟

截水渗沟用于拦截地下水，使其不流入病害区；引水渗沟用来引排山坡湿地、洼地或路基内的地下水，以利疏干附近土体和降低地下水位。

截水渗沟的平面布置，宜与地下水的流向垂直；引水渗沟宜与地下水的流向平行，一般沿着线路方向设在路基的两侧。

渗沟流水孔的纵向坡度不得小于 5‰，若受到地形限制，沟底纵坡陡了不易找到合适的出口，纵坡可做得缓一点，但不得小于 2‰。

截水渗沟在进水口的一侧与土层之间用反滤层，另一侧与土层之间用隔水层，引水渗沟的两侧均用反滤层，其他结构形式相同。

渗沟深度在 2~6 m 时，称为浅埋渗沟；深度大于 6 m 的称为深埋渗沟。渗沟的断面一般采用矩形，内部充填筛洗干净的渗水材料，底部设排水通道，常用盖板箱涵或混凝土圆管。对于浅埋渗沟，箱涵孔径用 0.3 m×0.4 m，圆管内径用 0.3~0.5 m；对于深埋渗沟，为便于检查和维修，箱涵孔径用 0.8~1.2 m，圆管内径用 1.0 m，渗沟顶部用单层浆砌片石，表面水泥砂浆勾缝，其上再填土，厚度不小于 0.5 m，夯实后与地面齐平。

渗水沟的出水口一般修筑端墙，基础应埋在较坚实的稳定地层内，两侧应嵌入沟岸土层内不小于 0.5 m。端墙下部排水孔的底面应比外面排水沟的底面高出 0.2~0.3 m。渗沟的构造形状如图 5-23 所示。

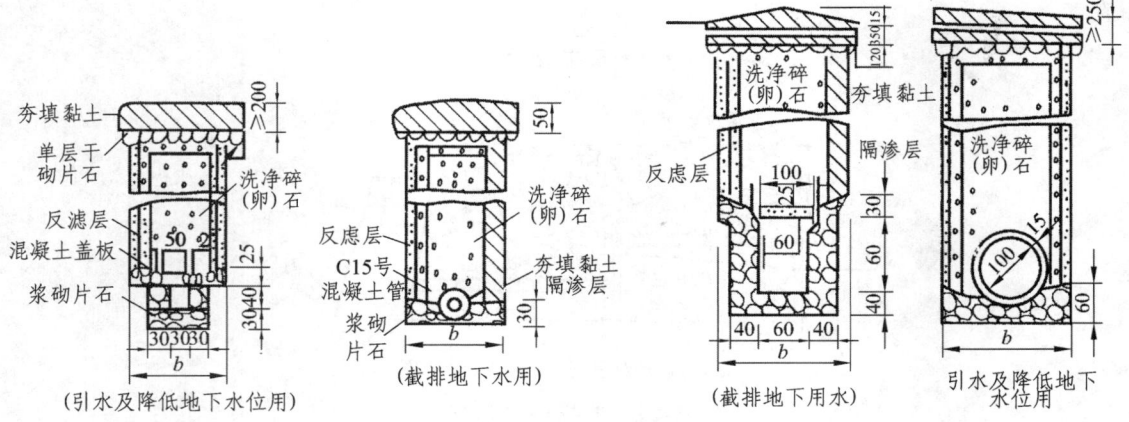

图 5-23 渗水沟断面（单位：cm）

如果渗沟较长，应每隔 30~50 m 设检查井一个，或在拐弯处以及纵坡由陡变缓的地点各设检查井一处。检查中井身内径为 1.0 m 的圆形结构，在井壁上设工作人员的上下梯，井顶应高出地面 0.3~0.5 m，在其上面加盖，如图 5-24 所示。

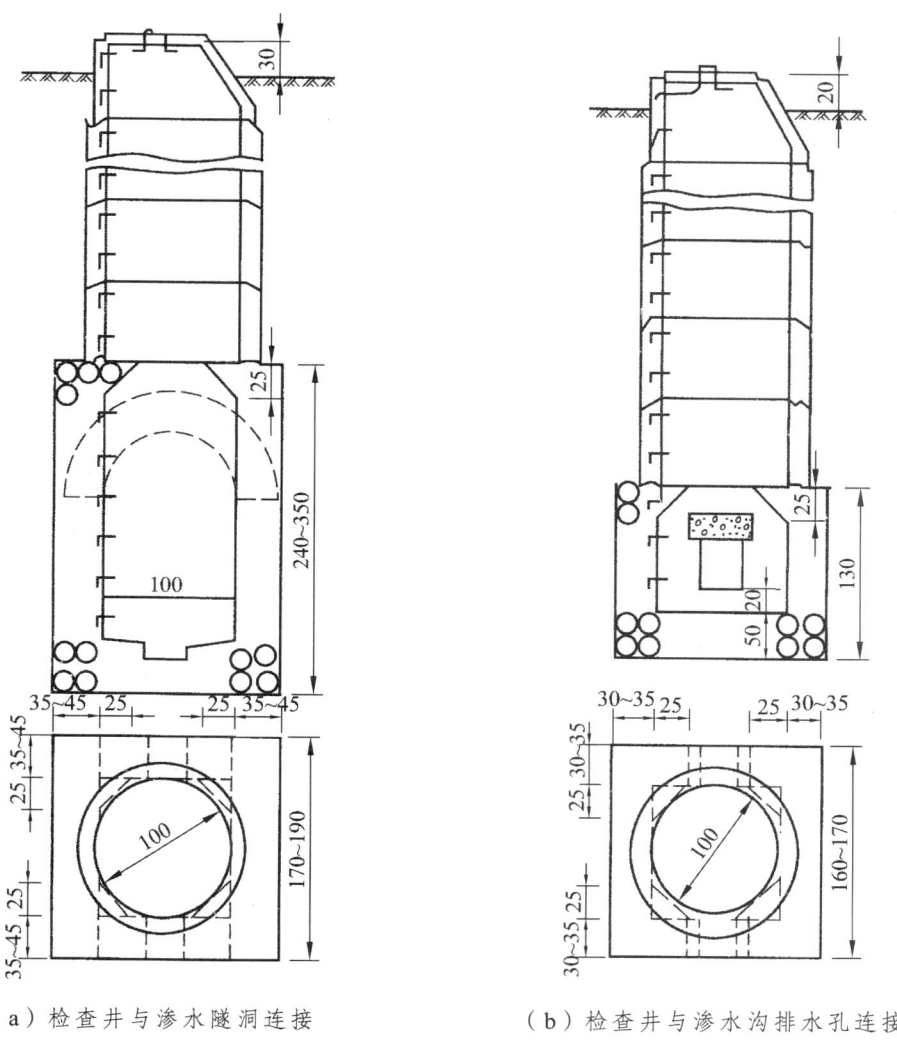

(a) 检查井与渗水隧洞连接　　　　(b) 检查井与渗水沟排水孔连接

图 5-24　检查井（单位：cm）

5）盲　沟

为降低路堑范围内的地下水位，疏干其附近土体，在侧沟下或侧沟旁设置盲沟。盲沟是渗沟的一种，设有不透水层、排水层、滤水层和封闭层，排水层一般采用钢筋混凝土花管或 PVC 花管，如图 5-25 所示。盲沟通过与其他排水设施相连，将水排出。

6）渗水隧洞

渗水隧洞是用于截断和引排深层地下水的排水设备。渗水隧洞的平面布置与渗沟相同，若与立式渗井配合使用，要通路最短，隧洞出水底部应比河沟设计洪水位高出不小于 0.5 m，比相连的排水沟高出不小于 0.1~0.2 m，底面不小于 0.1~0.2 m，如图 5-26 所示。

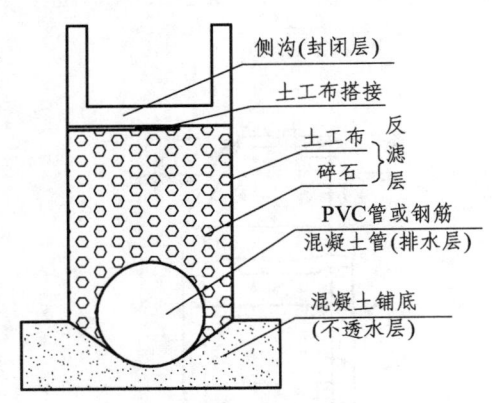

图 5-25　盲沟示意图　　　　图 5-26　直墙式渗水隧洞断面示意图（单位：cm）

7）排水斜孔

排水斜孔是用平卧钻机向滑体含水层打倾斜角不大的平孔，然后在钻孔内插带孔的钢管或塑料管，用以引排地下水而疏干土体的一种排水设备。排水斜孔一般与立式渗水井配合使用，钻孔用 10%~15% 的仰坡，孔径用 73~108 mm。排水斜孔一般设置在土质、全风化路堑边坡，且土层含多股潜流水的地段。排水斜孔内置透水管，地层较软易缩孔时，管内充填中粗砂，如图 5-27 所示。

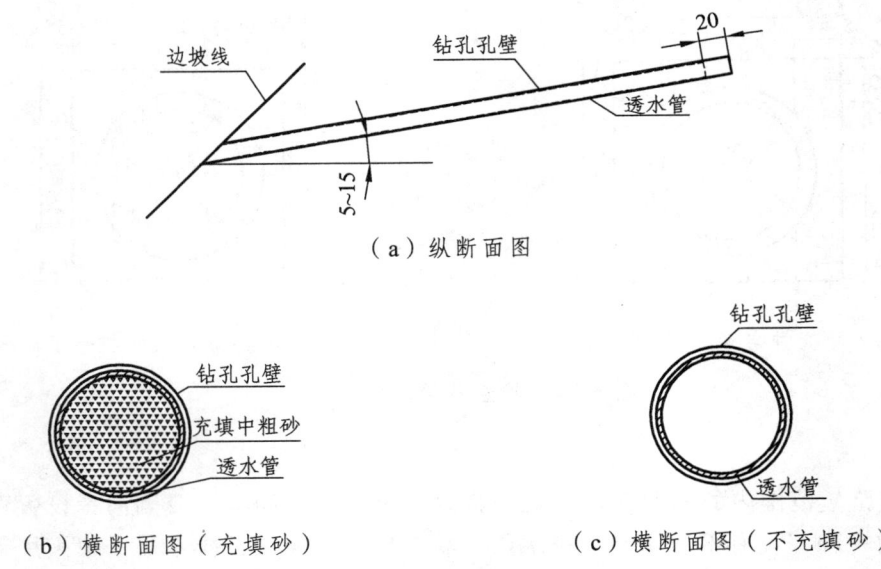

图 5-27　排水斜孔示意图

8）立式集水渗井与渗管

立式集水渗井与渗管是用于集引多层含水层和潮湿土体中地下水的排水设备，一般成群布置，与地下水流方向垂直，并与水平钻孔、排水设备配合使用。

渗井断面通常采用直径（或边长）1.0～1.5 m的圆形（或方形），井壁与填料之间视颗粒的大小设置或不设置反滤层。渗沟断面的直径不小于0.25 m，为增强其排水性能，可在管轴处安置直径不小于5 cm的石棉滤管（或镀锌钢滤管），外围用渗水材料充填。渗井和渗管顶部要用隔渗材料覆盖，防止污水流入、淤塞。立式集水渗井和渗管的构造形状如图5-28所示。

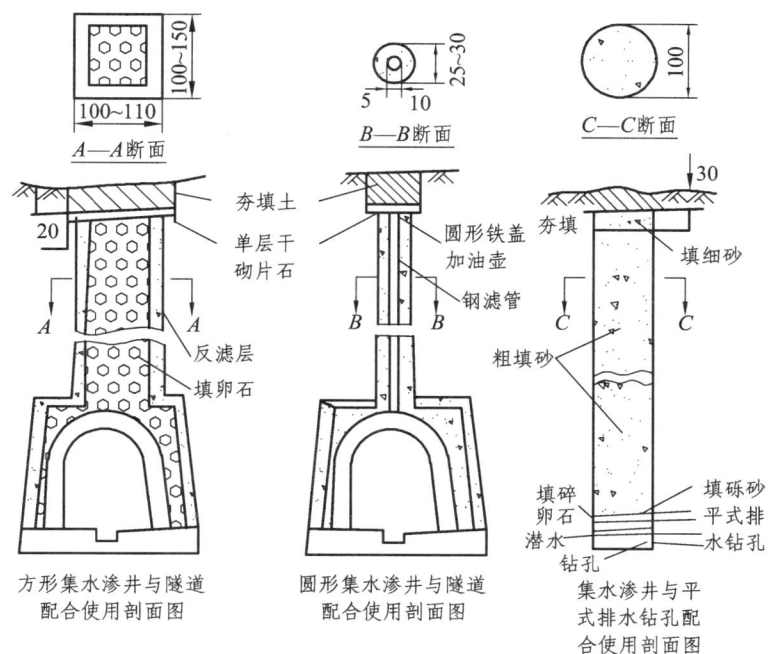

图5-28　集水渗井与渗管示意图（单位：cm）

5-2-3　任务实施

1. 地下排水设备的施工

1）浆砌混凝土预制块明沟及沟槽施工

混凝土预制块拼装明沟及槽沟施工工艺流程如图5-29所示。

（1）施工准备：参与完成建设单位组织的现场核对、技术交底，在施工现场通过开挖或钻探等方法验证含水层层厚及位置，确定沟底是否位于含水层以下。

（2）测量放样：按技术交底测设沟的中线和开挖边线，控制出入口标高与排水坡度。

（3）沟槽开挖及验收：沟槽采用人工配合机械开挖，不适合机械操作的，采用人工开挖；开挖自下游向上游进行。土质地段机械开挖至沟槽底时，预留10～20 cm采用人工开挖；石质地段开挖时，先爆破松动再开挖成形。开挖过程中做好排水引流，避免基槽受水浸泡。沟槽开挖至设计标高，如槽底没有穿过含水层，则继续下挖直至穿过含水层；开挖完成后，采用样架法检查断面尺寸，报监理工程师验收。

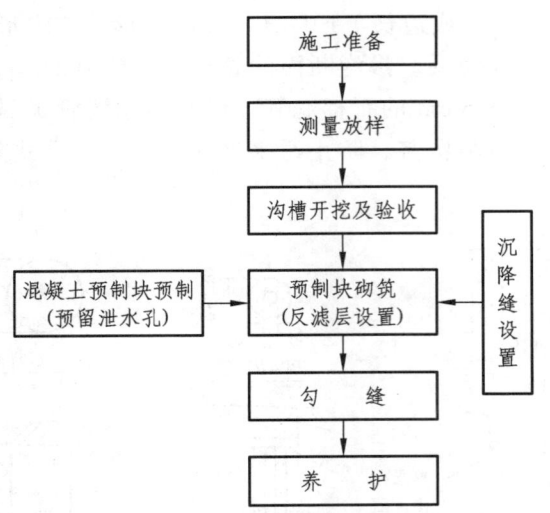

图 5-29 浆砌混凝土预制块明沟及槽沟施工工艺流程

（4）预制块拼装工艺见浆砌预制块排水沟相关内容；拼装时设置沉降缝，沉降缝施工工艺见浆砌预制块排水沟沉降缝内容。

（5）反滤层设置：反滤层采用人工填筑，与沟帮同步施工。如反滤层采用两种不同粒径的集料（碎砾石、中粗砂），集料之间透水性土工布与两侧集料平起平上施作。分层填筑集料时，应保证土工布的设置位置，防止不同集料混填。

（6）泄水孔设置：预制块预制时，按设计预留泄水孔。拼装时，泄水孔内插入 PVC 管。泄水孔向沟内倾斜 3%以上。

（7）勾缝见浆砌预制块排水沟相关内容。

（8）养护见浆砌预制块排水沟相关内容。

2）现浇混凝土明沟及槽沟施工

现浇混凝土明沟及槽沟施工工艺流程如图 5-30 所示。

（1）施工准备见"明沟施工"的相关内容。

（2）测量放样见"明沟施工"的相关内容。

（3）沟槽开挖及验收见"明沟施工"的相关内容。

（4）底板混凝土浇筑：混凝土采用集中拌和、运输车运输，直接将料送入沟槽内。收面时，按设计坡度挂线，人工抹面、收光。

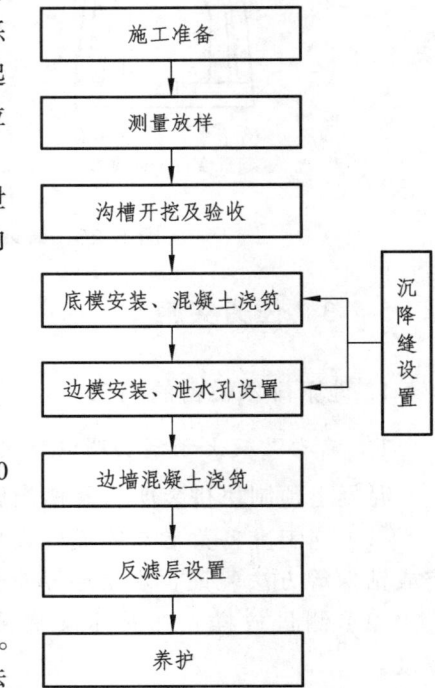

图 5-30 现浇混凝土明沟及槽沟施工工艺流程

（5）边模安装及泄水孔设置：内、外模宜采用钢模板，模板安装时，在设计泄水孔位置预埋 PVC 管，并向沟内倾斜 3%以上。模板安装后，在边墙内模之间纵向每隔一定间距安装一个刚性支撑，保证净空尺寸。

（6）反滤层设置：反滤层采用人工填筑。如反滤层采用两种不同粒径的集料（碎砾石、中粗砂），集料之间的透水性土工布与两侧集料平起平上施作。分层填筑集料时，应保证土工布的设置位置，防止不同集料混填。

（7）养护见"现浇混凝土侧沟"的相关内容。

3）边坡（支撑）渗沟施工

边坡（支撑）渗沟施工工艺流程如图 5-31 所示。

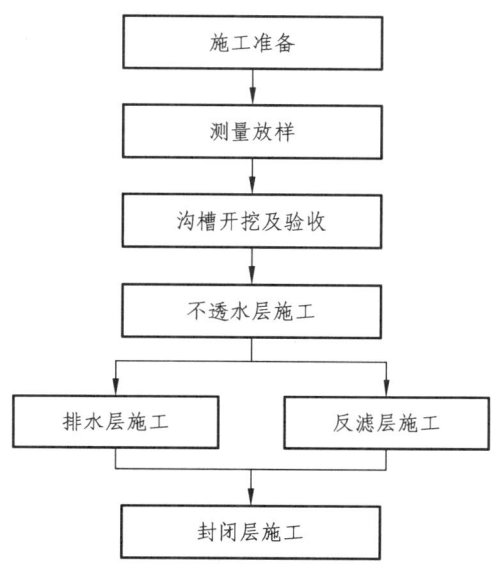

图 5-31 边坡（支撑）渗沟施工工艺流程

（1）施工准备：除完成现场核对和技术交底工作外，还应调查边坡上层滞水的深度及水量，核对渗沟各部位的尺寸及位置是否满足排水要求。

（2）测量放样：按设计测设沟的中线和开挖边线。

（3）沟槽开挖及验收：沟槽采用人工配合机械开挖，不适合机械操作的，采用人工开挖。开挖自下游向上游进行。在土质地，段机械开挖至沟槽底时，预留 10~20 cm 采用人工开挖。石质地段开挖时，爆破松动后再开挖成形。开挖后，采用样架法检查断面尺寸，并报监理工程师验收。

（4）不透水层施工：

① 不透水层一般由不透水性土工布和浆砌片石或现浇混凝土组成；

② 基槽验收合格后，将不透水性土工布铺入沟槽并整平表面，紧贴沟底，略有松弛；

③ 不透水性土工布铺设完成后，按设计在土工布上砌筑浆砌片石或浇筑混凝土。

（5）反滤层采用人工填筑，随排水层分层同步施工。如反滤层采用两种不同粒径的集料（碎砾石、中粗砂），集料之间的透水性土工布与两侧集料平起平上施作。分层填筑集料时，应保证土工布的设置位置，防止不同集料混填。

（6）排水层采用干砌片石或充填较粗的碎石，每层施工厚度不超过 30 cm。排水层砌筑前，先干砌片石垛。

（7）封闭层施工时采用干砌片石或浆砌片石，按设计在渗沟顶面设置封闭层。采用干砌片石时，片石中部的厚度不小于 15 cm。砌筑时，将较大的石块置于基底，石块交错咬搭，用碎石填实空隙。石块外露面选用较平的一面，并做适当修整。

4）盲沟施工

盲沟施工工艺流程如图 5-32 所示。

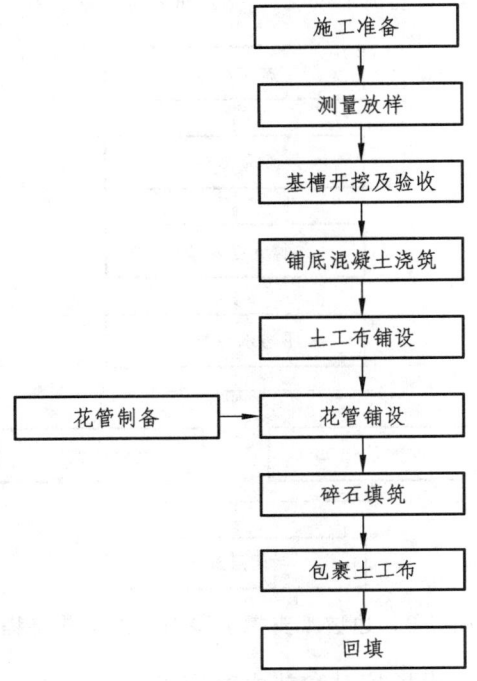

图 5-32 盲沟施工工艺流程

（1）施工准备：除完成现场核对和技术交底工作外，还有以下内容：

① 按设计要求向有资质的厂家采购钢筋混凝土花管或 PVC 管；

② 采用 PVC 管时，按设计的孔径、孔间距打孔，制作成花管。

（2）测量放样：按设计测设沟的中线和开挖边线，控制出、入口标高与排水坡度。

（3）基槽开挖及验收：沟槽采用人工配合机械开挖，不适合机械操作的，采用人工开挖。开挖自下游向上游进行。在土质地段，机械开挖至沟槽底时，预留 10～20 cm 采用人工开挖，石质地段开挖时，爆破松动后再开挖成形。开挖完成后，采用样架挂线法检查断面尺寸，并报监理工程师验收。

（4）铺底混凝土（不透水层）浇筑：复核基底标高，测设标高控制桩后，浇筑铺底混凝土。混凝土收面时，在标高控制点上挂线控制铺底混凝土的排水坡度。

（5）透水性土工布铺设：铺底混凝土强度达到设计强度的 70%后，铺设透水性土工布。土工布铺设后，两侧的多条部分先用木楔或钢筋固定在两侧边坡上，避免施工过程中滑落或被花管、碎石压住。

（6）花管铺设：

① 花管采用承插式钢筋混凝土花管或 PVC 花管；连接钢筋混凝土花管时，用水泥砂浆填抹接头缝。

② PVC 花管采用专用胶水、专用接头进行连接。

（7）碎石填筑：花管铺设完成后即可进行碎石填筑，人工分层填夯。

（8）包裹土工布：碎石填夯完成后，用已铺设好的透水性土工布将花管与碎石包裹好。

（9）回填：按设计及时回填，防止土工布长时间暴露。

5）盲沟检查井施工

盲沟检查井施工工艺流程如图 5-33 所示。

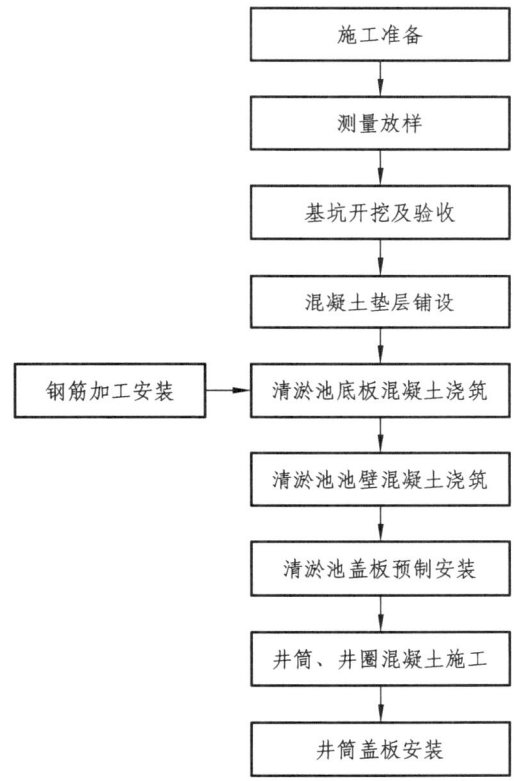

图 5-33 盲沟检查井施工工艺流程

（1）施工准备：除完成现场核对和技术交底的相关准备工作外，按设计定做井筒铸铁盖板。

（2）测量放样：按设计测设检查井开挖边线和开挖深度控制桩。

（3）基坑开挖及验收：采用人工配合机械开挖，不适合机械操作的，采用人工开挖。在土质地段，机械开挖至基坑底时，预留 10~20 cm 采用人工开挖。石质地段开挖时，爆破松动后再开挖成形。开挖完成后，检查断面尺寸，报监理工程师验收。

（4）垫层混凝土铺设：基坑验收合格后，按设计厚度铺设垫层混凝土。

（5）钢筋加工、安装：

① 钢筋加工、安装工艺见"现浇钢筋混凝土侧沟施工"的相关内容；

② 底板、池壁钢筋同时绑扎。

（6）清淤池底板混凝土浇筑：混凝土采用集中拌和、运输车运输，直接将料送入沟槽。底板顶面标高不高于盲沟沟底。

（7）清淤池池壁混凝土浇筑：

① 制作清淤池壁模板时，在池壁盲沟进出口位置预留盲沟花管孔洞；浇筑池壁混凝土前，将花管预置入清淤池池壁模板。

② 浇筑混凝土时，按设计间距在池壁预埋梯蹬。

（8）清淤池盖板集中预制或现浇。预制时，盖板上预留井口位置；现浇时，预埋井筒位置的竖向接茬钢筋。

（9）预制盖板用水泥砂浆进行安装。

（10）井筒、井壁混凝土施工：

① 井筒采用混凝土现浇或预制管节拼装；现浇施工时，井筒钢筋同清淤池的预埋接茬钢筋相连；预制管节拼装时，采用水泥砂浆安装；井筒按设计间距预埋梯蹬；

② 井圈采用现浇施工。

（11）井筒盖板一般采用铸铁盖板，厂家定做，人工安装。

6）排水斜孔施工

排水斜孔施工工艺流程如图 5-34 所示。

（1）施工准备：除完成现场核对和技术交底等工作外，在现场搭设钻孔平台，采用钢管脚手架从下到上一次性搭设完成。

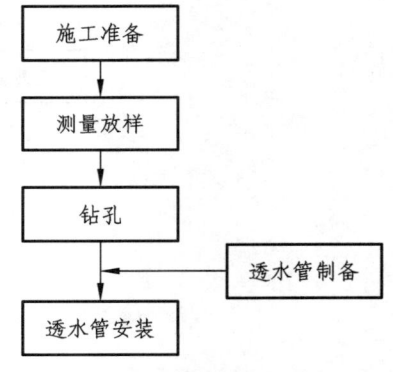

图 5-34 排水斜孔施工工艺流程

（2）测量放样：按设计要求测设，确定钻孔位置。

（3）钻孔：

① 采用潜孔钻机或地质钻机钻孔。

② 钻机安装时，钻杆与水平面向上成 5°~15°的夹角。成孔后，采用高压风从孔底向孔口清理钻渣的方式进行清孔。

（4）透水管制备：

① 透水管采用软式透水管或 PVC 花管。软式透水管为定型产品，采用防锈弹簧圈支撑管体、无纺布内衬过滤；PVC 管于现场打孔制作成花管，外包透水性土工布，用铁丝绑扎牢固。

② 用于地层较软易缩孔位置的透水管，安装前在透水管内充填中粗砂并封口。

（5）透水管安装采用人工安装。安装时，管口露出排水斜孔口 20 cm，孔口部位用木楔临时固定 PVC 管或软式透水管。边坡防护施工时，将透水管固定于边坡防护工程中。

2. 地下排水设备的施工质量控制

1）浆砌预制块（片石）明沟及沟槽质量控制

（1）原材料控制。

① 土工布的品种、规格、质量符合设计要求，进场时进行验收。

检验数量：按同一产地、厂家、品种且连续进场每 10 000 m² 抽样检验 1 组。

检验方法：查验产品质量证明文件和材料性能报告单，现场抽样检验拉伸强度、延伸率、渗透系数。

② 反滤层集料含泥量、颗粒级配符合设计要求。

检验数量：按同一产地、品种、规格且连续进场每 3 000 m³ 为一批（不足 3 000 m³ 也按一批计），抽样检验 1 组。

检验方法：现场抽样检查含泥量、筛分试验检查颗粒级配，观察有无杂物。

③ 砂、石、水泥等材料的质量验收详见"浆砌预制块排水沟"有关内容。

（2）施工过程控制。

① 反滤层材料、厚度符合设计要求。

检验数量：每条沟每 50 m 检查 3 个断面。

检验方法：观察、尺量。

② 明沟、槽沟的位置、开挖断面尺寸、排水坡度、出水口地点符合设计要求，且排水畅通、无阻塞。

检验数量：每条沟每 50 m 检查 3 个断面。

检验方法：观察、水准测量。

③ 土工布搭接宽度的允许偏差为+50，0 mm。

检验数量：全部检验。

检验方法：尺量。

④ 明沟、槽沟基坑、预制块拼装、沉降缝、砂浆的施工过程质量验收详见"浆砌预制块排水沟"的相关内容。

⑤ 泄水孔设置位置、数量符合设计要求，孔内无淤塞。

（3）明沟及槽沟各部允许偏差、检验数量和检验方法应符合表 5-9 的规定。

表 5-9 明沟及槽沟各部允许偏差、检验数量和检验方法

序号	检验项目	允许偏差	检验数量	检验方法
1	中心位置	±50 mm	沿线路每 100 m 检查 3 个检查井	经纬仪测量
2	沟底标高	±20 mm	沿线路每 100 m 检查 4 个检查井，8 点	水准仪测量
3	断面尺寸	+50，-20 mm	沿线路每 100 m 检查 2 处	尺量

2）边坡（支撑）渗沟施工质量控制

（1）原材料控制。

① 填充碎石技术指标应符合表 5-10 的规定。

表 5-10 填充碎石技术指标

项　目	检验指标
母岩强度	≥30 MPa
碎石粒径	3~8 cm
含泥量（按质量计）	<2%

检验数量：同一生产地点每 400 m³ 抽样检验 1 组。

检验方法：检查母岩强度检测报告，在料场抽样检验碎石粒径、含泥量。

② 其他材料的质量验收详见"浆砌排水沟"的有关内容。

（2）施工过程控制。

① 渗水材料的填充位置、厚度符合设计要求。

检验数量：每条沟每 50 m 检查 3 个断面。

检验方法：观察、尺量。

② 渗沟的位置、开挖断面、排水坡度、出水口地点符合设计要求，且排水畅通、无阻塞。

检验数量：每条沟每 50 m 检查 3 个断面。

检验方法：观察、水准测量。

③ 土工布搭接宽度的允许偏差为 +50，0 mm。

检验数量：全部检验。

检验方法：尺量。

④ 基坑开挖、浆砌片石施工过程的质量验收详见"浆砌排水沟"的相关内容。

（3）渗沟各部允许偏差、检验数量和检验方法应符合表 5-9 的规定。

3）盲沟施工质量控制

（1）原材料控制。

砂、碎石、水泥等材料的质量详见"浆砌排水沟"的相关内容；土工布质量验收详见"明沟"的相关内容；填充碎石质量验收见表 5-10 及相关内容。

钢筋混凝土花管质量按进场批次抽检，每 1 000 m 抽检一组，不足 1 000 m 按 1 000 m 抽检。

（2）施工过程的质量控制详见"边坡渗沟"的相关内容。

（3）盲沟各部允许偏差、检验数量和检验方法应符合表 5-9 的规定。

4）盲沟检查井施工质量控制

（1）原材料控制

① 原材料质量验收详见"浆砌排水沟"的相关内容。

② 铸铁盖板：

检验方法：查验质量证明文件、外观尺寸。

检验数量：全部检查。

（2）检查井混凝土、钢筋施工质量验收详见"现浇钢筋混凝土侧沟"相关内容。

（3）检查井允许偏差、检验数量和检验方法应符合表 5-11 的规定。

表 5-11 检查井各部允许偏差、检验数量及检验方法

序号	检验项目		允许偏差	施工单位检验数量	检验方法
1	检查井位置	纵向	± 50 mm	每个检查井	经纬仪测量
		横向	+50 mm −20		
2	井底标高		± 30 mm	每个检查井	水准仪测

续表

序号	检验项目	允许偏差	施工单位检验数量	检验方法
3	净空尺寸（内径、深度）	±30 mm	每个检查井	尺量
4	井盖直径	±10 mm	每个井盖	尺量
5	井盖厚度	不小于设计值	每个井盖	尺量
6	井盖与相邻路基面高差	$^{+10}_{0}$ mm	每个检查井	水准仪，水平尺测

5）排水斜孔施工质量控制

（1）原材料。

充填中粗砂质量验收详见"明沟"的相关内容；其他材料质量验收详见"排水沟"的有关内容。

（2）施工过程：

① 排水斜孔孔径、孔深符合设计要求。

② 透水管直径、安装长度符合设计要求；安装完成后牢固、不脱落。

③ 排水斜孔出水口与边坡上排水系统相接，不冲刷或浸润边坡。

3. 地下排水设备的养护

绝大多数地下排水设备均为隐蔽工程，因此，必须备有详尽的技术资料，包括竣工时的实际状态、历年来的观测分析和变化情况，以便养护时参考。

在秋检时和雨季前后、春融前后及每次下雨后，均应对地下排水设备连同与之有关的地面设备一并进行检查。定期进行排水量的测定，是了解设备状况是否良好的重要手段。排水量测定，一般应在雨季前后或上冻以前及春融以后进行。在测定排水量的同时，应观察水的清、浊情况，并结合以往资料，分析对比，判断是否有淤塞、损坏等，判定失效范围，以便及时采取对策。测定流量可在检查井及渗沟出口进行，用适当的盛水工具测量一定时间内的排水量即可算出流量。如果出口处或某一检查井处的流量小于上游检查井的流量而无其他原因，说明在该段范围内有阻塞或漏水现象；如果上游检查井水流较清，而出口或下游检查井水流较混浊，说明该段反滤层失效，排水设备有淤塞的可能。

在日常维修中应注意如下事项：

（1）各种地下排水设备的出水口处，应特别注意除草、清淤和填平坑洼等；寒冷地区尚应保持其保温设施的良好状态。

（2）与地下排水设备有关的地面设备及地面均应有计划地进行维修。出现断裂、下沉、破损等现象，可能造成地面水流入地下排水设备或损坏地下排水设备时，应予以紧急处理。

（3）从地面观察到的某些变形现象，如下沉、断裂，有可能影响到地下排水设备的状态和作用时，应挖开检查并适当翻修。工作量大的应列入大修。

（4）对各种泄水孔，应经常清理，使其泄水保持通畅。

（5）检查井如有断裂、破损，应及时修补并分析原因，必要时进行加固。井壁渗水处可适当开凿渗水孔，但需同时填塞渗水材料，以防泥砂流入。井底要及时清淤。夏季，应将井盖打开，使渗沟通风，并采取防止杂物和垃圾落入的措施；冬季，在寒冷地区，对较浅的检查井可用木屑、炉渣、柴草等保温，并密封井盖。

（6）对外露的各种钢质设施，如检查井梯蹬、拉杆等，应定期除锈并涂漆。

（7）各种显示地下排水设备的标志应保持完整、正确。

5-2-4 任务拓展

过渡段防排水技术

1. 过渡段排水一般要求

（1）过渡段两侧排水沟宜与其邻接的路基、桥、涵以及隧结构物的排水设施同步施工，形成完整的排水系统。

（2）过渡段地下水位较高时，应做好地下排水。

2. 路桥过渡段排水施工规定

（1）桥台背软式透水管以及无砂混凝土板的品种、规格、质量应符合设计要求。软式透水管 C20 混凝土基础、无砂混凝土渗水板基础采用预制，其材料应符合设计要求。

（2）软式透水管采用开槽埋设，在过渡段填筑面高于无砂混凝土渗水板基础最高处 0.2 m 后，从压实的过渡段填筑层开槽至桥台基坑顶面，并整平、夯实槽底，槽底的排水纵坡不应小于设计坡度。

（3）软式透水管以 C20 混凝土基础安装前应在槽底用混凝土垫层找平、调整排水坡，再安装软式透水管 C20 混凝土基础、软式透水管、无砂混凝土渗水板基础。软式透水管在基础中应安装平顺，无损坏，保证排水畅通。

（4）无砂混凝土渗水板基础安装完成后，在其上随过渡段填筑随砌筑无砂混凝土板，并应紧贴桥台背。过渡段填筑时，靠近软式透水管和渗水墙处应用小型压实机具压实，不应损坏软式透水管和渗水板。

项目小结：

路基排水设备是保证路基处于稳定状态的重要设备。要掌握各种排水设备的作用和适用条件，掌握各种排水设备的结构形式和要求，掌握各种排水设备的施工和养护要点。

项目训练：

1. 完成路基排水沟的施工放线、技术交底和质量验收评定工作。
2. 完成路基支撑渗沟施工作业指导书和质量验收评定工作。

本项目数字资源

项目 6 高速铁路路基防护设备施工及维护

项目描述：

　　裸露的路基边坡，除受到所处的地质及水文地质条件影响外，还不断地经受着风化作用、雨水冲刷的破坏作用以及人类活动的影响，因而往往会出现不同情况的坡面变形，进而发展成为风化剥落、坡面冲刷、边坡溜坍以及边坡坍塌等不同程度的路基病害。除此之外，河流在演变过程中会产生对河床及沿岸的冲刷作用，尤其汛期洪水对沿岸有较大的破坏作用，对傍河路基的安全构成严重的威胁，轻则冲坏、冲毁路基，造成行车中断，重则导致车毁人亡，造成人民生命财产的重大损失。

　　因此，路基防护就显得非常重要。为了保证高速铁路线路的质量和稳定性，需对路基边坡采取适当防护措施。路基防护设备类型有路基坡面防护和路基坡脚冲刷防护两种。

学习目标：

知识目标：

　　掌握路基防护设备的类型、适用条件和施工要求；掌握路基防护设备的维护原则和维护方法。

能力目标：

　　能够熟练进行路基防护设备的施工管理和质量控制；能够熟练进行路基防护设备的维护。

素质目标：

　　养成严谨求实的工作作风，严格执行规范和标准；具备协作精神；具备一定的协调、组织能力。

思政目标：

　　培养攻坚克难，创新突破的奋斗精神。高速铁路线路长，地质条件多种多样，为了保证路基边坡的稳定，需要克服地质构造复杂、风化作用和水等多种因素的影响，建造有效的防护设备。

　　通过分享 2020 年 5 月 27 日，珠峰高程测量登山队 8 名攻顶队员，全部成功登顶珠峰，开展各项测量工作这一事例激发同学们攻坚克难，创新突破的奋斗精神。

课程思政：

2020年5月27日，珠峰高程测量登山队8名攻顶队员，全部成功登顶珠峰，开展各项测量工作。登山队员在登顶测量过程中一波三折，4月30日下午，2020珠峰高程测量正式启动，在将近一个月的登顶过程中，遇到流雪风险、气旋风暴、大风和降雪等障碍，但测量登山队顶住压力，展现了不屈不挠的精神，一举取得成功。本次珠峰高程测量工作在五方面实现技术创新和突破：一是依托北斗卫星导航系统，开展测量工作；二是国产测绘仪器装备全面担纲本次测量任务；三是应用航空重力技术，提升测量精度；四是利用实景三维技术，直观展示珠峰自然资源状况；五是登顶观测，获取可靠测量数据。

作为一名高铁专业的学生，在铁路建设过程中会遇到各种问题和困难，要像登山队员一样，不畏艰险，突破创新，为高铁发展做出自己的贡献。

任务 6-1　路基防护设备施工

6-1-1　任务目标

（1）能够独立完成路基防护设备的施工管理任务。
（2）能够完成路基防护设备的检查和维护工作，能够及时发现问题，制定维护方案，完成维护任务。

6-1-2　相关知识

路基防护设备是防治路基病害、保证路基稳定、改善环境景观、保护生态平衡的重要设施。其防护类型可分为路基边坡坡面防护和沿河河堤河岸冲刷防护。其中，坡面防护包括植物防护（种草、铺草皮、植树）和工程防护（框格防护、封面、护面墙、干砌片石护坡、浆砌片石护坡、浆砌预制块护坡、锚杆钢丝网喷浆、喷射混凝土护坡等）；沿河河堤河岸冲刷防护分为直接防护（植物、砌石、石笼、挡土墙等）和间接防护（丁坝、顺坝等导治构造物以及改河等）

1. 路基坡面防护工程

坡面防护，主要是保护路基边坡表面免受雨水冲刷，减缓温差及温度变化的影响，防止和延缓软弱岩土表面的风化、碎裂、剥蚀演变进程，从而保护路基边坡的整体稳定性，在一定程度上还可美化路容，协调自然环境。

1）种草

种草是一种施工简单、造价低廉和有效的坡面防护措施。草能覆盖表土，防止雨水和地面水的冲刷，调节土的湿度，防止裂缝的产生，固接土壤，防止坡面风化剥落，从而加强路基的稳定性。种草适用于雨量较多、草籽容易生长、边坡较缓（缓于1∶1.25）且不高的土质路堑和路堤边坡；但经常或长期浸水的边坡，由于草籽易被冲走，不宜采用。

当边坡土层不宜于种草时，可先铺一层厚 5～10 cm 的种植土再行播种。当边坡坡度陡于 1∶2 时，为使种植土与边坡结合牢固，通常在铺种植土之前先将边坡挖成台阶，台阶的间距为 1 m，高度为 0.2 m，如图 6-1 所示。

应选用适合当地土质和气候条件的草种草籽，最好是根系发达、茎干低矮、枝叶茂盛、生长能力强的混合多年生草种的草籽，生长在泥沼或砂砾土内的草种不能采用。常用的草种有鼠尾草、白茅草、毛鸭嘴、画眉草、两耳草、结缕草、圆果、雀稗等。最好采用几种草籽混合播种，可形成良好的覆盖层。

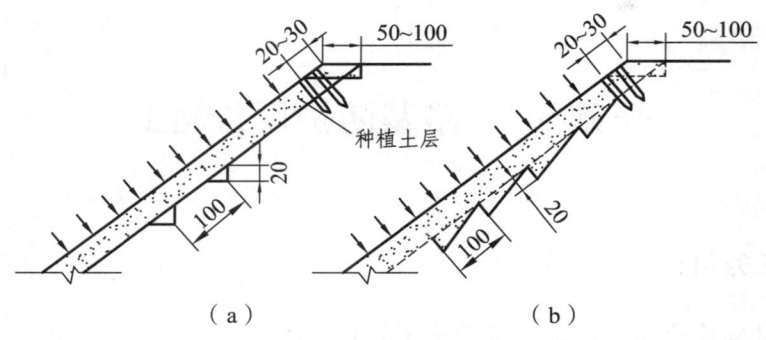

图 6-1 种草护坡（单位：cm）

草籽可撒播或行播。撒播时，为使草籽均匀分布，可将草籽与等量的砂、干土或锯末混合，先纵向、后横向各撒播一次。播种完毕，需另盖一层等于草籽直径 3~4 倍的细土，并稍加压实。如天气干燥无雨，还应经常用细孔喷壶或喷雾器浇水，使表土在 10~12 cm 深度内经常保持湿润，直到草籽发芽，幼苗生长到 3~5 cm 时为止。草籽发芽出土时会顶松土壤，因此要加强管理，最好在幼苗长到 2~3 cm 高时撒上一层筛过的腐殖质土，并稍加压实。在缺苗的地方应重新播种。播种一般应在春季或秋季进行，不可在干燥的风季和暴雨时播种。

路堤的路肩和路堑堑顶边缘，应埋入与表面齐平的带状草皮，草皮厚 5~6 cm，宽 20~25 cm，用木桩或竹桩钉牢。

在边坡较陡（1:0.5~1:1.25）的黄土质边坡上种草时，可将草籽加在麦草泥内，在春季用抹墙的方法抹在坡面上，厚 2~3 cm。

2）客土喷植播草

客土喷播植草是一新型绿化技术，如图 6-2 所示，将草种肥料、保水剂、土壤、有机物、稳定剂等混合物充分混合后，通过喷射机按设计厚度均匀喷到需防护的工程坡面，以达到景观近似于自然绿化目的。客土喷植插草适用于岩石界面、硬质土、砂质土、贫瘠地、酸性土壤、水土流失严重的坡面或回填土坡面，以及绿化期望值很高的裸地情况。

图 6-2 客土喷播植草护坡施工过程及完工效果

3）铺草皮

铺草皮作为坡面防护，其作用和种草防护相同，但效果更好，而且可用于较高、较陡的边坡。铺草皮适用于雨量较多，适宜于草皮生长的地区的各种土质边坡和严重风化的软质岩石边坡，边坡坡度应不陡于 1∶1，局部可放宽到 1∶0.75。

4）植　树

植树也是坡面防护中施工简单、经济有效的方法之一，其主要作用是加固边坡，防止冲刷。植树可与种草、铺草皮配合使用，在坡面上形成良好的覆盖层。

植树适用于气候宜于草木生长的地区的各种土质边坡和风化极严重的岩石边坡，对裂隙黏土边坡的防护效果也很好，但一般要求各类边坡的坡度不陡于 1∶1，最陡不宜超过 1∶0.75。经常浸水、盐渍土、经常干涸的边坡及粉质土边坡上不宜采用植树的方式。

因乔木的吸水性强，会使边坡受力过大，风吹树摇易使边坡产生裂缝，不利于边坡稳定，且被风刮倒后会影响行车安全，故做坡面防护以种植灌木为宜，仅土质路堤在路肩边缘 0.8~1.0 m 以外方可种植乔木。树种应选择根系发达、枝叶茂盛，能迅速生长分蘖的低矮灌木，如紫穗槐、夹竹桃、黄荆、野蔷薇、山楂等。紫穗槐可先育树苗，一年后挖掘移栽，挖掘时不得损伤大的根系，最好带土，以利成活。夹竹桃采取截枝插栽的方式。用来截枝的夹竹桃树要有两年以上的树龄，每一根截枝要有三、四个芽节，下端切成斜形，上端切齐，并用泥土包好，防止水分蒸发。

植树时最好按梅花形或斜列形布置。梅花形的株距纵横均为 0.6 m，斜列形行距 0.8 m，株距 0.5 m，各行与地面的夹角约 30°，如图 6-3 所示。

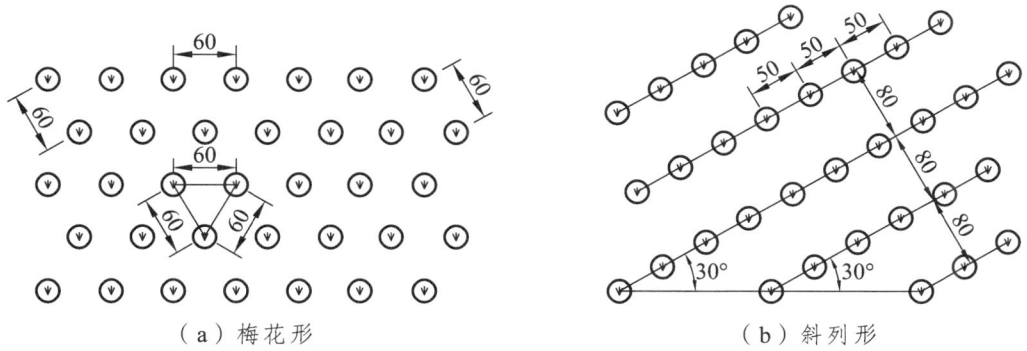

（a）梅花形　　　　　　　　　　（b）斜列形

图 6-3　植树布置形式示意图（单位：cm）

植树的坑深为 25 cm，直径为 20 cm。每坑内栽紫穗槐二棵，插夹竹桃三根。边坡以内如有不利于灌木生长的砂石类土时，栽种坑内应换填宜于灌木生长的黏性土。灌木栽种后，坑中应及时填土压紧，并经常浇水，保持湿润，直至发芽成活。

栽种灌木的边坡，大雨后要检查边坡是否完整，如有局部坍塌、开裂，应及时修补，防止病害扩大。

5）灌浆、勾缝

灌浆是将较稀的水泥砂浆或混凝土灌注进较坚硬的、裂缝较大较深的岩石路堑边坡，借助灰浆或混凝土的黏聚力把裂开的岩石黏结成一个整体。勾缝是用较稠的砂浆填塞岩石的细小裂缝，适用于较坚硬的、不易风化的、节理裂纹多而细的岩石路堑边坡。勾缝和灌浆还可用于修补原有的圬工裂缝。勾缝和灌浆可根据实际情况结合使用。

6）锚杆钢丝网喷浆或喷射混凝土护坡

锚杆钢丝网喷浆或喷射混凝土护坡适用于坡面为碎裂结构的硬岩或层状结构的不连续地层，以及坡面岩石与基岩分离并有可能下滑的挖方边坡，如图6-4所示。

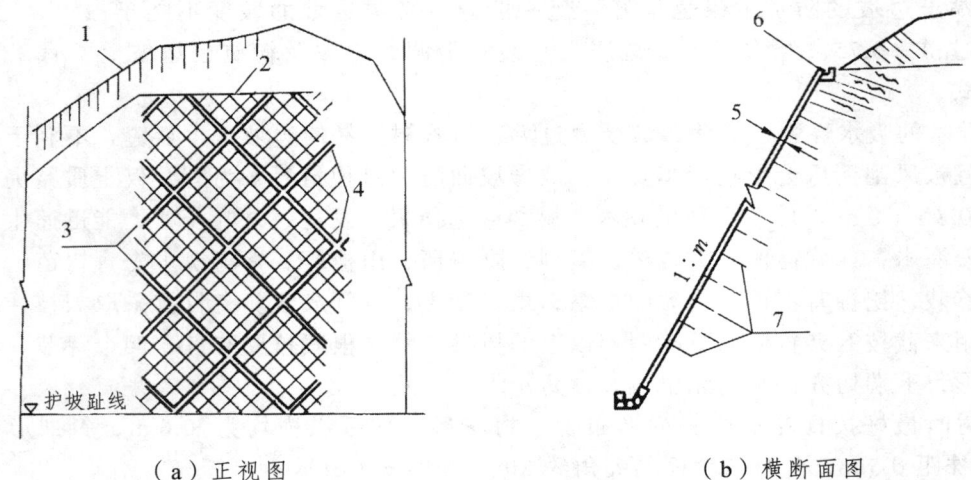

（a）正视图　　　　　　　　　　（b）横断面图

1—堑顶；2—护坡顶；3—伸缩缝；4—框条；5—喷砂浆（厚3）；6—1:4砂浆抹面截水沟（厚10）；
7—锚杆（φ=16~20 mm圆钢）。

图6-4　锚杆铁丝网喷浆（喷射混凝土）（单位：cm）

7）干砌片石护坡

当较缓的（不陡于1:1.25）土质及土夹石边坡坡面受地面水冲刷产生冲沟、流泥，或坡面经常有少量地下水渗出而产生小型溜坍等病害时，可采用干砌片石护坡。此种护坡也常用于土质路堑边坡下部的局部嵌补。

干砌片石护坡一般采用单层栽砌，其厚度约为0.3 m。当边坡为粉土质土、松散砂和黏砂土等易被冲蚀的土时，片石下应设厚度不小于0.1 m的碎石或砂砾垫层。

护坡应砌过边坡坡顶不少于0.5 m。护坡的基础应选用较大的石块砌筑，并埋至侧沟底以下。基础的埋深和顶面宽度均不应小于0.5 m。当基础与侧沟相连时，应采用M5浆砌片石砌筑，如图6-5所示。

8）浆砌片石护坡

（1）浆砌片石护坡的适用条件。

在缓于1:1的各类岩石和土质边坡上，因风化剥落，地面水冲刷而发生流泥、冲沟以及表层溜坍等病害时，如当地石料来源充足，可采用浆砌片石护坡。对于严重潮湿或冻害严重的土质边坡，在未进行排水措施以前，不宜采用浆砌片石护坡。

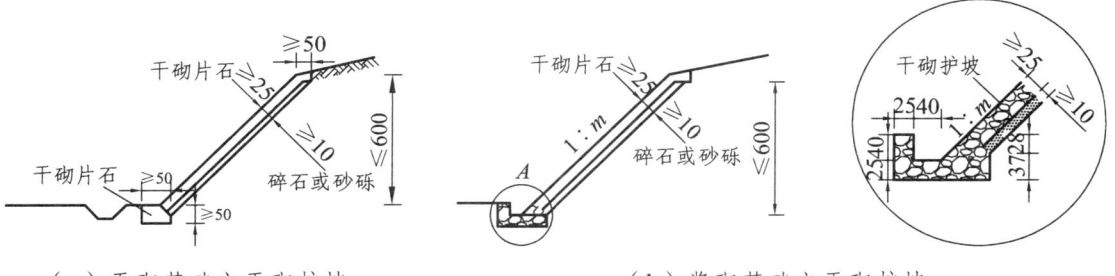

（a）干砌基础之干砌护坡　　　　　（b）浆砌基础之干砌护坡

图 6-5　干砌片石护坡（单位：cm）

（2）浆砌片石护坡的技术要求。

护坡采用 M5 浆砌片石，一般采用等截面的形式，其厚度根据边坡高度和坡度确定，通常采用 0.3～0.4 m。高边坡的浆砌片石护坡宜分段设置，每级高度不大于 20 m。各级之间应设宽度不小于 1 m 的平台，并作成略微向外倾斜的泄水坡。

当护坡面积较大，且边坡较陡或坡面变形较严重时，为增强护坡本身的稳定性，可采用肋式护坡，如图 6-6 所示。

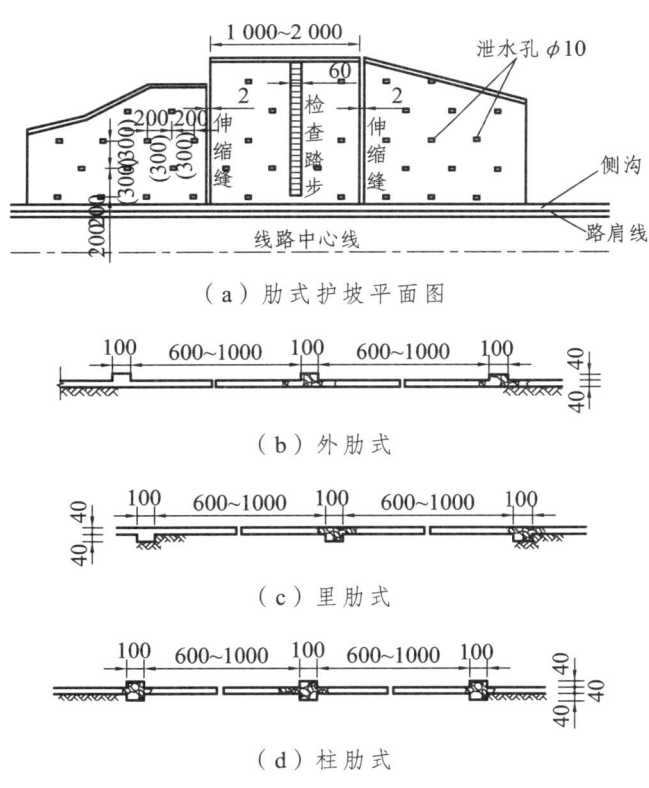

（a）肋式护坡平面图

（b）外肋式

（c）里肋式

（d）柱肋式

图 6-6　浆砌片石护坡（单位：cm）

土质边坡的护坡顶部应与边坡平顺相接，或加顶帽，防止雨水渗入。护坡基础与侧沟相连时，可连同侧沟一道浆砌，其结构形式如图 6-7 所示。必要时应在护坡上设泄水孔，泄水孔的间距一般为 2~3 m，上下、左右交错设置，孔径 10 cm，并作成不小于 4% 的泄水坡。土质边坡上的泄水孔后 0.5 m×0.5 m 的范围内应设置反滤层。沿线路方向每隔 10~20 m 应设伸缩缝一道，缝宽约 2 cm，用沥青麻筋或沥青木板填塞。为检查和维修方便，大面积的护坡上还应于适当的位置设置宽 0.6 m 的踏步，每级踏步的高度通常为 20 cm。

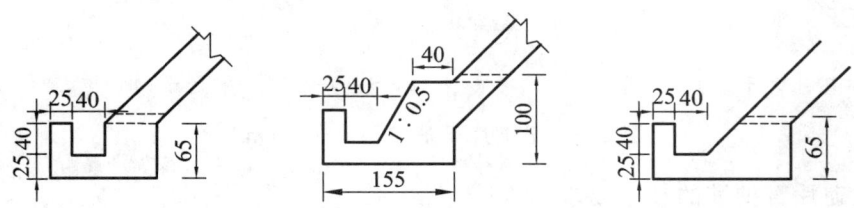

图 6-7　浆砌片石护坡基础示意图（单位：cm）

9）浆砌片石骨架护坡

在易受冲刷的土质边坡和风化极严重的岩石边坡上，当坡度缓于 1∶0.5 且边坡潮湿、坡面溜坍及冲刷较严重，单纯采用草皮护坡或捶面护坡易被冲毁脱落时，采用浆砌片石骨架的加固措施，其内铺草皮或三合土、四合土捶面代替浆砌片石或混凝土。采用这种方式比大面积浆砌片石护坡更为经济。骨架护坡常用的结构形式有方格形、人字形和拱形三种。如图 6-8 所示。

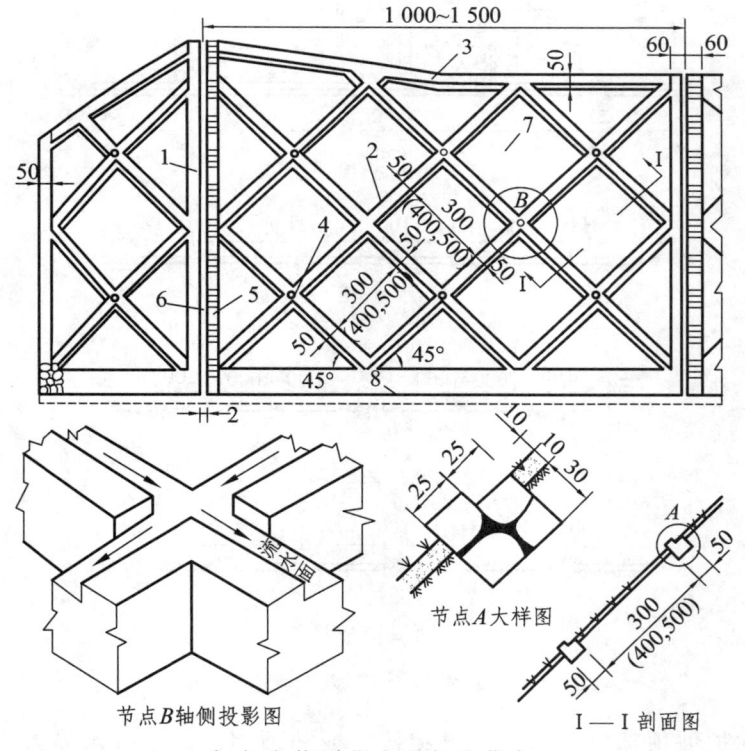

（a）方格形截水滑架铺草皮

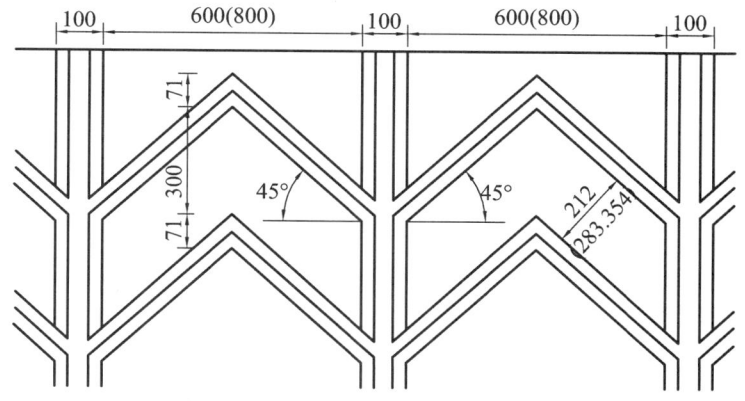

(b) 人字形截水滑架铺草皮正视

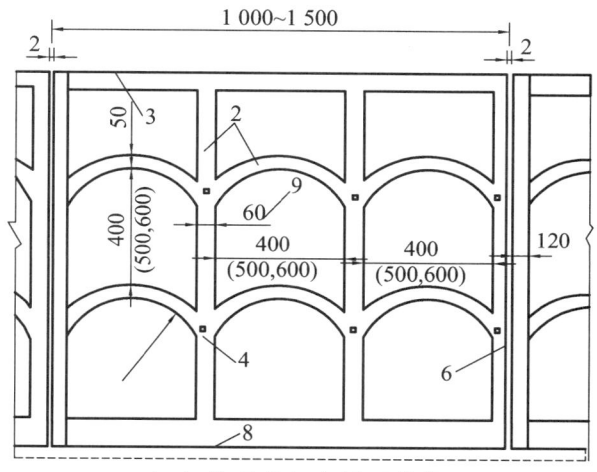

(c) 拱形骨架内捶面护坡

1—肋柱；2—浆砌片石滑架；3—镶边；4—泄水孔（10×10）；5—踏步；
6—伸缩缝；7—草皮；8—侧沟流水面；9—捶面。

图 6-8 骨架护坡类型（单位：cm）

浆砌片骨架护坡施工注意事项如下：

（1）骨架表面与草皮表面应平顺，在降雨量大且集中的地区，骨架上可做成截水沟式，以分流排除地表水。当骨架内为捶面时，应在骨架节点中心位置留有泄水孔，骨架外露部分应和捶面厚度相等，使表面平顺。

（2）浆砌片石主骨架间距和拱高有 4 m、5 m、6 m 三种，骨架宽度不少于 50 cm，骨架厚度为 0.4~0.5 m，具体根据岩层的软硬程度和坡面变形等情况选用。

（3）施工前因清理坡面浮土捶石填补坑凹地。

（4）骨架内草皮和捶面应与坡面和骨架密贴，防止地表水沿缝隙渗入损坏防护工程。

（5）骨架内捶面应在浆砌片石骨架的强度达到 70%时进行。

10）浆砌片石护墙

护墙用于封闭各种软质岩层和较破碎的挖方边坡以及坡面易受侵蚀的土质边坡。用护墙防护的挖方边坡不宜陡于 1∶0.5，并应符合极限稳定边坡的要求。护墙分为实体式、窗孔式、肋式和拱式等类型，应根据边坡的地质条件合理选用。实体式护墙有等截面和变截面两种。墙高 6~10 m 时采用等截面，厚度为 0.4~0.5 m；墙高超过 10 m 时，采用变截面，顶宽 0.4 m，底宽依墙高而定，单级宽度不宜超过 20 m。如图 6-9 所示。

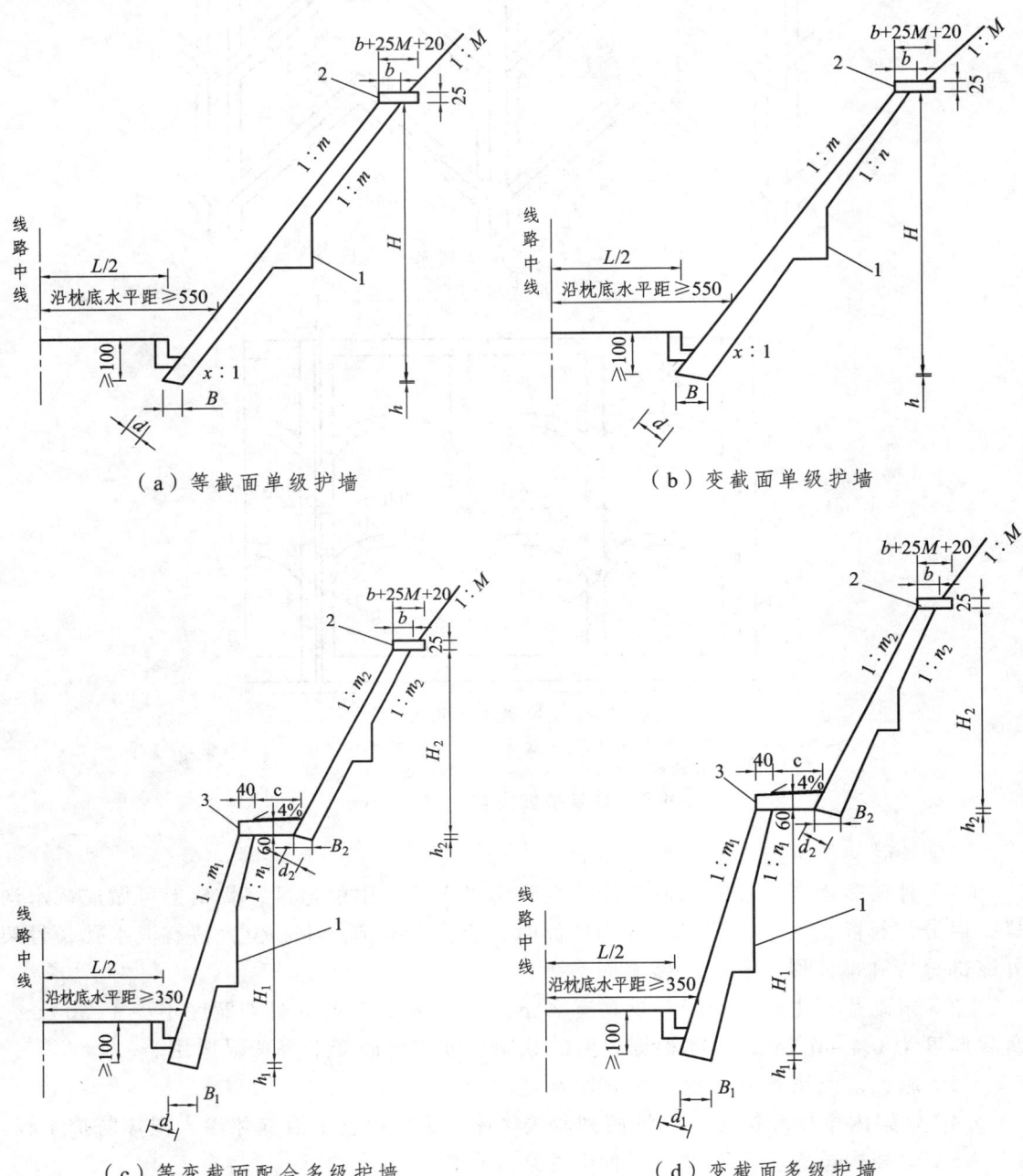

1—耳墙；2—墙帽；3—错台；$H(H_1、H_2)$—护墙（下、上墙）垂直高度；$h(h_1、h_2)$—护墙（下、上墙）斜基底高度；$B(B_1、B_2)$—护墙（下、上）水平底宽度；$d(d_1、d_2)$—护墙（下、上墙）斜基底宽度；$m(m_1、m_2)$—护墙（下、上墙）墙胸倾斜度；$n(n_1、n_2)$—护墙（下、上墙）墙背倾斜度；L—路期宽度；b—护墙顶宽；c—错台宽度。

图 6-9 浆砌片石护墙示意图（单位：cm）

各类型护墙应符合下列基本技术要求：

（1）基础埋深（路肩下）不小于1.0 m。基础地层应有足够的承载力，否则应采取加固措施。护墙基础底通常做成倾斜反坡。

（2）墙高超过8 m时，应于墙背中部设耳墙一道；高度超过13 m时，设两道耳墙，间距为4~6 m。耳墙的宽度，当墙背坡陡于1∶0.5时，为0.5 m；墙背坡缓于1∶0.5时，为1.0 m。

（3）墙顶设置厚25 cm的墙帽，并嵌入边坡20 cm，以防雨水灌入墙背。

（4）双级或多级护墙的上、下墙之间应设宽度不小于1.0 m并带泄水坡的浆砌片石平台。

（5）护墙纵向每隔10~20 m应设伸缩缝一道，不同地层交界处应设沉降缝。

（6）护墙应设10 cm×10 cm（或直径10 cm）的带4%~5%的泄水坡的泄水孔，在护墙立面上呈梅花状间隔2~3 m交错布置，孔后设反滤层。地下水发育时应酌情增设。

（7）墙高≥6 m时，墙面应设检查梯。多级护墙必要时还应设置平台安全栏杆。

（8）护墙背应和边坡紧贴。施工前应清除松土，坡面凹陷部分用与墙体同标号的浆砌片石砌补。

2．路基沿河冲刷防护工程

1）直接防护

（1）抛石防护。

抛石防护用于经常浸水且水深较大的路基边坡或坡脚以及挡土墙、护坡的基础防护。抛石一般多用于抢修工程。如图6-10所示。

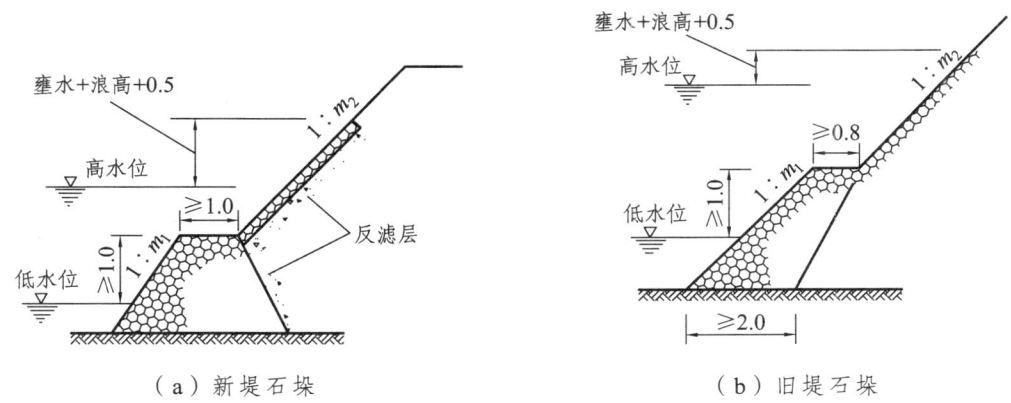

图6-10 抛石防护示意图（单位：cm）

（2）石笼。

沿河路堤坡脚或河岸，当受水流冲刷和风浪侵袭，且防护工程基础不易处理或沿河挡土墙、护坡基础局部冲刷深度过大时，可采用石笼防护；如图6-11所示。钢丝石笼多用于抢修或临时工程，不得用于急流滚石河段，必要时对钢丝笼灌注小石子水泥混凝土。钢丝石笼一般可容许流速 4~5 m/s 的水流冲刷。钢筋混凝土框架石笼可用于急流滚石河段。

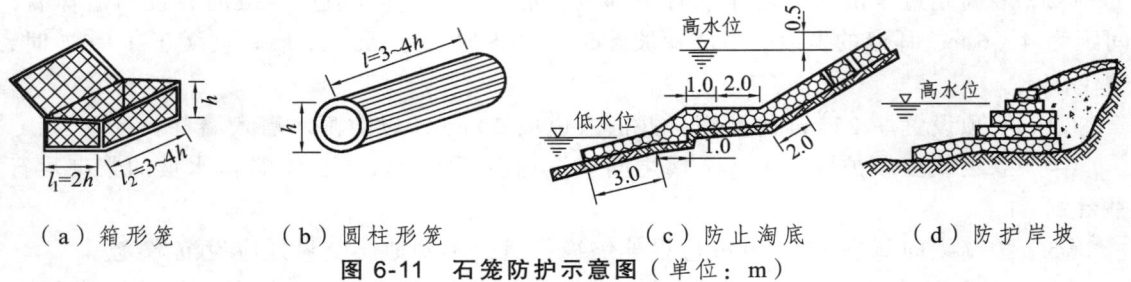

（a）箱形笼　　（b）圆柱形笼　　（c）防止淘底　　（d）防护岸坡

图 6-11　石笼防护示意图（单位：m）

2）间接防护

（1）导流堤。

当沿河路基挡土墙、护坡的局部冲刷深度过大，深基础施工不便时，宜采用导流建筑物防护基础。导流堤包括丁坝和顺坝两种类型。其中，丁坝适用于宽浅变迁河段，用以挑流或减低流速，减轻水流对河岸或路基的冲刷；顺坝适用于河床断面较窄、基础地质条件较差的河岸或沿河路基防护，调整流水曲线度和改善流态。如图 6-12 所示。

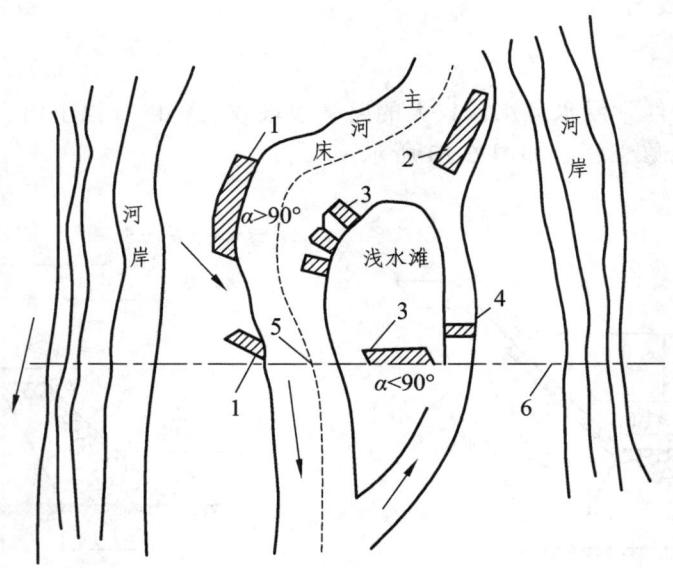

1，2—顺坝；3—丁坝；4—格坝；5—主河床；6—线路中线。

图 6-12　导流建筑物综合布置示意图

（2）改移河道。

沿河路基受水流冲刷严重或防护工程艰巨，以及路线在短距离内多次跨越弯曲河道时，可改移河道。主河槽改动频繁的变迁性河流或支流较多的河段不宜改河。

6-1-3 任务实施

1. 路基防护设备的施工

1)挂网客土喷播植草作业程序（见图 6-13）

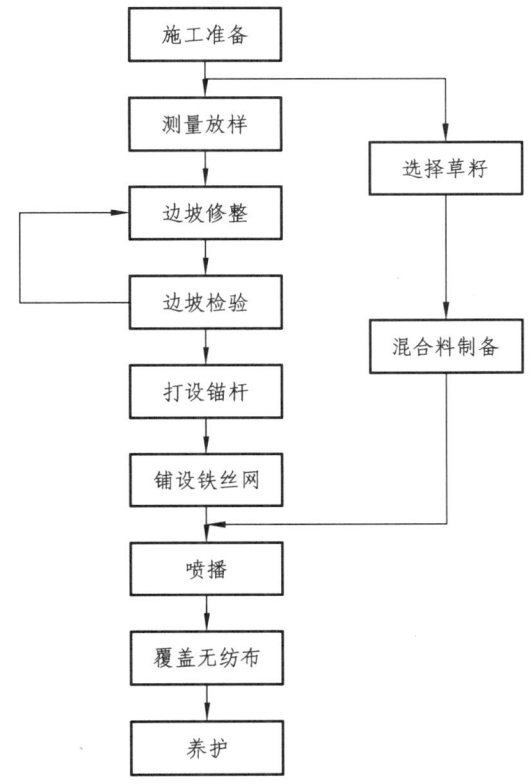

图 6-13 挂网客土喷播植草作业流程

(1)清理整平坡面。

一般用人工方法进行处理，清理坡面浮石、浮土等，并且做到处理后的坡面倾斜一致、平整、无大的石头突出与其他杂物存在，以利于基材和岩石表面的自然结合。

(2)安装锚杆。

锚杆可分为长锚杆和短锚杆，长锚杆长度为 1~1.5 m，短锚杆长度为 0.5~0.8 m，直径均为 $\phi 18$ mm 的螺纹钢。安装锚杆时，先放样，长锚杆与短锚杆交错并列，横向间距 1 m，纵向间距 2 m，然后采用风钻或电钻进行钻孔，钻头的直径大小一般为 $\phi 38$ mm，钻孔深度与锚杆长度相同。孔钻好后，便可进行锚杆的固定工作，锚杆事先要进行防锈处理，用水泥砂浆灌注，往锚孔灌注水泥砂浆时，一定要灌满、灌实，锚杆伸出坡面的长度为 6~8 cm。

(3)固定铁丝网。

将铁丝网从坡顶沿坡面顺势铺下，铁丝网应伸出坡顶 50 cm；若坡顶截水沟尚未修筑，最好置于坡顶浆砌石底下，在坡底也应有 20 cm 的铁丝网埋置于平台填土中。铺设时拉紧网，铺平顺后，将网挂在锚杆上，用连接件或铁丝锁紧，并根据需要在锚杆中采用不同厚度的混凝土垫块，以使铁丝网与坡面的距离保持 3～5 cm，网与网之间搭接宽度为 15 cm。完成网与锚杆的连接工作后，要严格检查铁丝网与锚杆连接的牢固性，确保网与坡面形成稳固的整体。

（4）喷射有机基材。

有机基材由植生沙壤土、锯末、有机肥及复合肥组成，它们的质量配合比为植生沙壤土∶锯末∶有机肥∶复合肥 = 10∶0.06∶0.01∶0.0012。准备工作就绪后，利用喷射机将混合均匀的有机基材喷于坡面，喷射应尽可能从正面进行，凹凸部分及死角部位要喷射充分，喷射的平均厚度为 10～15 cm，其中钢丝网之上要保证有 3～5 cm 厚的基材。根据边坡的岩性可调整喷射厚度，以保证有机基材能提供草坪生长所需的养分及水分。

（5）喷播草籽。

基材喷射完成后，待其自然风干 4～12 h，才可进行面层的喷播草籽工作。喷播草籽采用目前较为先进的喷播方法，即液压喷播技术，国际上称为"水力播种法"。其原理及操作方法是应用机械动力，液压传递，将附有促进种子萌发小苗生长的种子附着剂（也称土壤改良剂）、纸浆纤维、复合肥料、保水剂、草种和一定量的清水，溶于喷播机内经过机械充分搅拌，形成均匀的混合液，进而通过高压泵的作用将混合液高速均匀喷射在已经处理好的坡面上，附着在地表与土壤、种子形成一个有机整体。这种方式集生物能、化学能、机械能于一体，具有效率高、成本低、劳动力强度小、成坪快的优点。

（6）覆盖丙纶无纺布。

在喷播表面层上盖无纺布，可减少因强降水量造成对种子的冲刷，同时也可使边坡表面水分的蒸发量减小，从而进一步改善种子的发芽、生长环境。

（7）养护管理。

① 定期浇水养护，缩短成坪周期；
② 及时揭开无纺布；
③ 喷施高效肥，促进草坪生长；
④ 喷施农药，预防病虫害；
⑤ 定期清除杂草。

2）铺草皮作业

（1）平铺式作业程序：

① 施工前先将坡面整平，较大的冲沟、坑洼应填平，然后洒水润湿坡面。
② 将草皮从一端向另一端并由下向上错缝铺砌，边缘斜切处要互相咬紧，上、下层如铺瓦状，左、右相接如牛耳状，并撒细土充填。
③ 用木槌将草皮的斜边拍紧、拍平，使接茬严密、坡面平顺，防止雨水渗入。
④ 钉木（竹）桩，每块草皮用 2～4 根桩。
⑤ 将坡面上遗留的碎屑、废物清除干净。

（2）方格式作业程序：

① 在整理好的坡面上拉线，按线挖斜沟，斜沟与地面成45°角，宽20~30 cm，深7~8 cm。

② 将草皮块铺到沟内，用木夯拍平拍紧，并在草皮块两端或中间加钉木（竹）桩2~4根。

③ 方格铺至尽头、路肩或坡脚时，加铺连续草皮1~2行。

④ 铺砌完毕，在方格内播种草籽。

施工注意事项如下：

① 挖草皮时，其四周最好斜切，使其切面呈扁平行四边形，并对应平行。草皮长25~50 cm，宽20~30 cm，厚一般为6~10 cm。干燥和炎热地区，其厚度可增加到15 cm。

② 铺草皮要求做到"三无一顺"，即草皮与坡面密贴无空隙、草皮外面无空洞。草皮接头间无缝隙和铺设后的草皮坡面平顺。因此，作业时必须做到平整坡面，夯填洞孔，错缝铺植，紧贴拍平，确保铺植质量。

③ 旱季铺草皮后应经常洒水，使坡面保持湿润。

④ 草皮应随采随用。

⑤ 如边坡土不宜于草皮生长，可先铺一层厚10~20 cm的黏性土。当边坡坡度陡于1∶2时，铺黏性土前应将边坡挖成台阶状。如边坡上有地下水露头，应在铺草皮前先将地下水引入排水设备。

⑥ 草皮应选择根系发达、茎矮叶茂的耐旱草种，如白茅草、毛鸭嘴、画眉草、假俭草、狗牙根（绊根草）、铁线草等，干枯腐朽及喜水草种不宜采用，泥沼地区的草皮禁用。

⑦ 铺植时，草皮应与坡面密贴，每块草皮的四角用木桩或竹桩钉牢。桩长20~30 cm，截面约2 cm×2 cm，露出草皮表面的长度不大于2 cm，如图6-14所示。有些岩层边坡钉木（竹）桩有困难时，可用废道钉或铁钉代替，或将坡面挖成深5~10 cm，宽同草皮宽的锯齿状，用软的草皮块（干时先浸软）铺上拍紧。边坡缓于1∶1.5时，可不钉桩。

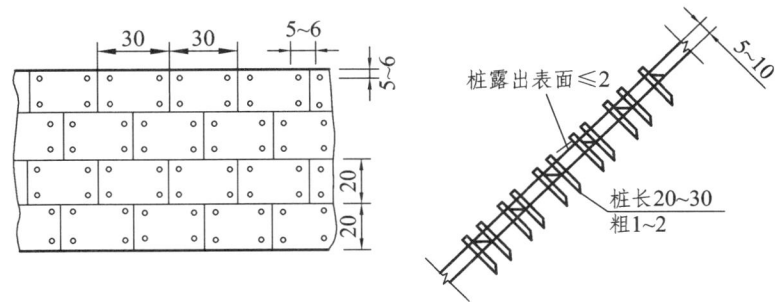

图6-14 草皮护坡铺贴示意图

⑧ 草皮应铺过堑顶边缘至少1 m或铺至天沟，坡脚应选用厚度适当且整齐的草皮，或采用砂浆抹面、浆砌片石等加固措施，如图6-15所示。两端草皮应嵌入坡面，并与坡面平顺衔接，防止雨水沿草皮与坡面间缝隙渗入。

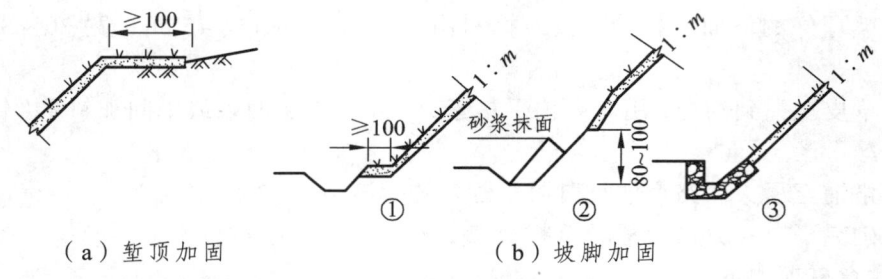

(a) 堑顶加固　　　　　　　　　(b) 坡脚加固

图 6-15　草皮护坡加固示意图（单位：cm）

3) 灌浆、勾缝施工作业程序

（1）安置好安全设备等。

（2）清除裂缝内的积土杂物等。

（3）凿缝：浆砌片石圬工勾缝时，凿缝深度一般为 3~5 cm，宽度应一致，瞎缝应凿开。岩石裂隙勾缝，必要时也需凿缝。凿完后要清除石粉碎屑。

（4）冲洗：用水将凿完的缝自上而下彻底清洗干净。

（5）刷水泥浆：在缝内先涂一层纯水泥浆，使砂浆与岩体或圬工能很好地联结。

（6）灌浆勾缝：按规定配合比拌制砂浆，立即灌浆或勾缝。勾缝压边力求坚实，并注意新、旧缝之间的衔接。若岩缝过深或外口小里口大时，可先用混凝土灌注或用小片石塞缝灌浆捣实，再进行勾缝。有地下水露头时，勾缝下部应留澄水孔。

（7）抹光修平：勾缝后 20 min 进行。

（8）养生：勾缝初凝后用草袋等覆盖洒水养生 7 d。

（9）拆除安全设备等。

（10）清扫工作面，清理工地。

技术要求如下：

（1）灌浆一般采用体积比为 1∶4~1∶5 的水泥砂浆，裂缝很大时亦可采用混凝土。

（2）可能受水侵蚀及冲刷的地点，勾缝水泥砂浆用体积比为 1∶2 的水泥砂浆，一般圬工及岩石勾缝可用 1∶3，其水灰比为 0.52~0.65。

（3）水泥、石灰、砂浆的体积比为 1∶0.5∶3 或 1∶2∶9。

（4）灌浆勾缝的水泥采用 300~400 号，砂以中、粗砂为宜。

4) 干砌片石护坡

（1）在坡面上每隔 5 m 钉立坡脚、坡中和坡顶木桩，顶面和侧面分别挂线，施工前进行微调。石料用自卸车运至现场，人工搬运到坡面上进行砌筑。

（2）干砌片石护坡砌筑时形成一个整体，以错缝锁结方式铺砌，缝隙紧密，严禁出现通缝、叠砌和浮塞，块石间契合紧密、无松动。

（3）砌体缝口应砌紧，底部垫稳填实，严禁架空；所有前后的明缝均用小片石料填塞紧密。砌体外露面的坡顶及侧边，均选用较整齐的石块砌筑平整。

（4）砌体表面砌缝的宽度小于 20 mm，砌石边缘顺直、整齐、牢固。

（5）坡面平顺美观，表面平整度符合规范要求，不得有凹陷凸肚现象。

5)浆砌片石骨架护坡

(1)施工前对坡面进行修整。

(2)骨架护坡施工采取双向挂线控制骨架轴线,支模控制好拱圈的造型,使骨架整体美观。

(3)基础采用人工开挖、整形,基坑采用小型机械夯实后进行片石砌筑。

(4)浆砌片石采用挤浆法施工。施工时挂线作业,保证大面平顺、沟底平顺、坡度合理。砌筑时砂浆要饱满,强度要满足设计要求。上、下层片石砌缝互相错开,杜绝通缝、瞎缝等质量通病。

(5)勾缝:采用平缝或凹缝。勾缝前将砌体表面凿毛,用水清洗干净。勾缝自上向下进行,勾缝要横平竖直,深浅一致,与岩体牢固结合,并不得出现瞎缝、丢缝、裂纹和黏结不牢等现象,不得污染砌体表面。

(6)养生:初凝后,及时洒水养生,养生时间不少于14d,养生期间避免碰撞、振动和承重。

2. 路基防护设备质量控制

(1)挂网客土喷播植草护坡质量检验按照表6-1控制。

表6-1 挂网客土喷播植草护坡各部位允许偏差、检验数量及检验方法表

序号	检验项目	允许偏差	检验数量	检验方法
1	平面位置	±50 mm	每段护坡抽样检验4点	用符合精度要求的仪器量测
2	底面标高	±50 mm	每段护坡抽样检验3点	
3	坡顶标高	0 −20 mm	每段护坡抽样检验3点	
4	坡度	0.5%	每段护坡抽样检验3点	吊垂线
5	挂网搭接宽度	±50 mm	每个搭接缝检查3点	尺量
6	锚杆布置形式		全部检验	观察锚杆布置形式
7	锚杆未锚入土层部分防锈处理		全部检验	观察
8	注浆体强度		随机每工班抽样3组	《水泥胶砂强度检验方法(ISO法)》(GBT/T 17671—1999)
9	锚杆抗拔力		抽样检验锚杆总数的3%	锚杆抗拔力试验
10	锚杆孔深	−50 mm	按每坡面锚杆数量的10%抽样检验	尺量
11	锚杆间距	±50 mm		
12	锚杆长度	−30 mm		

（2）浆砌（干砌）片石护坡质量检验按照表 6-2 控制。

表 6-2　浆砌（干砌）片石护坡各部位允许偏差及检验数量、检验方法表

序号	检验项目	允许偏差	检验数量	检验方法
1	平面位置	±50 mm	4 点/50 m 坡长	经纬仪测
2	基底标高	±50 mm	3 点/50 m 坡长	水准仪测
3	坡顶标高	−20～0 mm	5 点/100 m 坡长	水准仪测
4	护肩、镶边及基础厚度、宽度	≥设计值	3 组/50 m 坡长	尺量，并查施工记录
5	坡率	±0.5%设计值	3 点/50 m 坡长	吊垂线
6	表面平整度	≤30 mm	3 点/100 m 坡长	2.5 m 长直尺量测
7	厚度	≥设计值	6 处/50 m 坡长	尺量

（3）骨架护坡质量检验按照表 6-3 控制。

表 6-3　骨架护坡各部位允许偏差及检验数量、检验方法表

序号	检验项目	允许偏差	施工单位检验数量	检验方法
1	骨架净距	+50 mm	每段护坡抽检检验 6 处（上、中、下部各 2 处）	尺量
2	骨架宽度及边槽高度	≥设计值		尺量
3	骨架厚度及嵌置深度	≥设计值		基坑开挖后尺量
4	护肩、镶边及基础厚度、宽度	≥设计值	每段护坡抽样检验 3 组	尺量
5	踏步宽度、厚度	≥设计值	每踏步抽样检验 1 处	尺量
6	坡面平整度	40 mm/3 m	每段护坡抽样检验 3 处	3.0 m 直尺，尺量

注：每 200 m 护坡作为一段，每段护坡不足 200 m 按 200 m 计。

3. 路基防护设备维护

防护设备维护的一般原则：对较严重的坡面病害应立即整治，防止病害继续扩大和影响行车。对具有一般的坡面变形及有可能发生坡面变形的边坡，如容易风化或易受雨水冲刷的岩石和土质边坡（软质黏土岩或泥岩、松软黏性土、松散碎石类土、粉细砂、黄土等）及严重破碎的软质或硬质岩层边坡，也应及时、及早地加以防护。

坡面防护的作用在于加固坡面，防止或减轻坡面径流及自然风化营力的破坏，以达到稳定坡面的目的。所防护的坡面应具有足够的稳定性。在选用坡面防护类型时，如当地的气候和土壤条件适宜草木生长且边坡较缓，宜优先采用植物防护；无此条件时，则应根据边坡土（或岩石）的性质、边坡的坡度和高度，结合就近可取得的防护材料情况，选用其他合适的防护类型。

各种坡面防护均应满足以下基本技术要求：下部基础要牢固可靠，并与护面本体很好地衔接；顶部及两侧边缘部分要妥善处理，适当嵌入边坡，并修整得与坡面平齐，防止雨水从缝隙渗入；护面本体要紧贴边坡坡面，背后不得留有空隙；整个护面要按照结构材料的伸缩性质、边坡地质情况设置必要的伸缩缝和沉降缝；边坡范围内有地下水活动时，要设法引排。对于较潮湿的边坡，封闭式护面上应留出适当数量的泄水孔，并在背后设置适当的反滤层；高而陡的防护结构应有利于维修和检查的安全设备。

对于稳定性不足的边坡，应采取清刷、支挡等措施，使之达到稳定状态；或修建拦截、遮护设备，防止个别或局部岩体丧失稳定后造成意外事故。

排水在坡面养护中具有重要的意义，除应有完整的地面排水系统并保持其效用良好外，在边坡地下水活动地段应修建适当的地下排水设备。此外，还可在坡面上修建一些轻型水沟，以控制地面径流；或设置防冲埂畦，以降低地面径流的流速，防止坡面冲刷。

1）植物护坡的养护

（1）铺草皮或栽种树苗后如长时间不下雨，应及时浇水养护，以利成活。

（2）对铺植的草皮护坡要加强管理，细致养护。尤其是大雨之后，要检查草皮是否完整，所种草籽是否被冲走。如发现有局部裂缝、坍塌以及严重冲刷，要立即采取补救措施，防止继续扩大酿成灾害。

（3）应在雨季中或暴雨后观察边坡上有无地下水露头，如有，应及时增设排水设备。否则，往往会因密铺草皮堵塞地下水而造成草皮局部坍塌，甚至造成更大的灾害。

（4）铺草皮和栽种树苗的边坡，禁止放牧和行人践踏。在易受人、畜践踏的地方应设简易栅栏保护或派人看守。

（5）为了利于雨季坡面排水和避免冬季边坡积雪，每年的夏季和秋季应将长得过高的草割去。

（6）如草皮生长不良，应适当施氮肥。施肥时，将筛过的细泥土与肥料混合均匀，然后撒布在草地上。每 5 kg 硫酸铵可混合泥土 50 kg，撒布 1 500 m^2。

（7）灌木枝条要根据树种有计划地剪枝，促使分蘖，加大根系。紫穗槐每 1~3 年在秋末剪一次，夹竹桃一般每三年剪一次。剪枝后要特别加强护林，防止毁林。

2）轻型坡面防护的养护

对于抹面、捶面、喷浆、灌浆勾缝等轻型坡面防护设备，养护措施如下：

（1）对各类轻型坡面防护应经常检查，特别在每年的雨季前后和春融前后必须仔细进行。

在春、秋两季大检查时，应仔细检查保护层的状态，如发现有开裂、剥落等损坏，除列入维修计划进行补修外，应分析损坏原因，采取必要的措施进行整治。

（2）坡面保护层包括封顶和坡脚的护裙，若有损坏，如鼓包、裂缝、剥蚀、脱落等，均应及时修补，防止地面水渗入内部，造成后患。

在做小块修补时，要彻底清除损坏了的旧灰壳及岩面的风化层，直到露出坚固、完整的新面为止。凿口要向旧灰壳内倾斜，如修补部分在边缘，还应在坡面上凿成深度不小于 5 cm 的沟槽。凿好的槽口要用水冲洗干净，并将修补部分的岩面洒水润湿，然后进行抹面。抹面应分层进行，最好分为三层（底层厚 20～25 mm，中、表层厚各为 10～15 mm），且不得不少于 2 层。先抹四周，再抹中间。抹灰时要用力压实，新、旧灰层衔接处作成压茬，如图 6-16 所示。

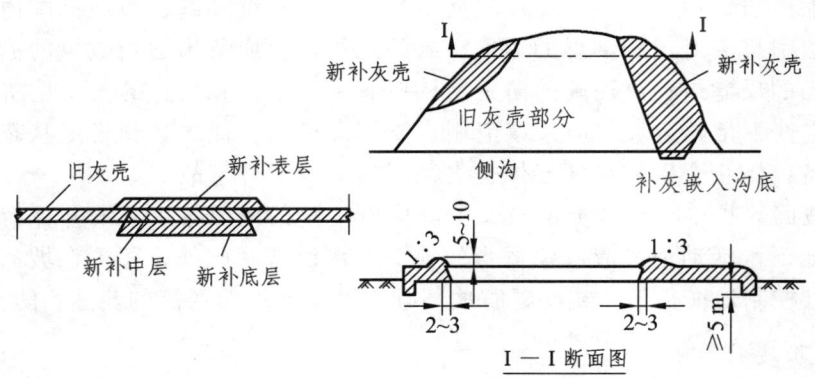

图 6-16　轻型护坡小块修补示意图（单位：cm）

修补裂缝时，先沿着裂缝延伸方向凿除失效灰层和岩面风化层，缝口一般凿成宽 2～5 cm 深入岩面 2～3 cm 的葫芦形，再用清水冲刷干净，然后将灰浆灌入缝隙，分层压实，勾成凸缝，待稍干后再进行提浆、上卤水、磨光、养生等，如图 6-17 所示。

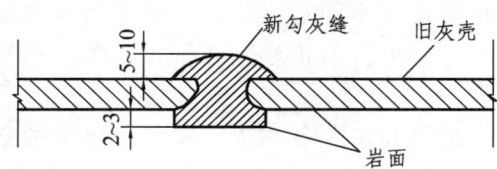

图 6-17　修补裂缝示意图（单位：cm）

修补轻型护坡时，原则上可采用与原护坡相同的材料，并可适量提高灰料比。

（3）轻型坡面防护要十分重视排水。排水孔必须经常检查清理，不得堵塞。在保护层表面发现因地下水浸湿底部而显得色泽不同或有渗水现象时，应开凿新的排水孔引排。

（4）坡面上的杂草要及早拔除并进行修补。

3）砌石护坡、护墙的养护

（1）护坡、护墙的排水窗、泄水孔因淤积、长草而影响排水时应及时清理疏通，坡面上的小树、杂草、青苔等应及早拔除或铲除。

（2）圬工灰缝失效、脱落，坡面开裂、变形，以及伸缩缝、沉降缝损坏时，要查明原因，在计划维修中及时安排补修或采取加固措施。

（3）高大的护坡、护墙在修建时未设安全检查设施的，可在维修中有计划地增设。对铁制的检查梯、安全栏杆等，应及时除锈涂、油漆。

4）冲刷防护建筑物的养护

冲刷防护建筑物稍有破坏，在水流及波浪的冲击下破坏会迅速扩大而造成建筑物毁坏。因而，必须加强检查，精心养护，治早治小，防患于未然。

（1）直接防护建筑物的养护。

① 加强检查。除了日常检查和定期检查外，特别要加强洪水期间和洪水后的检查。发现问题应立即查清原因、状况，并按轻重缓急列入计划进行整治，必要时进行抢修和加固。

② 当建筑物的基础或基底有淘刷迹象时，应立即采取抛石、投石笼、浆砌片石基础或护基墙等加固措施，亦可压灌水泥砂浆使原有的松散石块凝成整体。

③ 当有坡面沉落、变形，石块松动、冲空，勾缝脱落，灰缝开裂等现象时，要及时填补空洞，整修坡面，修补灰缝。干砌片石护坡受水流或波浪的冲击而松动或冲空的部分，可用水泥砂浆重新砌筑。浆砌片石护坡上小范围的断裂沉陷，可拆除重砌，并于裂缝修补处打上观测标记进行观测。

④ 对于防冲刷的垒砌式石笼，可在枯水期压灌水泥砂浆将其露出水面的部分加固成整体。对于防淘刷的平铺式石笼，当淘刷已达到冲刷线以下，石笼已覆盖在冲刷坑壁上时，也可压灌水泥砂浆将其露出水面的部分加固成整体，并抛填片石或石笼填充冲刷坑，将石笼逐步改造成永久性的建筑物。

⑤ 枯死、脱落的草皮，应在洪水期前进行更换、修整；边坡上的裂缝要及时填补夯实，并注意观察其发展情况，采取对策。

（2）间接防护建筑物的养护。

导流建筑物的设置，一般都应经过较细致的调查、分析和计算，大体上能符合自然条件。但由于可能出现意料不到的特殊情况，如特大洪水、上游坍岸、上下游兴建建筑物等，加上建筑物难免会存在的薄弱环节，因而在养护中仍应经常检查、观测，及时发现问题，采取整治措施。

6-1-4 任务拓展

土工合成材料在路基防护工程中的应用

1. 坡面防护

路基坡面防护可以采用土工网垫、土工网种草、土工格栅进行，边坡坡度不宜陡于1∶1，陡于1∶1时宜设草籽垫，并选用根系发达、茎矮叶茂的多年生植物。土工网垫和土工网的作用是先期保土和固定草种。草籽垫是包有草籽的带有草籽发芽和生长所需营养成分的垫层。植物应选用土生土长的或适宜当地土壤、气候条件的多年生草种、树种。

对不适合植物生长的稳定破碎岩层、易于风化岩层及土质边坡，可设置土工格栅裸露式防护或土工网、土工格栅挂网喷浆防护。

用作坡面防护的土工合成材料应具有以下性能：

（1）对于暴露于阳光下，进行植物防护所使用的土工网、土工网垫，在植物未长成之前，会受到阳光照射。为保证植物防护完全发挥作用之前土工合成材料不至于失效，要求材料在暴露状态下的使用寿命不小于5年。

（2）土工网垫在植物成活之前，可以保护坡面免遭风雨的侵蚀，要求其水土保持能力系数（在相同降水量条件下设防护与不设防护水土保持时间之比）不小于 5。

（3）在运输和施工中不可避免地会将土工网垫压扁，为了保证其三维结构，要求其 30 min 时三维网回弹恢复率不低于 80%。

（4）作为挂网材料的土工格栅造成的喷射物回弹量不得过大，双向拉伸材料的孔径不小于 40 mm。

（5）在喷射的砂浆或混凝土没有形成强度之前，应能防止其下坠或滑动；土工网、土工格栅延伸率为 5% 时，抗拉强度不低于 10 kN/m。

2．冲刷防护

（1）适用条件。

土工合成材料用于冲刷防护工程的适用条件如表 6-4 所示，可根据情况选择。

表 6-4　冲刷防护工程类型及适用条件

防护类型	结构形式	适用条件
土工格栅或土工网石笼	用土工格栅或土工网等制成箱形或圆柱形，笼内装块石、卵石形成条体或块体	适用于临时工程，流速 4~5 m/s，无滚石河段
土工织物沉枕	土工织物缝成管袋，内填砂石料等制成的枕状物	流速 4~5 m/s，冲刷较严重的护坡、护底，如 T 坝、顺坝等
土工膜袋	土工膜袋内充填流动性水泥砂浆或混凝土，厚度视工程需要确定。分有滤排水点和无滤排水点	护坡坡度不陡于 1∶1.5，膜袋内充填水泥砂浆时，容许流速为 2~3 m/s；充填混凝土时，容许流速为大于 3 m/s 的水上、水下工程

（2）冲刷防护设计原则。

① 土工合成材料石笼和沉枕。

石笼与沉枕应具有足够大的体积和质量，确保具备足够的稳定性。石笼一般长 2~3 m，宽 1~3 m，高 1 m；为圆柱体时，直径为 1 m。土工织物沉枕直径一般为 0.6~1.0 m，长 5 m 或 10 m，沿长轴每隔 30~50 cm 用 ϕ4~5 mm 的合成材料筋绳捆扎一圈作为加固腰箍。土工格栅或土工网石笼内应选用卵石、块石充填，块径应大于网 7L 尺寸，一般为 8 cm×10 cm 或 10 cm×12 cm；为保证稳定性，宜在其防护范围内的上、下端设锚固措施，上端设桩悬挂或以锚钉固定，下端则嵌入脚槽中。制作沉枕的管袋材料宜为机织型土工织物，其经、纬向抗拉强度不应小于 12 kN/m。

② 土工膜袋。

土工膜袋必须铺放在坡度不陡于 1∶1.5 的稳定边坡上。膜袋护坡平均厚度不应小于 15 cm，必须能承受 0.2 MPa 以上的压力，具有合适的孔隙率，能满足反滤要求。

项目小结：

路基防护设备的作用是避免路基边坡和坡脚遭受风化作用、雨水及河流冲刷和人为破坏作用等因素的影响产生路基病害。路基防护包括坡面防护和沿河冲刷防护，应结合具体条件采取合适的措施。各种工程防护措施施工和维护要严格按照技术要求完成，确保边坡的稳固。

项目训练：

1. 完成铺草皮护坡的技术交底和质量验收评定工作。
2. 完成浆砌片石护坡施工放线、技术交底和质量验收评定工作。
3. 完成浆砌片石护墙施工放线、技术交底和质量验收评定工作。

本项目数字资源

项目7 路基加固设备施工及维护

项目描述：

路基加固设备，是为保证路基本体或者是与路基本体性状有关的周围土体稳定而修建的建筑物，包括挡土墙、抗滑桩和锚索工程等。在路基工程中，路堤或路堑的边坡因受地形限制，或因工程需要而不能按稳定要求修筑时，便需要修建路基加固设备。如深路堑的高边坡，开挖后大面积地暴露于自然环境中，在大气、水和温度变化等自然因素的作用下，极易导致失稳，大量弃方可能无法安置；陡坡上的路堤，在下坡一侧要收缩路堤边坡，此时可在边坡的坡脚设挡土墙，承受山体压力，减少开挖量或收回坡脚，使工程经济合理。当路基修筑在滑坡、崩塌地区时，可以设抗滑桩和锚索工程。

学习目标：

知识目标：

掌握挡土墙的类型和适用条件；掌握重力式挡土墙的构造、布置及检算方法；掌握锚索工程的受力体系和受力检算方法；掌握抗滑桩的受力原理及安全检算方法。

能力目标：

能够熟练进行重力式挡土墙的施工管理和质量控制；能够熟练进行锚索工程的施工管理和质量控制；能够熟练进行抗滑桩的施工管理和质量控制。

素质目标：

养成严谨求实的工作作风，严格执行铁路标准和规范；具备协作精神；具备安全施工意识；具备一定的协调、组织能力。

思政目标：

培养做事认真严谨的"工匠精神"。

课程思政：

路基挡墙的损坏会严重危及线路安全，线路工在履行线路检查过程中要有高度的责任心。检车员也是旅客安全出行的"把关人"。中国铁路武汉局集团公司武昌客车车辆段质检员黄望明在检车岗位工作了30年，发现并消除上万起故障和隐患。2010年4月的一天，黄望明对 2614 次旅客列车进行质量把关，检查到第 4 辆客车转向架，他感觉敲击声不对劲。拿着手电筒钻到车底，黄望明发现，内侧横梁一道极其细微的颜色变化痕迹，刮掉表面铁锈，居然是一条长约 150 mm 的横向裂纹。黄望明敏感地意识到，这类隐患可能在其它同型客车上也会存在。随后，他带着同事们对同型客车全面排查，一周内又消灭了 20 多起同类隐患。正是他这种做事认真严谨的精神保证了列车安全健康奔跑，确保旅客的安全。

作为一名未来的"线路工"，确保铁路线的安全是我们的神圣职责，在对路基挡墙检查的过程中，必须认真负责，挡墙的一道细微裂缝也许就是挡墙破坏的前兆，我们要透过现象分析实质问题所在，及时处理，避免出现边坡坍塌的事故，确保铁路线安全。

任务 7-1　挡土墙施工及维护

7-1-1　工作任务目标

（1）能够根据具体条件选择合适的挡土墙类型，合理布置，满足结构要求；
（2）能够独立完成重力式挡土墙的检算，满足强度及稳定性要求。

7-1-2　相关知识

1. 挡土墙的概念和基本类型

挡土墙是支挡建筑物，常用于高路堤、深路堑、陡坡和不良地段，用以支撑和加固边坡、土体，防止滑坡、河流冲刷等病害。其结构组成如图 7-1 所示。

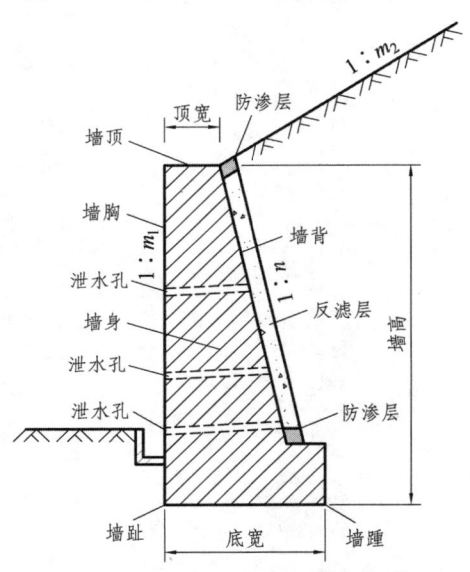

图 7-1　常用挡土墙的各部分名称

1）按照用途和设置部位挡土墙分

（1）路堑挡土墙：用以支撑路堑边坡。
（2）路肩挡土墙：用以支撑路堤边坡，墙顶与路肩平齐。
（3）路堤挡土墙：用于支撑路堤边坡，墙顶以上一定填土高度。
（4）此外，还有设在山坡上支撑山体的山坡挡土墙，整治滑坡的抗滑挡土墙，用于车站内的站台墙，防止河流冲刷的浸水挡土墙等。

2）按照结构形式挡土墙分

（1）重力式。

重力式挡土墙主要分为一般重力式（简称重力式）和衡重重力式（简称衡重式）两种。重力式挡土墙如图7-2（a）所示，主要依靠墙身自重平衡土压力的作用，保持墙身的稳定，由于其形式简单、取材容易、施工简便，因而得到了普遍应用。衡重式挡土墙如图7-2（b）所示，由上墙和下墙组成，上、下墙背之间有衡重台，衡重台上的部分填土重量和墙身共同作用，保持墙身稳定。衡重式的断面比重力式经济，且可降低墙高，减少基础开挖，衡重台上较大的容纳空间还可用以拦截、堆积崩塌落石，因此，常作为路肩墙、路堑墙、路堤墙，在山区横坡较陡的地区得到了较多的应用。

图 7-2 重力式挡土墙断面示意图

（2）薄壁式。

在缺乏石料的地区，可采用薄壁式钢筋混凝土结构。断面形式如图7-3（a）所示的称为悬壁式，用于墙高不大于6m的地段。薄壁式挡土墙由墙面板、墙趾板、墙踵板3部分组成，利用踵板上的填料重量保持墙体稳定。当墙高大于6m时，可沿墙身每隔一定距离加一道扶壁和墙趾板或墙踵板联结，以提高挡土墙的强度和抗滑性能，此种形式称为扶壁式，如图7-3（b）所示。薄壁式挡墙需用钢材和木材，施工技术要求较高，墙后回填也较多，在既有线上未广泛采用。

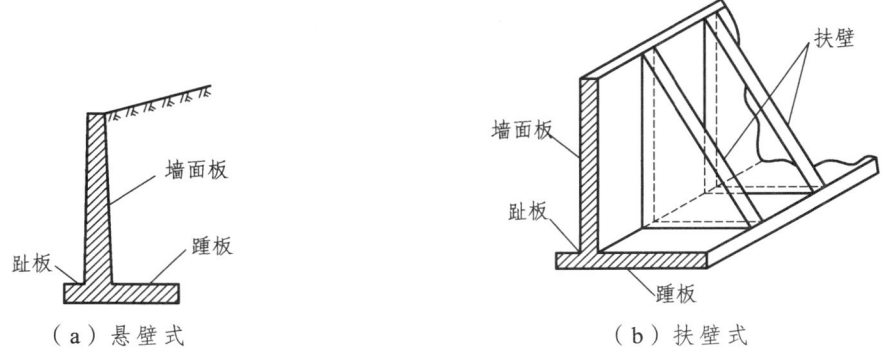

图 7-3 薄壁式挡土墙示意图

（3）柱板式。

柱板式挡土墙如图7-4（a）所示，由深埋的桩柱和挡板组成，依靠挡土墙构件的强度支撑土体，适用于土压力较大、地基较差，要求基础深埋的地段。其开挖面较小，施工比较安全。图7-4（b）所示为带卸荷板的柱板式挡土墙，由立柱、底梁、挡板、卸荷板、拉杆、槽形基座及金属插销等部件拼装而成，借卸荷板上的土重平衡全墙，并可减小立柱下部所受的土压力。其构件可以预制，结构轻便，拼装方便，能大量减少基础开挖工程，工程造价较低，适用于高边坡路堑和陡坡路堤的加固。

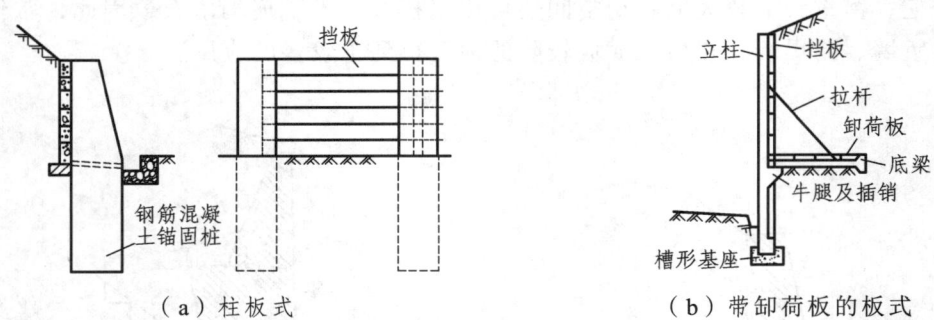

（a）柱板式　　　　　　（b）带卸荷板的板式

图7-4　柱板式挡土墙示意图

（4）新型支挡结构。

如垛式、填腹式挡土墙等，尤以锚杆挡土墙近年来发展十分迅速，如图7-5所示。

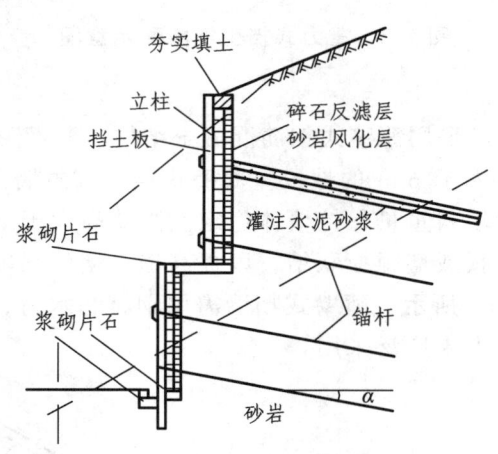

图7-5　锚杆式挡土墙结构

2. 挡土墙的构造

1）重力式挡土墙的构造（见图7-1和图7-6）

（1）墙身构造。

在有石料的地区，重力式挡土墙应尽可能采用浆砌片石砌筑，片石的极限抗压强度不得小于30 MPa。在一般地区及寒冷地区，采用M7.5水泥砂浆；在浸水地区及严寒地区，采用M10水泥砂浆。在缺乏石材的地区，重力式挡土墙可用C15混凝土或片石混凝土建造;在严寒地区采用 C20 混凝土或片石混凝土。片石圬工路肩墙用粗料石或 C15 混凝土做帽石,通常厚度不小于 40 cm,突出宽度不小于 20 cm,路堤墙和路堑墙可不作帽石,用大块片石置于墙顶,并以砂浆抹平。

(2)沉降缝和伸缩缝。

为避免因地基不均匀沉降而引起墙身开裂,须根据地基条件以及墙的断面、高度不同而设置沉降缝;为防止圬工砌体因收缩硬化和温度变化产生裂缝,应设置伸缩缝,一般合并设置。沿墙的延长方向每隔 10~20 m 设一缝(严寒地区取小值),如图 7-5 所示,缝宽 2~3 cm,缝内塞沥青麻筋或沥青木板等材料,沿内、外、顶三边填塞,深度不小于 0.2 m。当墙后为岩石路堑或填石路堤时,可设置空缝。为保护墙面,石砌挡土墙墙面先覆以厚 2 cm 的 M5.0 水泥砂浆一层,然后涂 2~3 mm 的热沥青;对混凝土挡土墙,在墙面上涂两层厚 2~3 mm 热沥青。如不设防水层,片石圬工表面的石缝应用砂浆抹平。

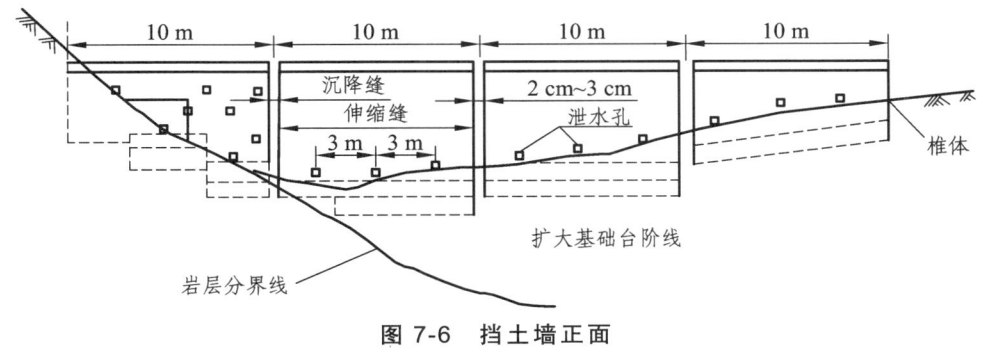

图 7-6 挡土墙正面

(3)排水措施。

为疏干墙后土体中的水及防止地表水下渗,减小静水压力、冻胀压力及膨胀土的膨胀压力,应为挡土墙设置地面排水沟,截引地表水流;夯实回填土和地表松土,必要时可加铺砌。挡土墙墙身应设置泄水孔,方孔的大小可为 5 cm×5 cm、10 cm×10 cm、15 cm×15 cm,圆孔直径 5~10 cm,孔眼间距为 2~3 m,上、下交错布置。最下一排泄水孔应高出地面,如为路堑挡土墙,应高出侧沟内的水位 0.3 m。为防止泄水孔堵塞,应设置反滤层,在最低泄水孔下设隔水层,防止积水渗入基底土。

(4)附属设备。

① 路肩墙,根据具体的高度、长度和所处位置,必要时应设置安全栏杆。

② 较高较长的挡土墙,应在墙身一端设置踏步。无条件设置踏步时应设置检查梯。

2)重力式挡土墙的要求

(1)浆砌片石挡土墙的墙顶宽度一般不小于 0.5 m,混凝土挡土墙的墙顶宽度不小于 0.4 m,钢筋混凝土挡土墙的墙顶宽度不小于 0.2 m。

(2)重力式挡土墙的墙胸坡度一般采用 1∶0.20~1∶0.35,其墙背有仰斜、俯斜和垂直三种形式,如图 7-7 所示。衡重式的墙胸较陡,但亦不宜陡于 1∶0.02~1∶0.05,对于墙背,上墙多用 1∶0.25~1∶0.45 俯斜,下墙多用 1∶0.25 左右仰斜,上、下墙高之比为 2∶3。

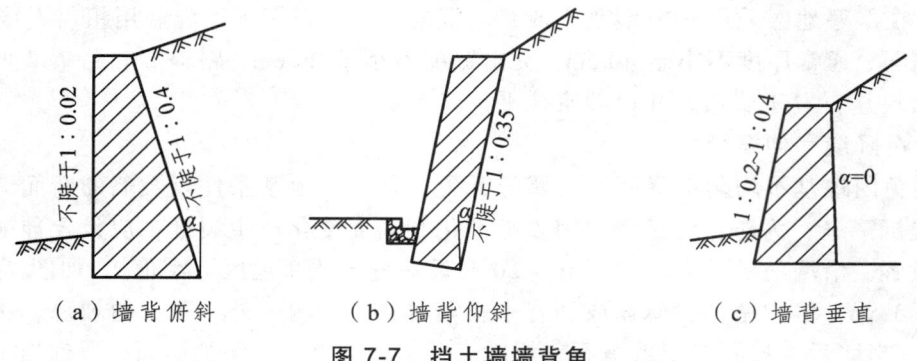

图 7-7 挡土墙墙背角

（3）挡土墙两端和其他铁路建筑物的连接一般采用如下方式：路肩墙和路堤用护锥衔接，挡土墙与桥台用接头墙或隔墙衔接，路堑墙和隧道洞门墙应平顺相接，路堑墙和路坡的衔接一般是将墙高逐渐降低到 2 m 以下或设置端墙等。

（4）挡土墙的基础应嵌入岩层或埋入土质地基一定深度。当基底纵坡陡于 5%时，一般将基底挖成高 1.0~1.5 m 的台阶。如地基承载力不足，可采用加宽基础，换填基底土以及打桩基、沉井等措施。

（5）寒冷地区及高 12 m 以上的挡墙，当墙后填料有膨胀、冻胀的可能时，应在墙后填筑厚为 30~50 cm 的反滤层，严寒和侵蚀水地区应加厚到 80 cm。

（6）在地下水富集地区和病害地段，墙后宜设纵向渗沟或横向支撑渗沟。

3）浸水挡土墙的构造

浸水挡土墙通常采用重力式或衡重式，用 M10 浆砌片石或 C15 混凝土砌筑，严寒地区的混凝土应提高到 C20。石料应选用具有一定耐水能力的硬质岩石，在有强烈流冰、流木或有大量滚石的水流中，还应用坚硬的石料或混凝土镶面。挡土墙的端部与河岸要圆顺相接，切不可挤压河道，以免造成严重的局部冲刷；顶面如修在洪水位以下时，上部应连以砌石护坡。

浸水挡土墙的结构形式与同类型的普通挡土墙基本相同，但由于经常处于浸水条件下，因而具有如下特点：

（1）浸水挡土墙的受力状况和普通挡土墙有明显的不同。除墙体受到水的浮力、静水压力、水流及波浪作用力之外，墙体所受到的土压力也因土颗粒受到水的浮力作用而发生很大变化。挡土墙的结构尺寸必须考虑到这些影响，并保证在最不利的组合下，挡土墙仍有足够的强度和稳定性。

（2）挡土墙的基底由于总会受到水流的冲刷或波浪的侵袭，因而必须予以加固和防护。挡土墙的基础应埋置在冲刷深度线以下不小于 1.0 m 的深度，最好埋在不致被冲刷的较完整的基岩上。如冲刷深度很大，则可根据河床及地质情况采用桩基或沉井基础，或者在采用浅基的同时采用其他平面防淘措施。

（3）为了减小墙后的渗透压力和排除墙后积水，除应采取一般的排水措施外，还应根据当地自然条件和墙后可能的积水情况，设置适当的集水和排水设备，并尽量采用渗水土壤回填墙后。墙身上最下一排泄水孔应高于常水位 0.3 m，并宜在墙身两侧都涂以防渗层，使水流仅能从泄水孔通过，防止从墙身渗透。砌石挡土墙的防渗层可采用 M10 水泥砂浆抹面 2 cm，外涂热沥青两层，厚 2~3 mm；混凝土挡土墙可涂抹两层热沥青。

浸水挡土墙宜在枯水季节施工，以减少排水和挖基费用。采用围堰的施工地段，一般采用分段开挖法，以免过多挤压河身造成冲刷。

4）抗滑挡土墙的构造

抗滑挡土墙常采用体积较大的重力式类型，如图 7-8 所示，由于滑坡的推力较大，力的作用点较高，故结构上具有如下特点：

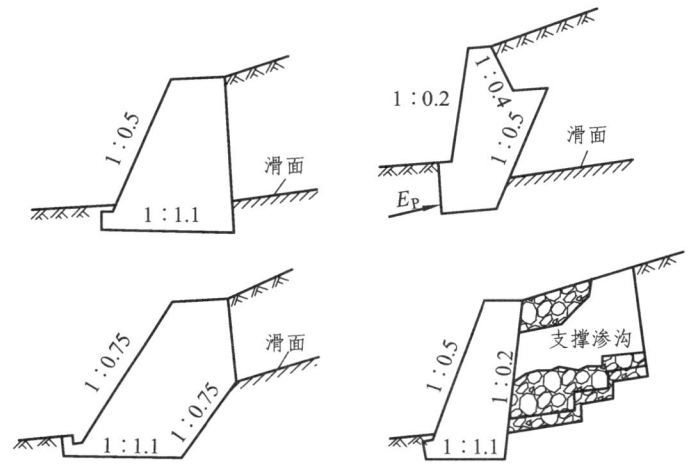

图 7-8 重力式抗滑挡土墙常用断面示意图

（1）抗滑挡土墙的外形宽大，胸坡较缓，常用的胸坝坡度为 1∶0.3~1∶0.5，也有用至 1∶0.75~1∶1 的。

（2）墙后常设宽 1~2 m 的衡重台或卸荷平台，以节省圬工；但需将卸荷平台的底部置于滑动面之下，且不可过宽，防止开挖过宽而使滑坡恶化。

（3）挡土墙的高度应考虑土体由墙顶滑出的可能。

（4）基础埋置深度应通过计算确定，一般应埋入完整岩层中不小于 0.5 m 或埋入稳定土层中不小于 2 m。为增强抗滑能力，常将基底做成倒坡或台阶形。

（5）墙后必须设置反滤层，一般应顺墙背设置纵向渗沟排水。

当滑动面太深，施工困难时，可采用沉井式挡土墙。

抗滑挡土墙最好安排在旱季施工,并分段跳槽开挖。一般将挡土墙全长分成10~15 m 的段落，每次开挖量不超过全长的 1/5~1/4，由两侧向中部开挖一段，砌筑回填一段，然后再开挖下一段落。

5）锚杆挡土墙的构造

锚杆挡土墙是利用锚杆技术形成的一种挡土结构物。锚杆是一种新型的受拉杆件，它的一端与工程结构物联结，另一端通过钻孔、插入锚杆、灌浆、养护等工序锚固在稳定的地层中，以承受土压力对结构物所施加的推力，从而利用锚杆与地层间的锚固力来维持结构物的稳定。

锚杆挡土墙主要有柱板式和板壁式两种结构形式,如图 7-9 所示。其中,柱板式一般由肋柱、挡土板及灌浆锚杆组成,具有较大的抗拔力,可用于路堑或路堤挡土墙;板壁式一般由钢筋混凝土板和楔缝式锚杆组成,多用于边坡防护。

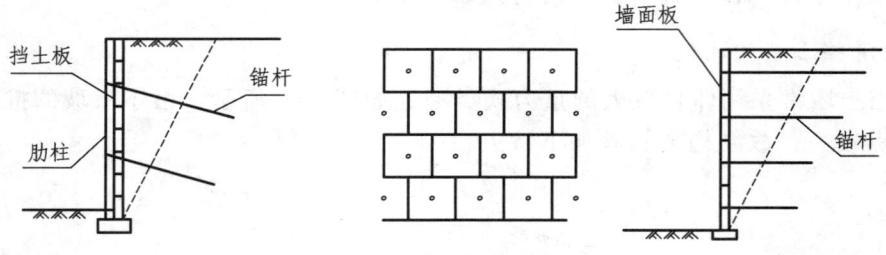

图 7-9 锚杆挡土墙示意图

(1)在锚杆挡土墙中,锚杆必须承受一定的抗拔力,并且通过注浆连接并固结周围岩体,因此,锚杆直径及钻孔直径均不能过小,一般采用 $\phi 25 \sim 28$ mm 的螺纹钢锚杆,按 $\phi 68 \sim 110$ mm 的直径钻孔。

(2)锚杆长度选择主要考虑两个方面的因素,即提供足够的抗拔力和加固边坡岩体,所需长度主要取决于墙后坡面岩体的性状,如土质边坡的密实情况以及石质边坡节理、裂隙的产状和发育情况等。锚杆上、下排的间距不宜小于 2.0 m,水平间距不宜小于 1.5 m;锚固段长度不应小于 4.0 m,自由段长度不宜小于 5.0 m,并应超过潜在滑裂面 1.5 m。但锚杆的总长一般不宜超过 20 m。

(3)锚杆注浆一般采用水泥砂浆,要求强度等级一般不小于 M20。

(4)当挡土墙肋柱就地灌注时,锚杆必须插入肋柱,并保证锚固长度符合规范要求。当肋柱为预制拼装时,锚杆与肋柱之间一般采用螺栓连接,由螺钉端杆、螺母、垫板和砂浆包头所组成,也可采用焊短钢筋等形式保证锚固力的正常传递。

(5)锚杆式挡土墙有两种主要形式:柱板式和板壁式。柱板式挡土墙是锚杆连接在肋柱上,肋柱间加挡土板;而板壁式由钢筋混凝土面板和锚杆组成。柱板式锚杆挡土墙由肋柱、挡土板组成,可以采用预制拼装式,也可就地灌注。

7-1-3 任务实施

1. 重力式挡土墙的检算

1)重力式挡土墙构造要求

(1)砌石挡土墙顶宽不宜小于 0.4 m,混凝土墙不宜小于 0.2 m。基底宽为墙高的 1/3 ~ 1/2。

(2)为增强挡土墙的抗滑稳定性,可将基底做成逆坡。对于土质地基,基底逆坡坡度不宜大于 1∶10;对于岩质地基,基底逆坡坡度不宜大于 1∶5。

(3)挡土墙必须有良好的排水设施,以免墙后填土因积水而造成地基松软,从而导致承载力不足。若填土冻胀,则会使挡土墙开裂或者倒塌,故常沿墙长设置间距为 2 ~

3 m，直径不小于 100 m 的泄水孔。墙后做好滤水层和必要的排水盲沟，在墙顶地面铺设防水层。当墙后有山坡时，还应在坡下设置截水沟，如图 7-10 所示。挡土墙应每隔 10～20 m 设置一道伸缩缝。

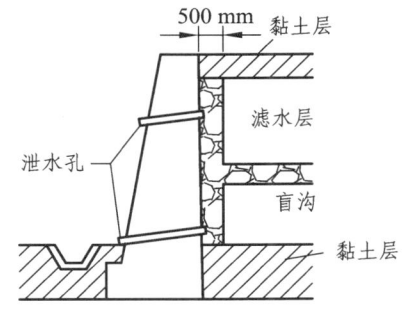

图 7-10 挡土墙排水措施

2）重力式挡土墙的计算

挡土墙的截面尺寸一般按试算法确定，即先根据挡土墙场地的工程地质条件、填土性质及墙身材料和施工条件等，凭经验初步拟订截面尺寸，然后进行验算；如不满足要求，则修改截面尺寸或采取其他措施。

作用在挡土墙上的荷载有土压力 E_a、挡土墙自重 G。墙面埋入土中部分受有被动土压力，但一般可忽略不计，其结果偏于安全。

验算挡土墙结构的稳定性时，仍采用《规范》中的安全系数法，所以计算土压力及挡土墙所受到的重力时，荷载分项系数采用 1.0。验算挡土墙墙体的结构强度时，根据所用的材料，参照有关结构设计规范进行。土压力作为外荷载，应采用设计值，即乘以 1.1～1.2 的土压力增大系数。

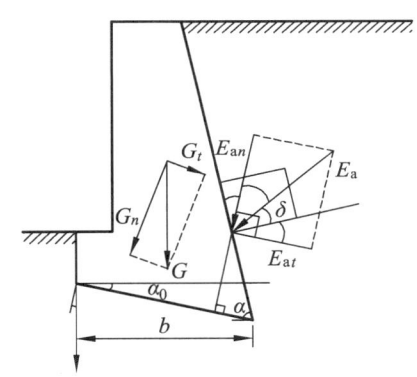

图 7-11 挡土墙抗滑移稳定验算示意图

（1）挡土墙抗滑移验算。

如图 7-11 所示，将土压力 E_a 及墙重力 G 各分解成平行与垂直于基底的两个分力（E_{at}、E_{an} 及 G_t、G_n）。分力 E_{at} 使墙沿基底平面滑移，E_{an} 和 G_n 产生摩擦力抵抗滑移，抗滑移稳定性应按下式计算：

$$K_S = \frac{F_1}{F_2} = \frac{(G_n + E_{an})\mu}{E_{at} - G_t} \geq 1.3 \qquad (7\text{-}1)$$

$$G_n = G\cos\alpha_0$$
$$G_t = G\sin\alpha_0$$
$$E_{an} = E_a \cos(\alpha - \alpha_0 - \delta)$$
$$E_{at} = E_a \sin(\alpha - \alpha_0 - \delta)$$

式中　G——挡土墙每延米自重，kN/m；

α_0——挡土墙基底的倾角，°；
μ——土对挡土墙基底的摩擦系数，由试验确定，也可按表 7-1 选用；
α——挡土墙墙背的倾角，°；
δ——土对挡土墙墙背的摩擦角，°；

表 7-1 土对挡土墙基底的摩擦系数

土的类别		摩擦系数
黏 土	可 塑	0.25～0.3
	硬 塑	0.3～0.35
	坚 硬	0.35～0.45
粉 土		0.3～0.40
中砂、粗砂、砾砂		0.40～0.50
碎石土		0.40～0.60
软质岩		0.40～0.60
表面粗糙的硬质岩		0.65～0.75

注：1. 对易风化的软质岩和塑性指数 $I_P \geqslant 22$ 的黏性土，基底摩擦系数 μ 应通过试验确定；
2. 对碎石土，可根据其密实程度、充填物状况、风化程度等确定。

若验算不满足上式要求，则应采取以下措施加以解决：
① 修改挡土墙断面尺寸，以加大 G 值。
② 挡土墙底面做成砂、石垫层，以提高 μ 值。
③ 挡土墙底面做成逆坡的形式，以利用滑动面上部分反力来抗滑。
④ 在软土地基上，其他方法无效或不经济时，可在墙踵后加拖板，利用拖板后的土重来抗滑，拖板与挡土墙之间应用钢筋连接。
⑤ 加大被动土压力（抛石、加荷等）。

（2）挡土墙抗倾覆验算。

如图 7-12 所示，在土压力作用下，墙将绕墙趾 O 点向外转动而失稳。将 E_a 分解成水平与垂直两个分力。水平分力 E_{ax} 使墙发生倾覆；垂直分力 E_{az} 及墙重力 G 抵抗倾覆。抗倾覆稳定性应按下式验算：

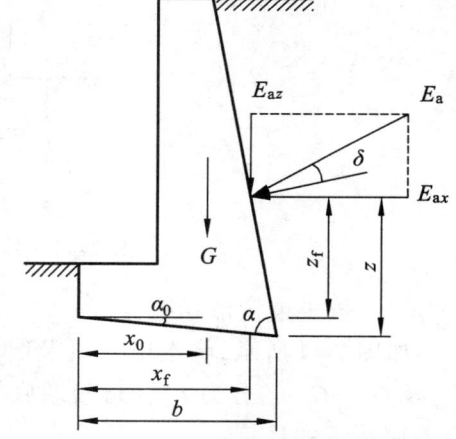

图 7-12 挡土墙抗倾覆验算示意图

$$K_t = \frac{M_1}{M_2} = \frac{Gx_0 + E_{az}x_f}{E_{ax}z_f} \geqslant 1.6 \qquad (7-2)$$

式中 G——挡土墙每延米自重，kN；
α_0——挡土墙基底的倾角，°；
α——挡土墙墙背的倾角，°；
z——土压力作用点离墙踵的高度，m；

x_0——挡土墙重心离墙趾的水平距离，m；

b——基底的水平投影宽度，m。

在软土地基上倾覆时，墙趾可能陷进土中，力矩中心点内移，导致抗倾覆安全系数降低，有时甚至会沿圆弧滑动而发生整体破坏，因此验算时应注意土的压缩性。若验算结构不满足要求，可按以下措施处理：

① 增大挡土墙断面尺寸，使 G 增大，但注意此时工程量也增大。

② 加大 x_0，即伸长墙趾。

③ 墙背做成仰斜，可减小土压力。

④ 在挡土墙垂直墙背做卸荷台，形状如牛腿（见图 7-13）或加预制的卸荷板。则平台以上的土压力不能传到平台以下，总土压力减小，且抗倾覆稳定性增强。

（3）地基承载力与墙身强度验算。

挡土墙在自重及土压力的垂直分力作用下，基底压力按线性分布计算。其验算方法及要求与天然地基浅基础验算方法完全相同，同时要求基底合力的偏心距不应大于 0.25 倍基础宽度，具体参见有关规范要求。挡土墙墙身材料强度应按《混凝土结构设计规范》（GB50010—2010）和《砌体结构设计规范》（GB5003—2011）中有关内容的要求验算。

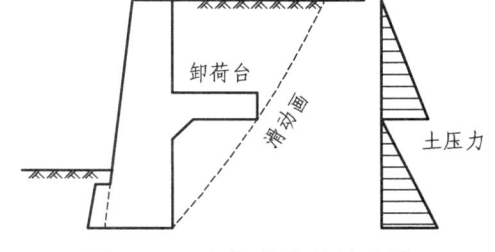

图 7-13　有卸荷台的挡土墙

2．重力式挡土墙的施工

挡土墙的施工大致可分为放线、刷坡挖基、砌筑墙体、回填 4 个步骤。

1）测量放线

根据设计图纸，按挡墙中线、标高点测放挡土墙的平面位置和纵断标高，定出基础开挖中线及边线、起点及终点、伸缩缝位置，设立桩标，注明标高及开挖深度，同时按施工放样的实际需要增补挡土墙各点的地面标高，并设置施工水准点。基础施工完成后进行墙身测量放样，用全站仪确定挡土墙的控制线，并根据基础测量放样控制点测定出墙身内外边线以及各伸缩沉降缝的位置，检查每端的衔接是否顺直。

2）刷坡挖基

在刷坡挖基之前，首先应根据工地的地形和地质条件，结合现场劳动力、材料、机具等条件，合理地安排工序，确定基坑开挖方式、坑壁坡度及支护方案，并根据当地条件，做好防水和排水工作。

在松散的坡积层地段刷坡时，宜采用马口分段跳槽开挖，防止开挖面过宽而造成坡面失去稳定。刷坡的坡度应按土层情况和边坡高度合理确定。围堰施工地段，一般也应分段开挖，避免过多地挤压河身造成冲刷。

在天然土层上开挖基坑，如深度在 5 m 以内，施工期较短，无地下水，且土的含水量正常，构造均匀时，可放坡开挖。坑底的平面尺寸，坑边应较基础襟边宽 0.3～0.6 m，并应取直。坑壁坡度可参照表 7-2 选定。

表 7-2 基坑坑壁坡度

土石种类	坑壁坡度		
	基坑顶缘无载重者	基坑顶缘有静载重者	基坑顶缘有动载重者
砂石土	1∶1	1∶1.25	1∶1.5
碎石土	1∶0.75	1∶1	1∶1.25
黏砂土	1∶0.5	1∶0.75	1∶1
砂黏土	1∶0.33	1∶0.5	1∶0.75
黏土带有石块	1∶0.25	1∶0.33	1∶0.67
湿风化页岩	1∶0	1∶0.1	1∶0.25
岩石	1∶0	1∶0	1∶0

挖基通过不同土层时，边坡可按分层确定，并酌留平台。基坑深度大于 5 m 时，可将坑壁坡度适当放缓或加作平台。土的含水量能引起坑壁坍塌时，可采用该含水量下土的天然坡度。

如土质含水量正常，深度在松软土层中不超过 0.75 m，中等密实土层中不超过 1.25 m，密实土层中不超过 2.0 m，可采用垂直坑壁，坑底也可不加宽。

当土质疏松，边坡较陡，靠轨道一侧坑壁较高，特别是有地下水时，应采用支撑或板桩围堰加固坑壁。

坑顶四周的截水沟与坑缘应有适当距离，以免因渗水造成坑壁坍塌。基坑内的排水，一般可采取在坑底挖临时汇水井，用水泵抽水；在路堑内挖基，当涌水量较小且地形许可时，还可用虹吸管排水。如有严重流砂，宜在基坑四周打入渗水井管，将水抽出，使地下水位降至基底以下。

当基坑有可能被水淹没时，施工时应用围堰防护。如水深在 2 m 以内，流速缓慢，冲刷作用很小，基底不渗水，一般采用土围堰。如受施工场地限制或取黏性土有困难，通常在土堰两侧用草（麻）袋土加固。草（麻）袋围堰可用于水深 2.5 m 以内，流速在 1.5 m/s 以内，河床不透水的场合。当水深流急或河床透水时，可采用木笼围堰、板桩（木板桩、钢板桩、钢筋混凝土板桩）围堰等。各类围堰均应尽量少压缩流水断面，其顶面应高出施工期间的最高水位 0.7 m，并注意对堰外河床进行适当的冲刷防护。土围堰和草（麻）袋围堰的常用断面如图 7-14 所示。

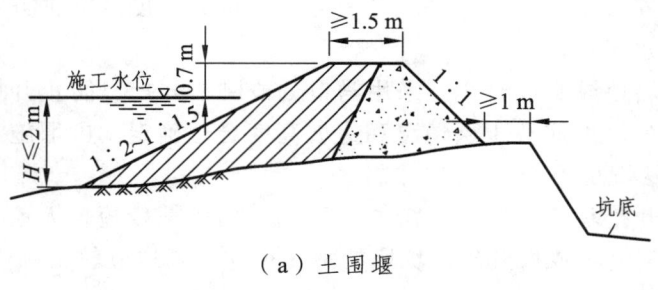

（a）土围堰

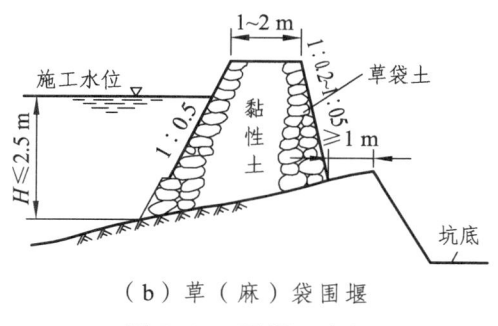

（b）草（麻）袋围堰

图 7-14 围堰示意图

挖基时，动载与基坑顶缘之间至少要留出宽 1 m 的护道，弃土堆与顶缘的距离至少应等于基坑的深度。

基坑挖至标高时，要认真做好基底处理。当基底为岩层时，应清除岩面上的松碎石块、淤泥等，并对细小裂缝进行灌浆处理；岩层倾斜时，还应将岩石凿平或凿成台阶。当岩层比较破碎或为碎石类土及砂类土层时，应将基底修理平整并预铺一层混凝土或稠水泥砂浆。当基底为黏性土时，应就其天然状态加以铲平，必要时向基底面以下夯入厚 10 cm 以上的碎石，切不可用回填土夯实的办法进行处理。基底上的泉眼必须予以堵塞或引排，不得任其浸泡圬工。

3）砌筑墙体

基底处理完毕并确认基底土质及地层情况和设计相符，经检验签证后，即可砌筑墙体。如基底实际情况与设计不符，应按程序报监理和设计单位，进行设计变更。岩石基坑，特别是风化岩层上的基坑，基础圬工宜铺满坑底，封闭岩层。

砌筑墙体圬工时，必须满足的设计和技术规定如下：

（1）为了控制好墙身内外侧的坡度，在砌筑前，首先用松木板钉好坡度架，坡度按各段设计图纸进行控制。坡度架制作好后立于砌筑段的两端，并拉小线进行砌筑。

（2）砌筑顺序以分层进行为原则。底层极为重要，它是以上各层的基石，若底层质量不符合要求，就要影响以上各层。分层砌筑时，应先角石，后边石或面石，最后才填腹石。片石分层砌筑以 2~3 层石块组成一工作层，每工作层的水平缝大致平齐，竖缝应错开，不能贯通。

（3）砌体除分层外，还要按图纸设计要求分段砌筑。分段砌筑时，分段位置应设在沉降缝或伸缩缝处，各段水平砌缝应一致。相邻砌筑高差不宜超过 1.2 m。缝板安装应位置准确、牢固，缝板材料应符合设计规定。

（4）相邻挡土墙的设计高差较大时，应先砌筑高墙段。挡土墙的每天连续砌筑高度不宜超过 1.2 m。砌筑中墙体不得移位变形。

（5）砌筑挡土墙时应保证砌体宽（厚）度符合设计要求，砌筑中应经常校正挂线位置。

（6）砌石底面应卧浆铺砌，立缝填浆捣实，不得有空缝和贯通立缝。砌筑中断时，应将砌筑好的石层空隙用砂浆填满；再砌筑时，石层表面应清扫干净，并洒水湿润。工作缝应留斜茬。

（7）外圈定位行列和转角石选择形状方正、尺寸相对较大的片石，并长短相间地与里层砌块立交接成一体，上、下层石块也应交错排列，避免竖缝重合，砌缝宽度一般不应大于 4 cm。

（8）较大的砌块应使用于下层，石块宽面朝下，石块之间均要有砂浆隔开，不得直接接触；竖缝较宽时，可在砂浆中塞以碎石块，但不得在砌块下面用小石子支垫。砌体中的石块应大小搭配、相互错叠、咬接密实，并备有各种小石块，作挤浆填缝之用，挤浆时可用小锤将小石子敲入缝中。

（9）挡土墙外露面应选择有平面的石块，使砌体表面整齐，不得使用小石块镶垫。应留深 10~20 mm 的勾缝槽，按设计要求勾缝。勾缝具有防止有害气体和风、雨等侵蚀砌体内部，延长构筑物使用年限及装饰外形美观等作用。挡土墙勾缝宜采用 1∶1.5~1∶2 的水泥砂浆勾凹缝，并应嵌入砌缝内约 2 cm。勾缝前，应先清理缝槽，用水冲洗湿润，再在缝内抹适量水泥净浆。勾缝应保持砌石自然缝，不应出现瞎缝、丢缝、裂纹和黏结不牢等现象。成活的灰缝水平缝与竖直缝应深浅一致、交圈对口、密实光滑，搭接处平整，阳角方正，阴角处不能上下直通，不能有丢缝、瞎缝等。灰缝应整齐、拐角圆滑、宽度一致、不出毛刺，不得空鼓、脱落。

（10）预埋泄水管应位置准确。泄水孔每隔 2 m 设一个，渗水处适当加密，上、下排泄水孔应交错设置。泄水孔向外横坡为 3%，最底层泄水管距地面高度为 30 cm。进水口填级配碎石反滤层进行处理。

（11）经常受侵蚀性环境水作用的挡土墙，应用抗侵蚀的水泥砂浆砌筑或用抗侵蚀的混凝土灌注，或者在临水面涂防水层。石砌挡土墙先用厚 2 cm M5 水泥砂浆抹面，再涂以厚 2~3 mm 的热沥青；混凝土挡土墙涂两层厚 2~3 mm 的热沥青；钢筋混凝土挡土墙常用石棉沥青及沥青麻布各两层防护或将混凝土保护层适当加厚。

4）回　填

（1）墙身砌出地面后，基坑必须及时回填夯实，并做不大于 5%的向外流水坡，以免积水下渗影响墙身稳定。

（2）墙后回填应在圬工强度达到 70%后及时进行，填料应符合设计要求，并设不小于 3%的横坡逐层填筑。每层压实厚度不宜超过 20 cm，并应根据碾压机具和填料性质进行压实试验，确定填料分层厚度及碾压遍数，以正确指导施工。

（3）压实时应注意勿使墙身受到较大的冲击影响，临近墙背 1.0 m 的范围内，应采用蛙式打夯机、内燃打夯机、手扶式振动压路机、振动平板夯等小型压实机具碾压。

（4）应优先选择渗水性较好的砂砾土填筑；确有困难只能采用不透水性土时，必须做好反滤层及泄水孔，并与砌体同步进行。浸水挡土墙背背应全部用水稳性和透水性较好的材料填筑。

（5）如墙后地面横坡陡于 1∶5，应先处理填方基底，如铲除草皮、开挖台阶等，以免填方顺原地面滑动。

3. 挡土墙的养护

挡土墙是否坚固、稳定和完整，对行车安全影响甚大。特别是使用年限较长的路肩墙，容易在列车动荷的影响下，发生较大的变形。因此，必须加强检查和养护。检查时应注意如下几个方面：墙身有无开裂、凸出和倾斜，有无勾缝脱落风化、石块松动变形；墙顶有无积水、开裂和下沉；趾前地面有无冲刷、挤出；排水系统有无堵塞、失效；墙后地面有无开裂、沉陷。

较小的病害均应在维修中予以处理；较大的病害则应结合地形、地质、排水、施工质量等分析原因，制定措施，列入计划，予以整治。对墙身裂缝，应做好登记，并做灰块标志进行监视。

挡土墙的日常维修主要包括：清理泄水孔，除草、修补墙身，勾缝，抹面，加固基础及防冲刷，夯填地面裂缝及坑洼，保持地面排水畅通，改善与两端铁路建筑物的衔接等。计划维修应两年左右进行一次。必要时需对原挡土墙进行加高、接长或加固，具体办法如下：

1）加　高

（1）当老墙墙顶较宽，加高高度在 1.5 m 以下，加高后挡土墙的强度和稳定性满足要求时，可直接在老墙顶上加高。施工时应清除墙顶灰砂松石，保证接缝处的质量。

（2）挖除墙背土，在墙后加厚加高。此法可从基底做起，并可加做墙后排水，部分改变墙后回填料的性质，不占用侧沟路肩，外观亦较整齐，工作较为彻底。

（3）在墙胸处加厚加高。此法仅当限界较宽，挖墙背土不安全时予以考虑。

2）加　长

当挡土墙长度不足时，应根据需要向两端或一端延长。接长部分的形式应尽可能与老墙相同，高度按具体情况可适当降低。如新、老墙胸坡不一致时，应尽量做到顺接。

3）加　固

挡土墙的加固措施应根据病害产生原因进行选用，常用的措施有压力灌浆、增加支挡墙、部分拆除重建、墙背加厚加高并改善墙后排水等。增加支挡墙是常用的一种加固方法。如图 7-15 所示，在墙身开裂、变形凸出处，或每隔一适当距离，增设支挡墙一处，以加强破损处断面并增强全墙的稳定性。施工时，老墙要洗刷干净，除掉不良灰缝，必要时加设连接钢筋，并在变形裂缝处压注砂浆。支挡墙用于加固路肩墙时，宽度为 2~3 m；用于路堑墙时，应为宽 1~2 m。

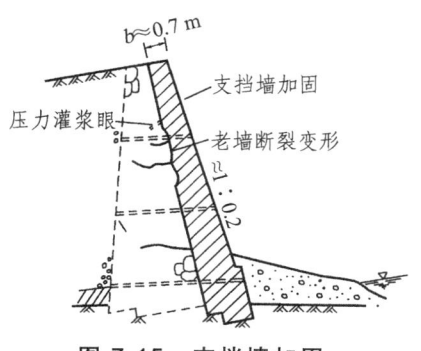

图 7-15　支挡墙加固

路肩墙基础埋置深度不足，受到冲刷时，可在墙趾前增设浆砌片石基础墙，并抛填和码砌片石，如图 7-16 所示。护基施工时应注意与前后河岸、建筑物等平顺衔接，基础墙应有适当坡度，不要阻流太多，以免增加局部冲刷。

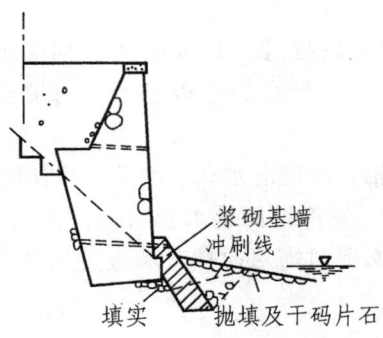

图 7-16 基础加固

7-1-4 任务拓展

重力式挡土墙的设计计算实例

挡土墙高 6 m，墙背直立、光滑，墙后填土面水平，用毛石和 M5 水泥砂浆砌筑。砌体抗压强度 $f_k = 1.07$ MPa，砌体重度 $\gamma_k = 22$ kN/m³，砌体的摩擦系数 $\mu_1 = 0.6$，填土的内摩擦角 $\varphi = 40°$，$c = 0$，$\gamma = 19$ kN/m³，基底摩擦系数 $\mu = 0.5$，地基承载力特征值 $f_a = 180$ kPa。试设计此挡土墙。

解：（1）挡土墙截面尺寸的选择。

根据规范要求，初步选择挡土墙顶宽 0.7 m，底宽 2.5 m。

（2）主动土压力计算。

由已知条件可知此挡土墙土压力符合朗肯土压力理论条件，则

$$E_a = \frac{1}{2}\gamma h^2 K_a = \frac{1}{2} \times 19 \times 6^2 \times \tan^2\left(45° - \frac{40°}{2}\right) \text{kN/m} = 74.4 \text{ kN/m}$$

E_a 的作用点距墙底的距离 $x = \frac{1}{3} \times 6 \text{ m} = 2 \text{ m}$

（3）挡土墙自重计算

将挡土墙分割成一个三角形和一个矩形，分别计算它们的自重：

$$W_1 = \frac{1}{2}(2.5 - 0.7) \times 6 \times 22 \text{ kN/m} = 118.8 \text{ kN/m}$$

$$W_2 = 0.7 \times 6 \times 22 \text{ kN/m} = 92.4 \text{ kN/m}$$

W_1 和 W_2 的作用点与 O 点的距离分别为

$$a_1 = \frac{2}{3} \times 1.8 \text{ m} = 1.2 \text{ m}$$

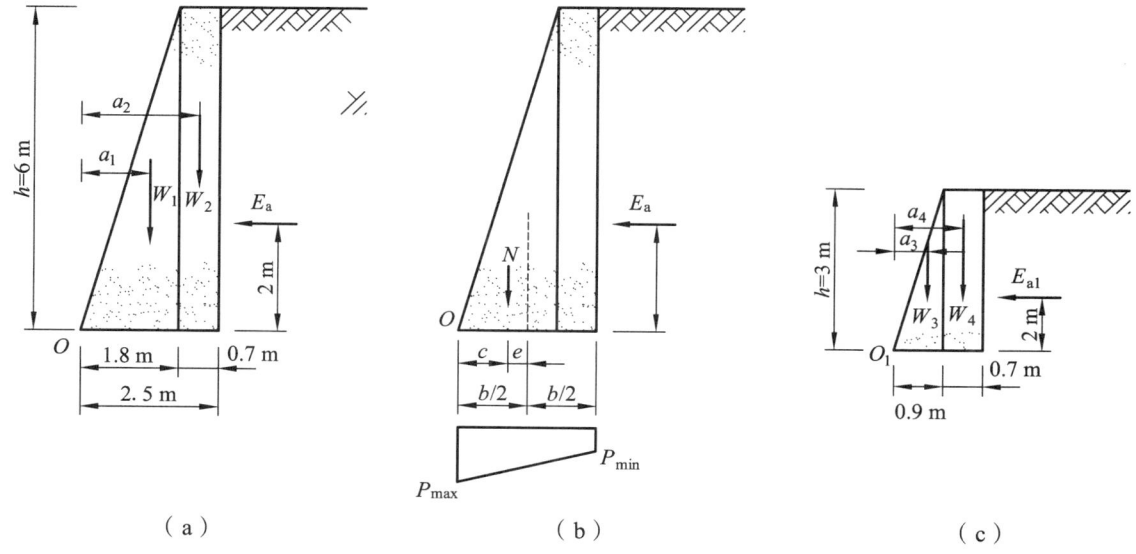

图 7-17 挡土墙设计计算示意图

$$a_2 = 1.8 + \frac{1}{2} \times 0.7 \text{ m} = 2.15 \text{ m}$$

（4）抗倾覆稳定验算：

$$K_t = \frac{W_1 a_1 + W_2 a_2}{E_a x} = \frac{118.8 \times 1.2 + 92.4 \times 2.15}{74.4 \times 2} = 2.29 > 1.6$$

满足要求。

（5）抗滑移稳定验算：

$$K_s = \frac{(W_1 + W_2)\mu}{E_a} = \frac{(118.8 + 92.4) \times 0.5}{74.4} = 1.42 > 1.3$$

满足要求。

（6）地基承载力验算。如图 7-17（b）所示。

作用在基底的总垂直力为

$$N = W_1 + W_2 = 118.8 + 92.4 = 211.2 \text{ (kN/m)}$$

合力作用点距 O 点的距离：

$$c = \frac{W_1 a_1 + W_2 a_2 - E_a x}{N} = \frac{118.8 \times 1.2 + 92.4 \times 2.15 - 74.4 \times 2}{211.2} \text{ m} = 0.911 \text{ m}$$

偏心距：

$$e = \frac{b}{2} - c = \frac{2.5}{2} - 0.911 = 0.339 \text{ m} < 0.25b = 0.25 \times 2.5 = 0.625 \text{ m}$$

则基底边缘最大、最小压应力为

$$P_{\substack{\max \\ \min}} = \frac{N}{b}\left(1 \pm \frac{6e}{b}\right) = \frac{211.2}{2.5}\left(1 \pm \frac{6 \times 0.339}{2.5}\right) \text{kPa} = \frac{153.2}{15.7} \text{kPa}$$

$$P_{\max} < 1.2 f_a = 1.2 \times 180 \text{ kPa} = 216 \text{ kPa}$$

满足要求。

（7）墙身强度验算。

如图 7-17（c）所示，取离墙顶 3 m 处的截面 Ⅰ—Ⅰ，验算该截面最大压力 $P_{\max}$ 是否小于等于砌体的抗压强度 f_k；验算主动土压力在截面 Ⅰ—Ⅰ 处产生的剪应力是否小于等于该截面处的摩阻力。

截面 Ⅰ—Ⅰ 以上的主动土压力：

$$E_{a1} = \frac{1}{2}\gamma h_1^2 \tan^2\left(45° - \frac{\varphi}{2}\right) = \frac{1}{2} \times 19 \times 3^2 \times \tan^2\left(45° - \frac{40°}{2}\right) = 18.6 \text{ kN/m}$$

作用点距 Ⅰ—Ⅰ 截面的距离：

$$x_1 = \frac{1}{3}h = \frac{1}{3} \times 3 = 1 \text{ m}$$

截面 Ⅰ—Ⅰ 以上挡土墙自重：

$$W_3 = \frac{1}{2} \times 0.9 \times 3 \times 22 \text{ kN/m} = 29.7 \text{ kN/m}$$

$$W_4 = 0.7 \times 3 \times 22 \text{ kN/m} = 46.2 \text{ kN/m}$$

W_3 和 W_4 作用点离 O_1 点的距离：

$$a_3 = \frac{2}{3} \times 0.9 \text{ m} = 0.6 \text{ m}$$

$$a_4 = 0.9 \text{ m} + 0.35 \text{ m} = 1.25 \text{ m}$$

截面 Ⅰ—Ⅰ 上的总法向应力为

$$N_1 = W_3 + W_4 = 29.7 + 46.2 = 75.9 \text{ kN/m}$$

N_1 作用点离 O_1 点的距离：

$$C_1 = \frac{W_3 a_3 + W_4 a_4 - E_{a1} x_1}{N_1} = \frac{29.7 \times 0.6 + 46.2 \times 1.25 - 18.6 \times 1}{75.9} \text{ m} = 0.75 \text{ m}$$

偏心距：

$$e_1 = \frac{b_1}{2} - c_1 = \frac{1.6}{2} - 0.75 = 0.05 \text{ m}$$

$$P_{\max} = \frac{N_1}{b_1}\left(1 \pm \frac{6e}{b}\right) = \frac{75.9}{1.6}\left(1 \pm \frac{6 \times 0.05}{1.6}\right) = \frac{56.33}{38.54} \text{ kPa} < f_k = 1.07 \text{ MPa}$$

截面 Ⅰ—Ⅰ 上由 $W_3 + W_4$ 产生的摩阻力：

$$\tau_1 = \frac{(W_3 + W_4)\mu_1}{b_1} = \frac{(29.7 + 46.2) \times 0.6}{1.6} \text{ MPa} = 28.5 \text{ kPa}$$

截面 Ⅰ—Ⅰ 上由 E_{a1} 产生的剪应力：

$$\tau = \frac{E_{a1}}{b_1} = \frac{18.6}{1.6} \text{MPa} = 11.63 \text{ kPa} < \tau_1 = 28.5 \text{ kPa}$$

综上所述，该重力式挡土墙是安全的。

任务 7-2 预应力锚索施工

7-2-1 工作任务目标

（1）能够根据具体条件选择合适的预应力锚索类型，合理布置，以满足结构要求；
（2）能够熟练掌握预应力锚索的施工工艺及施工技术要求。

预应力锚索是一种新型的路堑岩石高边坡加固工艺，通过钻孔、安装锚索、注浆、锚索张拉等工艺完成锚索的施工，把不稳定的岩体与稳定基岩锚固成一个整体，从而达到稳固边坡的效果。预应力锚索的特点是施工简便、结构新颖、造价低、能大大降低工人的劳动强度，因此预应力锚索工艺在路堑高边坡防护中得到了广泛的应用。

7-2-2 相关知识

1. 工艺原理

穿过边坡滑动面的预应力锚索，外端固定于坡面，另一端锚固在滑动面以内的稳定岩体中；锚索的预应力使不稳定滑体处于较高围压的三向应力状态，岩体强度和变形特性比在单轴压力及低围压条件下好得多；结构面处于压紧状态，使得结构面对岩体变形的消极影响减弱，显著提高了岩体的整体性；锚索的锚固力直接改变了滑滑面上的应力状态和滑动稳定条件（锚索受力情况见图 7-18）。

由图 7-18 可知，由预应力锚索的锚固力所增加的抗滑阻力增量 P_{tf} 为

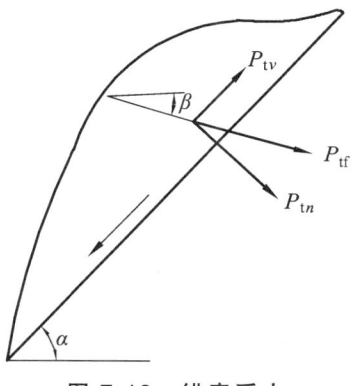

图 7-18 锚索受力

$$P_{tf} = P_{tn}\tan\varphi + P_{tv} = P_t[\sin(a+b)\tan\varphi + \cos(a+b)]$$

式中 P_t——锚索设计拉力值；
　　P_{tn}，P_{tv}——P_t 垂直于滑面方向的分力和沿滑面的分力；
　　a——滑动面倾角；
　　b——锚索与水平方向的夹角；
　　φ——滑动面的内摩擦角。

由上式可知，预应力锚索一方面可直接在滑面上产生抗滑阻力 P_{tv}，另一方面可通过增大滑动面上的正应力来增大抗滑摩擦阻力。总之，预应力锚索通过提高边坡岩体的整体性和增加滑面上抗滑阻力来加固岩体，促使其稳定。

2．施工准备

1）技术准备

（1）对参与预应力锚索的施工人员进行岗位培训及施工前的技术交底。

（2）根据工程量、工期、工程特点选择适宜的机械设备，并进行施工前的培训。

（3）对进场的材料钢绞线、锚具、水泥、钢筋等进行试验，不合格的产品不得使用。

（4）对成套的张拉设备进行标定。标定工作要选择由具有资质的试验检测单位来完成。

（5）对开挖的路基边坡进行整修，使其符合设计坡面，并清除危石。

（6）在预应力锚索施工面，要选择几束锚索进行锚固性能试验，即抗拔力试验。

（7）施工前，应在室内试验室做好地梁或框架梁混凝土配比设计及试验。

2）施工设备

施工设备如表 7-3 所列。

表 7-3 预应力锚索施工设备

序号	设备名称	型号	单位	数量
1	空压机	BH-12	台	2
2	储气罐	QZJ-100B	台	1
3	潜孔式冲击钻机	QZJ-100B	台	2
4	脚手架		套	1
5	千斤顶	YCM-100-200	台	1
6	油泵	YB4/500	台	1
7	发电机		台	1
8	卷扬机		台	1
9	注浆机	LB400×2 螺杆泵		1
10	砂轮切割机	400 型	台	1
11	砂浆搅拌机		台	1
12	混凝土搅拌机	ZJ-350 型	台	1
13	电焊机		台	1

3）劳动力组织

预应力锚索施工可分为钻孔、地梁或框架梁施工、张拉灌浆三道工序，此三道工序在一个工作面上可实行流水作业。为此，在一个工作面上可以安排三个不同的专业施工工班，配备一个附属作业工班，并配备相应的劳动力，其组成如表 7-4 所示。

表 7-4　预应力锚索施工劳动力组织

序号	组织或工班名称	工种	人数
1	管理人员	队长	1
		技术员	2
		质检员	1
		测量员	2
		安全员	1
2	钻孔工班	钻孔司机	1
		空压机操作员	2
		发电机操作员	1
		钻孔附属人员	2
3	地梁或框架梁工班	模板工	6
		钢筋工	6
		混凝土工	10
4	张拉灌浆工班	张拉	4
		灌浆	4
5	辅助工班	卷扬机司机	1
		架子工	10
		杂工	10

7-2-3　任务实施

1. 工艺流程

预应力锚索施工工艺流程如图 7-19 所示。

1）钻　孔

钻孔是锚索施工中控制工期的关键工序。为提高钻孔效率和保证钻孔质量，一般采用潜孔冲击式钻机。该钻机所配钻杆是统一规格，按锚索设计长度将钻孔所需钻杆摆放整齐，钻杆用完，孔深恰好到位。钻杆长度由于有 ±5 mm 的误差，故要求钻孔深度超出锚索设计长度 0.5 m 左右。钻孔结束后，应逐根拔出钻杆和钻具，将冲击器清洗好备用。用一根聚乙烯管复核孔深，并以高压风吹孔，待孔内粉尘吹干净，且孔深不小于锚索设计长度时，拔出聚乙烯管，以织物或水泥袋纸塞好孔口待用。

钻孔过程中往往会遇到渗水和塌孔卡钻的情况，对这两种特殊情况的处理如下：

（1）渗水的处理。在钻孔过程中或钻孔结束后吹孔时，若从孔中吹出的都是一些小石粒和灰色或黄色团粒而无粉尘，则说明孔内有渗水，岩粉多贴附于孔壁。这时，若孔深已够，则注入清水，以高压风吹净，直至吹出清水；若孔深不够，即使冲击器工作，仍有进尺,也必须立即停钻,拔出钻具,洗孔后再继续钻进,如此循环,直至结束。有时孔内渗水量大,有积水,吹出的是泥浆和碎石,在这种情况下岩粉不会糊住孔壁,只要冲击器工作,就可继续钻孔。

如果渗水量太大,以至淹没了冲击器,冲击器会自动停止工作,此时应拔出钻具进行压力注浆。

(2)塌孔、卡钻的处理。当钻孔穿越强风化岩层或岩体破碎带时,往往发生塌孔。塌孔的主要标志是从孔中吹出黄色岩粉,夹杂一些原状的(非钻头击碎的、非新鲜的、无光泽的)石块。这时,不管钻进深度如何,都要立即停止钻进,拔出钻具,进行固壁注浆。注浆压力采用 0.4 MPa,浆液为水泥砂浆和水玻璃的混合液,24 h 后重新钻孔。在雨季,泥浆压力体破碎带向孔内渗流,因此固壁注浆前必须用水和风把泥浆洗出(塌入钻孔的石块不必清除),否则不仅固壁注浆效果差,而且容易造成浆已注满的假象。

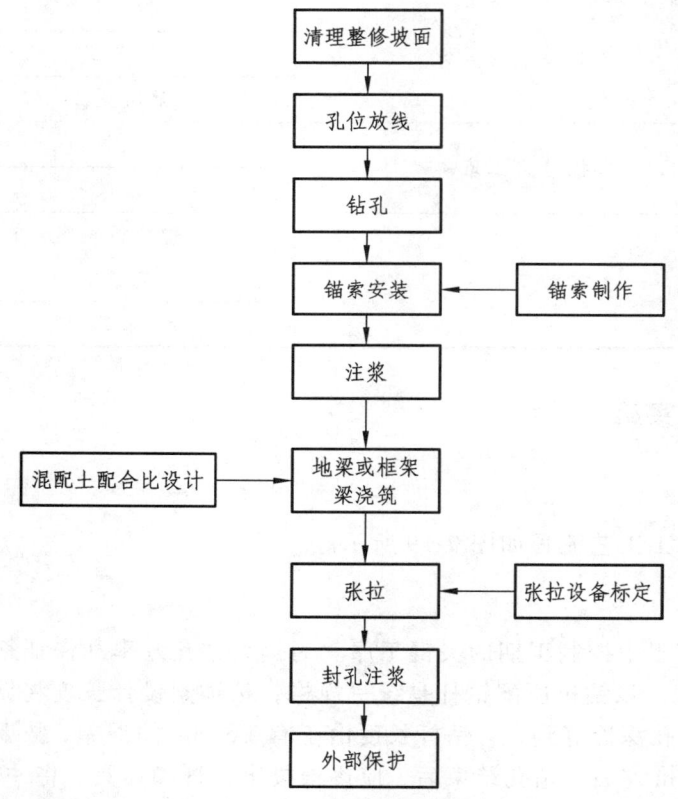

图 7-19 预应力锚索工艺流程

2)锚索制作

锚索可在钻孔的同时于现场进行编制,锚索材料一般选用高强度、低松弛预应力钢绞线,其技术标准为 270 级,直径 $\phi 15.24$ mm,极限强度为 1 860 MPa,锚具采用 OVM15 型(包括配套的锚垫板、锚板、夹片和螺旋筋)。锚索编束前,要确保每根钢绞线顺直,不扭不叉;排列均匀,除锈,除油污,对有死弯、机械损伤及锈坑的应剔出。锚索长度从钻孔孔口算起，因此钢绞线下料长度应为锚索设计长度、锚头高度、千斤顶长度、工具锚和工作锚的厚度以及张拉操作余量的总和。正常情况下，钢绞线截断余量取 50 mm。将截好的钢绞线平顺地放在作业台架上，量出内锚固段和锚索设计长度，分别做出标记；在内锚固段的范围内穿对中隔离支架，间距 60~100 cm，两对中支架之间扎紧固环一道；张段每米也扎一道紧固环，紧固环可用 16 号铅丝绕制不少于两圈，自由段每隔 2 m 设置一道架线环，以保证钢绞线顺直，并用塑料管穿套，内涂黄油；最后，在锚索端头套上导向帽。

3）锚索安装

向锚索孔装索前，要核对锚索编号是否与孔号一致，确认无误后，再以高压风清孔一次，即可着手安装锚索。

安装下倾锚索比较简单，没有什么技术问题。安装上倾和水平锚索时，则要注意以下四点：检查定位止浆环和限浆环的位置，损坏的要按技术要求更换；检查排气管的位置和畅通情况；将锚索送入孔内，当定位止浆环到达孔口时，停止推送，安装注浆管和单向阀门；锚索到位后，再检查一遍排气管是否畅通，若不畅通，拔出锚索，排除故障后重新送索。

4）注 浆

不管锚索孔的方向如何，都采用排气注浆。下倾的孔，注浆管插至孔底，砂浆由孔底注入，空气由锚索孔排出；上倾和水平孔，砂浆由孔口注入，空气压向孔底，由孔底进入排气管排至孔外（水平锚索，空气经限浆环进入排气管）。

上倾和水平锚索孔注浆过程中，当排气管不再排气且有稀水泥浆从排气管压出时，说明注浆已满；对于下倾锚索注浆，采用砂浆位置指示器控制注浆位置。锚索孔注浆采用注浆机，注浆压力保持在 0.3~0.6 MPa。

5）锚索地梁或锚索框架梁制作

锚索地梁或锚索框架梁是受压构件，可将锚具的集中荷载传递到岩面。此外，由于一般情况下孔口岩面不会与锚索轴线垂直，所以锚索地梁或锚索框架梁还有调整岩面受力方向的作用。为了使锚索地梁或锚索框架梁上表面与锚索轴线垂直，预先将一根外径与钻头直径相同的薄壁钢管和垫板正交焊牢，浇筑锚索地梁或锚索框架梁前将钢管的另一端插入钻孔即可。锚索地梁灌注前必须将 OVM15 型锚具中的螺旋钢筋、锚垫板固定在锚梁钢筋上，方向与锚孔方向一致，摆放平整，再同时进行浇灌、振捣，尤其在锚孔周围，应仔细振捣，保证质量。锚梁上预留锚索孔内要预留排气管和补浆管，锚垫板安装要求严格与锚索垂直。

6）锚索的张拉

张拉锚索前需对张拉设备进行标定。标定时，将千斤顶、油管、压力表和高压油泵连好，在压力机上用千斤顶主动出力的方法反复试验三次，取平均值，然后绘出千斤顶出力（kN）和压力表指示的压强（MPa）曲线作为锚索张拉时的依据。国产压力表初始启动压强不完全相同，所以标定曲线上必须注明标定时的压力表号，使用中不得调换。

压力表损坏或拆装千斤顶后,要重新标定。

若锚索由少数钢绞线组成,可采用整体分级张拉的程序,每级稳定时间为 2~3 min;若锚索由多根钢绞线组成,则组装长度不会完全相同,为了提高锚索各钢绞线受力的均匀度,应采用先单根张拉,3 天后再整体补偿张拉的程序。

7)封孔注浆

补偿张拉后,立即进行封孔注浆。对于下倾锚索,注浆管从预留孔插入,直至管口进到锚固段顶面约 50 cm;对于上倾和水平锚索,通过预留注浆管注浆。孔中的空气经由设在定止浆环处的排气管排出。

8)外部保护

封孔注浆后,从锚具量起留 50 mm 钢绞线,其余的部分截去,在其外部包覆厚度不小于 50 mm 的水泥砂浆保护层。

2. 工艺要点及施工要求

1)工艺要点

(1)必须采取随挖随支护的施工方法,严禁一次开挖到底,应开挖一级支护一级,然后再挖下一级。对于坡率陡于 1:0.5 的边坡,应先按缓于 1:0.75 坡率开挖,再跳槽开挖至设计坡率并支挡。

(2)锚索施工前,必须选择具有代表性的工点做极限抗拔试验,根据试验结果调整锚固长度,必要时调整钻孔直径。若现场开挖后的实际工况与设计不符,则应立即通知设计单位,并根据实际情况做动态变更设计。

(3)预应力锚索必须在地梁或框架梁混凝土强度达到设计值后才能张拉。

(4)预应力锚索锚固段长度必须符合设计要求或达到抗拔试验确定的调整长度。

2)质量要求

(1)锚位点放线,各方向的容许误差均为 ±1 cm。

(2)脚手架的搭设必须稳定,对紧固件的紧固情况必须有人复核。

(3)按设计孔口坐标在脚手架上安装钻机专用钢管,将钻机放在专用钢管上,用经纬仪按边坡方向放出基线,然后用方向架放出锚索方位角,再用测角仪调整倾角到满足设计要求为止。将紧固件紧牢后,再核查一遍钻机孔位坐标、方位及倾角,确认无误后将所有紧固件再紧一遍,使其倾角误差不超过 ±0.5°、方位角误差不超过 ±1°。

(4)锚索孔径容许误差为 ±2 mm。

(5)若遇塌孔,应立即停钻并进行固壁注浆处理,注浆 24h 后重新扫孔钻进。

(6)洗孔要做到干净彻底,孔中不得留有岩粉和水。

(7)锚索的编制要确保每一根钢绞线始终均匀排列、平直、不扭不叉,锈、油污要除净,对有死弯、机械损伤及锈坑者应剔出。

(8)锚索的长度要根据钻孔的实际深度来确定,其容许误差为 ±2 cm,同时对锚索按孔号进行相应的编号。

（9）锚固段的定位导向花架和船形托架（两者统一）应严格按设计要求安装在锚索上，绑扎铁口既要能承受一定的拉力，又要保证锚索的自由拉伸。

（10）安放锚索要保证锚索孔壁有不小于 1 cm 的注浆厚度，锚索安放要平直，张拉段要放在锚孔中央。

（11）内锚固段注浆时，水泥选用 525 号普通硅酸盐水泥，水泥砂浆应搅拌均匀，使用时不得有沉淀。为保证浆液性能，可加入不同用途的外加剂，注浆充盈系数为 1.1~1.3。

（12）严格控制加水量和水灰比，灰砂比容许误差为 ±0.03。

（13）锚索地梁或锚索框架梁制作容许偏差各方向均为 ±3 cm，安装时应先安放好孔口定位钢管，以保证锚索地梁或锚索框架梁与锚孔垂直。

（14）锚索的张拉在锚固段砂浆及锚索地梁或锚索框架梁混凝土达到设计强度后进行。

（15）张拉前张拉设备要标定，重复三次取平均值。各根钢绞线拉力不均匀系数为 0.95~1.05，即各根钢绞线的拉力差为 ±5%。

（16）补张拉在张拉完成后 6~10 天进行，张拉力取设计预拉力的 20%。

（17）张拉段注浆必须待浆液溢出孔口并稳定 1~2 min 后，方可停止，24 h 后还需要进行补浆以确保注浆饱满。

3）安全保证措施

（1）施工前应进行技术安全交底，施工中应分工明确，统一指挥。

（2）各种机械、机具应处于完好、可靠的状态。

（3）上岗前要做好安全检查工作，由班组长负责，责任到人、互相监督；施工人员进入现场应戴好安全帽；操作人员应精神集中，遵守有关安全操作规程。

（4）机械、电气设备应专人操作。

（5）电（气）焊操作工应有操作证。

（6）边坡加固工程钻孔通常是在脚手架上作业的，为确保脚手架绝对安全稳定，采用双排方式，间距为 1.2~1.3 m；重力集中处增加斜向及横向支撑，并设置短锚桩，将脚手架锚固在稳定的岩壁上。

（7）高空作业应设置安全防护设施；在既有线附近作业时，应设行车安全防护。

（8）风动钻机管路连接应牢靠，避免脱落甩出伤人。

（9）切割钢绞线使用的砂轮切割机要设安全护罩，以免断片伤人。

（10）注浆管路应畅通，不得出现堵塞现象，避免浆液突然喷出伤人；注浆管路不使用时要及时注压清水冲洗干净。

7-2-4 任务拓展

1. 设计资料

已知某滑坡截面下滑力为 445.26 kN，设计本路段采用 1×7 标准型、直径 15.2 mm、公称抗拉强度 1860 MPa、截面积 139 mm² 的钢绞线，每根钢绞线极限张拉荷载 P_u 为 259 kN，屈服张拉荷载 P_y 为 220 kN。

2. 锚索设置位置及设计倾角的确定

锚索设计中自由段伸入滑动面的长度不应小于 1 m，本工程满足要求。锚索布置在滑坡前缘。本设计中该断面处仍取 $\beta=20°$，该滑动面倾角 $\alpha=10°$，滑动体 $\varphi=90°$。

3. 锚索间距及设计锚固力的确定

采用预应力锚索治理滑坡时，锚索提供的作用力主要有沿滑动面产生的抗滑力及锚索在滑动面产生的法向阻力；对加固厚度较大的岩质边坡，锚索在滑动面产生的法向阻力应进行折减，折减系数 λ 按 0.6 考虑。

设计锚固力为

$$P_t = \frac{F}{\lambda \sin(\alpha+\beta)\tan\varphi + \cos(\alpha+\beta)}$$
$$=445.26/[0.6\sin(10°+20°)\tan9°+\cos(10°+20°)]$$
$$=487.4 \ (\text{kN/m})$$

设计锚索间距 4 m，锚索支护段斜长度为 23.66 m，设计 4 排预应力锚索，每孔锚索设计锚固力为

$$P_{t1}=4\times487.4/4=487.4 \ (\text{kN})$$

根据每孔锚索设计锚固力 P_t 和所选用的钢绞线强度，计算整治每延米滑坡所需锚索钢绞线的根数 n，取安全系数 $F_{s1}=1.8$，则

$$n=\frac{F_{s1}\times P_{t1}}{P_u}=1.8\times487.4/259=3.39 \ (\text{根})$$

为安全起见，该处单孔锚索钢绞线取 5 根。

4. 锚固体设计计算

设计采用锚索钻孔直径 $d_h=0.11$ m，单根钢绞线直径 $d=0.0152$ m；注浆材料用 M35 水泥砂浆，锚索张拉钢材与水泥砂浆的极限黏结应力 $\tau_u=3400$ kPa（查表得 M35 水泥砂浆与螺纹钢筋、钢绞线之间的黏结强度设计值 $\tau_u=3400$）；锚索锚固段置于弱风化的较硬岩中，锚孔壁对砂浆的极限剪切应力 $\tau=760$ kPa（查表得：岩石属于较硬岩，在 550～900 kPa 间取值）。锚索锚固段设计为枣核状，锚固体设计安全系数 $F_{s2}=2.5$。

（1）按水泥砂浆与锚索张拉钢材黏结强度锚固段长度：

$$l_{sa}=\frac{F_{s2}\times P_{t1}}{n\pi d\tau_u}=2.5\times487.4/5\times3.14\times0.0152\times3400=1.50 \ (\text{m})$$

（2）按锚固体与孔壁的抗剪强度确定锚固段长度：

$$l_a=\frac{F_{s2}\times P_{t1}}{\pi d_h \tau}=2.5\times487.4/3.14\times0.11\times750=4.70 \ (\text{m})$$

锚索的锚固段长度采用 l_{sa} 和 l_a 中的最大值 4.70 m，根据规范要求取为 5 m。

锚索总长度=锚固段长度+自由段长度+张拉段长度（取 1.5 m）。锚索的布置见图 7-20。

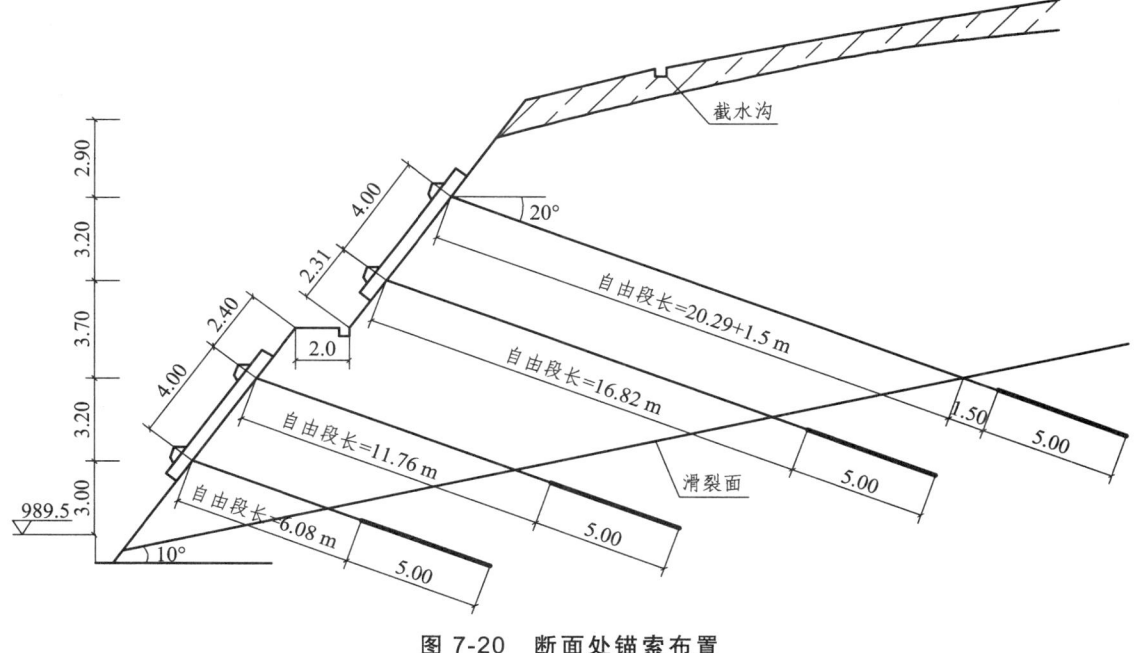

图 7-20　断面处锚索布置

任务 7-3　抗滑桩施工

7-3-1　工作任务目标

（1）能够根据具体条件选择合适的抗滑桩类型，合理布置，满足结构要求；
（2）能够熟练掌握抗滑桩的施工工艺，施工控制要点。

7-3-2　相关知识

1. 抗滑桩的概念和基本类型

1）抗滑桩的概念

抗滑桩是一种承受侧向荷载的桩，又称锚固桩。抗滑桩埋于稳定滑床中，依靠桩与桩周岩（土）体的相互钳制作用把滑坡推力传递到稳定地层，利用稳定地层的锚固作用和被动抗力，使滑坡得到稳定。滑动面以上的部分称为受荷段；抗滑桩埋入滑动面以下的部分称为锚固段；处于滑动面以上的部分称为受荷段。抗滑桩的埋置情况如图 7-21 所示。

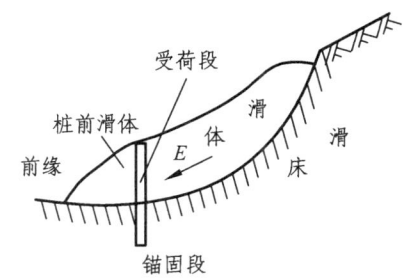

图 7-21　抗滑桩埋置情况示意图

抗滑桩应用于整治滑坡时有如下一些优点：与抗滑挡土墙比较，它的抗滑能力大，圬工小；设桩位置比较灵活，可集中设置，也可分级设置，可单独使用，也可与其他支挡工程配合使用；桩施工时破坏滑体范围小，不致改变滑坡的稳定状态；施工简便，采用混凝土护壁后施工安全；由于分段同时施工，劳力易于安排，工期可缩短；成桩后能立即发挥作用，有利于滑坡稳定，而且施工可不受季节限制；施工开挖桩孔过程中易于校对地质资料，如有出入可及时修改设计；采用抗滑桩处理滑坡时，可不作复杂的地下排水工程。因此，抗滑桩在滑坡整治中得到了广泛应用。目前，我国通常采用挖孔桩施工。

2）抗滑桩基本类型

（1）抗滑桩的分类。

抗滑桩与一般桩基类似，但主要是承担水平荷载。抗滑桩也是边坡处治工程中常见和常用的处治方案之一，从早期的木桩，到近代的钢桩和目前在边坡工程中常用的钢筋混凝土桩，断面形式有圆形和矩形，施工方法有打入、机械成孔和人工成孔等，结构形式有单桩、排桩、群桩，有锚桩和预应力锚索桩等。

① 抗滑桩按材质分类有木桩、钢桩、钢筋混凝土桩和组合桩。

② 抗滑桩按成桩方法分类，有打入桩、静压桩、就地灌注桩。其中，就地灌注桩又分为沉管灌注桩、钻孔灌注桩两大类。在常用的钻孔灌注桩中，又分机械钻孔和人工挖孔桩。

③ 抗滑桩按结构形式分类，有单桩、排桩、群桩和有锚桩。其中，排桩常见的形式有椅式桩墙、门式刚架桩墙、排架抗滑桩墙，如图 7-22 所示。有锚桩常见的有锚杆和锚索，锚杆又分为单锚和多锚，如图 7-23 所示；锚索抗滑桩多用单锚。

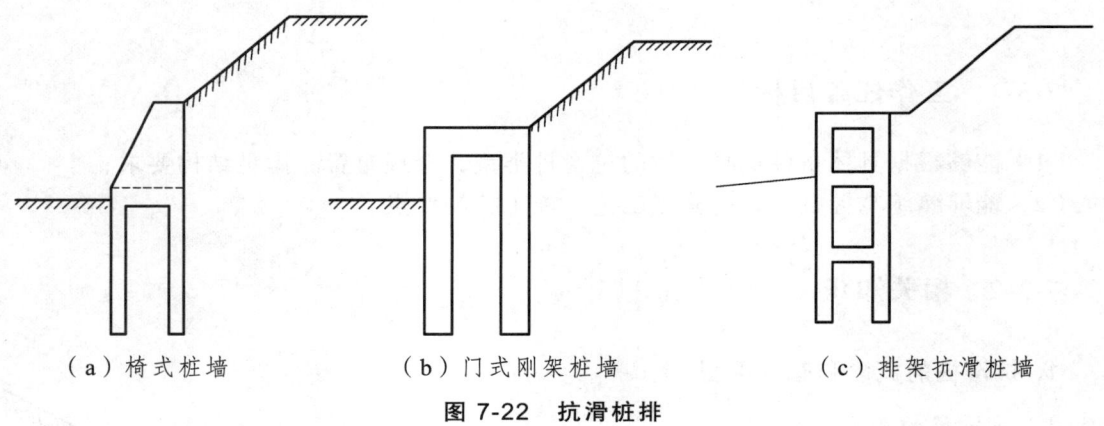

（a）椅式桩墙　　　　（b）门式刚架桩墙　　　　（c）排架抗滑桩墙

图 7-22　抗滑桩排

④ 抗滑桩按桩身断面形式分类，有圆形桩、方形桩和矩形桩、"工"字形桩等。

（2）各类桩型的特点及适用条件。

木桩是最早采用的桩，其特点是就地取材方便、易于施工，但桩长有限，桩身强度不高，一般用于浅层滑坡的治理、临时工程或抢险工程。钢桩的强度高，施打容易、快速，接长方便，但受桩身断面尺寸限制，横向刚度较小，造价偏高。钢筋混凝土桩是边坡处治工程中广泛采用的桩材，桩断面刚度大，抗弯能力高，施工方式多样，可打入、静压、机械钻孔就地灌注和人工成孔就地灌注；缺点是混凝土抗拉能力有限。

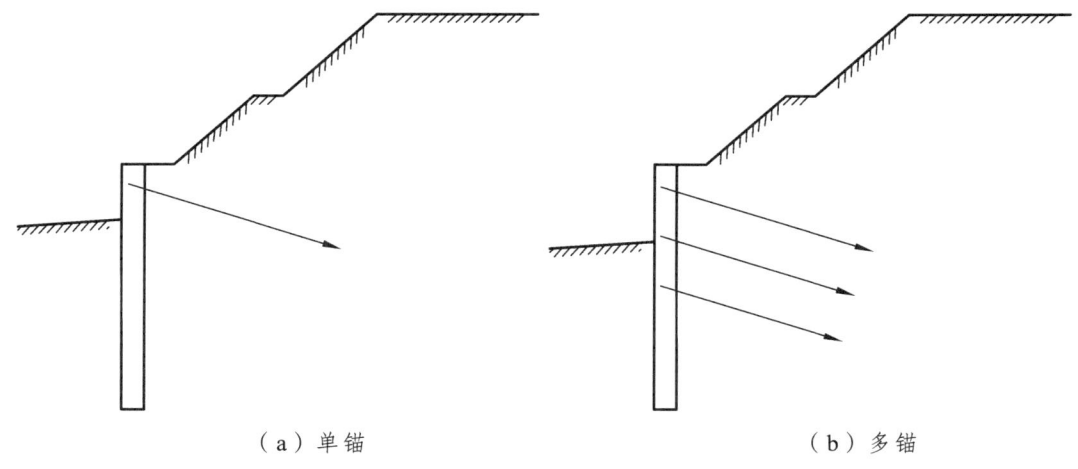

(a)单锚　　　　　　　　　　　（b)多锚

图 7-23　有锚抗滑桩

抗滑桩的施工采用打入时，应充分考虑施工振动对边坡稳定的影响，一般是全埋式抗滑桩或填方边坡的情况可采用，同时下卧地层应有可打性。抗滑桩施工常用的是就地灌注桩，机械钻孔速度快，桩径可大可小，适用于各种地质条件；但对地形较陡的边坡工程，机械进入和架设较困难，且钻孔时的水对边坡的稳定也有影响。人工成孔的特点是方便、简单、经济，但速度较慢，劳动强度高，遇不良地层（如流沙）时处理相当困难；另外，桩径较小时人工作业困难，桩径一般在 1000 mm 以上时才适宜人工成孔。

单桩是抗滑桩的基本形式，也是常用的结构形式，其特点是简单，受力和作用明确。当边坡的推力较大，用单桩不足以承担推力或使用单桩不经济时，可采用排桩。排架桩的特点是转动惯量大，抗弯能力强，桩壁阻力较小，桩身应力较小，在软弱地层有较明显的优越性。有锚桩的锚可用钢筋锚杆或预应力锚索，锚杆（索）和桩共同工作，改变桩的悬臂受力状况和桩完全靠侧向地基反力抵抗滑坡推力的机理，使桩身的应力状态和桩顶变位大大改善，是一种较为合理、经济的抗滑结构。但锚杆或锚索的锚固端需要有较好的地层或岩层，对锚索而言，更需要有较好的岩层以提供可靠的锚固力。

抗滑桩群一般指横向 2 排以上、纵向 2 列以上的组合抗滑结构，类似于墩台或承台结构，能承担更大的滑坡推力，可用于特殊的滑坡治理工程或特殊用途的边坡工程。

7-3-3　任务实施

1. 抗滑桩施工工艺

抗滑桩施工多采用机械成孔或人工成孔，现场灌注混凝土施工。灌注桩是一项质量要求高，施工工序较多，并须在一个短时间内连续完成的地下隐蔽工程。因此，施工应按程序进行，备齐技术资料，编制施工组织设计，做好施工准备。应按设计要求、有关规范规程及施工组织设计，建立各工序的施工管理制度，施工、监理、设计和业主各方管理到位、监控到位、技术服务和技术跟踪到位，保证施工有序、快速、高质地进行。

1）抗滑桩施工工艺流程

抗滑桩施工工艺流程主要包括测量放样、桩身开挖、孔壁支护、安置钢筋、灌注桩身混凝土等，如图 7-24 所示。

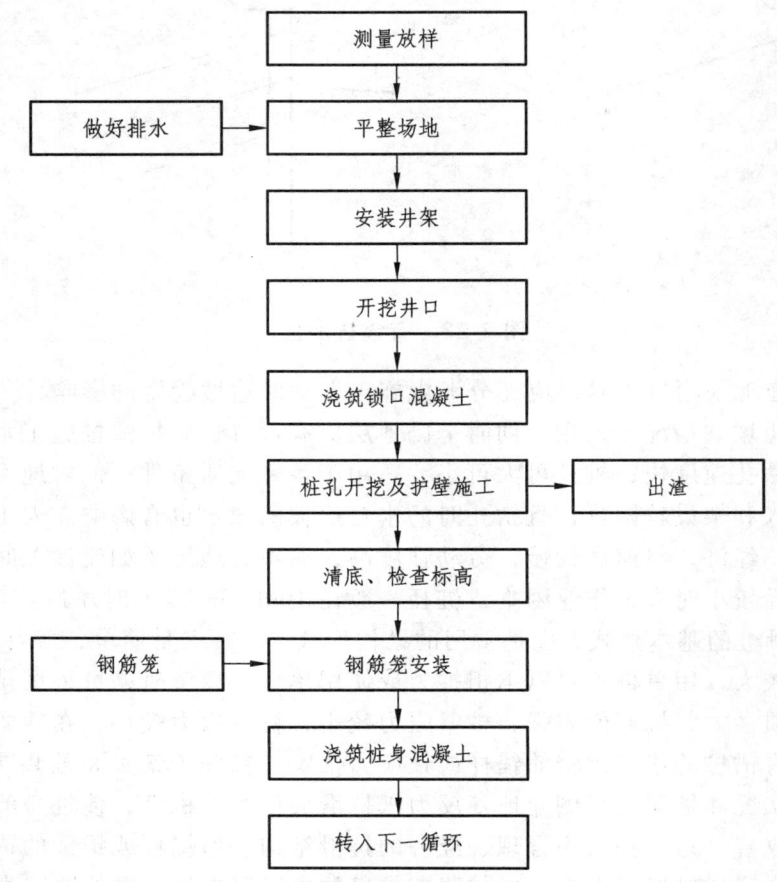

图 7-24 抗滑桩施工工艺流程

抗滑桩施工工艺流程要求如下：
（1）先按设计图放出桩位置，清理出平台位置，开挖面做到内高外低，以便排水。
（2）人工挖桩及护壁施工。
① 测量定位：根据设计提供的现场坐标点测放轴线，根据轴线确定桩身的 4 个边桩，然后做好边桩的护桩，桩位的放样允许偏差为 10 mm。经监理复核验收并办理有关手续后，方可进行开挖。
② 锁口施作：先根据孔口尺寸支立模板，确保锁扣混凝土厚度不小于 40 cm，锁口混凝土高出原地面 45 cm。
③ 挖桩：在黏土层用短柄铁锹、锄头挖土施工；进入砂岩层用风镐施工；如遇坚石风镐难以施工的，采用钻眼爆破施工。
④ 运输：在桩孔上架立垂直运输支架，用卷扬机作为提升运土设备，提升上来的渣

土及时运输到指定的弃土场,避免造成环境污染。

⑤ 护壁施工:护壁混凝土采用机械拌和,人工浇筑,振动棒捣实的方法。坍落度控制在 8~10 cm。采取开挖一节支护一节的原则,其下挖深度不得超过 2 m,往下施工以每一节为一施工循环。护壁 C20 钢筋混凝土,厚度为 20 cm。在节与节之间插竖直钢筋(入下节 25 cm),以提高护壁的整体性。模板之间用卡具、扣件连接固定,确保刚度。护壁混凝土灌注 8 h 后才可进行拆模工作。

⑥ 桩内照明用电采用 36V 安全电压,孔内照明灯泡用专用防水灯泡,确保安全。

⑦ 安全措施:锁口处预埋爬梯挂件,待一定深度时方便挂设脚手爬梯。施工人员上下时必须由脚手爬梯上下,桩口上搭防雨护棚,桩口周围还应设防护栏。孔下必须保证通风,并随时检测有无有害气体,一旦发现有害气体,施工人员必须马上撤离,并采取通风的方法来稀释有害气体的浓度,在确定绝对安全后,方可继续施工。

⑧ 检查:成桩后对桩身尺寸、孔底标高、桩位中线、井壁垂直度进行全面测定,做好施工记录。经监理及有关质检人员共同逐孔检查鉴定,符合设计要求后,办理好隐蔽工程验收手续,再制作、吊放钢筋笼、浇筑混凝土。

⑨ 孔桩护壁须满足下列要求:

a. 护壁厚度、搭接筋的配备、混凝土必须符合设计要求。

b. 孔桩开孔后,应尽快浇筑桩壁混凝土,且当天需一次性浇筑完毕。

c. 不得在水淹没模板情况下浇筑护壁混凝土。

d. 发现护壁有蜂窝、漏水现象,应及时加以堵塞或导流。

(3)抗滑桩孔内爆破。

① 采用电雷管起爆。

② 必须打眼放炮,严禁裸露药包,对于软岩石炮眼深度不超过 0.8 m,对于硬岩石炮眼深度不超过 0.5 m。炮眼数目、位置和斜插方向,应按岩层断面方向来定,中间一组集中掏心,四周斜插挖边。

③ 严格控制药量,以松动为主。一般中间炮眼装硝胺炸药 1/2 节,边眼装药 1/4~1/3 节。

④ 有水眼孔要用乳化炸药,尽量避免瞎炮;如有瞎炮,要按安全规程处理。

⑤ 炮眼附近的支撑应加固,以免支撑被炸坏而引起坍孔。

⑥ 孔内放炮后须迅速排烟。可采用电动鼓风机放入孔底吹风等措施。

⑦ 抗滑桩炮眼一般按照图 7-25 布置。

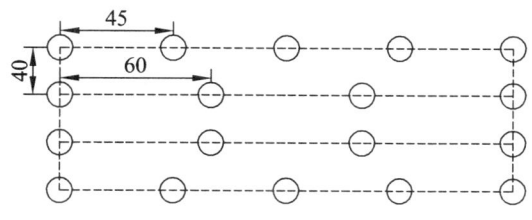

图 7-25 抗滑桩炮眼布置

(4)钢筋笼制作。

① 所使用钢筋材料必须有质保书和试验报告。

② 钢筋加工时主筋搭接位置应错开，在 35d 且不小于 500 mm 的范围内接头数目不得超过总受力钢筋面积的 50%。主筋焊接必须保证搭接长度不小于规范值。纵向主筋在桩顶以下 2 m 内不设接头。水平加力筋必须和纵筋点焊成牢固的钢筋笼，保证钢筋笼不变形、不扭转。

③ 箍筋与主筋间场采用 22# 铁丝进行绑扎，绑扎要牢固，适当加以点焊。

（5）声测管安装。

① 钢筋笼绑扎完成后进行声测管的安装工作，声测管采用内径不小于 40 mm，厚度不小于 3 mm 的金属管。声测管应绑扎在钢筋笼内侧的四个角位置处，绑扎要牢固。

② 声测管底部用薄钢板焊接封闭，同根声测管连接时用钢套管焊接，上端用木塞封闭，管内无异物，连接处光滑，不漏水。管口应高出桩顶 100 mm 以上，声测管管口高度应一致。

（6）桩芯混凝土浇灌。

① 请监理单位下孔验收桩钢筋，验收合格后方可灌注桩芯混凝土。

② 浇灌前认真检查，确保机具工作状态良好，所用材料符合要求，搅拌班组配合比交底明确。

③ 指派专人旁站，并做好桩芯混凝土浇灌记录。

④ 在搅拌混凝土时，严格按照混凝土的配合比进行配料，混凝土搅拌时间不少于 90 s，坍落度控制在 80～100 mm。

⑤浇筑采用干式浇注法：在混凝土浇筑过程中，采用串筒，保证串筒端部距混凝土的浇筑面不大于 2 m，防止粗集料与水泥砂浆离散而出现离析现象。桩芯混凝土每下料 0.3 m 左右用插入式振动器振捣一次，保证桩芯混凝土的密实度。每个桩芯必须连续浇灌完成，不得留设施工缝。桩芯混凝土浇灌完成以后，8 h 后洒水养护，养护期不少于 7 天。灌桩芯混凝土时，做好混凝土试块，认真养护，达到龄期后送检。

2．抗滑桩施工质量控制

抗滑桩是一项质量要求高的工程，抗滑桩的施工质量直接关系到工程的成败。因此，控制施工质量显得特别重要。施工时必须坚持质量第一的原则，推行全面质量管理。

抗滑桩多采用灌注桩，要特别把好成孔（包括钻孔和清孔）、下钢筋笼和灌注混凝土等几道关键工序的质量关。每一工序完毕时，均应及时进行质量检验，上道工序不清，下道工序就不能进行，以免留存隐患。

施工时，每个工地应设专职质量检验员，对施工质量进行全面检查监督，质量责任落实到人，落实到每一根桩。灌注桩的质量控制，主要是指钻孔、清孔，钢筋笼制作、安放，混凝土配制、灌注等工艺工序过程的质量标准和控制方法，应以设计文件和国家或行业标准为准，制定出切合工程实际和易于操作的具体标准和要求。

1）质量要求

（1）开挖前应清顺滑体坡面，铲除陡坡，陡坎壁，填塞裂缝。如有可能，可根据设计需要，先在滑体范围以外分别浆砌圈形截水沟以减少地表水的下渗。

（2）在抗滑桩施工范围，应大致整平地面，靠山一侧刷出宽度不小于 2 m 的平台，另一侧如系弃渣或松散滑体，即应填平夯实，避免对桩产生侧压。

（3）井口四周应挖临时排水沟，防止坡面水灌入桩孔。在井口上安置提升设备以供出渣和进料，起吊高度应高出井口 3 m 以上。搭设临时风雨棚。为了施工人员的人身安全，井口设栏杆（薄壳支护高出地面者可不设）及供起吊人员装卸料用的脚踏板和井口开关门。备置起吊用箩筐或特制的活底箱、桶等。配备井内用的高压送电路及低压照明、发电机和变配电设备、爆破器材、通信设备。当井内有地下水时，还应配备潜水泵或其他类型的高扬抽水机。

（4）现场核对设计，按设计图纸测定桩位，进行施工放样。放样时要根据工地具体情况和施工可能发生的误差，每边较设计尺寸略大一些（一般为 5 cm）。

（5）桩孔开挖，应视下滑力的大小，滑体的土石结构、破坏程度及地下水等不同情况，采用全面同时开挖或跳跃式间隔开挖。当桩间距离较短（5~7 m）时，要考虑开挖与护壁混凝土灌注有工序间隙时间。根据地质条件，护壁可采用混凝土、钢筋混凝土、木质和喷护等方法，木支撑用直径 20~30 cm 的圆木框架式支撑，从上而下随挖随撑。混凝土或钢筋混凝土薄壳护壁分就地灌注和预制块分圈安装两种，一般厚 20 cm，井口 0.5 m 以内应加厚至 50 cm。预制护壁每节长 2 m 左右，土层干燥密实时可长达 4 m，虚土及土体潮湿时宜为 1.0~1.5 m。就地灌注时采用定型框架装配式木模板，当土方挖至 2 m 深时，修整四壁，绑扎护壁钢筋（间距为 200~300 mm，直径 10 mm 的钢筋网），安设木模进行浇灌，8 h 后拆除支撑方木继续下挖。

（6）桩孔开挖至设计标高，清孔检查，复核断面和地质情况，桩孔尺寸应满足要求，凿毛并清洗护壁后立即绑扎钢筋（或下预制钢筋笼），灌注桩身混凝土，不容拖延时间。桩身混凝土必须连续灌注，灌注时，每一捣固层的厚度不宜超过 30 cm，除井口和井底各 0.5 m 以内，一律不许留施工缝。水泥等级、钢筋型号的材料必须满足设计规范的要求，严禁使用不合格的材料。

（7）在进行井下爆破时，井深 3 m 以内用火花起爆，超过 3 m 时用电爆或传爆线引爆。炮眼深 0.6 m 时装药量不超过 200 g，炮眼距井壁不小于 0.6 m，炮眼深 1.0 m 时，装药量为 300~400 g，炮眼距井壁不小于 1.0 m。爆破后可用高压风管吹风排烟，一般用功率为 0.25 kW 的 GZH2 型单向鼓风机，也可用明火排烟，即将干茅草扎成较松的小捆或用废纸、刨花、先在井口燃旺，然后投入井内。但忌用油染物燃烧，以免增加烟雾。排烟后，喷水降尘，15 min 后方可下井作业。

（8）人员上下使用用直径 16~22 mm 的钢筋制成的梯子。每节梯长 2~4 m，宽 35 cm，使用时逐节扣挂，顶上一节插入预埋的扣环中。爆破时应将底部 2~3 节吊离井底。

（9）井内照明采用低压灯泡（36 V），爆破时需将灯泡全部提出，以防震坏。

2）技术措施

（1）精确测定桩位，根据桩位中心十字交叉放出护桩（4 个），距孔边缘 1.0 m 左右。经常检查桩孔净空尺寸和平面位置。使孔的中线误差、截面尺寸、孔口平面位置满足设计要求。

（2）上下节护壁的搭接长度不得小于 50 mm，每节护壁均应在当日连续施工完毕，护壁混凝土必须保证密实，根据地质情况使用速凝剂，护壁模板的拆除宜在 8 h 后进行，桩身钢筋的接头按钢筋图中的说明进行。

（3）孔内混凝土一次连续灌注，不得中途停顿。桩孔灌注完后及时进行桩顶混凝土养护。

（4）严把材料关，钢筋应有出厂质量保证书或试验报告单，并作机械性能试验，对进场的钢筋进行抽验，遵守"先试验，后使用"的原则，对严重锈蚀及其他不合规范的钢筋，坚决不予验收、使用。

（5）严格控制钢筋的加工质量，加强对加工后的钢筋存放管理，保证钢筋的绑扎和焊接质量。

3）安全要求及防控措施

（1）现场技术负责人在施工前对施工班组进行全面、具体和有针对性的安全技术交底，内容包括工作场所和安全防护措施、安全操作规程、安全注意事项，开展经常性的安全自查，严禁使用手动提升设备。

（2）施工现场挂设安全标志，特别是在主要施工部位、作业点和危险区域、主要通道口处均应挂设相关的安全标志。施工机械设备随机挂设安全操作规程。

（3）开始掘进前，做好防止落石及塌方的施工准备工作，先将井口周围 2 m 以内的碎石、杂物清除干净；在土质比较破碎的地表掘进，井口必须支护，锁口应高出地表 0.45 m，进入桩基坑中作业必须戴好安全帽。

（4）防护壁坍塌措施：每节 1 m 桩孔挖完后立即支护护壁施工，筑护壁混凝土 8 h 后方可拆除护壁模板；上、下护壁要有钢筋拉结，搭接长度不小于 10 cm。避免护壁出现流砂、淤泥而造成护壁因自重而沉裂的现象，在破碎地段的护壁处可适当增加锚杆，以防止护壁滑落。

（5）对施工现场的所有设备、设施、安全装置、工具和劳保用品等需要经常进行检查，确保完好和安全使用。对运土吊筐，经常检查其质量、吊绳是否扎牢，以防掉土、掉石砸伤井下施工人员。对提升架卷扬机质量、滑轮、吊绳等定期检查，防止出现断落、脱落等事故。

（6）桩孔开挖如需采用爆破作业，爆破飞石的控制则需在锁口位置覆盖炮被。

（7）当桩孔孔深超过 8 m 时，地面配备向孔内送风装置，风量不少于 25 L/s。孔底凿石时必须加大送风量。

（8）桩孔设置 C20 钢筋混凝土护壁，派专人经常检查桩孔混凝土护壁的施工质量和变形情况。

（9）井口护圈要高出地面 0.3 m，并防止井口杂物掉入桩孔内砸伤人员。桩孔内必须放置爬梯，随挖孔深度增加放长至工作面，以作安全使用施工人员上下必须使用爬梯，禁止用电动卷扬机带人。严禁酒后操作，不准在孔内吸烟和使用明火作业。

（10）已灌注完混凝土或正在挖孔未完成的桩口，必须设置井盖和围栏围挡。

（11）凡在孔内抽水之后，必须先将抽水的专用电源切断，作业人员方可下桩孔作业，严禁带电源操作。挖孔人员上下孔井，必须使用安全爬梯；井下需要工具，必须用专用绳索递送，绳索随时检查，有断丝立即更换。禁止任何井内抛掷。井下作业人员持续作业以 2 h 为宜，最长不得超过 3 h。应勤换井下作业人员，轮换下井作业。井孔上、下有可靠的通话联络，如对讲机等。孔口配合孔内作业人员要密切关注孔内的情况，不得擅离岗位。

（12）施工场内的一切电源、电线路的安装和拆除，必须由持证电工专管，电器必须严格接地、接零和使用漏电保护器。各桩孔用电必须分闸，严禁一闸多孔和一闸多用。必须采用"三相五线"，施工现场的电线架空高度距地面不得低于 3 m，且绝缘良好。

（13）桩孔验收合格后，立即进行桩身钢筋笼吊装就位，钢筋笼入孔吊装时要防止碰撞破坏孔壁。

（14）成孔后混凝土灌注前，应用竹胶板或木板将井口掩盖，并设安全警示措施。

7-3-4 任务拓展

抗滑桩设计计算实例

1. 设计资料

（1）滑体土重度。

天然重度：19.50 kN/m³；饱和重度：20.0 kN/m³。

（2）滑带土 c、φ 值。

天然状态：c=20.0 kPa，φ=26.0°

饱和状态：c=16.0 kPa，φ=23.0°

（3）承载力设计参数。

块碎石土：承载力特征值取 250~400 kPa，压缩模量取 6.0~10.0 MPa，地基比例系数 $m=4\times10^4$ kN/m⁴。

基地摩擦系数设计参数：岩土对挡墙基地的摩擦系数取 0.5。

反压人工填土：重度 19.5 kN/m³，摩擦系数取 0.4。

（4）物理力学指标：滑体：γ_1=19.5 kN/m³，φ_1=26°，c_1=20 kPa

滑床：γ_2=21.1 kN/m³，φ_2=32°，c_2=35 kPa

根据岩性及地层情况，滑面处的地基系数采用 A=300000 kN/m³，滑床土的地基系数随深度变化的比例系数采用 m=40 000 kN/m⁴，桩附近的滑体厚度为 10 m，该处的滑坡推力 E=1000 kN/m，桩前剩余抗滑力 E'=0 kN/m。

抗滑桩采用 C20 钢筋混凝土，其弹性模量 E_h=28e⁶ kPa，桩断面为 $b\times a$=2 m×3 m 的矩形，截面 S=1.5 m²，截面模量 $W=\frac{1}{6}ba^2=375$ m³，截面对桩中心惯性矩 $I=\frac{1}{12}ba^3=28125$ m⁴，相对刚度系数 $EI=0.85E_h\cdot I=6\ 693\ 750$ m²，桩的中心距 l=5 m，桩的计算宽度 $B_p=b+1=2$ m，桩的埋深 h=4 m。

2. 采用 m 法计算桩身的内力

（1）计算桩的刚度：

桩的变形系数 $\alpha = \sqrt[5]{\dfrac{m \cdot B_p}{EI}} = 0.473\,903\,699\,380\,272$（$m^{-1}$）

桩的换算深度 $\alpha \cdot h = 1.895\,614\,797\,521\,09 < 2.5$，故按刚性桩计算。

（2）计算外力：

每根桩承受的水平推力 $T = 1000 \times 5 = 5000$（kN）

每根桩前的剩余抗滑力 $P = 360 \times 5 = 1800$（kN）

桩前被动土压力 $E_p = \dfrac{1}{2}\gamma_1 h_1^2 \tan\left(45° + \dfrac{\varphi_1}{2}\right) = 355.93$ kN/m

桩前被动土压力大于桩前剩余抗滑力，故桩前抗力按被动土压力控制。

滑坡推力按三角形分布，桩前抗力按三角形分布，如图 7-26 所示。计算示意图如图 7-27 所示。

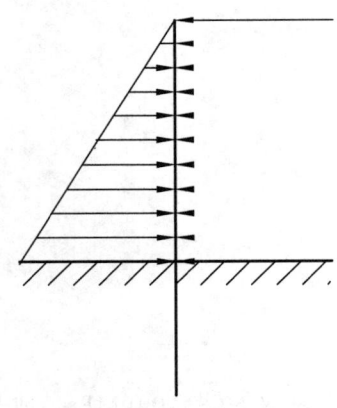

图 7-26　荷载分布图

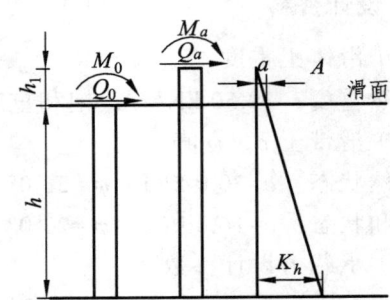

图 7-27　虚点计算示意图

滑面处的剪力 $Q_0 = 3220.34$ kN，滑面处弯矩 $M_0 = 3220.34 \times 3 = 9661.01$ kN·m。

（3）计算转动中心的深度及转角：

转动中心的深度：$y_0 = \dfrac{h\left[2A(3M_0 + 2Q_0 h) + mh(4M_0 + 3Q_0 h)\right]}{2\left[3A(2M_0 + Q_0 h) + mh(3M_0 + 2Q_0 h)\right]}$

$= 2.534\,246\,575\,342\,47$ (m)

转角：$\varphi = \dfrac{12\left[3A(2M_0 + Q_0 h) + mh(3M_0 + 2Q_0 h)\right]}{B_p h^3 \left[6A(A + mh) + m^2 h^2\right]}$

$= 1.842\,412\,767\,769\,21e^{-3}$ (rad)

（4）求桩身内力及侧向应力：

侧向应力：$\sigma_y = (y_0 - y)\varphi(A + my)$

滑动面以下深度 y 处桩截面的弯矩和剪力，取 y 处上部为分离体，由 $\sum M = 0$ 及 $\sum X = 0$ 求得：

当 $y < y_0$ 时：$Q_y = Q_0 - \dfrac{1}{2}AB_p \varphi y(2y_0 - y) - \dfrac{1}{6}B_p m \varphi y^2 (3y_0 - 2y)$

$$M_y = M_0 + Q_0 y - \frac{1}{6} B_p A \varphi y^2 (3y_0 - y) - \frac{1}{12} B_p m \varphi y^3 (2y_0 - y)$$

当 $y \geqslant y_0$ 时：$Q_y = Q_0 - \frac{1}{6} B_p m \varphi y^2 (3y_0 - 2y) - \frac{1}{2} B_p A \varphi y_0^2 + \frac{1}{2} B_p A \varphi (y - y_0)^2$

$$M_y = M_0 + Q_0 y - \frac{1}{6} B_p A \varphi y_0^2 (3y - y_0) + \frac{1}{6} B_p A \varphi (y - y_0)^3 - \frac{1}{12} B_p m \varphi y^3 (2y_0 - y)$$

计算结果见表 7-5 和图 7-28 ~ 图 7-30。

表 7-5

桩埋深/m	侧应力 σ/kPa	剪力 Q/kN	弯矩 M/（kN·m）
0	1 400.738 474 125 9	2 050.041 75	4 100.083 5
0.4	1 305.478 162 472 92	964.410 710 903 48	4 700.433 717 203 28
0.8	1 163.052 083 965 04	− 26.145 772 128 693 6	4 884.288 676 198 03
1.2	973.460 238 602 265	− 883.895 085 612 607	4 697.224 722 106 76
1.6	736.702 626 384 603	− 1 571.104 616 064 35	4 199.911 245 445 57
2	452.779 247 312 048	− 2 050.041 75	3 468.110 682 124 1
2.4	121.690 101 384 603	− 2 282.973 873 935 65	2 592.678 513 445 57
2.8	− 256.564 811 397 735	− 2 232.168 374 387 39	1 679.563 266 106 76
3.2	− 681.985 491 034 964	− 1 859.892 637 871 31	849.806 512 198 029
3.6	− 1 154.571 937 527 08	− 1 128.414 050 903 48	239.542 869 203 284
4	− 1 674.324 150 874 1	− 1.136 868 377 216 16e^{-12}	3.410 605 131 648 48e^{-13}

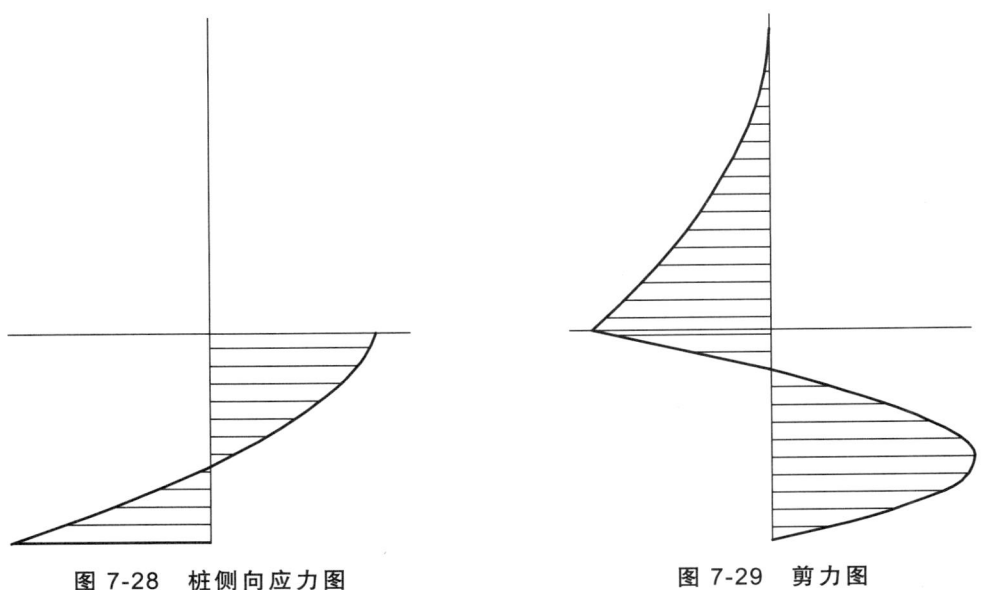

图 7-28 桩侧向应力图　　　　图 7-29 剪力图

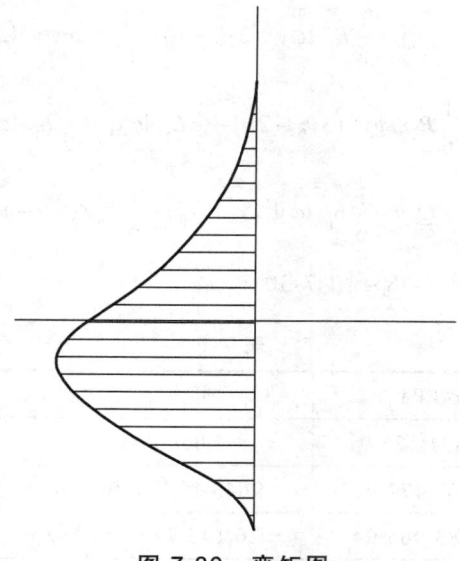

图 7-30 弯矩图

侧应力为 0 的一点即为剪力最大点,求得当埋深:y=2.534 246 921 539 31 m 时 $\sigma_y=0$,所以:

$$Q_{max}=-2\ 299.429\ 221\ 397\ 48\ kN$$

剪力为 0 的一点即为弯矩最大点,求得当埋深:y=0.788 782 596 588 135 m 时 $Q_y=0$,所以:

$$M_{max}=4\ 884.435\ 421\ 988\ 42\ kN$$

3. 抗滑桩桩侧地基应力验算

地基 y 点的横向容许承载力应满足:

$$\sigma_{max} \leqslant K_H \eta R$$

式中 K_H——在水平方向的换算系数,根据岩层构造取 0.5;

η——折减系数,根据岩石的裂隙、风华及软化程度,取 0.3;

R——岩石单轴抗压极限强度,$R=20\ 000\ kPa$。

依次计算出桩侧各点的容许应力值,计算结果见表 7-6。

表 7-6

桩埋深/m	侧应力 σ/kPa	允许侧应力 $[\sigma]$/kPa
0	1 400.738 474 125 9	3000
0.4	1 305.478 162 472 92	3000
0.8	1 163.052 083 965 04	3000
1.2	973.460 238 602 265	3000
1.6	736.702 626 384 603	3000

续表

桩埋深/m	侧应力 σ/kPa	允许侧应力 $[\sigma]$/kPa
2	452.779 247 312 048	3000
2.4	121.690 101 384 603	3000
2.8	−256.564 811 397 735	3000
3.2	−681.985 491 034 964	3000
3.6	−1 154.571 937 527 08	3000
4	−1 674.324 150 874 1	3000

4．抗滑桩结构设计

（1）纵向钢筋设计。

抗滑桩结构设计按极限应力状态法，截面强度根据《混凝土结构设计规范》（GBJ10—89）进行计算。

桩截面受压区高度：$x = \dfrac{f_{cm}bh_0 \pm \sqrt{f_{cm}^2 b^2 h_0^2 - 2f_{cm}bKM}}{f_{cm}b}$

式中　f_{cm}——混凝土弯曲抗压设计强度；
　　　h_0——有效高度，$h_0 = 1.5 - 0.08 = 1.42$ m；
　　　K——安全系数，取 1。

代入解得：$x_1 = 2.35119336186379$ m（舍去），$x_2 = 0.488806638136205$ m

纵向受力钢筋所需面积：$A_s = \dfrac{KM}{f_y\left(h_0 - \dfrac{x}{2}\right)}$

式中　f_y——钢筋抗拉设计强度，选用Ⅱ级钢，$f_y = 310$ MPa。

得：$A_s = 125.488092920432$ cm^2。

选用 12Φ40@200，2 排布置。

实际钢筋面积 $A_s = 150.7964448$ cm^2

（2）箍筋设计：

$KQ_{max} = 2299.42922139748$，$0.07 f_c b h_0 = 1182.86$

所以，需要配抗剪箍筋。

由公式 $Q_{hn} = 0.07 f_c b h_0 + \alpha_{kn} f_y \dfrac{A_k}{s} h_0$

式中，s 为箍筋间距，取 40 cm；f_y 为箍筋的抗拉设计强度；f_c 为混凝土轴心抗压设计强度；α_{kn} 为抗剪强度影响系数。$\dfrac{KQ}{bh_0} \leq 0.2 f_c$ 时，取 2；$\dfrac{KQ}{bh_0} \geq 0.3 f_c$ 时，取 1.5；$\dfrac{KQ}{bh_0}$ 为中间值时，用内插法取值。

因为 $\dfrac{KQ}{bh_0 f_c} = 0.136\,077\,004\,461\,918$，所以 $\alpha_{kn} = 2$。

求得同一截面上各肢箍筋截面积之和：

$$A_k = \frac{(Q_{max} - 0.07 f_c b h_0)s}{\alpha_{kn} f_y h_0} = 507.300\ 872\ 965\ 69\ (\text{mm}^2)$$

取双肢 Φ14，实际面积为 615.752 149 6> A_k。

项目小结：

路基加固设备包括挡土墙、抗滑桩和锚索工程，是为保证路基本体或者是与路基本体性状有关的周围土体稳定而修建的建筑物。掌握各种建筑物的适用条件、质量要求和施工工艺。掌握挡土墙的维护措施和要求。

项目训练：

1. 完成重力式挡土墙的施工放线、技术交底和质量验收评定工作。
2. 完成抗滑桩的施工放线、技术交底和质量验收评定工作。
3. 编制锚索工程的施工方案。

本项目数字资源

项目 8　高速铁路路基过渡段施工

项目描述：

过渡段是设置在高速铁路路基与不同结构物之间以及路基不同结构形式之间的过渡结构。设置过渡段主要是解决线路纵向相邻结构体之间不同刚度、不同沉降的平顺过渡问题。过渡段包括路桥过渡段、路涵过渡段、路堤与路堑过渡段及半填半挖过渡段。过渡段是线路刚度变化较大的部位，是铁路线路中的薄弱环节，因此，在设计和施工中采用恰当的结构形式保证线路刚度在过渡段内实现渐变从而减少差异工后沉降，是过渡段要解决的问题。

学习目标：

知识目标：

掌握各种类型过渡段的形式和要求；掌握过渡段的施工工艺；掌握过渡段的检验标准。

能力目标：

能够熟练进行过渡段的施工管理和质量控制；能够熟练进行过渡段的质量验收工作。

素质目标：

具备严格执行铁路标准和规范的意识；具备协作精神；具备自我管理能力和协调、组织能力。

思政目标：

培养刻苦钻研、自强不息的拼搏精神。通过宣传技校毕业技工成长为"全国技术能手""全路首席技师""铁路工匠""最美铁路人"代云华的典型事迹，激励同学们自强不息，勤学苦练，力争成为最美铁路人。

课程思政：

高速铁路路基过渡段是铁路线路中的重要部分，需要精细化设计、精细化施工，如果处理有偏差就可能造成线路不平顺，影响到正常行车，甚至造成行车事故。要求同学们精准掌握过渡段施工管理技能，通过勤学苦练练就本领，培养同学们刻苦拼搏的精神显得尤为重要。

中国铁路昆明局集团有限公司昆明供电段接触网工——代云华如今在"6 米高度、毫厘安全"的银线之上，犹如一个舞者翩翩起舞、挥洒自如。要练就高超的技术非一日之功。2002 年，昆明供电段举行职工技能竞赛，代云华成了"板凳队员"，因为比赛成绩不理想，他暗下决心：一定要做接触网检修的"最强者"。一个简单的吊弦制作，他练习成百上千遍，手上挑破的血泡结成了厚厚的茧子；为了练体能，他每天要做 100 个俯卧撑、100 个蛙跳，坚持至今。几年下来，他练就了一身硬功夫，掌握了炉火纯青的技能，获得了众多荣誉。

作为一名高铁专业的学生，我们一定要对自己高标准严要求，苦练基本功，练就精湛技能为高铁建设做出自己的贡献。

任务 8-1　路桥过渡段施工

8-1-1　任务目标

（1）根据具体条件能够合理设置路桥过渡段；
（2）掌握路桥过渡段的施工控制要点。

8-1-2　相关知识

1. 设置过渡段的必要性

高速铁路的发展必须以安全、可靠、舒适等为前提，要求构成铁路系统的各个方面都具有高品质和高可靠性。其中，铁路线路的稳定与平顺是必不可少的条件。铁路线路是由不同特点、性质迥异的构筑物（桥、隧、路基等）和轨道构成的，它们相互作用、相互依存、相互补充，共同构成了一条平滑线路。组成线路的结构物强度、刚度、变形、材料等由于存在巨大的差异，因此必然会引起轨道的不平顺。在路基与桥梁的连接处，由于路基与桥梁刚度差别极大，将引起轨道刚度的变化；另外路基与桥台的沉降也不一致，使运动车轮经历高度的突然变化。这些变化使运动车轮产生竖向加速度，轮轨间将产生较大的冲击作用力。

长期以来，我国铁路设计和施工中，尚没有过渡段的明确概念。实际施工过程中，路桥过渡段又是一个薄弱环节，路基填土与桥台施工不协调，常使桥台背后填料无法达到最佳控制标准，使得运营后的线路在路桥过渡段有较多的病害发生。特别是桥台后填土较高的地段，病害尤为严重，经常的线路维修使得桥台后的路基道砟囊深度达到 2～3 m，纵向延伸 20～30 m。

路涵、堤堑过渡处也存在类似的情况。

高速铁路要求线路结构是少维修或免维修的，不能在过渡处有影响高速运营的线路病害出现。为了满足列车平稳舒适且不间断地运行，必须将不平顺控制在一定范围之内。轨道的不平顺有静不平顺和动不平顺之分。静不平顺是指轮轨接触面不平顺，如钢轨轨面不平顺、不连续（接头、道岔）、车轮不圆顺等；动不平顺是指轨下基础弹性不均匀，如扣件失效、枕下支承失效、路基不均匀以及桥台与路基、路堤与路堑、路基与隧道等过渡段的弹性不均匀等。设置过渡段可使轨道的刚度逐渐变化，并最大限度地减小沉降差，达到降低列车与线路的振动，减缓路基结构的变形，保证列车安全、平稳、舒适运行的目的。

2. 过渡段变形不一致的原因

路桥、路涵和堤堑过渡段受到高速运行车辆动荷载的作用时，往往会出现较大的跳车现象，产生这种现象的主要原因有以下几个方面：

1) 路基与桥涵的结构差异

桥涵结构一般是刚性的，而路基则是柔性的。由于这两种结构的差异，在路基与桥（涵）之间必然存在着变形差异。路桥（涵）过渡段由于刚性、自重、强度的不同，在列车荷载作用下又是应力集中区域，必然产生变形的不一致。

2) 路堤填料原因

普通铁路的路堤填料一般是填土，压实标准相对较低；同时，过渡段的作业面往往相对狭小，碾压质量不易控制，压实度难以达到设计要求。

3) 地基原因

地基土的性质及结构不同，所产生的沉降和沉降达到稳定所需要的时间也不同。桥头路基一般填筑较高，地基土承受的附加应力较大，地基的沉降变形较其他路段要大，软弱地基路段尤其如此。

4) 施工原因

施工时，对工期或工序的安排不当，以至过渡段的填土碾压工作安排在施工工期尾部，被迫赶工期，不能够很好地控制填土压实质量，使得过渡段路基产生较大的压密下沉变形。

5) 重桥轻路意识的原因

设计和施工中重桥轻路的意识是影响路桥过渡段施工质量的又一因素。目前在铁路建设工程中，往往是路、桥分家，重桥轻路。桥梁施工中集中了大量精干的工程技术人员，而路基施工中却未能投入必要的技术人员。在设计中没有把路桥过渡区段作为一种结构物来考虑，没有较为合理的设计要求，在施工过程中路桥过渡区段又是质量控制的薄弱环节。

3. 过渡段施工总体要求

1) 路堤与桥台过渡段工序作业要点

上道工序：桥台施工

表 8-1 路堤与桥台过渡段工序作业要点

序号	工序	作业控制要点
1	准备	过渡地基加固在桥台基础施工前完成，过渡段填筑和与其相连的路堤及锥体同步施工
2	基坑回填	桥台基坑以混凝土或碎石分层填筑，回填碎石时用小型设备碾压，分层厚度为 20 cm
3	填料摊铺	填料场拌，摊铺机或平地机摊铺，层压实厚度不大于 30 cm，不小于 15 cm；过渡段与相连路堤及锥体同步进行，碾压面按大致相同的水分层高度填筑
4	碾压	先静压、后弱振、再强振，最后静压收光；由两侧路肩向中心碾压，沿线路纵向碾压重叠≥40 cm，区段交界处纵向搭接压实长≥2 m；大型机械碾压不到的及台后 2 m 范围，用小型振动压实设备碾压，填料松铺厚度≤20 cm；加入水泥的级配碎石填料在 2h 内填压完

续表

序号	工序	作业控制要点
5	防排水施工	台背与填料间设置防排水层，桥台背填料表面按设计要求采取防渗措施；两侧坡脚、路堤底部纵横向排水符合设计
6	质量控制	顶面标高：±20 mm，中线至路肩边缘距离：≥设计，横向宽度：≥设计，横坡：±0.5%，平整度：15 mm，纵向长度：≥设计

下道工序：基床表层

2）注意事项

过渡段由于是路基工程与其他工程的衔接过渡部位，所以作为与过渡段衔接的桥台、涵洞等结构物均应提前安排施工。当桥台、涵洞施工及地基处理完成后，应立即进行过渡段的填筑，以便加长过渡段静置自稳的时间，进一步减小工后沉降量。

为了保证过渡段的填筑质量，原则上过渡段与相邻路堤应按水平分层一体同时填筑。但确有困难不能同时施工的，为保证路基施工进度，可采取在桥台后预留一定长度的路堤填筑段并做出台阶，待后期过渡段施工条件成熟后与过渡段一起施工。

过渡段填筑材料级配碎石应采用工厂化生产，粒径、级配及材质应符合要求。

过渡段所产生的差异沉降主要来源于地基，虽然在过渡段填筑材料及压实标准上采取了一定措施以保证刚度实现渐变，但地基土形成不同沉落的渐变及刚性渐变更为重要。为此，从设计到施工，在过渡段地基处理上应采取加固措施。

若地基土质较好，承载力能满足设计要求，应采取用重型碾压设备对地基土进行碾压或用强夯设备进行强夯。碾压时，碾压击振力及碾压遍数，应从结构物开始沿过渡段长度进行渐变。而强夯的单击夯能及夯击遍数也应从结构物开始沿过渡段长度实行渐变。这些措施的详细方案要在施工中经过工后沉降和不均匀沉降分析来确定。地基经处理后，应在过渡段范围内用检测仪器对地基承载力、压缩系数进行检测，并根据荷载情况，估算差异沉降是否满足要求，之后才能进行路基本体的填筑。

若地基土质较差，承载力不能满足要求，需采取地基加固措施，如可采用各种桩的复合地基。在复合地基施工中，也应使桩从结构物开始，沿过渡段长度的桩距、桩长实现渐变，即靠近结构物一侧，桩距要小些，桩长要长些。复合地基施工完成后，也应进行承载力及压缩系数检测，并进行差异沉降估算，满足要求后才可以进行路基的填筑。

过渡段施工完成后，在其范围内可采取堆载预压，堆载预压填土厚度应从结构物一端开始，实现填筑厚度的渐变，另外，在卸荷时也可以实行时间上的渐变。

过渡段的结构物如为扩大基础，开挖时应尽可能控制开挖断面，使其在满足基础轮廓尺寸的情况下稍有富余，开挖时要少扰动周围地基土，开挖富余部分应用混凝土填平。

过渡段按基床表层、基床底层及基床底层以下部分压实标准进行压实，压实质量采用 K_{30}、E_{vd} 检测及压实系数 K 等指标控制。

过渡段施工中应注意：级配碎石拌和时，要根据天气情况及运输距离的长短适当调整含水量，保证摊铺碾压时填料处于最佳含水量状态。发现填料含水量偏小或过大时，要进行洒水或晾晒。严格控制松铺厚度及摊铺平整度，做好横向排水坡，确保压实质量。过渡段的基床表层应与其相邻路堤基床表层同时施工，以加强其相互间的整体性能。在全部过渡段施工准备阶段，要做好所有过渡段差异沉降的估算工作，给过渡段后期的沉降观测提供可靠的依据。

8-1-3 任务实施

1. 路桥过渡段设置方式

（1）路堤与桥台连接处应设置过渡段，可采用沿线路纵向倒梯形过渡形式，如图8-1所示。并应符合下列规定：

过渡段长度按式（8-1）确定，且不小于20 m。

$$L=a+(H-h)\times n \tag{8-1}$$

式中　L——过渡段长度，m；

　　　H——台后路堤高度，m；

　　　h——基床表层厚度，m；

　　　a——倒梯形底部沿线路方向长度，取 3~5 m；

　　　n——常数，取 2~5。

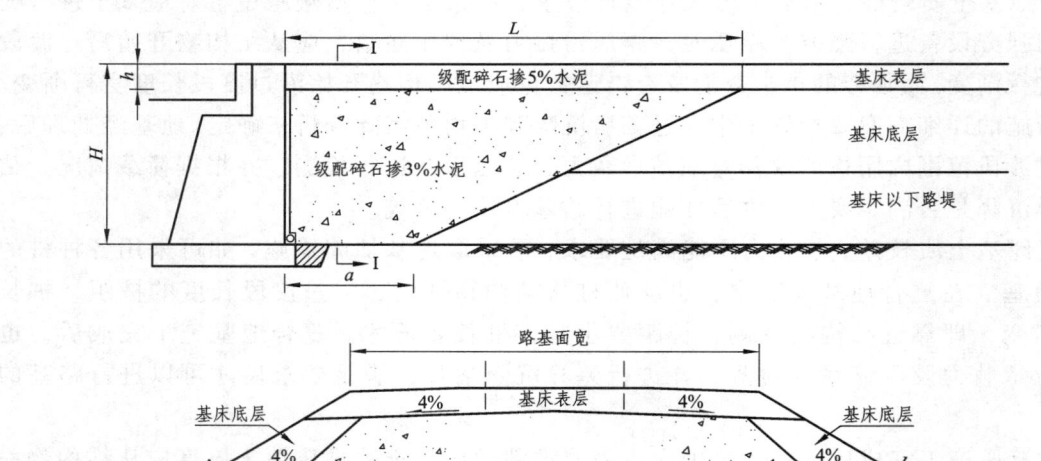

图 8-1　台尾过渡段设置示意图

（2）正梯形结构，如图8-2所示。

过渡段长度可按式（8-1）确定：

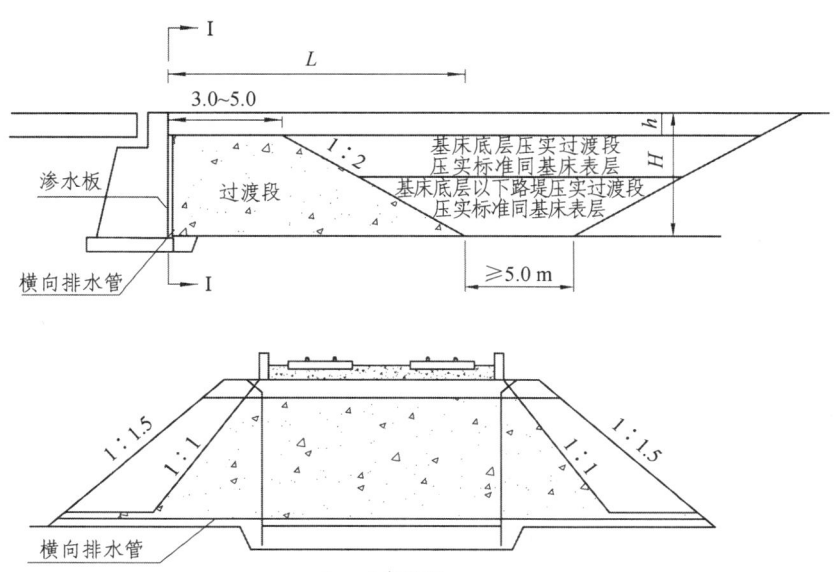

图 8-2 正梯形结构过渡段

（3）二次过渡结构，如图 8-3 所示。

过渡段长度可按下式确定：

$$L=2a+2n\times(H-h) \qquad (8-2)$$

式中 L——过渡段长度，m；

H——台后路堤高度，m；

h——基床表层厚度，m；

a——常数，取 3~5 m；

n——过渡段纵向边坡坡率，可取 2~5。

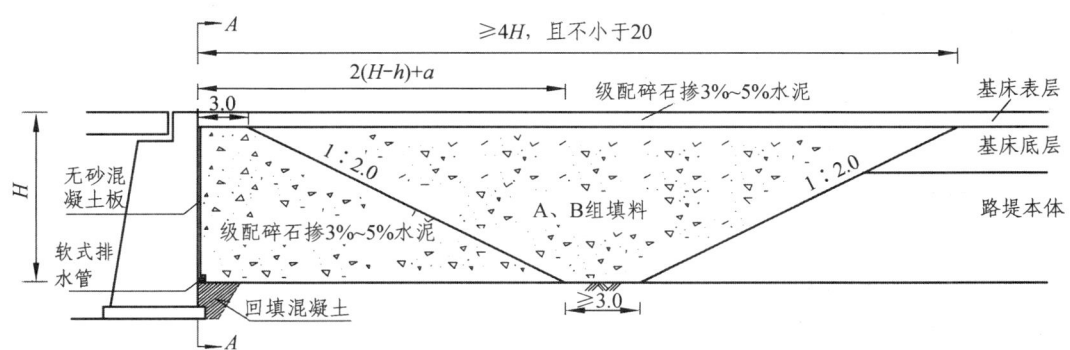

图 8-3 二次过渡结构过渡段

2. 路桥过渡段施工工艺及方法

对桥台台后基坑进行清理，做到基坑底面无桥台施工所产生的垃圾及松土（杂土）。基坑内一次连续浇筑素混凝土（素混凝土强度以施工图设计为准），浇筑后的标高与桥台基础顶部标高一致。混凝土浇筑严格遵照混凝土施工操作规程。混凝土施工完成后做好养护工作。

待桥台基坑素混凝土达到一定强度后,对过渡段其他先期已经处理过的地基表面再做必要的清理,然后进行施工放线。施工放线时,首先对其路基中线进行定位,对标高进行精确测量并计算出过渡段所要填筑的实际标高,以此为依据并同时参照路桥过渡段连接形式示意图的相关数据,对同一水平填筑层的不同填料所填筑范围进行详细计算,并进行实际测量放样。根据过渡段不同部位填料的不同,由桥台向路基方向、由中心线向路基两侧按顺序依次进行填料的填筑工作。每层填料的松铺厚度应以预先试验所得数据为准。

每层填料利用人工及推土机松铺填筑完成之后,根据试验段所得出的压实数据及标准进行碾压,达到过渡段设计规定的正常标准。过渡段基床表层以下的级配碎石碾压以静压和弱振为主,不宜过多采用强振。在过渡段的桥台台尾后 2 m 范围内,为防止碾压机械挤碰桥台,不应使用大型压实设备进行碾压,可采用内燃式冲击夯或其他小型夯实机具进行夯实,其振压遍数以达到设计要求的压实标准为准。待该填筑层压实工作完成之后,需对设计要求的各项指标进行检测,检测合格后进入下一层的施工。

3. 路桥过渡段填料规格与压实标准

1) 级配碎石的规格与压实标准

级配碎石的级配范围可参考表 8-2 的要求。

表 8-2 碎石级配范围

级配编号	通过筛孔（mm）质量百分率（%）									
	50	40	30	25	20	10	5	2.5	0.5	0.075
1	100	95~100	—	—	60~90	—	30~65	20~50	10~30	2~10
2	—	100	95~100	—	60~90	—	30~65	20~50	10~30	2~10
3	—	—	100	95~100	—	50~80	30~65	20~50	10~30	2~10

注：颗粒中针状、片状碎石含量不大于 20%；质软、易破碎的碎石含量不得超过 10%。

过渡段路基基床表层应填筑级配碎石,压实标准应符合基床表层压实标准并掺入 5% 水泥。基床表层以下倒梯形部分分层填筑掺入 3% 水泥的级配碎石,级配碎石的级配范围应符合表 8-1 的规定,压实标准应符合压实系数 $K \geqslant 0.95$、地基系数 $K_{30} \geqslant 150$ MPa/m、动态变形模量 $E_{vd} \geqslant 50$ MPa。

过渡段地基加固工程宜在桥涵基础施工前完成,基底处理与桥台、临近路基同时进行。过渡段路基高度小于 3.0 m 时,原地面处理后的质量应符合基床底层填筑压实标准；过渡段路堤高于 3.0 m 时,过渡段基地原地面平整后,应用振动压实设备碾压密实,并满足 $E_{vd} \geqslant 30$ MPa。

二次过渡结构的倒梯形部分通常采用 A、B 组填料填筑。倒梯形结构、正梯形结构的过渡段,也可以采用加筋土结构。

过渡段路堤应与相连的路堤同时施工，并将过渡段与连接路堤的碾压面，按大致相同的高度进行填筑。

过渡段桥台基坑应以混凝土回填或以碎石分层填筑并用小型振动机械压实。压实质量应满足动态变形模量 $E_{vd} \geqslant 30$ MPa。

2）加筋土的规格与压实标准

倒梯形结构、正梯形结构的过渡段，基床表层以下部分也可以采用加筋土结构，如图 8-4 所示，填筑材料一般选用 A、B 组粗粒土，其间分层铺设土工格栅，每层土工格栅间距宜为 0.3～0.5 m，与桥台尾相接处应包裹反折。

A、B 组粗粒土的规格与压实标准，可以采用不同速度目标值的客运专线对基床底层填料规格与压实标准的相关要求。

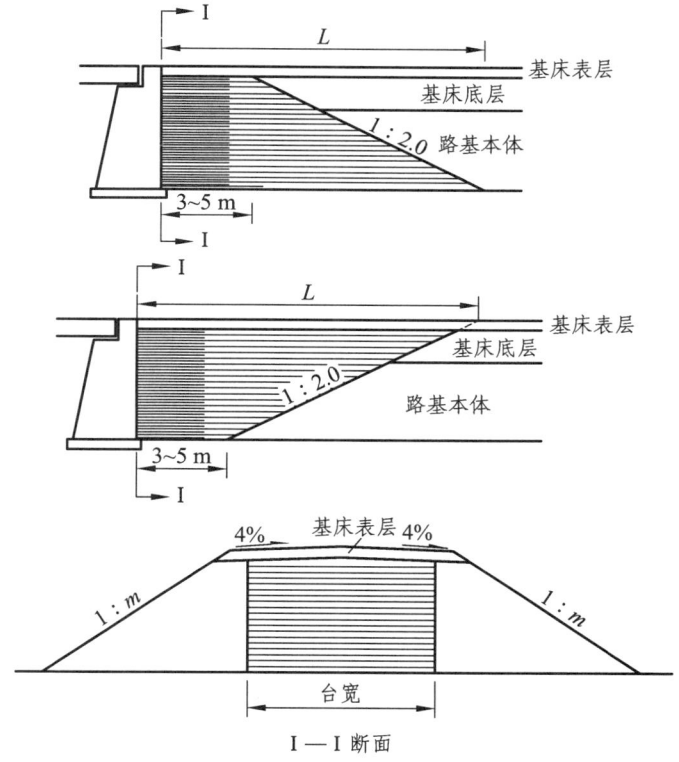

图 8-4 加筋土路桥过渡段设置方式

8-1-4 任务拓展

1. 端刺

CRTSII 型板式无砟轨道结构的底座板和轨道板由于是纵向连续铺设的，在温度、列车制动和混凝土收缩等作用下会产生纵向荷载和变形，为避免对桥梁结构造成影响，在邻近桥台的路基段设置端刺结构，将荷载传递至路基，达到限制轨道结构纵向位移的目的。为避免端刺受力对桥台产生影响，锚的主端刺一般设在离桥台约 50 m 以外的地方。

目前端刺主要结构有两种，分别为倒 T 形[见图 8-5（a）、（b）]和 Π 形（见图 8-6）。

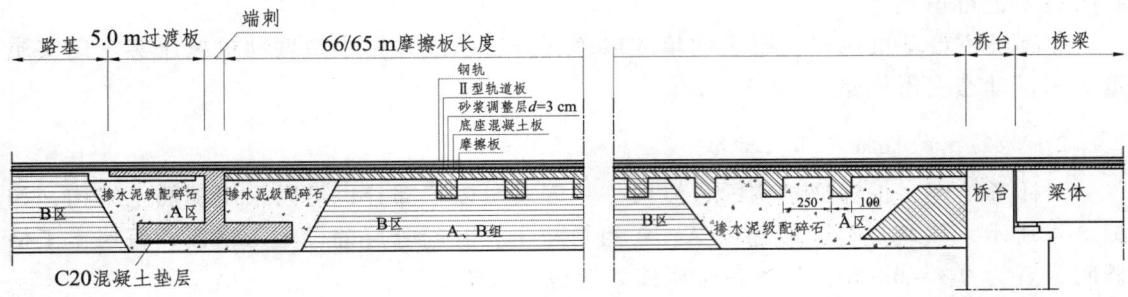

（a）标准摩擦板+倒 T 形端刺示意图

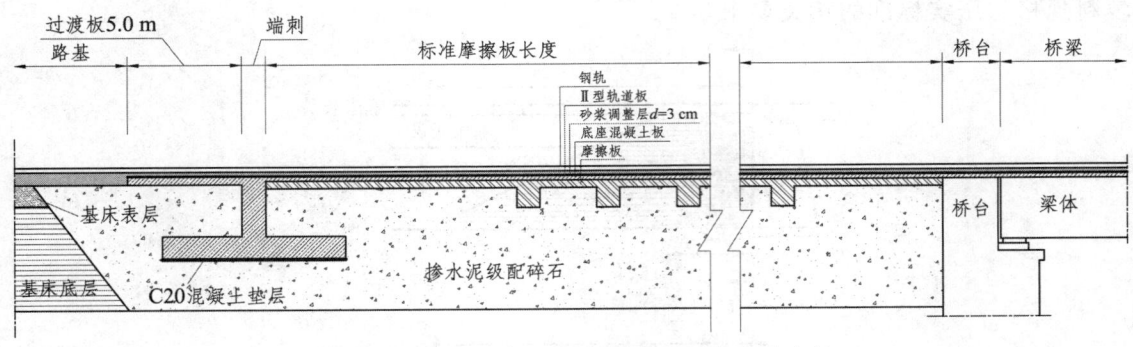

（b）路基已填筑情况下的摩擦板+倒 T 形端刺

图 8-5　倒 T 形端刺示意图（单位：cm）

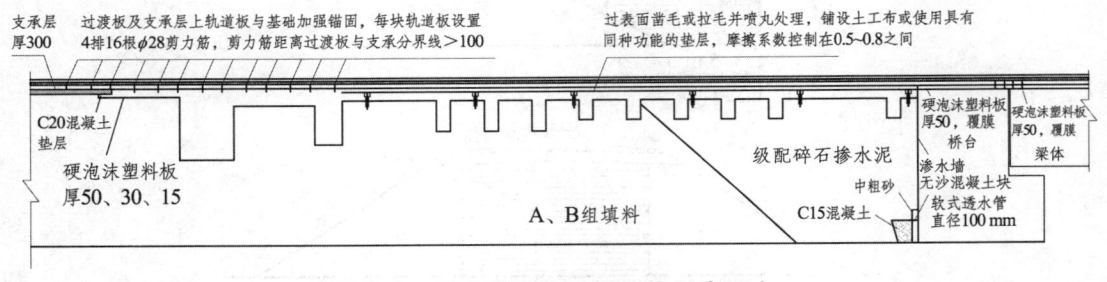

图 8-6　Π 形端刺（双柱结构示意图）

2. 端刺的施工要求

（1）修筑于路基上的端刺应按设计要求的位置、形状、尺寸与路基同步修建，不得因施工而损坏、影响路基的稳定与安全。

（2）基坑开挖应符合设计要求，基坑不得浸水。

（3）在已填筑路基上可采用"一标二挖三修面，分层开挖勤出渣"的基坑开挖方法。宜采用电动手锯切缝，防止扰动外侧表层填料，基坑坑壁应预留 10 cm 于最后进行修面。"一标"指开挖前基坑边线用墨线标识于路面，标出基坑轮廓。"二挖"指基坑开挖分芯部及坑壁两个区域，先芯后壁，先重后轻，分步开挖，避免开挖扰动基坑四周的填料。"三修面"指坑壁修面从上至下分三步进行。路基面往下第一层约 8 cm 深坑壁修整为第一步修面，采用风镐距离边线 2~3 cm 竖直打钎凿面；第二步进行下部坑壁修整，钢钎与坑壁成 20°~30°夹角；第三步为精修，采用人工凿平，以修整少量突出及松动部分，使坑壁平整、稳定。"分层开挖"指开挖时结合填筑层厚进行开挖，不但可以提高工效，而且有利于确保坑底质量。"勤出渣"指及时出渣，防止基坑四周堆载和基底超挖。施工中如发生基坑泡水现象，应采取措施进行处理并满足设计要求。

（4）基坑开挖方法应符合设计和施工技术方案的要求，不得影响路基的安全、稳定。

（5）坑壁、基底应平整、无松散剥落。

（6）预埋件数量、位置、型号和综合接地应符合设计要求。

（7）端刺基坑全部用混凝土灌注密实后，端刺混凝土表面与路基表面应衔接平顺。

任务 8-2 路基与其他结构物过渡段施工

8-2-1 工作任务目标

（1）根据具体条件能够合理设置不同基础结构间的过渡段；
（2）掌握各种过渡段的施工控制要点。

8-2-2 相关知识

1. 路堤与横向结构物过渡段的设置方式及施工工艺

1）路堤与横向结构物连接处过渡段的设置方式

路堤与横向结构物（立交框构、箱涵等）连接处，应设置过渡段，可采用沿线路纵向倒梯形过渡形式，如图 8-7 所示。横向结构物顶部及过渡段路基基床表层应符合基床表层的填筑要求；过渡段填料、压实标准及基坑回填应与路桥过渡段相同，寒冷地区过渡段的设置应充分考虑与横向结构物接触区冻结影响范围填料的防冻，如图 8-8 所示。横向结构物顶面的填土厚度不大于 1.0 m 时，横向结构物及两侧 20 m 范围内的基床表层级配碎石应掺加 5%水泥，如图 8-9 所示。

2）路堤与横向结构物过渡段的施工工艺

过渡段填筑前，对涵洞两侧基坑进行清理，应做到基坑底部无先期涵洞施工中所产生的垃圾及松土(杂土)。进行一次连续浇筑素混凝土（素混凝土强度以施工图设计为准），浇注后的标高与涵洞基础顶标高一致。混凝土浇筑应严格遵照混凝土施工操作规程。混凝土施工完成后做好养护工作。

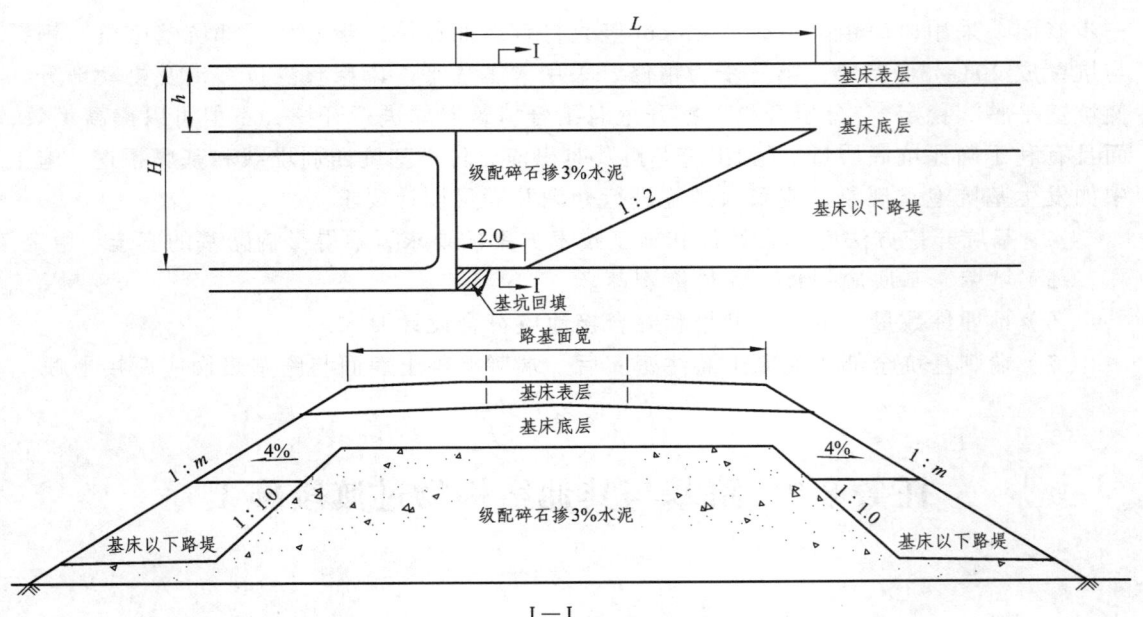

图 8-7 一般路堤与横向结构物（$h>1.0$ m）过渡段示意图（单位：m）

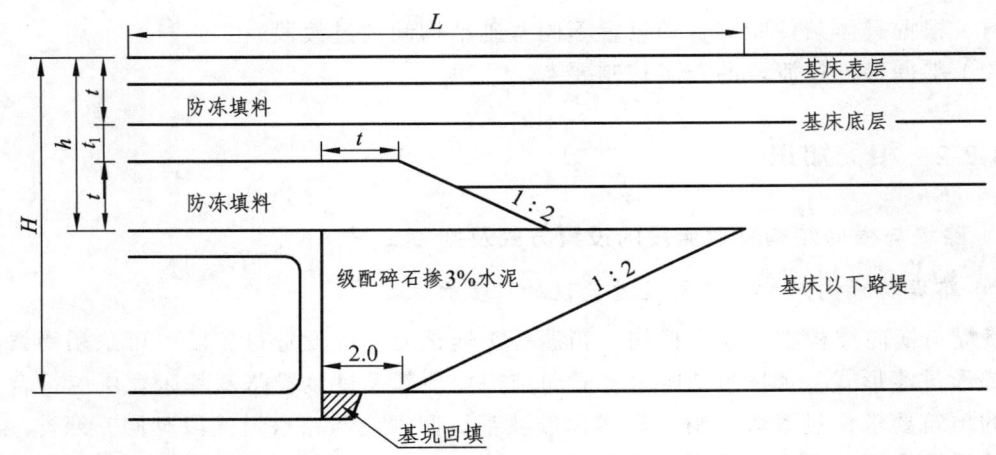

图 8-8 寒冷地区路堤与横向结构物（$h>1.0$ m）过渡段示意图（单位：m）

注：图中 t 为最大冻结厚度，当 $t_1<0.3$ m 时，涵顶全部填筑防冻填料。

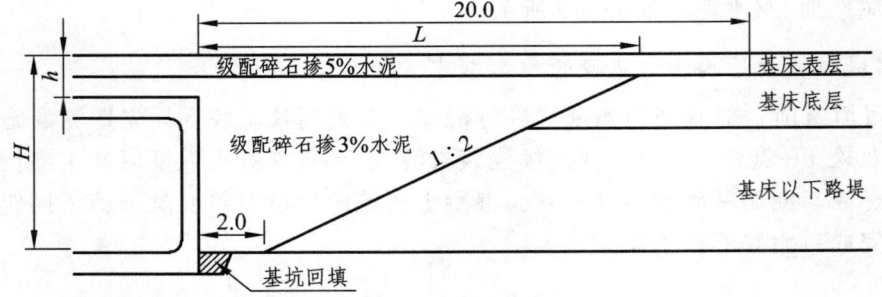

图 8-9 路堤与横向结构物（$h\leqslant 1.0$ m）过渡段示意图（单位：m）

待涵洞两侧基坑的混凝土达到一定强度后,对过渡段其他先期已经处理过的地基表面再做清理,然后进行施工放线。施工放线时,首先对路基中线进行定位,对其标高进行精确测量并计算出过渡段所要填筑的实际高度,以此为依据并同时参照路涵过渡段设置示意图上的相关数据,对同一水平填筑层的不同填料所填筑的范围进行详细计算,并进行实际测量放样。

路涵过渡段施工应同时在涵洞两侧对称进行。根据过渡段不同部位填料的不同,由涵洞向路基方向、由中心线向路基两侧按顺序依次进行填料的铺设工作(填料的种类详见路涵过渡段连接处设置示意图)。每层填料的松铺厚度一般应以预先试验所得数据为准。

每层填料利用人工及推土机松铺填筑完成之后,根据试验段所得出的压实数据及标准进行碾压,达到设计规定的压实标准。在涵洞及其两侧 1.0 m 范围内,由于不能使用大型压实设备进行碾压,可采用内燃式冲击夯进行夯实,夯实遍数以达到设计要求的压实标准为准。待该填筑层压实工作完成之后,需对设计要求的各项指标进行检测,检测合格后进入下一层的施工。

路堤与横向结构物过渡段工后沉降控制措施与桥路过渡段工后沉降控制措施相同。

2. 路堤与路堑过渡段的设置方式及施工工艺

1) 路堤与路堑连接处过渡段设置方式

(1) 当路堤与路堑连接处为坚硬岩石路堑时,在路堑一侧顺原地面纵向开挖台阶,台阶高度为 0.6 m 左右,并应在路堤一侧设置过渡段,如图 8-10 所示。

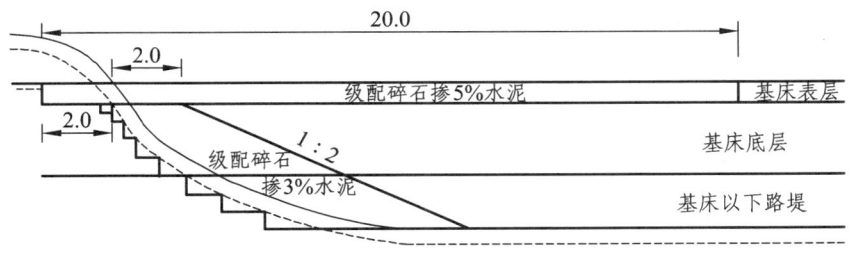

图 8-10 硬质岩石堤堑过渡段示意图(单位:m)

(2) 当路堤与路堑连接处为软质岩石或土质路堑时,应顺原地面纵向开挖台阶,台阶高度为 0.6 m 左右。如图 8-11 所示,开挖部分的填筑要求应与路堤相应位置相同。

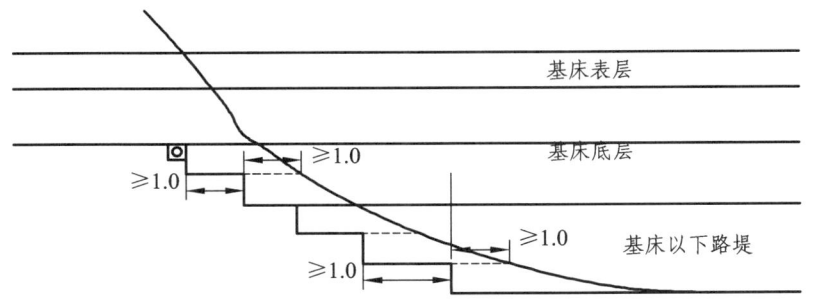

图 8-11 软质岩石或土质堤堑过渡段示意图(单位:m)

2）路堤与路堑过渡段施工工艺

（1）路堤与坚硬岩石路堑过渡段的施工工艺：

① 对过渡段路堑一侧实施开挖前的施工放线。

② 过渡段路堑一侧原地面沿路基中线进行纵向开挖，严格按照路堤与坚硬岩石路堑连接过渡段形式（见图8-10）标准及尺寸进行施工。在施工过程中，对松动岩石及浮石加以处理或清除。

③ 填筑施工放线。首先应对过渡段路基的中线进行定位，再测出路堑顶面与路堤底面之间的高差，按图示尺寸要求计算出级配碎石坡脚所在的位置。

④ 过渡段台阶开挖，其宽度及高度应符合设计要求，台阶表面应平整，并稍向内倾。

⑤ 根据过渡段路堤一侧不同部位填料的不同，由路堑向路堤方向按顺序依次进行填料的铺设工作。填料的种类详见路堤与坚硬岩石路堑连接过渡段形式示意图，每层填料的松铺厚度一般应以预先试验所得数据为准。

⑥ 每层填料利用人工及推土机松铺填筑完成之后，根据试验段所得出的压实数据及标准进行碾压，达到设计规定的压实标准。在靠近路堑台阶的范围内，由于大型碾压设备无法施工，可采用内燃式冲击夯进行夯实，夯实遍数以达到设计要求的压实标准为准。

⑦ 待该填筑层压实工作完成后，需对设计要求的各项指标进行检测，检测合格后进入下一层的施工。

（2）路堤与软质岩石或土质路堑过渡段的施工工艺：

① 路堑开挖施工。开挖前先对过渡段路堑一侧实施施工放线，再对过渡段路堑一侧原地面沿路基中线进行纵向开挖。开挖要严格按照路堤与软质岩石或土质路堑连接过渡段形式（见图8-11）标准及尺寸进行。在施工过程中要做好地基开挖后的排水工作，以免路堑开挖后地表水或雨水的浸泡造成台阶的失稳。开挖预留台阶应满足设计要求。

② 路堤填筑施工。每层填料利用人工及推土机松铺填筑完成之后（松铺厚度一般应以预先试验所得数据为准），根据试验段所得出的压实数据及标准进行碾压，达到设计规定的压实标准。在靠近路堑台阶1.0 m的范围内，可采用内燃式冲击夯进行夯实，夯实遍数以达到设计要求的压实标准为准；同时对在该层同一层面的原路堑开挖台阶进行夯击压实，压实标准与相邻路堤标准相同。待该填筑层压实工作完成之后，需对设计要求的各项指标进行检测，检测合格后进入下一层的施工。

3. 半堤半堑过渡段的设置方式及施工工艺

半填半挖路基轨道下横跨挖方与填方时，挖方部分可通过换填调整与填方部分的强度及刚度差异，换填厚度宜根据填方部分的高度及地基条件确定，如图8-12所示。

4. 路隧过渡段设置方式

考虑到土质与软质岩路堑与隧道之间的基床刚度变化太大，必须设置路隧过渡段，与隧道连接处的厚度需和隧道仰拱厚度保持一致，另一端可采用基床表层厚度。路隧过渡段采用渐变厚度的混凝土或掺入5%水泥的级配碎石填筑，如图8-13所示。

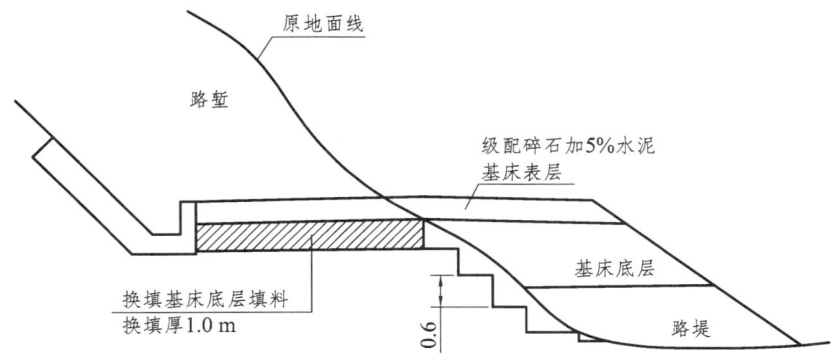

图 8-12 半堤半堑过渡段示意图（单位：m）

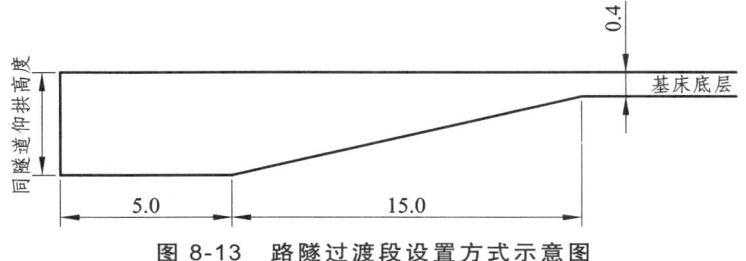

图 8-13 路隧过渡段设置方式示意图

5. 紧邻涵洞间的过渡段

当两个涵洞相距较近时，进行过渡段施工将使两涵洞级配碎石填筑区部分重叠或相接近，而级配碎石填筑区间将存在较软弱的填土层，因此，为保证基床刚度平顺过渡，应在两涵洞之间全部按过渡段填筑，如图 8-14 所示。

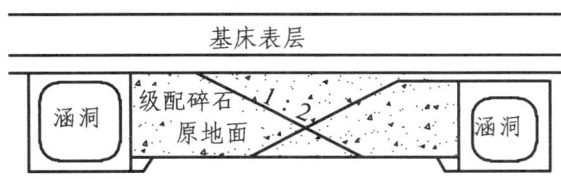

图 8-14 紧邻涵洞间过渡段设置方式示意图

6. 挖方地段的涵洞回填

挖方地段，涉及相邻挖方路堑、涵侧缺口和涵顶路堤间的过渡问题时，若缺口回填填料采用渗水土，则易使缺口在路堑和涵洞间形成一软弱层，这样将影响到乘车舒适度。因此，可掺 5% 的级配碎石作为缺口回填填料，填至涵洞顶，涵洞顶至路基表层间采用级配碎石满铺，如图 8-15 所示，这样可使路基基床刚度得到平顺过渡。涵洞地基处理方式应与两侧路基的地基处理方式相协调。

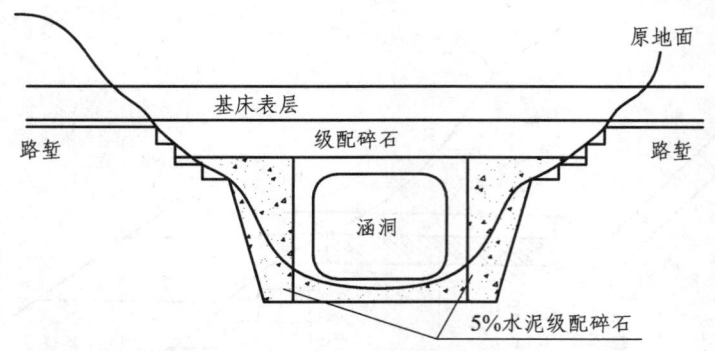

图 8-15 挖方地段路涵过渡段设置方式示意图

8-2-3 任务拓展

其他情况过渡段形式

两桥之间、桥隧之间及两隧之间的短路基宜采取适宜措施，平顺过渡；当两桥间为小于 150 m 非硬质岩地基时，路基基础可采用桩板结构或保证刚度平顺过渡的工程措施。

两桥（隧）之间短路基长度越短，列车速度越高，对两桥（隧）短路基变形限值要求越高。无砟轨道两桥（隧）之间的短路基，应提高路基沉降变形和刚度控制标准，以保证桥（隧）—路—桥（隧）纵向刚度匹配。

两桥（隧）之间的短路基长度小于 60 m 时，采用全长等刚度强化路基，如图 8-16 所示。

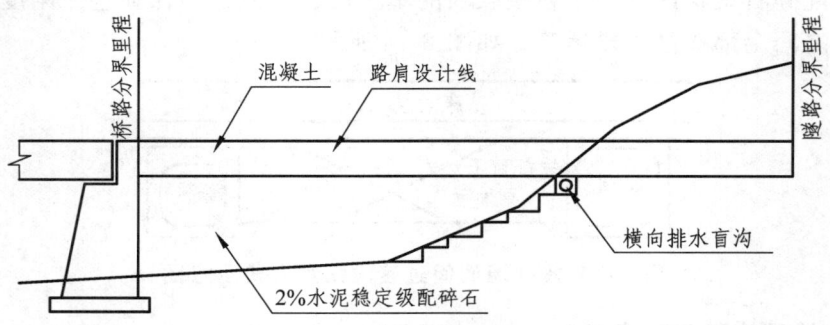

图 8-16 两桥（隧）之间短路基全长等刚度强化路基纵断面

两桥（隧）之间的短路基长度大于 60 m、小于 150 m 时，采用全长刚度渐变强化路基，如图 8-17 所示。

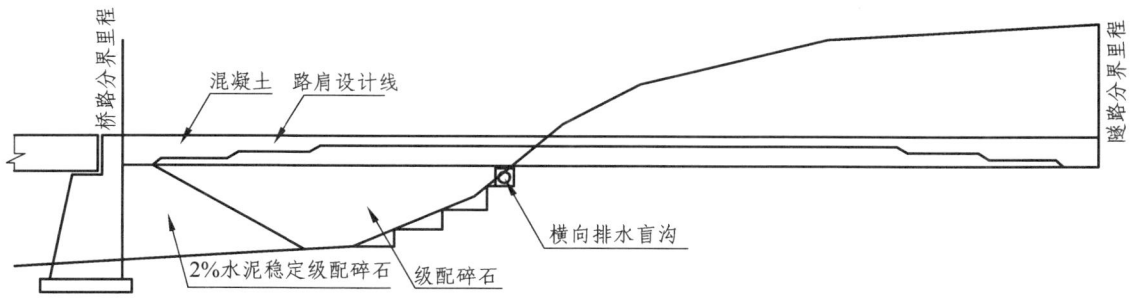

图 8-17 两桥（隧）之间的短路基刚度渐变强化路基纵断面

项目小结：

过渡段是高速铁路线路工程中的薄弱部位，不同结构物强度的差异、刚度的差异、沉降的差异以及施工的原因等造成的不均匀沉降是影响线路平顺性的主要因素。需全面掌握造成不均匀沉降的各种因素，采用合理的结构形式和施工工艺，严格控制各项指标，保证线路的稳定性和平顺性。

项目训练：

1. 完成路桥过渡段填筑的施工放线、技术交底和质量验收的评定工作。
2. 绘制路涵过渡段、路隧过渡段、路堤路堑过渡段的设置方式图。

本项目数字资源

项目 9　高速铁路路基施工质量检测

项目描述：

路基检测是新线路路基工程质量管理的重要组成部分，作为高速铁路的关键性、基础性工作，对控制工程质量、加快施工进度和推动施工技术进步至关重要。基床和路基的检测主要是根据设计规范要求，对填筑过程的压实度和力学指标进行控制。

学习目标：

知识目标：

掌握高速铁路路基的压实标准；掌握环刀法、灌砂法、核子密度仪检测路基密实度的原理和方法；掌握 K_{30} 平板载荷试验、动态变形模量 E_{vd} 的检验原理和方法；掌握静力触探和动力触探试验的原理和方法。

能力目标：

能够熟练运用环刀法、灌砂法、核子密度仪检测路基密实度；能够熟练运用 K_{30} 平板载荷试验、动态变形模量 E_{vd} 测定地基系数；能够熟练运用静力触探和动力触探测定地基承载力。

素质目标：

具备严格的标准意识；具备岗位规范执行意识；具备协作精神；具备一定的协调、组织能力。

思政目标：

具备严谨求实、精益求精的职业素养。高职学生人才培养目标强调"工匠精神"的培养，在路基质量检测中需要严谨求实、精益求精的职业素养。在路基质量检测这部分内容的学习中选取典型的工匠人物事迹，通过对具体的事迹分析，帮助学生认识"工匠精神"的内涵和养成途径。

课程思政：

"最美铁路人"崔欣是中铁十一局集团桥梁有限公司拉林铁路曲水分公司"质检员"，担任拉林铁路铺设的 45 万根轨枕的质检工作。轨枕的质量关系到整个铁路的安全，质检工作一丝都不能马虎。每天一大早只要工厂的机器开工了，她就要开始一天的"站岗"，一根一根地检查轨枕,平均每天能检查1 300根,孔斜的、缺棱断角的统统都淘汰,一天十几个小时下来,整个小腿都是肿的。在如此艰苦的环境之下,她勤学苦练、刻苦钻研,每一个检测点都用眼看、手摸、卡尺量。经过长久的磨砺,她练就了"火眼金睛",成了轨枕质量的"守护女神"。

高铁就意味着高标准严要求,在高速铁路建设过程中必须对每个部位的质量严格把关,质检员必须勤学苦练,掌握过硬的检测技能,把好质量关。

任务 9-1　路基密实度检测

9-1-1　任务目标

（1）能够根据规范要求选择检测项目及设备，满足检测要求；
（2）能够独立完成各项检测项目并完成资料整理工作。

9-1-2　相关知识

1. 环刀法

环刀法是测量现场密度的传统方法。用环刀法测得的密度是环刀内土样所在深度范围内的平均密度，不能代表整个碾压层的平均密度。碾压土层的密度由于一般是从上到下减小的，若环刀取土在碾压层的上部，则得到的数据往往偏大；若环刀取在碾压层的底部，则所得的数据明显偏小。就检测路基土压实质量而言，需要的是整个碾压层的平均压实度，而不是碾压层中某一部分的压实度。因此，在用环刀法测定土的密度时，应使所得密度能代表整个碾压层的平均密度。然而，这在实际检测中是比较困难的，只有使环刀所取的土恰好是碾压层中间的土，环刀法所得的结果才可能与灌砂法的结果大致相同。另外，环刀法使用面较窄，对于含有粒料的路基土及松散性材料无法使用，仅适用于测定不含砾石颗粒的粉土和黏性土的密度。

1）仪器设备

（1）人工取土器：人工取土器包括环刀、环盖、定向筒和击实锤系统（导杆、落锤、手柄）。环刀内径 61.8 mm、高 40 mm、容积 120 cm³，或者内径 70 mm、高 52 mm、容积 200 cm³。
（2）天平：称量 500 g，分度值 0.1 g；称重 200 g，分度值 0.01 g。
（3）其他：镐、小铁锹、修土刀、毛刷、直尺、钢丝锯、凡士林、木板及测定含水率设备等。

2）试验方法与步骤

（1）用人工取土器测定黏性土密度。
① 擦净环刀，称取环刀质量 m_1，精确至 0.1 g。
② 在试验地点，将面积约 30 cm×30 cm 的地面清扫干净，并将压实层铲去表面浮动及不平整的部分，达到一定深度，使环刀打下后能达到要求的取土深度，但不得扰动下层。
③ 将定向筒齿钉固定于铲平的地面上，顺次将环刀、环盖放入定向筒，并与地面垂直。
④ 将导杆保持垂直状态，用取土器落锤将环刀打入压实层中，至环盖顶面与定向筒上口齐平为止。
⑤ 去掉击实锤和定向筒，用镐将环刀及试样挖出。

⑥ 轻轻取下环盖，用修土刀自边至中削去环刀两端余土，用直尺检测，直至修平为止。
⑦ 擦净环刀外壁，用天平称取环刀及试样合计质量 m_2，精确至 0.1 g。
⑧ 自环刀中取出具有代表性的试样，测定含水率。

（2）用人工取土器测定砂性土或砂层密度。

① 如为湿润的砂土，试验时不需要使用击实锤和定向筒。在铲平的地面上，细心挖出一个直径较环刀外径略大的砂土柱，将环刀刃口向下，平置于砂土柱上，平稳地将环刀垂直压下，直至砂土柱突出环刀上端约 2 cm 时为止。

② 削掉环刀口上多余的砂土，并用直尺刮平。

③ 在环刀上口盖一块平滑的木板，一手按住木板，另一只手用小铁锹将试样从环刀底部切断，然后将装满试样的环刀转过来，削去环刀刃口上部多余的砂土，并用直尺刮平。

④ 擦净环刀外壁，称环刀与试样合计质量 m_2，精确至 0.1 g。

⑤ 从环刀中取具有代表性的试样，测定含水率。

⑥ 干燥的砂土不能挖成砂土柱时，可直接将环刀压入或打入土中。

3）试验结果计算、整理

（1）按下式分别计算土的湿密度和干密度：

$$\rho = \frac{m}{V} = \frac{m_2 - m_1}{V} \tag{9-1}$$

$$\rho_d = \frac{\rho}{1+0.01w} \tag{9-2}$$

式中 ρ——湿密度（g/cm³），精确至 0.01 g/cm³；

ρ_d——干密度（g/cm³），精确至 0.01 g/cm³；

m——湿土质量，g；

m_1——环刀质量，g；

m_2——环刀质量加湿土质量，g；

V——环刀容积（cm³），计算至 0.01 g/cm³；

w——含水率，%。

（2）试验记录格式（见表 9-1）。

表 9-1 密度试验记录（环刀法）

工程名称：_____ 试验者：_____
工程编号：_____ 计算者：_____
试验日期：_____ 校核者：_____

试样编号	环刀号	湿土质量/g	环刀容积/cm³	湿密度/(g/cm³)	含水率（%）	干密度/(g/cm³)	平均干密度/(g/cm³)
		（1）	（2）	$(3)=\frac{(1)}{(2)}$	（4）	$(5)=\frac{(3)}{1+0.01(4)}$	（6）

（3）试验注意事项：

① 密度试验应进行 2 次平行测定，两次测定的差值不得大于 0.03 g/cm³，取两次试验结果的算术平均值；

② 密度计算精确至 0.01 g/cm³。

③ 试样制备及试验过程的操作应迅速，防止水分蒸发。

2. 灌砂法

灌砂法属于对压实土面的破坏性量测方法，是利用均匀颗粒的砂去置换试洞的体积。该方法适用于现场测定路基及砂石路面的各种材料压实层的密度，但不适用于填石路堤等有大孔洞或大孔隙材料的压实度检测，也是当前最通用的方法，很多工程都把灌砂法列为现场测定密度的主要方法。

灌砂法的缺点是：需要携带较大量的砂，而且称量次数较多，因此测试速度较慢。

1）仪器设备

（1）灌砂筒：如图 9-1 所示，为一金属圆筒(可用镀锌铁皮制作)，有大小两种，上部储砂筒小筒容积为 2 120 cm³，大筒容积为 4 600 cm³，筒底中心有一个圆孔。下部装一倒置的圆锥形漏斗，漏斗上端开口，直径与储砂筒的圆孔相同，漏斗焊接在一块铁板上，铁板中心有一圆孔与漏头上开口相接。自储砂筒筒底与漏斗顶端铁板之间设有开关。开关为一薄铁板，一端与筒底及漏斗铁板铰接在一起，另一端伸出筒身外，开关铁板上也有一个相同直径的圆孔，如图 9-2 所示。

图 9-1 灌砂筒

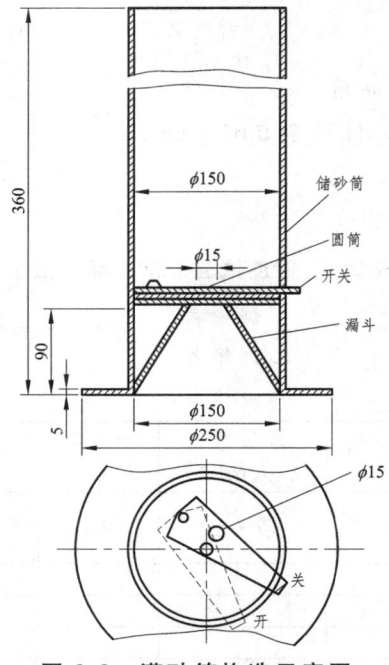

图 9-2 灌砂筒构造示意图

（2）金属标定罐：用薄铁板作金属罐，用于小罐砂筒的内径为 100 mm，高 150 mm，用于大灌砂筒的直径为 150 mm，高 200 mm，上端周围均有一罐缘，如图 9-3 所示。

（3）基板：用薄铁板制作的金属方盘，盘中心有一圆孔，作为工地坑口的护面，承托灌砂筒。

（4）玻璃板：边长约 500 mm ~ 600 mm 的方形板。

（5）试样盘：小筒挖出的试样可用饭盒存放、大筒挖出的试样可用 300 mm × 500 mm × 40 mm 的搪瓷盘存放。

图 9-3　金属标定罐

（6）天平：称量 10 ~ 15 kg，分度值 5 g；称量 500 g（用于含水量测定），分度值对细粒土、中粒土、粗粒土宜分别为 0.01 g、0.1 g、1.0 g。

（7）含水量测定器具：如铝盒、烘箱、干燥器等。

（8）量砂：粒径 0.25 ~ 0.60 mm 清洁干燥的均匀砂，约 20~40 kg，使用前须洗净烘干，并放置足够的时间，使其与空气的湿度达到平衡。

（9）盛砂的容器：塑料桶等。

（10）挖土工具：凿子、锤子、长把勺、毛刷等。

2）标准砂的制备

（1）凡经过清洗洁净，烘干冷却后能自由流动且不胶结的砂均可使用。

（2）砂的粒径应为 0.25 ~ 0.5 mm，密度应为 1.47 ~ 1.61 g/cm³。

3）标定灌砂筒下部圆锥体内砂的质量

标定灌砂筒下部圆锥体内砂的质量，步骤如下：

（1）在灌砂筒筒口高度上，向灌砂筒内装砂至筒顶的距离不超过 15 mm 左右为止。称取筒内砂的质量 m_1，准确至 1 g，以后每次标定及试验都应该维持高度与装砂质量不变。

（2）不晃动灌砂筒的砂，轻轻地将灌砂筒移至玻璃板上，将开关打开，让砂流出，直到筒内砂不再下流时，将开关关上，并细心地取走灌砂筒。

（3）收集并称量留在玻璃板上的砂或称量筒内的砂，准确至 1 g，玻璃板上的砂或者灌砂筒内减少的砂就是填满筒下圆锥体的砂 (m_2)。

（4）重复上述测量三次，取其平均值。

4）标定量砂的密度 ρ_s

标定量砂的密度 ρ_s（计算至 0.01 g/cm³），其步骤如下：

（1）用水确定标定罐的容积 v，准确至 1 mL。

① 称量标定罐的质量 m_1，准确至 1 g；

② 用量杯往标定罐中注水，当水面接近标定罐上沿时在标定罐上沿放一钢尺，用滴管小心滴注，直至水面贴近尺面，称量标定罐装满水的质量，准确至 1 g。

③ 用吸管小心洗出一定量的水，再按照步骤②中的方法用滴管把标定罐注满，重复操作两次，取三次平均值作为标定罐装满水的质量 m_2。

标定罐的体积计算如下：

$$V = (m_2 - m_1)/\rho_{wT} \tag{9-3}$$

式中　ρ_{wT}——T °C 时水的密度。

（2）称量填满标定罐所需砂的质量 m'_s

在灌砂筒中装入质量为 m_1 的砂，并将灌砂筒放在标定罐上，将开关打开，让砂流出。在整个流砂过程中，不要碰动灌砂筒，直到灌砂筒内的砂不再下流时，将开关关闭，取下灌砂筒，称取筒内剩余砂的质量（m_3），准确至 1 g。按下式计算填满标定罐所需砂的质量 m'_s，准确至 1 g：

$$m'_s = m_1 - m_2 - m_3 \tag{9-4}$$

重复上述测量三次，取其平均值。

（3）按下式计算量砂的密度 ρ_s（计算至 0.01 g/cm³）

$$\rho_s = m'_s / V \tag{9-5}$$

5）现场试验测试步骤

（1）按要求选定试坑位置，将试坑位置的地面铲平，其面积略大于试坑直径 150 mm，按试坑直径划出坑口轮廓线，将基板（一个边长 350~400 mm、深 40~50 mm 的金属方盘，盘的中心有一个直径与灌砂筒内径相同的圆孔）放在清扫干净的表面上，在轮廓线内下挖至要求深度 200 mm 处，边挖边将挖出的土放入盛土容器，称量土的质量 m_p，精确至 1 g，然后取代表性土样测定含水率。

（2）向灌砂筒内灌满标准砂，关阀门，称量灌满标准砂的灌砂筒的总质量 m_1，精确至 1 g。

（3）将基板安放在试洞上，将灌砂筒置于基板圆孔上，打开阀门，使灌砂筒内的标准砂流到坑内。在此期间，注意勿碰动灌砂筒，当灌砂筒内标准砂停止流动时关闭阀门。称量灌砂筒和剩余标准砂的质量 m_4，精确至 1 g。

用下式计算填满试洞所需要的砂的质量：

$$m_s = m_1 - m_2 - m_4 \tag{9-6}$$

式中　m_1——灌满灌砂筒与砂的总质量，g；
　　　m_2——灌满漏斗所需标准砂的质量，g；
　　　m_4——灌砂筒和剩余标准砂的质量，g。

（4）用下式计算试验地点土的湿密度：

$$\rho_p = \frac{m_p}{m_s} \rho_s \tag{9-7}$$

式中　ρ_p——土湿密度，g/cm³；
　　　m_p——试洞中取出的全部土的质量，g；
　　　m_s——填满试洞所需砂的质量，g；
　　　ρ_s——标准砂的密度，g。

（5）用下式计算土的干密度：

$$\rho_\mathrm{d} = \frac{\dfrac{m_\mathrm{p}}{1+0.01w_0}}{\dfrac{m_\mathrm{s}}{\rho_\mathrm{s}}} \tag{9-8}$$

式中 ρ_d——土的干密度，g/cm³；

　　　w_0——土含水率(%)。

（6）压实度检测记录表（见表 9-2）。

表 9-2　压实度检测记录

工程名称_____　土样编号_____　试验日期_____
试　验　者_____　计　算　者_____　校　核　者_____

试坑编号			测定值
灌满量砂的灌砂筒总质量/g	(1)		
灌砂漏斗所需量砂的质量/g	(2)		
灌砂筒和剩余量砂的质量/g	(3)		
灌满试坑所用量砂的质量/g	(4)	(4)=(1)－(2)－(3)	
量砂密度/g/cm³	(5)		
试坑容积/cm³	(6)	(6)=(4)/(5)	
土和容器质量/g	(7)		
容器质量/g	(8)		
土的质量/g	(9)	(9)=(7)-(8)	
土的湿密度/g/cm3	(10)	(10)=(9)/(6)	
土的含水率/%	(11)		
土的干密度/g/cm3	(12)	(12)=(10)/[1+0.01(11)]	

6）实验中应注意的问题

灌砂法是施工过程中最常用的试验方法之一。此方法表面上看起来较为简单，但实际操作时往往不好掌握，并会引起较大的误差；又因为它是测定压实系数的依据，故经常是质量检测监督部门与施工单位之间发生矛盾或纠纷的环节，因此应严格遵循试验的每个细节，以提高试验精度。为使试验做得准确，应注意以下几个环节：

（1）量砂要规则。量砂如果重复使用，一定要注意晾干，处理一致，否则影响量砂的密度。

（2）每换一次量砂，都必须测定密度，漏斗中砂的数量也应该每次重做。因此，量砂宜事先准备充足。切勿到试验时临时找砂，且不做砂密度试验，仅使用以前的数据。

（3）地表面处理要平整，只要表面凸出一点（1 mm），就使整个表面高出一薄层，其体积也算到试坑中去了，会影响试验结果。因此，本方法一般宜先做前期试验，只有在非常光滑的情况下方可省去此操作步骤。

（4）挖坑时试坑周壁应笔直，避免出现上大下小或上小下大的情形，这样就会使检测密度偏大或偏小。

（5）灌砂时检测厚度应为整个碾压层厚，不能只取上部或者只取下部碾压层的填料。

3. 核子射线法

所谓核子密度湿度仪法，即利用元素的放射性来测定各种材料的密度和湿度。仪器内部带有两个辐射源，即用于测定密度的同位素 Cs-137γ 源和用于测定湿度的 Am-241/Be 中子源。此外，仪器内部还有两种射线的接收装置（即接收器）以及为检测射线和显示测值所需要的微处理机电子部件。核子仪法适用于现场测定填料为细粒土、砂类土的压实密度。

相对于灌砂法和其他破损性测量方法，核子仪法有以下优点：被测土体体积大，结果具有代表性。在 20 处用透射方式测量密度，所测土体体积为 7 000 cm³，而灌砂所测土体体积仅为 2 100～2 800 cm³，测量中实际上没有试样的影响或体积的变化。大体积测量对由于打孔带来的影响可以忽略不计，仪器测量的是放射源和探头之间所有的材料，测量不受材料化学的、矿物或者结构的因素影响，无论土壤是松散的还是黏结的，无论是含有岩石的还是土粒细小的，都不会对测量结果产生影响，为确保仪器的标准性，一般厂家建议每隔半年或一年对仪器作一次标定，用仪器测量一次总耗时不超过 5 min（灌砂法至少要用 30 min），这样就可以进行更多的测量，也便于对工程质量进行统计评价。由操作人员引起的误差几乎没有，因为操作非常简单，仪器自动计算结果，连同计量单位一起显示在屏幕上，因系无破损测量，同一地点可以准确重复测量多次，测量的精度也可以立即显示出来，与灌砂法不同，操作人员可以站着，以便观察周围施工机械的活动，有危险时可以及时避开，测量可以在压实机械来回通过的间隙时间内完成，压实系数可以立即获得，以便决定是否继续进行碾压。但是，它的缺点是发出的放射性物质对人体有害。

下面以美国 CPN 国际公司生产的（MC-C 型）核子密度湿度测试仪进行介绍。

1）测量原理

MC-3 核子密度湿度仪内部装有两种放射源：Cs-137γ 源用来测量密度，Am-241/Be 中子源用来测量含水率。Am-241/Be 中子源安装在机壳底部，位置不变。Cs-137γ 源安装在辐射源金属杆底部，随测量深度变化。

测量密度时，Cs-137γ 源发出γ射线进入被测材料。如果材料的密度较小，大量的γ射线就会穿过它，被装在仪器内的盖革-密勒计数管检测到，则在单位时间内计到的数就较大；反之，如果材料的密度较大，高密度的材料吸收了部分γ射线，起了辐射隐蔽作用，在单位时间内计到的数就较小。然后，微处理器把检测管接收到的数值（称为密度计数值）除以存储在仪器内的密度标准计数值得到计数比，再把计数比送入密度计数程序，算出被测材料的湿密度。

测量含水率时，中子源放射的中子流进被测材料，被测材料水分中的氢原子与高能原子相碰撞使之减速，减速后的慢中子被仪器内的氦-3 探测管接收到。被测材料含水率大，在单位时间内所转化的慢中子数也多，检测管接受的慢中子数就多；反之就少。然后，微处理器把接收到的慢中子数（称为水分计数值）除以水分标准计数值得到水分计数比，再把计数比送入水分计算程序，算出被测材料的含水率。

2）测量方式

MC-3 型核子湿度密度仪有反射式和直接透射式两种测量方式。采用反射式测量时，被测材料不打孔，属无损测量。根据 γ 源距离地面的大小，反射式测量又分 Bs、AC 两种位置。采用直接透射式测量时，被测材料上必须打孔，属破损性测量。从测量的精度来说，透射式高于反射式。但反射式测量不需打孔，测量速度快，现场也经常使用。

（1）反射式测量——BS 位置（见图 9-4）。

采用 BS 位置测量时，γ 源金属杆底的钨制闸门被打开，γ 源离地面 5 mm。这样因铅室的屏蔽作用，可消除沿地面表层传播的下射线，只有进入被测材料深层的 γ 射线被散射，其中一部分被仪器内的盖革—密勒检测管检测到。如厚度超过 76 mm，则能得到被测材料约 72 mm 深的密度。此法适用于土和其他材料的表层密度测量。

（2）反射式测量——AC 位置（见图 9-5）

采用 AC 位置测量时，γ 源与被测材料表面平齐，γ 射线沿地表层传播，能得到被测材料浅层约 51 mm 薄层材料的密度。此法适用于薄层沥青混凝土的密度测量。

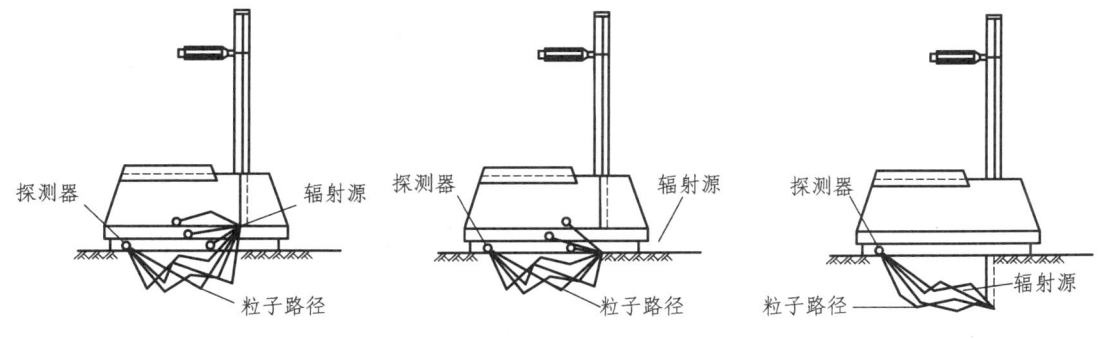

图 9-4　BS 位置放射式测量　　图 9-5　AC 位置放射式测量　　图 9-6　直射式透射式测量

（3）直接透射式测量（见图 9-6）。

直接透射式测量要求测前用导板和钎杆在被测材料上垂直打一个比测量深度稍深的孔，然后将 γ 源金属杆放入孔中至所需深度，放平仪器。测量时，γ 源放射的下粒子穿过被测材料，被盖革-密勒检测管接收。γ 源下移的距离间隔分 25 mm 和 50 mm 两种，下移的最大深度分 200 mm 和 300 mm 两种。国内购置的仪器，其最大下移深度为 300 mm。这样，使用者可根据需要测量出由地面到 γ 源所在位置的平均密度。

反射式测量在准备测点时，要整平被测材料的表面。表面不平整或有孔隙时，应铲平或用细砂填入空隙并用导板抹平（也可用很细的被测材料抹平）。注意不要在被测表面上留下一层较厚的细砂，以免影响读数的精确性。直接透射式测量对表面粗糙度要求不高，但为便于垂直打孔和放稳仪器，其表面也以平整为好。

3）仪器部件说明

（1）机械结构。

仪器外观正面、背面、底部及各部名称如图9-7所示。其功能如下：

手柄——推动手柄可使γ源金属杆上下运动，满足不同深度的测量要求。手柄置最上方可手提仪器。

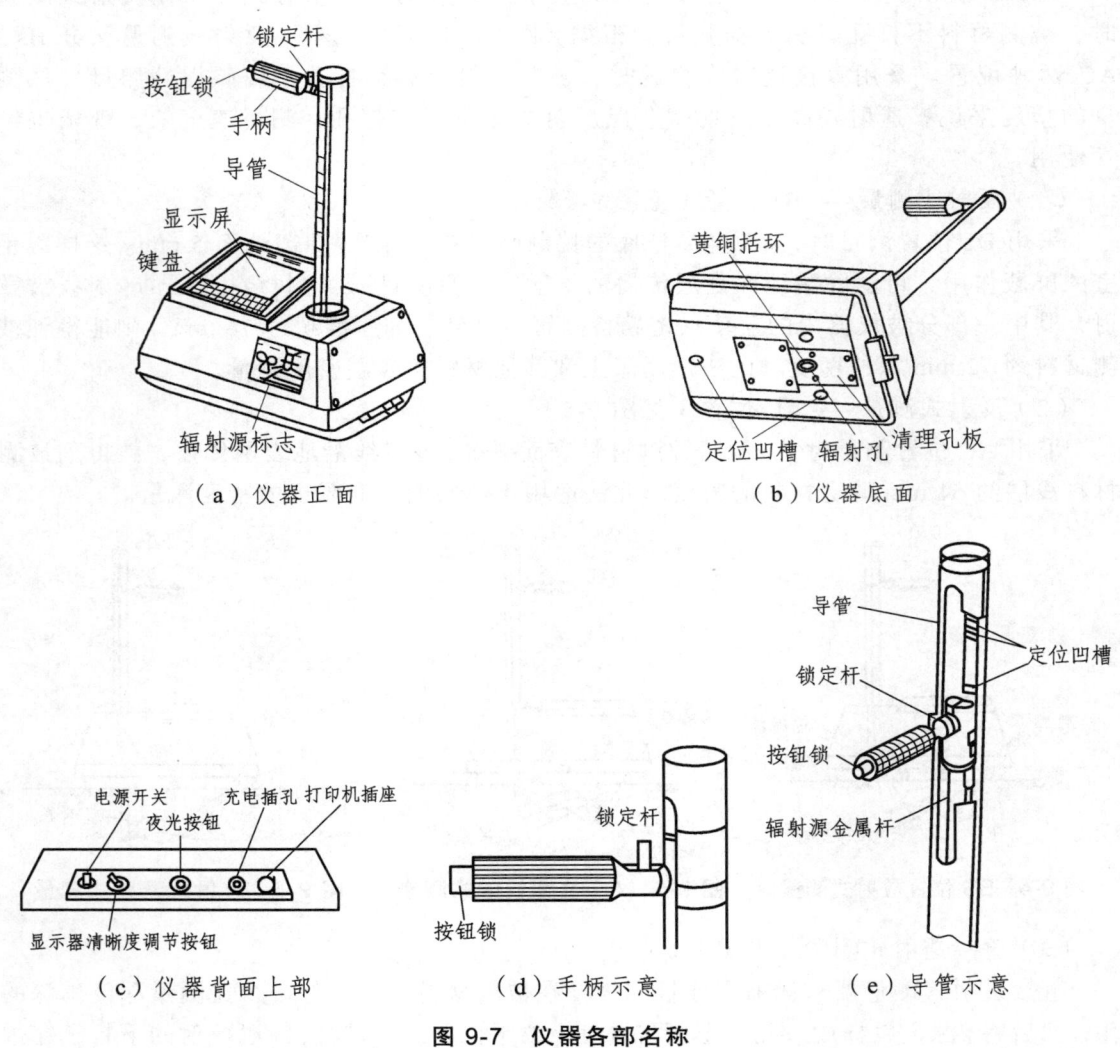

图 9-7 仪器各部名称

按钮锁——手柄在最上方为安全（SAFE）位置。此时，γ源在铅室内，底部出口为钨制滑块所挡，对外放射的γ粒子最少。为防止无意推出的γ源伤害人体，不用仪器时，应及时锁住按钮锁，至手柄向下推不动。

导管——导管外壁刻有SAFF、BS、AC等不同深度标记。内壁中有很精密的自动记录深度传感器（不打开看不见）和手柄定位凹槽。导杆内腔中有可上下滑动的γ源金属杆。

机箱——机箱内装有主机和一些配件，主机上部有液晶显示屏和键盘。背面上部有电源开关、显示器清晰度可调节旋钮、夜明按钮、充电插头和外接打印机插座。机座底的中部有一圆孔。孔口内有活动的钨制闸门，γ 源金属杆可从孔内伸出。孔口周围的铜环可刮去金属杆上的泥土，确保内部干净。

（2）键盘。

① 键盘各接触键的功能。

键面上部的 12 个黑色键都可当作数据键使用。键面右下角有 A、B、C、D、E、F（16 进制）、英文字母（BS 和 AC）8 个键，也可当上述字母键使用，它专供修理仪器时用。BS、AC 英文字母的两键供手动输入深度用。

ENTER——输入键。将显示器上的数据送入微处理器。

CLEAR——清除键。主要作用：清除没按输入键前输错的数据，重新输入正确的数据；显示基本画面和测量的结果（因显示器只显示一分钟就自动消失）；人为停止标准计数或现场测试。此外，在不同状态下，按该键有特定的功能。

STEP——跳步键。不同状态下有不同的作用。

START——启动键。用于标准计数和现场测量的启动。

ID——选定测点记录号键。和 STEP 键配合使用，有特定功能。

RECALL——调出存储器内容键。和 STEP 键或 ENTER 键配合使用，有不同的功能。

PRINT——打印键。仪器外接打印机时可打印测量结果。暂不用时不要按此键。如误按该键，应按 CLEAR 键退出。

% COMP——选择 M_d、M_w、A_v 三者之一按此键。反复按该键，依次转换 M_d、M_w、A_v 状态，用此键输入的数据其含义不同。

MAX——最大值键。用于被测材料室内试验标准击实的最大数值。在 M_d、M_w、A_v 状态下按此键输入的数据其含义不同。

DBIAS——湿容重偏值键。用于输入湿容重的偏移量。

MBIAS——水分重偏值键。用于输入水分重的偏移量。

TIME——时间键。用于选定测量计数时间。

STD——标准键。用于显示标准计数后的有关数据，和 START 键配合可进行标准计数。

STEP + CLEAR——联合键。可使显示器由其他画面转为基本画面。

STEP + UNIT——联合键。新型号仪器按此联合键后反复按 ENTER 键，公制 gcc 和英制 pcf 交替出现。

STEP + TIME——联合键。用于调校年、月、时、分，秒。

② 键盘布局（见图 9-8）。

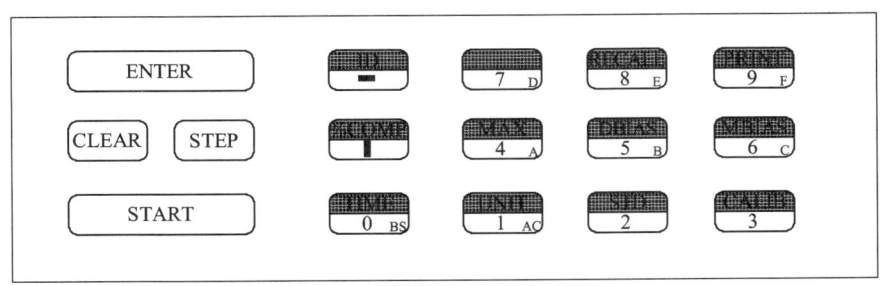

图 9-8　仪器键盘布局

MC-3 型核子湿度密度仪共有 16 个键，操作时用哪个键就用手指轻压键面，听到一响声时再松开。有的键面上既有数字又有英文字母和单词，说明仪器在不同状态下按同一键面有不同的作用。

（3）显示器基本画面及说明。

① 基本画面（见图 9-9）。

所谓基本画面，就是仪器测量后显示的画面。它的特点是只有光标在显示器左上角 R 上闪动时，键盘上各键面才有上述功能。按启动键（START）进行现场测量前，光标必须在 R 上闪动，否则应查明原因。如光标在第一行第二个字上闪动，则必须按 STEP + CLEAR 联合键后，再按其他键才能起作用。

R10001—3		0325	1325
DaBs	Wet	ET00:30	T00:30
Gcc	1.972	H$_2$O	Dry
Dn	0.014	0.172	2.19
Pr		0.006	0.019
%		9.6	90.9
M$_d$			1.98
Bi	0.0	0.0	Lob

图 9-9　显示器基本画面

② 说明。

R10001-3——代表第 10001 号测点的第三次测量条件及结果显示在该画面上。它仅供采用仪器自动测量时使用。R 后的测点记录号可任意选择，范围在 0~99999 五位的有效数字组合。"—"后的数字为该记录号的测量次数，仪器随测量次数自动记录。"—"是把记录号和测量次数分开，防止混在一起。

0325，1235——表示最后一次测量时间是 3 月 25 日 12 点 35 分。

DaBs——Da 代表自动检测，BS 代表检测的位置。

ET00：30——ET 代表现场测量实际计数时间为 30s（冒号前为分，冒号后为秒）。仪器开始测量时，ET 自动变为 RT，其时间也一秒一秒递减，直到为零时测量结束。RT00：00 又自动变为 E 功 O：30。

T00：30——T 代表现场测量时使用者选用的时间是 30 s。如果 T 字变为 P 字，则代表测量前选定的精度测量。

Gcc——代表公制，单位是 g/cm^3；pcf 则代表英制，单位为 lb/ft^3。

Wet——代表湿密度。

H$_2$O——代表体积含水率。

Dry——代表干密度。

Dn——代表测量的数据，单位是 g/cm^3。显示在该行 Dn 右边的数分别是湿容重 1.972，水分重 0.172，干密度 1.8。

Pr——代表测量的精度。湿密度、水分质重、干密度的精度分别在该行右边显示。

%——代表百分率。该行右边显示的数分别是含水率 7.86%，压实系数 91.13%。

M$_d$——代表输入的数是被测材料室内试验的最大干密度为 1.98 g/cm^3。如果 M$_d$ 位置是 M$_w$ 或 A$_v$，则分别代表输入的数是室内试验的最大湿密度，A$_v$ 在测量孔隙率时用。

Bi——代表偏值。其后显示的两个数分别是湿密度和水分质量的偏移量。一般情况下这两个位偏移量都应为零。

10b——代表仪器缺电，需要充电。但在显示 Lob 时还可用几个小时。正常使用的仪器，显示器的右下角没有任何符号显示。

4）标准计数

辐射源由于衰变，辐射强度会缓慢下降。另外，电子元件的参数和检测管的灵敏度都有可能因稍有变化而影响到密度、水分计数值的变化。因此，在使用仪器时，最好每周做一次标准计数。有时标准计数时间虽很短，但测量的环境发生了大的变化，也应作标准计数。如前所述，仪器测量密度和水分时都要用到计数比。辐射衰变、电子元件参数和检测管灵敏度的变化会使计数比下降，但这种变化对现场计数和标准计数的影响是一致的。R（代表计数比）= 现场计数/标准计数。任何时候这种计数比应是一个常数，以保证仪器测量的准确性。

另外，仪器能判断γ源、中子源衰变的程度，待标准计数后即可看出和分析出。由此看来，使用一台仪器，做好标准计数非常重要。

做标准计数时，先把标准块放在坚硬的材料上（标准块上有三个凸出铝钉面向上），然后把仪器放在标准块上（仪器底部的三个凹窝应和标准块上三个凸铝铆钉对准）。分别按以下两种键面进行标准计数：

STD，START

标准计数时，不需要选定计数时间，仪器自动进行一秒一次的采样测定，测256次需4′16″。标准计数开始后，显示器上 N 后的数在不断递增，到256时标准计数结束，仪器发出两声响音。仪器正在做标准计数时，如按 STEP 键，则停止标准计数，停止前做的标准计数已存在仪器内；如按 CLEAR 键，则仪器退出标准计数，原标准计数不变。

标准计数时，要求仪器周围最少4.5 m 内不应有放射源，1.5 m 内不应有其他物质堆放在地面上，操作人员按键后应退至 2 m 以外的地方。

另外，标准计数时，仪器手柄必须放在安全（SAFE）位置；否则，不能进行标准计数，显示器也会有"把手柄放在安全位置再按启动键"（Put rod in SAFE and press START）提示。

标准计数结束后，显示器会自动将标准计数画面转为基本画面。如果要查看分析标准计数值，应按：STD，显示器显示如图9-10（a）所示。图9-10（b）是译为中文后的标准计数画面。

CPN	Wet	H_2O
Prv	24116	16537
STD	27118	16541
Xi	1.03	0.98
N	256	256
START	new	standard
CLEAR	exit	

（a）

标准计算值	密度	水分
旧标准数值	24116	16537
新标准数值	27188	16541
仪器性能判断	1.03	0.98
计算次数	256	256
按START键开始新标准计数		
按CLEAR键退出标准计数状态		

（b）

图9-10 标准计数器画面

一台好的仪器，新的密度计数值和旧的密度计数值、新的水分计数值和旧的水分计数值差别都不大。Xi 后的两个数值都应在 0.75～1.25，并以接近 1 为好，说明仪器工作正常。如不在 0.75～1.25 或任一新、旧值相差很大，说明仪器有问题，需要维修。做完标准计数后,标准块一定要放在包装箱内保存,决不允许标准块上粘上脏物和水。

5) 现场测量

(1) 初始数据的选择原则。

现场测量前,必须给仪器输入计数时间(或测量精度要求)、被测材料室内试验的最大干密度等仪器工作的初始数据。

测量计数时间一般可在 15~60 s 选择。反射式计数时间可选得长一些,直接透射式可选得短一些。另外,精度要求高时,计数时间应长一些;反之则短一些。计数时间选得过长,则测量效率不高。计数时间选得过短,测量后基本画面上 wet(或 h_2O)后出现*号,说明该次测量的密度(或水分)数据误差大,应增加计数测量时间。

采用精度要求来测量时,BS、AC 位置和直接透射式测量的精度要求分别不应小于 0.010、0.008 和 0.004。

被测材料的室内最大值(一般用最大干密度)由试验室提供。

(2) 一个测点测量次数的选择。

由于放射源放射粒子射线,被测材料对射线的吸收和散射以及中子与被测材料原子的碰撞等过程都是随机的,因此一台好的仪器对同一测点的多次测量结果会稍有差别,这是正常的。测点周围的情况也不完全相同。为了准确地确定一个测点的密度和水分,可在该测点测 2~4 次,每测一次仪器绕测量孔转 90°再测。这样,可消除测点某边有石块面带来的测量误差大的现象。最后,几个读数的平均值可代表该测点周围的测量结果。

(3) 基本测量的步骤。

基本测量是仪器使用者必须掌握的最简单的测量方法。其特点是每次测量的数据测量人员都必须用笔记录下来,因此下次测量的新数据将取代旧数据。

现举例说明测量某路段路基填土的压实度和含水率的步骤。初始数据的选定是:测量计数时间为 30 s,最大干密度值为 1.98 g/cm³,密度和含水率的偏移量都为零,要求测量的数据为公制单位。

① 打开手柄上的按钮锁,按 CLEAR 键显示基本画面。调节显示器清晰度旋钮,使字符黑白分明,清晰易看。

② 如果基本画面上第二行右边的 T 变为 P 时,应将 P 转为 T,此时可先按 TIME 键,再按 STEP 键(反复按 STEP 键,T 与 P 交替转换),最后按 ENTER 键(否则不按)。

③ 输入测量计数时间 30 s,先按 TIME 键,再按 30,最后按 ENTER 键。

④ 选择单位按:STEP + UNIT,反复按 ENTER 键,gcc(公制)和 pcf(英制)交替出现,再按 CLEAR 键出现测量画面。

⑤ 选择 M_d(当显示器上 M_d 的位置是 M_w 或 A_v 时),按:%COMP 键,出现 M_d 时为止。

⑥ 输入最大干密度 1.98,先按 MAX 键,再输入 1.98,最后按 ENTER 键。

⑦ 输入密度和水分偏移量(当这两个偏移量都不为零时),分别按%DBIAS 键,输入 0.98,按 ENTER;MNIAS 键,输入 0.01,再按 ENTER。

⑧ 测点准备好后,将仪器放稳,手柄放在需要的深度(如 BS 挡)上,测量时按 START 开始测试。(共需 30 s 计数测试),ET 自动的变为 RT,其时间也一秒一秒地递减,直到

为零时测量结束，RT00：00又自动变为ET00：30。显示屏如图9-11（a）所示。RT（剩余时间）一秒一秒地减少，结束时仪器发出两声嘟嘟声，屏幕显示如图9-11（b）所示。60 s后，仪器将自动关闭，显示屏变成空白。按CLEAR键可使数据再显示出来。

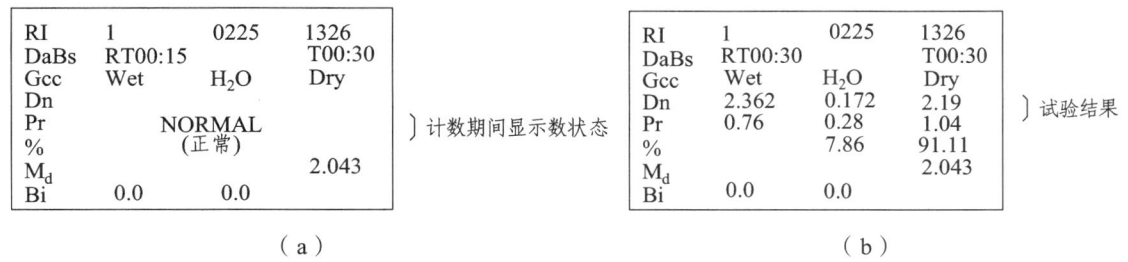

图 9-11　显示屏显示内容

⑨ 记录测量数据，这次测量结束。

如果要在同一测点上连续测几次，只需转动仪器90°，按START键即可。如要换点测量，各初始数据不变时不要再输入。如某个参数有变化，可只输入变化的数据。例如测量计数时间不变，公制单位不变，只有最大干密度由1.98变为2.04时，只需按MAX，输入2.04，按ENTER键即可测量。

测量时，按START键后如仪器没有进行测量，显示器上会显示"Bad depth: Put handle mproper position and press START"[手柄位置没有放好，应放在仪器要求的位置上再按启动START键]。

上述测点如用精度要求来测量时，且精度要求为0.004，其他初始数不变，可先将T转为P，先按TIME键，再按STEP键，然后输入精度要求值0.004，最后按ENTER键即可。

把手柄放在所需位置按START键后仪器开始测量。在该精度下仪器的计数时间是多少，可由P或T后的数反映出来。

（4）仪器自动测量的步骤。

① 测量的特点。

MC-3核子密度湿度仪采用仪器自动记录测量时，每次测量的条件和结果仪器都能自动记录，使用者不必测一次用笔记一次，可缩短每个测点的测量时间，但仪器测量一次必须按一次ENTER键。另外，调出仪器存储器记录的内容方便、灵活。

② 测量的步骤。

a. 和基本测量的步骤①一样。

b. 输入测点记号（如记录号为10001），应先按ID键，再输入10001，按ENTER键。

c. 和基本测量步骤一样。

d. 测量结束后一定要按ENTER键才能将测量条件和结果存储在仪器上。

按ENTER键后，显示器左上角出现英文字母"Store—1"（意思是存储器中现记录1个测点的测量条件和结果）马上消失后显示"R10001—1"。测量后如在同一点还需测几次，测点记录号不需再输入，只按START键再按ENTER键即可；如果要另换一个测点，则必须按上述步骤重新输入新的测点记录号。

如果按 ENTER 后显示器左上角显示"Recs full"符号，说明仪器存储器已存满数据，必须将存储器记录的内容全部清除，内存清除后重新作自动记录测量。

③ 调出存储器记录的内容。

a. 按存储的顺序逐一调出时，可按 RECALL 键，此时屏幕显示最先存储的信息，可用笔记录下来，再按 ENTER 键，显示第二条存储的信息。反复按 ENTER 键，依次显示按顺序存储的信息。如果按 RECALL 键笔记录后逐一按 STEP 键，只显示各记录号的第一次测量的结果，用处不大。

b. 调出某记录号（如记录号为 10234）后的所有记录内容，按 RECALL 键，输入 10234，按 ENTER 键，则显示第一条记录内容（可用笔记录下来）；反复按 ENTER 键，则逐一显示记录内容。

④ 恢复基本画面。

仪器存储器的内容调出并记录完后，按 STEP + CLEAR 键，恢复基本画面。

⑤ 清除存储器的全部内容。

清除存储器的全部内容，可按 STEP + ID 键，显示器左上角先出现英文提示"Recs empty 了"，消失后显示"R0-0"（说明存储器的数据已全部清除）。

注：如果要测量许多测点的数据，但没有按 ENTER 键，则仪器只保存最后一次测点的数据。

另外，MC-4 型核子密度/湿度测试仪为 MC-3 型核子密度/湿度测试仪的替代产品，两种型号的仪器的测试指标、测试精密度和操作方式等方面完全一样。两种仪器的区别在于：

① 外观颜色不同。MC-3 型仪器为传统的橘红色。MC-4 型仪器采用钛金银灰色高强度涂层，外观更加时尚而令人赏心悦目。

② 液晶显示技术。过去由于 LCD 技术的限制，MC-3 仪器的显示对比度一直不能使用户十分满意。近年来，LCD 技术取得了明显的进步，CPN 公司采用了业界的最新 LCD 技术制造了全新的仪器显示屏幕，使测试结果的显示对比度得到了很大的提高。操作人员在站立状态即可以清楚读取 MC-4 仪器所有的测试结果，可在阳光直接照射下或光线比较灰暗的情况下直接读数。新的液晶显示屏抗逆性有了显著的提高，可以在恶劣的高温多湿、低温寒冷等环境中正常工作。

③ MC-3 型核子密度/湿度测试仪的最后一次测试结果在仪器自动关机后，就会消失。如果操作人员要调阅上一次的测试结果，就必须重新开机。而 MC-4 型核子密度/湿度测试仪在这一方面进行了改进。测试工作结束后，若一段时间不用，仪器依然会自动关机，以节省用电。但上一次的测试结果会自动留在屏幕上，这样操作人员不必开机就可以随时调阅上一次的测试结果。

MC-3 型核子密度/湿度测试仪和 MC-4 型核子密度/湿度测试仪只有以上三个区别，在功能上并没有本质的区别，所以 MC-4 型并不是 MC-3 型的真正意义上的升级换代产品。

6）试验结果计算与记录

（1）试验结果应按下式计算：

$$\rho_{d} = \rho - \rho_{sw} \tag{9-9}$$

式中 ρ_{d}——干密度（g/cm³），计算至 0.01 g/cm³；

ρ——湿密度，g/cm³；

ρ_{sw}——含水率（单位体积土中水的质量），g/cm³。

（2）记录表的格式应符合表 9-3 的要求。

表 9-3 核子射线法测定含水率和密度记录

测试日期	里程	填筑高度/m	测点位置	测点编号	读数次数	湿密度/(g/cm³)		干密度/(g/cm³)		含水率（%）	
						读数	平均	读数	平均	读数	平均

复核_____ 年___月___日   试验_____ 年___月___日

（3）试验允许差应符合下列规定：

本试验在同一测点测定密度时，仪器在初始位置进行第一次读数，然后将仪器绕测孔旋转 180°进行第二次读数，当密度的平行差值不大于 0.03 g/cm³ 时，试验结果取两次读数的平均值。如果两次测定的平行差值超过允许差值，则应将仪器再绕测孔旋转到 90° 和 270° 的位置进行两次读数，取其四次读数的算术平均值。

含水率测定结果应符合表 9-4 的规定取算数平均值。平行项的差值大于容许差值时，应重新进行试验。

表 9-4 含水率平行测定容许差值

土的类别	含水率平行差值（%）		
	$w \leq 10$	$10 < w \leq 40$	$w \geq 40$
砂类土、有机土、粉土、黏性土	0.5	1.0	2.0
砾石土、碎石类	1.0	2.0	—

（4）使用核子密度仪测定密度、含水率的注意事项：

① 土质变化大，被测结构层厚度、材料有变化时，进行灌砂法与核子仪的校正标定。

② 在进行核子密度仪标定时，采用灌砂法挖的试坑深度要符合标准。

③ 土质变化会影响土的最大干密度。在抽检压实度时要注意最大干密度的变化情况，正确确定最大干密度，使抽检的压实度能够正确指导施工。

④ 在操作过程中和存放核子密度仪时要注意防护放射性。如操作时离仪器 2 m，等工作完成后再读数；存放仪器的地方，离住房尽量远些。只要操作得当，且核子密度仪通过了有关部门进行的放射性检查，使用核子仪就是安全的。

⑤ 核子密度仪与灌砂法配合使用，能取得较好的好效果。

⑥ 由于是表面式核子密度仪，需将被测地面仔细整平，地表面过湿会影响所测含水率结果。

任务 9-2 地基系数测试

9-2-1 任务目标

（1）能够根据规范的要求选择检测项目及设备，满足检测要求；
（2）能够独立完成各项检测和资料整理工作。

9-2-2 相关知识

平板载荷试验被广泛地应用于铁路、公路、机场和其他工业与民用建筑工程的地基检测中。作为一种强度及变形指标，地基系数能够直观地表征路基刚度和承载能力。

中国自大秦重载铁路修建开始，引入地基系数 K_{30} 值作为路基填料压实质量的检测控制指标，并在铁路路基施工中推广应用。K_{30} 平板载荷试验是一种检测路基压实质量有效的施工现场试验方法。目前，地基系数 K_{30} 已成为现行新建铁路控制基床和路堤填料压实质量的主要指标之一。

1. 概念与发展

（1）地基系数 K_{30} 的概念。

地基系数 K_{30} 表示土体表面在平面压力作用下产生的可压缩性的大小。它是用直径为 300 mm 的刚性承载板进行静压平板载荷试验，取第一次加载测得的应力-位移（σ-s）曲线上 s 为 1.25 mm 时所对应的荷载 σ_s，按 $K_{30} = \sigma_s/1.25$ 计算得出的，单位为 MPa/m。

试验采用的承载板面积不尽相同，通常采用圆形载荷板。使用的载荷板直径不同，测得的地基系数也不同，一般以载荷板直径加注说明。例如，载荷板直径分别为 300 mm、400 mm、600 mm 的地基系数分别以 K_{30}、K_{40}、K_{60} 表示。因此，K_{30} 是地基系数的一种。日本为了试验的省力和操作上的方便，使用 300 mm 直径承载板，并取 K_{30} 作为标准值；使用其他直径载荷板测定的地基系数，可按 $K_{30}=1.3K_{40}$，$K_{30}=1.8K_{60}$ 换算。

（2）K_{30} 平板载荷试验的发展。

从 20 世纪 30 年代开始，美国提出压实度指标，即压实系数 K、相对密度 D_r 或孔隙率 n，至今仍然作为世界各国路基设计及施工控制的土的压实质量标准。压实度为参数的路基压实质量标准虽然具有击实试验指导现场施工、现场检测简便等优点，但是对于高速铁路或其他对强度指标要求严格的情况，仅靠压实度参数来反映填土的压实质量是有其局限性的。

为了保证路基填土的强度指标，20 世纪 70—80 年代，许多国家开始用强度及变形指标作为路基填土质量控制参数，即所谓的抗力检测法。其中包括美国的 CBR（加州承载比值）标准，德国、法国、奥地利和瑞士等国家的静态变形模量 E_{v2} 标准，日本的地基系数 K_{30} 标准等。可见，采用强度及变形参数作为控制指标是路基质量标准的一大进步。

中国铁路系统自 1985 年大秦线施工引入 K_{30} 平板载荷试验，在铁路建设中已经逐步推广应用。从 K_{30} 在中国铁路系统应用的情况来看，无论是仪器设备、试验方法，还是设计标准均已趋于成熟，地基系数 K_{30} 已成为新线铁路控制基床和路堤填料压实质量的主要指标之一。K_{30} 平板载荷试验作为一种强度及变形指标，能够直观地表征路基刚度和承载能力，《铁路工程土工试验规程》（TB10102—2010）对此作了规定。

2. K_{30} 平板载荷试验的适用条件和要求

对平板载荷试验测试值大小的影响因素很多，包括填料的性质、级配、压实系数、含水率、碾压工艺、最大干密度、最佳含水率、试验操作方法及测试面平整度等。为了规范试验过程，提出了平板载荷试验的适用条件和要求。

（1）测试对象的颗粒级配。

K_{30} 平板载荷试验适用于粒径不宜大于载荷板直径 1/4 的各类土和土石混合填料。K_{30} 的承载板直径由于只有 300 mm，因此对所填路基土的颗粒粒径和级配有一定的限值，否则颗粒粒径过大，级配不均匀，就会经 K_{30} 的测试结果带来较大的误差，难以真实反映路基的压实情况。根据秦沈客运专线的经验，适用于均匀地基土（如粗、细粒土）的地基系数 K_{30} 检测，对于拌和较均匀的级配碎石也是符合测试要求的；而对于颗粒不均匀的碎石土，其 K_{30} 检测就难以得出准确可靠的测试结果。

（2）有效测试深度。

由于 K_{30} 平板载荷试验结果所反映的是压板下大约 1.5 倍压板直径深度范围内地基土的性状，因此要想真实全面地反映更深土层的情况，尚需结合其他的检测手段进行综合评定。

（3）含水率变化的影响。

对于水分挥发快的均粒砂，表面结硬壳、软化，或因其他原因表层扰动的土，平板载荷试验应在扰动带以下进行。

影响 K_{30} 测试结果的因素很多，但含水率变化是造成 K_{30} 测试结果偶然误差的主要因素，也就是说 K_{30} 测试结果具有时效性。一般来说，控制在最佳含水率附近施工，路基压实系数较高，路基质量好，基床表面刚度较大，K_{30} 测试结果较高。但是由于受季节及天气气温变化的影响，土体水分的蒸发程度不同，含水率差别较大，因而含水率为一变量。实践证明，碾压完成后，路基含水率高时，K_{30} 测试结果就小；含水率低时，K_{30} 测试结果就大。由于击实土处于不饱和状态，含水率对其力学性质的影响很大，这就造成 K_{30} 测试结果因含水率变化而离散性大、重复性差。为此，现场测试应消除土体含水率变化的影响。

（4）测试时间。

对于粗、细粒均质土，宜在压实后的 4 h 内进行。

在进行 K_{30} 测试时，发现不同时间的 K_{30} 测试结果差别较大，尤其对级配碎石来讲更为明显。这是由于不同的检测时间，路基的含水率及板结强度不同。若在碾压完成后的 2~3 d 再进行 K_{30} 测试，这样虽然测试结果提高了，满足了 K_{30} 的设计要求，但会造成测试结果无可比性，不可信。因此，为了检测路基填筑质量而进行的 K_{30} 试验，只有在碾压完成后的一定时限内进行才有意义。

（5）测试面的状态。

测试面必须是平整无坑洞的地面，对于粗粒土或混合料造成的表面凸凹不平，应铺设一层 2~3 mm 的干燥中砂或石膏腻子。此外，测试面必须远离震源，以保持测试精度。

细粒土（粉砂、翻土）只有在压实的条件下方可进行检测。在不确定的情况下，要对地面不同深度进行检测，最深至 d（d 为承载板直径）。

（6）天气条件。

雨天或风力大于 6 级的天气，不得进行试验。

3. 路基压实标准

路基的压实标准见项目 3 的相关内容。

9-2-3 任务实施

1. 仪器设备

（1）承载板。

承载板为圆形钢板，其直径为 300 mm，板厚为 25 mm。承载板上应带有水准气泡。

（2）加载装置。

① 液压千斤顶与手动油泵通过高压油软管连接。千斤顶顶端应设置球铰，并配有可调节丝杆和加长杆件，以便与各种不同高度的反力装置相适应。选用荷载应大于或等于 50 kN。

② 液压油软管长度至少为 1.8 m，两端应装有自动开闭阀门的快速接头，以防止液压油漏出。

③ 手动液压泵上应装有一个可调节减压阀，可准确地分级对承载板实施加、卸载。

④ 荷载量测装置宜采用误差不大于 1%的测力计、力传感器或精度不低于 0.4 级的防震压力表。

（3）反力装置。

反力装置的承载能力应大于最大试验荷载 10 kN。

（4）下沉量测量装置。

下沉量测量装置由测桥和测表组成。测桥主要用于安装测表固定支架或作为测表量测基准面，由长度大于 3 m 的支撑梁和支撑座组成，当跨度为 4 m 时的截面系数应大于或等于 8 cm^3。下沉量测表最大误差不应大于 0.04 mm，分辨率不应低于 0.01 mm，量程不应小于 10 mm。测表宜配置 2~3 个，每个测表应配有可调式固定支架。

（5）其他。

铁锹、钢板尺（长 400 mm）、毛刷、圬工泥刀、刮铲、水准仪、铅垂、褶尺、干燥中砂、石膏、油、遮阳挡风设施等。

（6）试验仪器的校验要求。

① 测试地基系数时，应对仪器进行测试校验。

② 新仪器进行试验的三个月内，应每月标定一次，以作出相应误差修正。当三次标定误差不超过±5%时，仪器进入稳定期。

③ 仪器每次投入新工点或每年必须校验一次。

2. 试验操作步骤

（1）测试面准备。

应对场地测试面进行平整,并使用毛刷扫去松土。当处于斜坡上时,应将承载板支撑面做成水平面。

(2)安置平板载荷仪。

① 将承载板放置于测试地面上,使承载板与地面良好接触,必要时可铺设一薄层干燥砂(2~3 mm)或石膏腻子。当用石膏腻子做垫层时,应在承载板底面上抹一层油膜,然后将承载板安放在石膏层上,左右转动承载板并轻轻击打顶面,使其与地面完全接触,与此同时可借助承载板上水准泡或水准仪调整水平。

② 将反力装置承载部分安置于承载板上方,并加以制动。反力装置的支撑点必须距承载板外侧边缘 1 m 以外。

③ 将千斤顶放置于反力装置下面的承载板上,可利用加长杆和通过调节丝杆,使千斤顶顶端球铰座紧贴在反力装置承载部位上,组装时应保持千斤顶垂直、不出现倾斜。

④ 安置测桥。测桥支撑座应设置在距离承载板外侧边缘及反力装置支承点 1 m 以外。采用 2~3 只下沉量测表测量时,侧标应沿承载板周边等分布置,并且应与承载板中心保持等距离。

(3)加载试验。

① 为稳固承载板,预先加 0.04 MPa 荷载,约 30 s,待稳定后卸除荷载,将百分表读数调至零或读取百分表读数作为下沉量的起始读数。

② 以 0.04 MPa 的增量,逐级加载。每增加一级荷载,当 1 min 的沉降量不大于该级荷载产生的沉降量的 1%时,读取荷载强度和下沉量读数。然后增加下一级荷载,每级荷载的稳定时间不得少于 3 min。试验中施加了比原定荷载值高的荷载时,应保持该荷载,并在试验记录单中记录该荷载和该荷载下的下沉量读数。

③ 当总下沉量超过规定的基准值(1.25 mm),且加载级数至少 5 级;或者荷载强度大于设计标准对应荷载值的 1.3 倍,且加载级数至少 5 级;或者达到地基的屈服点,试验即可终止。

(4)异常情况的处理。

当试验过程中出现承载板严重倾斜、承载板过度下沉或实验数据异常等情况时,应查明原因,另选点进行试验,并在试验记录中注明。

3. 试验结果计算、记录与随机误差校正

(1)试验结果计算与制图。

根据试验结果绘出荷载强度-下沉量关系曲线,见图 9-12。宜采用计算机或编制软件程序按二次方程拟合,绘制荷载强度与下沉量关系曲线,采用手工描绘曲线时,应是曲线圆滑,且尽量接近各点。

根据荷载强度-下沉量关系曲线得出下沉量基准值时的荷载强度,并按下式计算出地基系数。

$$K_{30} = \sigma_s / s_s \tag{9-10}$$

式中 K_{30}——由直径 30 cm 的承载板测得的地基系数(MPa/m),计算取整数;

σ_s——$\sigma\text{-}s$ 曲线中 $s_s = 1.25\times10^{-3}$ m 相对应的荷载强度,MPa;

s_s——下沉量基准值,取 1.25×10^{-3} m。

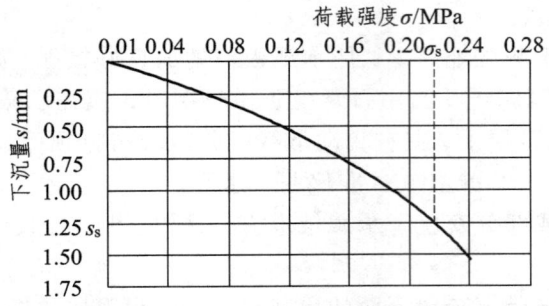

图 9-12 荷载强度(σ)-下沉量(s)关系曲线

(2)试验记录格式。

K_{30} 平板载荷试验记录格式见表 9-5。

表 9-5 K_{30} 平板载荷试验记录

试验编号:　　　　　　　　　　工程名称:

检测里程						检测部位	
填土厚度						检测标高	
填料类型						填料最大粒径	
仪器型号						承载板直径	
加载顺序	荷载强度 σ/MPa	油压表读数 $P_压$/MPa	下沉量 s/mm(百分表读数)				承载板中心下沉量 s/mm
			表1	表2	表3	平均	
预压	0.04						
复位	0.00						
1	0.04						
2	0.08						
6	0.12						
4	0.16						
5	0.20						
6	0.24						
荷载强度(σ)-下沉量(s)关系曲线:							
下沉量基准值 1.25 mm 对应的荷载强度:σ_s:_____MPa 地基系数 K_{30}:_____MPa/m							
附注							

复核_____　　年___月___日　　　　试验_____　　年___月___日

(3)随机误差校正。

由被测土体表面状态影响所出现的随机误差,可通过作图法和 K_{30} ADJUST 程序进行校正。作图法校正如图 9-13 所示。

① 当试验结果如图 9-13 中曲线 2 时,曲线经坐标原点,可不校正。

② 当试验误差结果如图 9-11 中曲线 1 时,应在曲线出现明显拐点的位置沿正常曲线延伸,使其交 s 轴于 O_1 点,此时零点下移 $\Delta s''$,标准下沉量应为 $s_1 = s_s + \Delta s''$,并由对应的荷载强度 σ_1 计算出 K_s 值。

③ 当试验结果如图 9-13 中曲线 3 时,应在曲线出现明显拐点的位置沿正常曲线曲率延伸,使交 s 轴于 O_3 点,此时零点上移 $\Delta s'$,标准下沉量应为 $s_3 = s_s - \Delta s'$ 并由对应的荷载强度 σ_3 计算出 K_s 值。

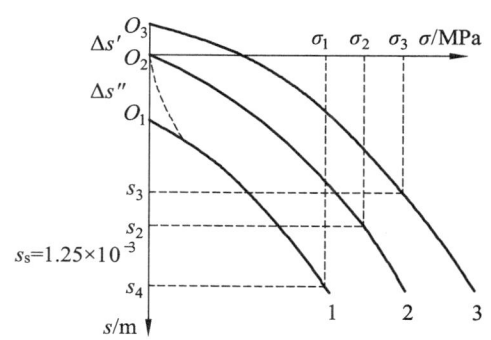

图 9-13 随机误差的曲线修正示意

任务 9-3 动态变形模量测试

9-3-1 任务目标

(1)能够根据规范的要求选择检测项目及设备,满足检测要求;
(2)能够独立完成各项检测和资料整理工作。

9-3-2 相关知识

动态变形模量 E_{vd} 能够反映列车在高速运行时产生的动应力对路基的真实作用状况,是高速铁路路基填筑压实控制的主要指标。E_{vd} 动态平板载荷试验属于动力荷载试验,是一种快速、方便检测路基动荷载特性的承载力指标的新试验方法。

1. 动态变形模量

1)概念及特点

动态变形模量 E_{vd} 是土体在一定大小的竖向冲击力 F_s 和冲击时间 t_s 作用下抵抗变形能力的参数。动态变形模量可由平板压力公式计算得出:

$$E_{vd} = 1.5 \cdot r \cdot \frac{\sigma}{s} \qquad (9-11)$$

式中 E_{vd} ——动态变形模量(MPa),计算至 0.1 MPa;
   r ——圆形刚性承载板的半径,mm;

σ——承载板下的最大动应力,是通过在刚性基础上,由最大冲击力 F_s = 7.07 kN 且冲击时间 t_s = 17 ms 时标定得到的,即 σ = 0.1 MPa;

s——实测承载板下沉幅值,mm;

1.5——承载板形状影响系数。

实测结果可采用下列简化公式:

$$E_{vd} = \frac{22.5}{s} \qquad (9-12)$$

E_{vd} 为动载测试,符合土体实际受力状况,且 E_{vd} 仪器体积小、重量轻、便于携带、安装及拆卸方便、操作简便、自动化程度高、测试速度快、性能稳定、测试精度高、检测费用低、适用范围广,设计上以人为本,无任何核辐射、废气等污染,属于环保型技术。其具体特点如下:

(1)E_{vd} 动态变形模量测试仪的原理是模拟高速列车对路基产生的动应力进行动载测试,能够反映土体的实际受力情况,其承载板下的最大动应力 σ = 0.1 MPa,与高速铁路设计中的土的动应力相符合。它特别适合于受动荷载作用的铁路、公路、机场及工业建筑的地基质量监控测试。

(2)E_{vd} 动态变形模量测试仪的测试速度快,检测一点只需 2~3 min。因此,在检测数量不变的情况下,可以缩短检测时间,不影响施工进度,在相同的检测时间内,可以增加检测数量,使测试数据更具有代表性。施工中可以随时跟踪检测,发现问题及时处理,真正实现施工过程中的质量监控。

(3)E_{vd} 动态变形模量测试仪操作简便,自动化程度高,大幅度减轻劳动强度,避免了 K_{30} 人工读表、记录、绘图、计算产生的误判和误差,全自动数据处理系统,数据液晶显示且现场打印输出波形及结果,确保测试结果的准确、客观。

(4)E_{vd} 动态变形模量测试仪的体积小、重量轻、便于携带,安装及拆卸方便。仪器总重量不超过 35 kg,最大单件重不超过 15 kg,不需要额外的加载设备。仪器测试地点转移迅速、方便。

(5)E_{vd} 动态变形模量测试仪的适用范围广。它除了可适用的土壤种类范围与 K_{30} 相同外,还特别适用于施工场地狭窄的困难地段,如路基与桥涵过渡段、路肩等部位的检测。

(6)E_{vd} 动态变形模量测试仪在使用中实际发生的检测费用低。一个人用 2~3 min 便可以完成检测全过程,且不需要 K_{30} 检测用的加载车辆,节省了台班费和人工费。

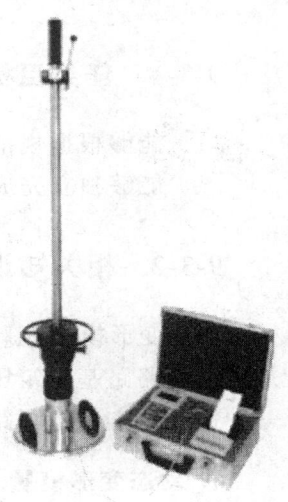

图 9-14 LFG 型 E_{vd} 动态变形模量测试仪

(7)E_{vd} 动态变形模量测试仪的设计以人为本,是环保型产品,避免了核辐射对人体的危害以及废气对环境的污染。

(8)E_{vd} 动态变形模量测试仪不仅可用于施工单位的自检,还适合于监理单位的现场抽检,有利于施工质量的监督与保证。

2）E_{vd} 动态平板载荷试验法

E_{vd} 动态平板载荷试验法是采用 E_{vd} 动态变形模量测试仪来监控检测土体压实指标——动态变形模量 E_{vd} 值的试验方法。

3）E_{vd} 动态变形模量测试仪及工作原理

E_{vd} 动态变形模量测试仪也称轻型落锤仪，是用于检测土体压实指标动态变形模量 E_{vd} 的专用仪器，见图 9-14。该仪器的工作原理是利用落锤从一定高度自由下落在弹簧阻尼装置上产生的瞬间冲击荷载，通过弹簧阻尼装置及传力系统传递给 $\phi300$ mm 的承载板，在承载板下面（即测试面）产生符合列车高速运行时对路基面所产生的动应力，使承载板发生沉陷 s，即阻尼振动的振幅，由沉陷测定仪采集记录下来。沉陷值 s 越大，则被测点的承载力越小；反之，越大。

2. 适用范围

E_{vd} 动态变形模量测试仪适用于粒径不大于承载板直径 1/4 的各类土、土石混合填料、非胶结路面基层及改良土，测试有效深度为 400~500 mm。

E_{vd} 动态变形模量测试仪可用于铁路、公路、机场、城市交通、港口、码头及工业与民用建筑的地基施工质量监控测试，也能用于场地狭小的困难地段的检测，如路桥（涵）过渡段及路肩的检测。

3. 路基压实标准

路基的压实标准见项目 3 的相关内容。

9-3-3 任务实施

1. 仪器设备

E_{vd} 动态变形模量测试仪由加载装置、承载板和沉陷测定仪三部分组成，如图 9-15 所示。

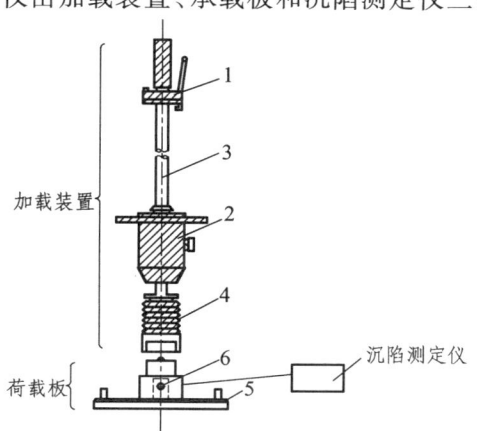

1—挂（脱）钩装置；2—落锤；3—导向杆；
4—阻尼装置；5—圆形钢板；6—传感器。

图 9-15 E_{vd} 动态变形模量测试仪组成示意图

1）加载装置

加载装置主要由挂（脱）钩装置、落锤、导向杆、阻尼装置等构成。

（1）落锤质量：10 kg；

（2）最大冲击力：（7070±70.7）N；

（3）冲击持续时间：（18±2）ms；

（4）导向杆必须保持平直、光洁。

2）承载板

承载板主要由圆形钢板和传感器等部分构成。

（1）圆形钢板直径 300 mm，厚度 20 mm；

（2）测振传感器必须牢固密贴地安装在荷载板的中心位置上。

3）沉陷测定仪

沉陷测定仪主要由数据采集装置、显示器和打印机构成。

4）量程要求

E_{vd}动态变形模量测试仪的量程应符合下列要求：

（1）沉陷测试范围：（0.1~2.0）mm±0.04 mm；

（2）E_{vd}测试范围：10 MPa < E_{vd} < 225 MPa。

5）仪器的标定和校验

仪器的标定和校验应符合下列要求：

（1）实验仪器必须每年检定一次；

（2）在每次试验前应检查仪器标明的落距。

2. 试验操作步骤

1）检测前的准备工作

（1）整平测试面。选择倾斜度不大于 5°的测试面，并确保表面平整、无坑洞。为使承载板与地面良好接触，必要时可用少量的细、中砂来补平。

（2）将承载板置于整平的测试面上，并与测试面充分接触。

（3）加载装置安装在承载板上方就位。

（4）用电缆线将承载板与沉陷测定仪连接起来，并松开搬运锁。

（5）将落锤提升至挂（脱）钩装置上挂住，然后使落锤脱钩并自由落下，当落锤弹回后将其抓住并挂在挂（脱）钩装置上，按此操作对测试面进行 3 次预冲击。

2）检测

（1）打开沉陷测定仪的电源开关。

（2）调整水准气泡，使导向杆与承载板保持垂直。

（3）按准备工作第（5）条的方式进行 3 次冲击测试。

（4）沉陷测定仪屏幕上将显示检测结果，其中包括：三次冲击测试的沉陷值及其平

均值 s_m（以 mm 计）和动态变形模量值 E_{vd}（以 MPa 或 MN/m² 计）。

试验结果应由测试仪自动按式（9-10）计算，实测结果可采用式（9-11）计算。按屏幕提示打印或储存测试数据、结果及波形图。

3）注意事项

（1）测试时测试点必须远离震源。

（2）测试时应避免承载板移动和跳跃，必要时可通过脚踩承载板来固定。

（3）应严格按《仪器操作使用说明书》进行操作和仪器的保养与维护。

4）评　估

（1）检测记录及检测报告中应注明每个测点的工程名称、检测部位、试验时间、土的种类、含水率、环境温度以及仪器型号等相关参数。

（2）检测记录及检测报告（见表 9-6）中应包括用小型打印机输出的完整的实测数据、结果及波形图，也可以将沉陷测定仪与电脑连接，并通过该测试仪的专用软件直接打印出含完整实测数据及波形图的测试报告。

表 9-6　E_{vd} 动态变形模量试验记录

试验编号＿＿＿＿＿＿＿＿＿＿＿＿＿＿　　　工程名称＿＿＿＿＿＿＿＿＿＿＿＿＿＿

检测里程：	检测部位：		
填层厚度：	检测标高：		
填料类型：	填料最大粒径：		
仪器型号：			
冲击顺序	沉陷值 s_i/mm	平均沉陷值 s/mm	动态变形模量 E_{vd}/MPa	备注
动态变形模量测试仪打印的实测结果及实测 s-t（沉陷-时间）曲线：			

复核：　＿＿＿年＿＿月＿＿＿日　　　　试验：　＿＿＿年＿＿月＿＿＿日

9-3-4　任务拓展

表 9-7　K_{30}，E_v，E_{vd} 的操作要点和试验特点的对比

项　目	K_{30}	E_v		E_{vd}
		E_{v1}	E_{v2}	
载荷板直径	300 mm	300 mm	300 mm	300 mm
预加载	0.01 MPa（以前为 0.035 MPa）	0.01 MPa	第二次加载	三次冲击荷载
与地面的接触耦合	一般	一般	好	差

续表

项 目	K_{30}	E_v		E_{vd}
		E_{v1}	E_{v2}	
加载等级	0.04 MPa（以前为 0.035 MPa）	不少于 6 级		动态施加脉冲宽度 18 ms
加载控制	当 1 min 的沉降量不大于该级荷载沉降量的 1%时加下一级荷载	120 s 后加下一级荷载		
最大荷载或终止试验加载的标准	总沉降量超过 1.25 mm，或荷载强度超过估计的现场实际最大接触压力，或达到地基的屈服点	0.5 MPa 或沉降大于 5 mm		7.07 kN
反力装置（一般为载重汽车）	需要	需要		不需
操作	复杂	复杂		简单
试验速度	一般	一般		快
对土体自身特征的反映	较好	较好	好	差

任务 9-4 地基承载力测试

9-4-1 任务目标

（1）能够根据规范的要求选择检测项目及设备，满足检测要求；
（2）能够独立完成各项检测和资料整理工作。

9-4-2 相关知识

地基承载力是指地基土单位面积上承受荷载的能力。通常把地基土单位面积上所能承受的最大荷载称为极限承载力。工程设计中必须确保地基有足够的抵抗剪切破坏的能力以及不产生过量的沉降变形。同时满足这两个条件的地基承载力称为地基容许承载力，即地基容许承载力是指考虑一定安全储备后的地基承载力。

触探是将一种金属的探头压入或打入（统称贯入）土层，根据贯入时的阻力或贯入一定深度的锤击数来划分土层及确定其物理力学性质的一种工程地质勘探方法和原位测试手段。按贯入方式的不同，触探分为静力触探和动力触探。采用静力压入方式的叫静力触探，采用落锤打入方式的叫动力触探。显然，贯入阻力大或贯入一定深度需要的锤击数多，就说明土的抗剪强度高，地基承载力大，即贯入阻力或锤击数与地基承载力之间存在一定关系。

9-4-3 地基承载力任务实施

1. 静力触探

1）静力触探概念及其用途

（1）静力触探是将圆锥形的金属探头以静力方式按一定的速率均匀压进土中，量测其贯入阻力值借以间接判定土的物理力学性质的试验。其优点是可在现场快速、连续、较精确地直接测得土的贯入阻力指标，了解土层原始状态的物理力学性质。

（2）通过静力触探可以获得触探参数，根据这些触探参数，可以用于：

① 划分土层，确定土层名称及其潮湿程度；

② 确定天然地基的基本承载力，评估土的几种物理力学指标和饱和土的固结特性；

③ 选择桩尖持力层，预估单桩承载力；

④ 判别砂类土、黏砂土和塑性指数 $I_P \leqslant 10$ 的砂黏土液化的可能性；

⑤ 探查场地土层的均匀性和地下洞室的埋藏深度，检验人工素填土的密实程度和地基改良效果。

2）静力触探的适用范围

我国目前使用的静力触探仪，勘探深度一般为15~30 m，在软土地区可达50 m，适用于勘探一般黏性土（Q_4）、老黏性土（$Q_1 \sim Q_3$）、砂类土、软土（Q_4）和新黄土（Q_3、Q_4），也适用于冲填土、细粒素填土及碎石、卵砾石含量小于20%的土层，不适用于碎石类土和冻土。对于泥炭、红土及膨胀土等其他特殊土类，在取得实践经验后，也可使用静力触探仪。

3）静力触探设备

静力触探是采用静力触探仪，通过液压千斤顶或其他机械传动方法（见图9-16），把带有圆锥形探头的钻杆压进土层中，探头受到的阻力可以换算成地基土的承载力。该仪

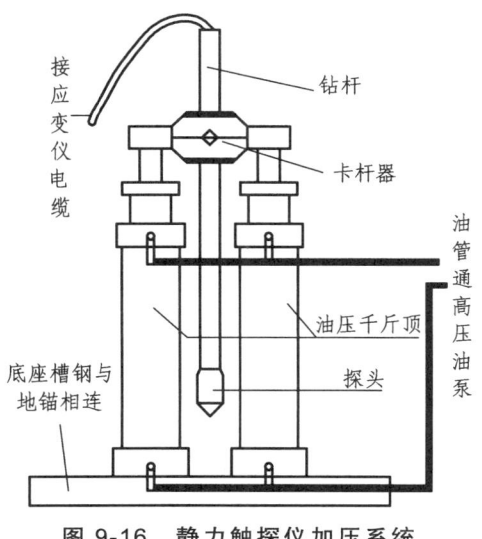

图9-16 静力触探仪加压系统

器的构造形式是多样的，总的说来，大致可分成三部分，即探头、钻杆和加压设备。探头是静力触探仪的关键部件，有严格的规格与质量要求。目前，国内外使用的探头可分为三种类型（见图9-17）。

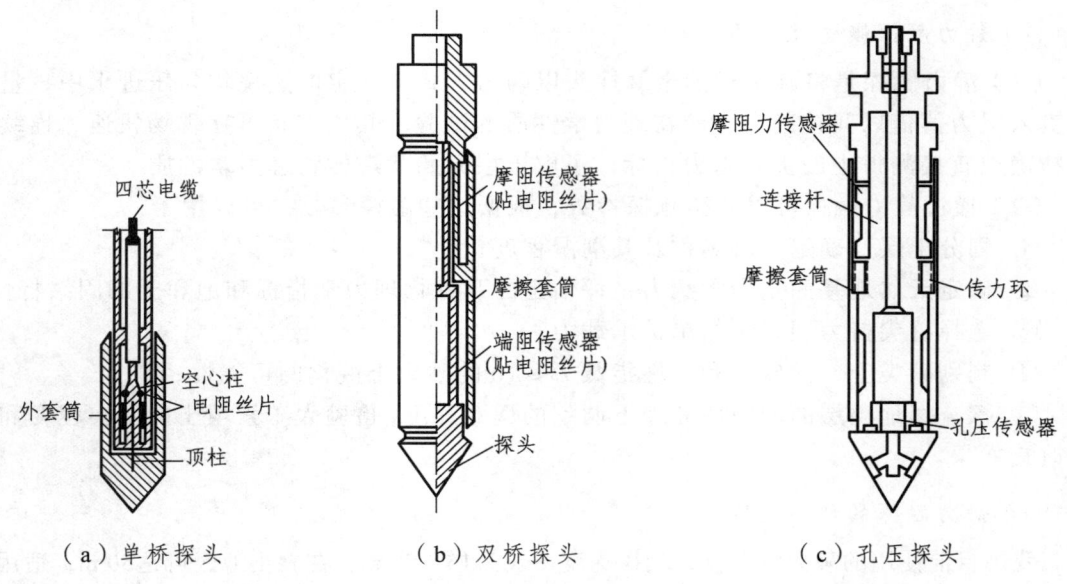

图 9-17　静力触探探头类型

（1）单桥探头。

这是我国特有的一种探头类型，探头外形见图9-18。它的锥尖与外套筒是连在一起的，使用时只能测取一个参数。这种探头的优点是结构简单、坚固耐用且价格低廉，对于推动我国静力触探技术的发展曾经起到了积极作用；缺点是测试参数少，规格与国际标准不统一，不利于国际交流，故其应用受到限制。

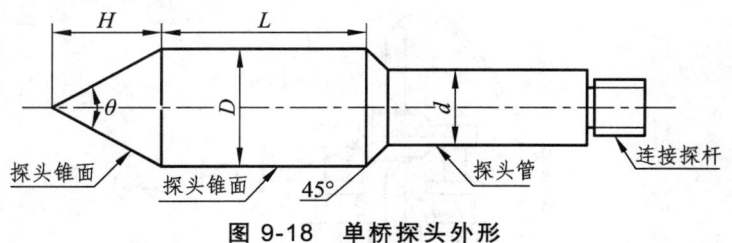

图 9-18　单桥探头外形

（2）双桥探头。

这是国内外应用最广泛的一种探头。它的锥尖与摩擦套筒是分开的，使用时可同时测定锥尖阻力和筒壁的摩擦力。

（3）孔压探头。

它是在双桥探头的基础上发展起来的一种新型探头，国内已能定型生产。孔压探头除了具备双桥探头的功能外，还能测定触探时的孔隙水压力，这对于黏土中的测试成果分析有很大的好处。

常用的探头规格及更新标准如表9-8、9-9所示。

表9-8 单桥探头规格

探头断面积 A/cm²	锥角/(°)	探头直径 公称直径 D/mm	公差/mm	有效侧壁长 公称长度 L/mm	公差/mm	探头管直径 d/mm	更新标准 锥头直径 D/mm	锥高 H/mm	外形
10		35.7	+0.18 / 0	57	±0.28	$D>d \geq 30$	<34.8	<25	① 锥面及套筒变形明显，出现刻痕；
15	60±1	43.7	+0.22 / 0	70	±0.35	$D>d \geq 36$	<42.6	<31	② 锥尖压损；
20		50.4	+0.25 / 0	81	±0.40	$D>d \geq 42$	<49.2	<37	③ 套筒活动不便

表9-9 双桥探头及孔压探头规格

	锥底面积/cm²	10	15	20
	锥角 θ/(°)		60±1	
锥头	公称直径 D_1/mm	35.7	43.7	50.4
	直径公差/mm	+0.18 / 0	+0.22 / 0	+0.25 / 0
	圆柱高度 h/mm		≤10	
	有效面积比① a		0.4±0.05	
	过滤片与土接触面积 S_1/cm²		≥1.7	
摩擦筒	公称直径 D_2/mm	35.7	43.7	50.4
	直径公差/mm	+0.35 / +0.20	+0.43 / +0.24	+0.50 / +0.27
	公称长度 L/mm	133.7	218.5	189.5
	长度公差/mm	+0.60 / -0.90	+0.90 / -0.10	+0.80 / -0.95
	有效表面面积 S/cm²	150	300	300
锥头与摩擦筒间距② e_1/mm			≤5	
摩擦筒与探头管间距 e_2/mm			≤3	
孔压探头全长/mm			$h + e_1 + L + e_2 + l \geq 1\ 000$	
探头管直径 D_3/mm			$(D_1 - 1.1) \leq D_3 \leq (D_1 - 0.3)$	
更新标准	D_1/mm	<34.8	<42.6	<49.2
	$D_2$③/mm	≤34.8	≤42.6	≤49.2
	锥高 H/mm	<25	<31	<37
	外形	① 锥面、套筒出现明显变形或多处刻痕； ② 摩擦筒活动不便； ③ $D_2<D_1$ 时； ④ 锥尖压损； ⑤ 过滤片与土接触面凹于锥头表面或透水失效		

注：1. $a = F_A/A$，$F_A = (1/4)\pi d^2$；对孔压探头，a 值不受限制。
2. e_1、e_2 为工作状态下的间距。
3. 对同一枚探头，D_2 必须大于是 D_1。

4）静力触探现场试验步骤

现场试验步骤如下：

（1）将仪表与探头接通电源，打开仪表和稳压电源开关，使仪器预热15 min。

（2）根据土层软硬情况，确定工作电压，由于记录纸幅宽有限，所选择的工作电压应使记录的曲线不会超过记录纸的幅宽范围。将笔头调零，并在记录纸的开头写明孔号、探头号、标定系数、工作电压及日期。

（3）将探头贯入地面下0.5~1 m后，稍停后提升探头5~10 cm，观测零位漂移情况，待稳定后，将笔头重新调零并压回原位即可开始正式贯入。贯入速度控制在（20±5）mm/s。

（4）在地面以下6 m深度的范围内，每贯入2~3 m，要提升探头5~10 cm，将零漂值作为初读数填入记录表的相应深度旁，然后使探头复位，继续贯入；孔深超过6 m后，视零漂值大小，可放宽归零检查的深度间隔或不做归零检查。终孔起拔时和探头拔出地面时，应记录零漂值。

（5）使用数字式仪器时每贯入0.1 m或0.2 m应记录一次读数。

（6）接卸钻杆时，切勿使入土钻杆转动，以防止接头处电缆被扭断；同时应严防电缆受拉，以免拉断或破坏密封装置。

（7）防止探头在阳光下暴晒，每结束一孔，应将探头锥头部分卸下，将泥沙擦洗干净，保持顶柱及外套筒能自由活动。

（8）遇下列情况之一者，应停止贯入并在记录上注明：

① 触探主机负荷达额定荷载的120%；

② 贯入时探杆出现明显弯曲；

③ 反力装置失效；

④ 探头负荷达额定荷载；

⑤ 记录仪显示异常。

5）静力触探数据记录与计算

根据经验，探头截面尺寸对贯入阻力P_s的影响不大。每贯入0.1~0.2 m在记录仪器上读数一次，也可使用自动记录仪，并绘出阻力-贯入深度曲线。图9-19为单桥探头的P_s-H

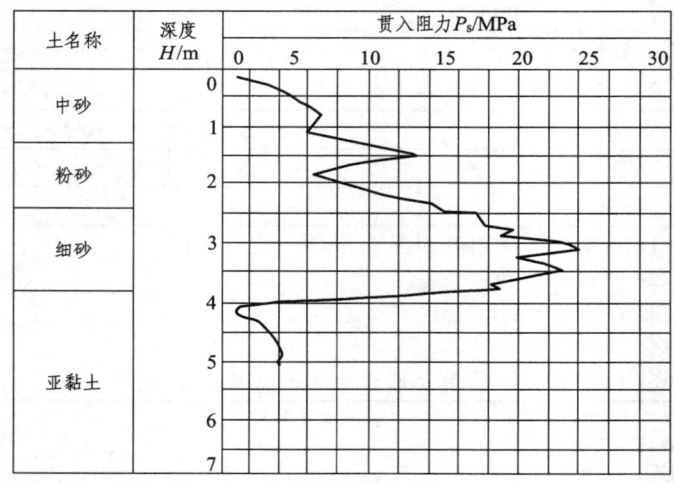

图 9-19 静力触探贯入曲线（P_s-H 曲线）

曲线，根据P_s值可用经验公式计算出地基的σ_0。目前，用静力触探确定地基承载力的经验公式颇多，这些公式适用于不同地区和不同土层，因此，在有使用静力触探经验的地区可采用当地的经验公式。铁道部门结合自身的行业特点，即线路长、工点分散，于2003年修订的《铁路工程地质原位测试规程》（TB10041—2003）中提出了针对不同土层的经验公式。

（1）天然地基基本承载力（见表9-10）。

表9-10 天然地基基本承载力（σ_0）算式

土层名称		σ_0/kPa	P_s(值域)/kPa	相关系数 r	标准差 s/kPa	变异系数/δ
黏性土（$Q_1 \sim Q_3$）		$\sigma_0 = 0.1P_s$	2 700~6 000	—	—	—
黏性土（Q_4）		$\sigma_0 = 5.8\sqrt{P_s} - 46$	≤6 000	0.920	26	0.095
软　土		$\sigma_0 = 0.112P_s + 5$	85~800	0.850	16.7	0.259
砂土及粉土		$\sigma_0 = 0.89P_s^{0.63} + 14.4$	≤24 000	0.945	31.6	0.154
新黄土（Q_4、Q_3）	东南带	$\sigma_0 = 0.05P_s + 65$	500~5 000	0.878	33	0.204
	西北带	$\sigma_0 = 0.05P_s + 35$	650~5 500	0.930	23.4	0.148
	北部边缘带	$\sigma_0 = 0.04P_s + 40$	1 000~6 500	0.823	26.2	0.151

（2）天然地基极限承载力（见表9-11）。

表9-11 天然地基极限承载力（P_u）算式

土层名称		P_u/kPa	P_s(值域)/kPa	相关系数 r	标准差 s/kPa	变异系数/δ
黏性土（$Q_1 \sim Q_3$）		$P_u = 0.14P_s + 265$	2 700~6 000	0.810	153	0.203
黏性土（Q_4）		$P_u = 0.94P_s^{0.8} + 8$	700~3 000	0.818	60.2	0.199
软　土		$P_u = 0.196P_s + 15$	<800	0.827	36.5	0.310
粉、细砂		$P_u = 3.89P_s^{0.58} - 65$	1 500~24 000	0.874	137.6	0.256
中、粗砂		$P_u = 3.6P_s^{0.8} + 80$	800~12 000	0.67	236.6	0.336
砂类土		$P_u = 3.74P_s^{0.58} + 47$	1 500~24 000	0.710	217	0.350
粉　土		$P_u = 1.78P_s^{0.63} + 29$	≤8 000	0.945	63.2	0.139
新黄土（Q_4、Q_3）	东南带	$P_u = 0.1P_s + 130$	500~4 500	0.878	66.0	0.204
	西北带	$P_u = 0.1P_s + 70$	650~5 300	0.930	46.8	0.148
	北部边缘带	$P_u = 0.08P_s + 80$	1 000~6 000	0.823	52.4	0.204

静力触探的记录表和成果表分别见表9-12和表9-13。

表 9-12　静力触探的记录表

工程名称		探孔位置草图
勘探点编号		
里　　程		
孔口标高		
仪器类型及编号		
探头类型及编号		
率定系数		
日　　期		

深度/m	读数	校正后读数	阻力/kPa	初读数及备注	深度/m	读数	校正后读数	阻力/kPa	初读数及备注

操作：　　　　　　　　　　　　　　　记录：

表 9-13　静力触探的成果表

编号	
位置	
高程	

编制	
复核	
日期	

层序	层底深度 d/m	层面高程/m	土名	端阻 q_c/kPa	侧阻 f_s/kPa	摩阻比 R_f	总锥尖阻力 q_T/MPa	贯入孔压 u_d/MPa

f_s/kPa　　　u_d/MPa　　　B_q
q_c、q_T/MPa　　　R_s/%

d/m

2. 动力触探任务实施

1）动力触探概念及适用范围

（1）动力触探试验是利用一定的落锤势能，将与触探杆相连接的探头打进土中，根据打入的难易程度（表示为贯入度或贯入阻力）来判断土的工程性质的一种原位测试方法。

（2）动力触探试验一般用于确定各类土的容许承载力；还可用于查明土层在水平和垂直方向上的均匀程度，确定桩基持力层的位置和预估单桩承载力。动力触探在划分土层并定名的时候，应与其他勘探测试手段相结合；在确定地基承载力或变形模量的时候，动力触探孔数应根据现场大小、建筑物等级以及土层均匀程度综合考虑，但同一场地不应少于3孔。

《铁路工程地质原位测试规程》介绍的动力触探设备类型和规格见表9-14，其中轻型动力触探用于确定Q_4冲、洪积黏性土地基的基本承载力；重型和特重型动力触探主要用于确定中砂、粗砂、砾砂和碎石类土地基的基本承载力，还可用于判定圆砾土和卵石土的变形模量。此外，用重型动力触探设备作标准贯入试验，还可以确定砂类土的相对密度和判定地基土振动液化的可能性。

表9-14 动力触探设备类型和规格

类型及代号	重锤质量	重锤落距	探头截面积	探杆外径	动力触探击数	
					符号	单位
轻型 DPL	10±0.2	50±2	13	25	N_{10}	击/30 cm
重型 DPH	63.5±0.5	76±2	43	42、50	$N_{63.5}$	击/10 cm
特重型 DPSH	120±1.0	100±2	43	50	N_{120}	击/10 cm

2）动力触探仪器

动力触探仪主要由落锤探头和触探杆（锤座和导向杆）组成，其规格如表9-15所列。

表9-15 动力触探设备规格

设备类型		轻型	重型	超重型
落锤	质量 m/kg	10±0.2	63.5±0.5	120±1
	落距 H/m	0.50±0.02	0.76±0.02	100±0.02
探头	直径/mm	40	74	74
	截面面积/cm²	12.6	43	43
	圆锥角/(°)	60	60	60
触探杆	直径/mm	25	42，50	50～63
	每米质量/kg		<8	<12
	锥座质量/kg		10～15	

图9-20为轻型动力触探探头。触探杆的接头应与触探杆具有相同的直径,每个接头的容许最大偏心为0.2 mm;落锤的质量应按产品生产厂规定的方法进行校准;探头尺寸用分度值为0.01 mm的卡尺进行检定;探杆接头偏心度,应在与探杆连接后在车床上校验。

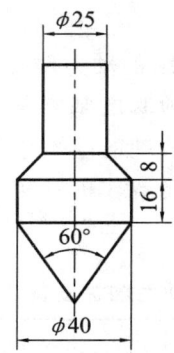

图 9-20　轻型动力触探探头（单位：mm）

触探指标定义为每贯入一定深度所需锤击数。轻型动力触探以每贯入0.30 m的锤击数,以N_{10}表示;重型和超重型动力触探以每贯入0.01 m所需的锤击数分别以$N_{63.5}$和N_{120}表示。也可用动贯入阻力作为触探指标。

3）动力触探试验操作步骤

（1）用轻便钻具钻至试验土层标高以上0.3 m处,然后对所需试验土层连续进行触探。

试验时,穿心锤落距为0.5±0.02 m,让其自由下落,锤击频率控制在15~30击/min。轻型动力触探记录每打入土层中0.3 m时所需的锤击数（最初0.3 m可以不记）;重型、特重型动力触探每贯入0.1 m记录相应的锤击数。

若需描述土层情况时,可将触探杆拔出,取下探头,换贯入器进行取样。

如遇密实坚硬土层,当贯入0.3 m所需锤击数超过90击或贯入0.15 m超过45击时,即可停止试验。如需对下卧土层进行试验,可用钻具穿透坚实土层后再贯入。

（2）动力触探试验数据结果计算与整理。

① 轻型动力触探应以每层实测击数的算数平均值作为该层的触探击数平均值$\bar{N}_{10}$。

当贯入深度小于4 m时,根据轻型动力触探实测击数平均值$\bar{N}_{10}$,可按表9-16确定黏性土地基的基本承载力σ_0。

表 9-16　黏性土地基的基本承载力 σ_0（kPa）

$\bar{N}_{10}$（击/30 cm）	15	20	25	30
σ_0	100	140	180	220

② 重型动力触探实测击数$N_{63.5}$,按下式进行杆长击数修正:

$$N'_{63.5} = \alpha N_{63.5} \tag{9-13}$$

式中 $N'_{63.5}$——重型动力触探修正后击数（击/10 cm）；

α——杆长击数修正系数，可按《铁路工程地质原位测试规程》第9.4.3条确定。

当贯入深度小于20 m时，根据重型动力触探实测击数平均值 $\overline{N}_{63.5}$，可按表9-17确定中砂、粗砂和砾砂以及碎石类地基的基本承载力。

表 9-17 中砂-砾砂土、碎石类土 σ_0 值 （kPa）

$\overline{N}_{63.5}$（击/30 cm）	3	4	5	6	7	8	9	10	12	14
中砂~砾砂土	120	150	180	220	260	300	340	380	—	—
碎石类土	140	170	200	240	280	320	360	400	480	540
$\overline{N}_{63.5}$（击/10 cm）	16	18	20	22	24	26	28	30	35	40
碎石类土	600	660	720	780	830	870	900	930	970	1000

③ 绘制动力触探曲线。

计算单孔分层贯入指标平均值时，应剔除超前和滞后影响范围内及个别指标的异常值。

绘制贯入指标与触探深度曲线如图9-21所示。

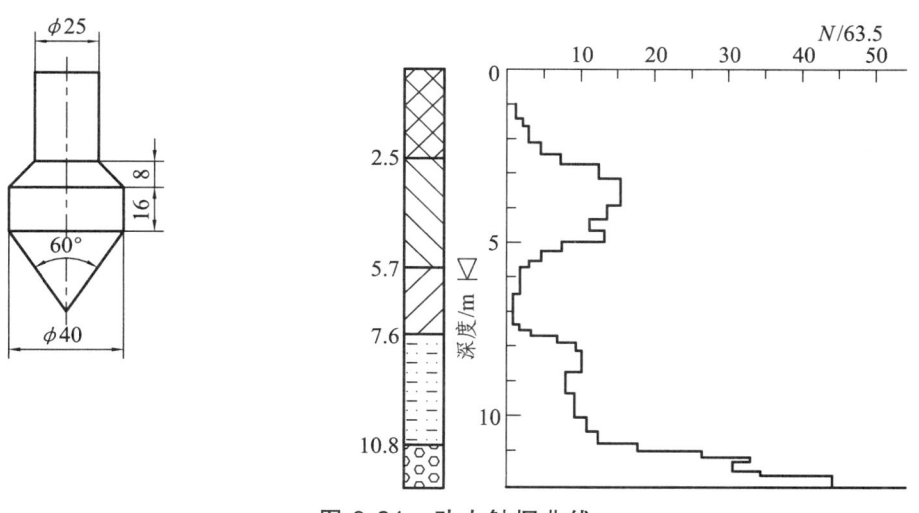

图 9-21 动力触探曲线

④ 动力触探的记录表（见表9-18）。

表 9-18 动力触探的记录表

_____线_____段_____落_____测   第___页 共___页

工程名称 _____   类 型 _____
里程位置 _____   孔口标高 _____
编 号 _____   试验日期 _____

探杆总长/m	试验深度/m	贯入度/cm	锤击数/击	$N_{63.5} = n\times10/\Delta s$ (击/10 cm)	校正后击数 $N'_{63.5} = \alpha \times N_{63.5}$ (击/10 cm)	备注

记录：   复核：

9-4-4 任务拓展

综合检测技术在铁路路基病害检测中的应用

1. 概 况

2011 年 6 月，某铁路在连续 20 余天雨后，发现路基出现局部沉降，最大下沉量达 29.3 mm，局部边坡护坡下沉开裂。为查明路基下沉原因，根据现场踏勘、委托方要求以及施工、监理及设计单位意见，并结合前期有关检测单位采用地质雷达法、电磁法及钻探法等的检测结果，依据现行有关标准、规范制定了检测方案，并经委托方批准，对路基下沉地段采用钻探法、动力触探法和室内土工试验法等综合方法进行了检测，目的是检测路基填料类别及分层填筑的压实程度、路基基底换填是否符合设计及标准要求，为分析路基沉降产生的原因提供参考。为了对检测结果进行对比分析，还选取了邻近标段不同施工单位的正常路基采用同样的方法进行了检测。

2. 检测方法及检测结果

（1）钻探法：从钻孔中取得路基土样进行物理性质分析，从而判断其是否满足设计要求。钻孔直径为 100 mm，芯样直径 95~98 mm，采取干钻取芯，根据取样部位对芯样进行编号，顺时针全长摆放，对芯样拍照，根据路基部位及芯样特征在取土现场称芯样的质量并编号，送实验室做土工试验。试验项目如下：

黏性土检测：含水量、液塑限、塑性指数、液性指数等；粗粒土检测：含水量、颗粒级配、细粒土含量、最大粒径、不均匀系数、曲率系数等指标。根据土样的物理指标确定土的类别和填料组别。

（2）$N_{63.5}$ 重型动力触探法：根据检测数据，绘制承载力-深度曲线，提供基床及路基承载力。

（3）现场检测布点及钻芯、动探检测结果。

因该铁路尚未正式开通运营，现场依据委托方下达的《路基检测计划安排》进行布点，测点均布置在左、右线中间（见图 9-22），分别布置钻芯孔和动力触探各 5 孔，测孔间距为 15~30 m，钻探孔与动探孔间距为 1~3 m，力求检测结果反映路基的真实质量状况。钻芯 5 孔累计进尺 50.8 m，动探 5 孔累计进尺 43.2 m，根据 5 个钻芯孔钻取的芯样，室内进行土工试验 48 个，分析结果为：级配砂石 6 个；B 填料 39 个，C 填料 3 个，细粒土含量均大于 10%，为非渗水土。对比检测点均布置在左线路肩，钻芯 1 孔进尺 9.0 m，动探 1 孔进尺 2.1 m，根据 1 个钻芯孔钻取的芯样，室内进行土工试验 5 个，其中级配碎石 4 个，A 组填料 2 个，B 组填料 1 个，基底为 C 填料 1 个。

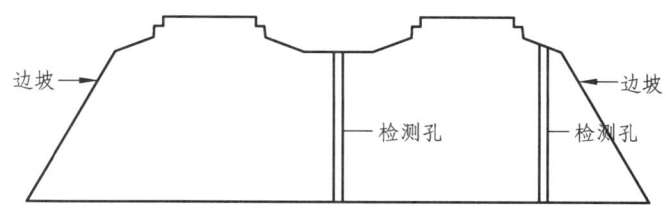

图 9-22　钻探和动探检测示意图

3．测试结果综合评价

（1）本段路基结构设计。

① 基床结构形式：路基基床由基床表层和基床底层组成，基床表层厚 0.4 m，底层厚 2.3 m，总厚 2.7 m。

② 填料及压实标准：基床表层采取级配碎石填筑，基床底层及基床以下路堤采用 B 组填料填筑，浸水地段路基采用 A、B 组渗水土填筑，填料压实标准应满足《客运专线无砟轨道铁路设计指南》(铁建设〔2005〕754 号) 的相关要求。本段属于浸水地段路基。

③ 基底加固处理：基底加固原设计为水泥搅拌桩复合地基，后变更设计为换填 A、B 组渗水土填料处理。

（2）各检测点具体结果如下：

① DK1162+436.44。

a．实测路基填料：路基基床表层为级配碎石，填筑厚度符合设计要求；路基基床底层、基床以下及换填部位主要为土质砾砂和土质细角砾，含水量为 11.6%~35.6%，细粒土含量为 28%~47%。填料不符合采用 A、B 组渗水土填筑的要求。路基 5.8 m 以下地下水丰富，钻进时水从钻杆顶端喷出，含水层位于 5.8~9.5 m。

b．实测基底加固：基底换填深度按设计要求达到了硬层，7.0 m~9.3 m 换填材料为土质中砂、土质砾砂（B 组），含水量为 23.5%~25.1%，细粒土含量为 40.9%~47.0%。细粒土含量偏大，芯样不完整，多为软塑状，7.5~7.8 m 为流塑。填料不符合采用 A、B 组渗水土填筑的要求。

c．实测路基承载力：0.4~9.1 m（动力触探击数：1~6 击）承载力多数小于 120 kPa，路基承载力不足。

② DK1162+466.44 涵洞（武汉侧过渡段）。

a．实测路基填料：路基基床表层为级配碎石，填筑厚度符合设计要求；路基基床底层、基床以下至 7.3 m 为级配碎石。7.3~9.3 m 为红色土质细圆砾、土质砾砂,含水量为 8.1%~11.3%,细粒土含量为 20%~29%。7.3 m~9.3 m 填料不符合采用级配碎石填筑的要求。

b. 实测基底加固:7.5~9.6 m 换填材料为土质砾砂(B 组)和土质细圆砾(B 组),含水量为 8.1%~11.3%,细粒土含量为 20%~29%。换填深度不符合桥涵过渡段采用级配碎石填筑的要求。

c. 实测路基承载力:1.2~1.8 m(动力触探击数:3~6 击)承载力为 120~220 kPa;1.8~3.8 m(动力触探击数:4~58 击),承载力为 150~1000 kPa;3.8 m 以下未进行动力触探检测。

③ DK1162+486。

a. 实测路基填料:路基基床表层为级配碎石,填筑厚度符合设计要求;路基基床底层、基床以下及换填部位主要为土质砾砂(B 组)及土质细圆砾(B 组),含水量为 10.2%~18.1%,细粒土含量为 26%~38%。填料不符合采用 A、B 组渗水土填筑的要求。

b. 实测基底加固:基底换填深度未完全按设计要求达到硬层,7.0 m 以下为原状土,软塑~可塑;8.5 m 以下为可塑~硬塑。不符合采用 A、B 组渗水土填筑的要求。

c. 实测路基承载力:0.8~7.3 m(动力触探击数:1~7 击)承载力多数小于 120 kPa,路基承载力不足。

④ DK1162+411.44。

a. 实测路基填料:路基基床表层为级配碎石;路基基床底层、基床以下主要为土质砾砂(B 组),含水量为 13.8%~30.9%,细粒土含量为 30%~53%。

b. 实测基底加固:基底换填深度按设计要求达到硬层,路基 8.1 m 以下为原状土;9 m 以下为含砾低液限粉质黏土,硬塑。换填填料不符合采用 A、B 组渗水土填筑的要求。

c. 实测路基承载力:0.5~7.9 m(动力触探击数:1~7 击)承载力多数小于 120 kPa,路基承载力不足;8.1~10.0 m 承载力为 260~440 kPa。

⑤ DK1162+396.44。

a. 实测路基填料:路基基床表层为级配碎石;路基基床底层、基床以下主要为土质砾砂(B 组),含水量为 11.3%~19.9%,细粒土含量为 25%~47%。7 m 以下含水丰富。

b. 实测基底加固:基底未换填,路基直接填筑在原状土上,路基 4.2 m 以下为原状土;4.2~6.3 m 处土质为软塑~可塑,土质砾砂(B 组);9 m 以下为含砾低液限粉质黏土,硬塑。填料不符合采用 A、B 组渗水土填筑的要求。

c. 实测路基承载力:0.7~6.3 m(动力触探击数:0~6 击)承载力多数小于 120 kPa,路基承载力不足;6.4~9.0 m 承载力为 180~440 kPa。

⑥ ZWDK1169+143(对比检测点)。

a. 实测路基填料:基床表层为级配碎石,路基基床底层、基床以下部位主要为级配较好的含土细角砾,A 组。填料符合设计要求。

b. 地基加固采用 CFG 桩,未检测,桩间土为含砾低液限粉土,可塑~硬塑。

c. 实测路基承载力:动力触探承载力检测 1 孔,0.9~2.1 m(动力触探击数:11~56 击,2.1 m 以下未检测),承载力 440~1000 kPa,承载力高。

4. 结　语

通过对该沉降段路基的检测结果对比分析，确定路基下沉的主要原因是浸水路基填料不符合设计要求、路基填筑压实严重不合格、路基承载力不足，加之雨季降水集中，路基两侧水塘水位上升浸入路基，致使路基含水量迅速增加，导致路基压实不足部位土体呈软塑状态，造成路基软化下沉。采用传统的综合检测技术，可以直观、准确地检测路基的质量；缺点是检测周期长，安全压力大，检测费用高。

项目小结：

对路基的检测评估应遵循原位测试和区段测试相结合（点面结合）、动态测试和静态测试相结合（动静结合）的原则，对路基的压实状态作出一个综合的评价，为路基施工质量是否达到设计要求提供技术依据。

项目训练：

1. 完成路基压实系数的检测。
2. 完成路基分别在静载和动载作用下下沉量的检测。
3. 完成地基承载力的测试工作。

项目 10　路基常见病害及维护

项目描述：

路基常见病害有路基边坡病害、路基沉降、边坡损坏、雨水风砂冲蚀、特殊地质条件下的病害等；铁路路基病害产生的机理主要是地质不良地段，路基填筑材料的压实密度不足和排水不畅等；路基病害检测的核心是确定路基表层和其下路基填料的承载能力；路基病害的预防和整治，应贯彻"预防为主、综合治理"的原则，首先弄清发生病害的原因，通过综合分析，因地制宜地采取整治的措施；路基病害的整治应从路基填料（改变其填料类型、改变填料的成分）、防止水侵入（改善路基结构设计）、提高路基强度和刚度（改善路基结构设计）入手。

学习目标：

知识目标：

熟悉路基病害的概念、类型、分布及其危害；掌握路基病害的识别方法；掌握常用的路基病害整治措施和方法。

能力目标：

能够分析路基病害的成因；能够根据勘察情况分析识别路基病害；能够根据相关规范标准编制路基病害的整治方案。

素质目标：

养成严谨求实的工作作风；具备分析问题、解决问题的能力；具备一定的协调、组织能力。

思政目标：

培养综合素质，打造工匠精神。用战斗在铁路一线优秀员工的故事让同学们体会"工匠精神"的内涵，潜移默化地来培养学生的职业素养。

课程思政：

列车高速运营，对线路条件要求很高，细微的偏差可能会导致重大事故的发生，所以在对路基病害的整治工作中，培养同学们精益求精的"工匠精神"极为重要。

汪伯华是全国劳动模范、百色工务段永乐线路工区工长。他担任工长 10 年，先后将

6个"病入膏肓"的落后工区变成先进班组。他获得了一个外号——南昆铁路的"妙手神医"。由于长期超饱和运输，永乐线路工区管内线路翻浆地段多，病害整治难度大，线路动静态扣分一度居百色工务段末尾。2012年10月，汪伯华临危受命，被紧急调往永乐线路工区担任工长。这样的"救火"，对汪伯华来说已是第6次了。2006年7月以来，他先后担任岩龙、田丁、沙厂坪、兴义、冗百线路工区工长，他总能在两三个月内把这些后进工区变成先进班组。他是如何做到的？他是以敬畏之心对待线路养护工作。今年2月的一天，施工"天窗"时间结束，在回检过程中，汪伯华发现线路质量还有一些瑕疵，虽然对行车安全没有影响，但他不允许质量隐患的存在。当天，他立即申请临时"天窗"点，带领工友加班1个多小时，直至把所有隐患消除完毕才收工。这就是"工匠精神"的一种体现，对待工作容不得半点马虎，一丝不苟地完成工作内容。

作为线路维护人员，线路病害的识别尤为重要，必须以认真严谨的态度，不放过蛛丝马迹的现象，及时发现线路的问题及时整治，确保铁路运营的安全。

任务 10-1 路基常见病害的识别

10-1-1 任务目标

（1）熟悉常见路基病害的特征及分布；
（2）能够分析常见路基病害发生的原因。

10-1-2 相关知识

随着铁路的大提速和运量的不断增加，满足高速、重载是铁路运输对线路结构提出的要求；与此同时，许多线路病害对运输的影响也日渐突出，主要表现在接头吐渣、线路翻浆冒泥、道床板结和线路几何形态变化大等。究其原因，除了线路设备老化外，路基病害对线路几何形态的影响是一个重要的原因，而路基病害对线路形态的影响往往又很难用一般的保养手段来解决。一旦出现路基病害，一般只有等待病害彻底整治，有的地段甚至不得不长期慢行，严重影响了运输效率。存在病害的路基在地表水的进一步侵蚀及动力作用下，病害的规模将进一步加剧与扩大，这些病害的进一步发展将直接导致路堤沉陷、边坡坍塌与塌陷，严重危及行车安全。随着列车运行速度的提高，对路基质量提出了更高的要求，故必须对路基病害进行彻底整治才能使铁路正常运营。因此剖析路基病害的成因，有针对性地采取综合的防范措施，从根本上堵住病害源头，是铁路路基病害防治工作的重中之重。下面就简要分析铁路路基几种常见病害及其发生的原因。

1. 铁路路基病害类型及原因分析

铁路路基常见病害有：路基沉降、边坡损坏、雨水风砂侵蚀、特殊地质条件下的病害等。

（1）翻浆冒泥。

路基强度因含水过多而急剧下降，在行车作用下发生裂缝、鼓包、冒泥等现象，称为翻浆冒泥。

翻浆冒泥一般易发生于基床填料不符合要求的部位，特别是以细粒土作路基填料、风化石质作基床，降雨量大的路堤和路堑地段为病害多发地段。一定条件的含黏粒、粉粒的基床表层填料在列车反复振动荷载的作用下，发生软化或触变、液化，形成泥浆。列车通过时，轨枕上下起伏使泥浆受到挤压、抽吸而通过道床孔隙向上翻冒，造成道砟脏污、板结进而使道床弹性降低或丧失，轨道几何尺寸变化，危及行车安全。翻浆冒泥分为土质基床翻浆、风化石质基床翻浆和裂隙泉眼翻浆，如图 10-1 所示。

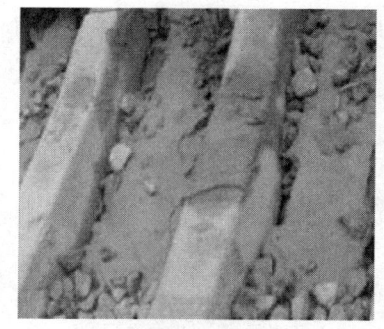

图 10-1 翻浆冒泥

（2）路基下沉。

路基下沉主要是路基填筑密度不够和强度不足所致，部分地区也有因基床土被水侵蚀，极度软化引起，表现形式有路基下沉、道砟囊或道砟袋。填方路基下沉导致断面尺寸改变的病害现象为路堤沉陷，是由于路基土密实度不足或地基松软，在水、荷重、自重及振动作用下发生局部或较大面积的竖向变形。一般列车运行一段时间后，路基下沉会趋于缓解，但有时因载重增加或水的作用使沉降速率加大，局部下沉也会造成陷槽使线路不平顺。下沉分为基床下沉、堤体下沉和基底下沉。

下沉病害一般不发生翻浆冒泥，雨季下沉较快，旱季下沉略缓，道砟囊越来越深；有时软卧层较薄，道砟囊较浅时就发展成为挤出。发生下沉的线路轨道水平、高低、方向有较频繁和较大变化，道床石砟因陷入砟囊而逐步减少。道砟陷槽是道床石砟压入路基基面的病害，形成过程为先是凹坑分布在轨枕下彼此不连贯，深度可达1m，使路面在纵向上呈锯齿状，称为道砟槽，道砟槽一旦形成，地表水就会沿着道砟入基床土，使基床土含水量增大，软化。在列车重复动荷载作用下，道砟进一步陷入松软的基床土中，如此恶性循环，逐渐在路基中形成道砟囊，所以每年需适量增补石砟。如图10-2所示。

图 10-2 路基下沉

（3）边坡坍方。

边坡坍方的表现形式有剥落、碎落、滑坍和崩坍。剥落、碎落、滑坍主要发生在路堑边坡上。剥落是指边坡表层土壤、岩石风化成的零碎薄片，从坡面上脱落下来的现象。剥落碎屑的堆积，会堵塞边沟，影响路基稳定，如图10-3所示。

图 10-3 边坡坍方

碎落是岩石碎块的一种剥落现象，落石产生的冲击力可使路基、路面遭到破坏，威胁行人及车辆的安全。崩坍是大量土石脱离坡面翻滚于边坡下部形成倒石堆或岩堆的现象。

崩坍的土石方往往造成交通中断，是危害最大的路基病害之一。崩坍的发生主要是路堑的开挖使原有自然坡面失去平衡所致。滑塌是指边坡上的大量土石沿着一定滑动面整体向下滑移的现象。

（4）边坡变形。

边坡变形的表现形式有路肩隆起、侧沟被挤，路肩外挤和边缘外膨。土体强度由于不足而产生剪切破坏或塑性流动，基床内的土经常处于软塑状态（在基床内的影响深度较大），在列车荷载的作用下，基床上发生剪切破坏，产生外挤变形。外挤是基床强度不足引起的，外挤分为路肩隆起。

外挤的成因是软卧层与刚卧层接触面有地下水影响，或道砟囊积水使软卧层处于饱和状态，导致承载力降低，发生剪切滑动或塑性流动。外挤大多发生在路堑地段，也有发生在路堤地段。外挤一般均在刚卧层上形成滑动面，造成一侧侧沟挤动或挤死，路肩向上隆起。少数情况下软卧层很薄，刚卧层接近水平，也发生向两侧同时挤出。

（5）边坡冲刷。

边坡冲刷指较高大的土质路堑、路堤边坡、岸坡（滨河、河滩、海滩、水库水塘的路堤边坡）或严重风化的软质岩石边坡受到水流的冲蚀、冲刷作用，沿边坡方向形成冲沟或冲坑的现象称。边坡冲刷可分为边坡淘刷和边坡冲沟，如图10-4所示。

（6）陷穴。

陷穴指路基下部及其附近存在隐蔽的洞穴，其坍塌可引起基床和道床突然沉落，轨道悬空，中断行车，严重时甚歪造成列车颠覆。陷穴病害分为黄土陷穴、岩溶洞穴、盐蚀溶洞、墓穴和兽洞等，如图10-5所示。

图10-4　边坡冲刷　　　　　　　　　图10-5　陷穴

（7）滑坡。

滑坡指影响路基稳定的土（岩）体滑动，可分为边坡的深层滑动、路基滑移及山体滑坡如图10-6所示。

（8）水浸路基。

水浸路基指实际浸水水位超过设计水位的路基。被水浸或淹没，引起路基一定的沉降或局部坍塌，当路堤缺乏足够的防护和加固设备时，导致路

图10-6　路基滑坡

基稳定性受到影响或破坏，如图10-7所示。

图10-7 水浸路基

（9）冻害。

冻害发生在寒冷地区，如路基土为透水性较差的细粒土，当含水量较高或基面积水，在冻结过程中，土中水重新分布和聚集形成冰块，又引起不均匀的冻胀现象。

冻害造成线路高低不平，影响行车平稳及安全。造成冻害的直接原因是路基排水不良。夏天路基或道床内积水，在冬天结冻时，水分从土壤中分离出来，结冰后体积胀大，使基或道床冻起。土质不同、排水能力不同，结冰后路基膨胀情况也不一样，石质路基一般不出现冻起现象。由于土质路基排水性能差，所以，比较起来土质路堑冻害严重。

冻害分表层（地表）冻害、路基（深部）冻害两种。

表层冻害：由于道床不清洁和道床沉陷使道床内积水冻结而产生的。这种冻害一般是一入冬结冰，路基冻起就产生，到春天解冻时就降落造成路基冻害。

路基冻害：路基地下水冻结而产生。这种冻害一般发生在冬季中期或更迟一些时间。这种冻害一般在气候严寒、地下水位又高的地方才会出现。

在我国北方地区，尤其是东北和西藏地区，由于地理因素，经常出现此类病害，如图10-8所示。

图10-8 冻害

（10）沙害。

在我国北方地区，由于水土流失或者地理、气候条件原因，经常出现风沙掩埋铁路的现象，如图10-9所示。

图 10-9 沙害

2. 铁路路基病害产生的机理

尽管路基病害表现形式多样,归纳起来主要有两个方面:

(1) 病害的发生取决于特定的地质环境;

(2) 病害的发生与相应的气候变化和列车振动荷载息息相关。前者是病害发生的内因,后者是病害发生的外因。路基病害的产生和发展与路基填料的工程性质、地表水、地下水、列车振动荷载、土的动力强度特性和温度及其变化息息相关。主要是路基填料、水、列车荷载和温度变化等各项因素综合作用的结果,各种因素之间又相互关联。

具体来说,主要是地质不良地段,路基填筑材料的压实密度不足和排水不畅等。

对某一具体的线路来讲,地质条件是客观存在的,虽然它也在不断地发生变化,但基本上是一种较为稳定的因素,因此,在一定程度上路基病害的发生频率和程度将取决于气象水文条件和列车长期循环振动荷载的叠加影响。研究结果表明,在列车轮轴荷载的反复作用下,路基的渐进破坏主要表现为过大的塑性变形,这种塑性变形累积到一定程度将会使路基填土产生塑性流动,因而产生路基病害。其危害程度取决于路基填料在循环荷载作用下的抗剪强度特性,而抗剪强度特性与填料的水饱和度密切相关。随着水饱和度的增大,填料的动强度将显著降低。处于轨道下方的路基土因反复受到挤压和固结而产生过大的累积塑性变形,从而形成道砟囊坑以及枕木下方的积水坑。尤其在雨季,基床填料含水率达到饱和状态,动强度显著减小,从而使基床的刚度和强度急剧下降,严重时甚至会导致线路产生严重的不平顺而影响行车安全。

10-1-3 任务实施

铁路路基病害检测

为了对路基病害进行合理整治,必须准确检测病害状况,分析病害成因。

1. 路基病害检测原则

根据铁路既有线的特点,路基检测应不干扰行车或少干扰行车,为此采用的检测手段应力求准确、可靠、快速,从而为将来的整治工作提供准确可靠的信息。可采用轻型动力触探、地质雷达、瞬态面波法和取土试验等多种手段对线路进行试验检测。

路基病害检测的核心是确定路基表层和其下路基填料的承载能力。

2. 路基病害检测方法

（1）可采用典型地段开挖横沟，了解路基的几何特性。

（2）探地雷达法具有直观反映道床几何形态、基床表层分辨率高的优点，可以探明路基结构的分层，探测路基病害类型、程度和具体位置，分析基床及以下路基各填料层的地质情况；但探地雷达测出的结果是基床的电性参数，不能反映路基填料的力学参数且测试深度比较浅。

（3）瞬态面波法能够准确反映路基填料的力学参数随深度的变化情况，测试深度也比较深，正好弥补了探地雷达的不足。

以上方法取长补短，能够达到路基检测的目的。

10-1-4 任务拓展

1. 路基检查制度

（1）检查类型包括周期性检查、日常检查、汛期检查以及专项检查和变形监测等。各项检查应建立相应的责任制度，保证各项检查工作的落实。日常检查和汛期检查的实施办法由铁路局根据实际情况制定。

（2）检查单位应建立检查记录簿、病害观测记录簿，并按规定认真填写，保证数据准确可靠，并建立检查数据电子文档，实行信息化管理。

（3）重点地段需进入栅栏检查时，按有关规定办理。

（4）对检查发现的问题应及时进行处置。

2. 路基检查类型

（1）周期性检查。

设备管理单位每年组织一次春季、秋季路基设备检查。

① 春季检查：每年春融、汛期以前应对路基设备进行全面检查，特别是对边坡防护或支挡设施、排水设施及病害和浸水路基地段应进行重点检查，并填写"路基病害登记簿"。根据检查结果提出当年防洪预抢、紧急处理措施，调整当年大修、综合维修计划，修订防洪预案，落实度汛措施。

② 秋季检查：每年秋季应对路基设备进行全面检查。掌握管内路基病害情况，分析病害发生原因、发展规律并拟定整治对策，填报路基病害秋检报表，并进行路基设备的状态评定及病害分级，编制次年路基综合维修计划，提出次年度大修工程和防洪工程的申请计划。

（2）专项检查。

① 当路基支挡防护设施发生异常变形、铁路沿线出现地质灾害隐患及异常沉降变形、发生地震等自然灾害时，应对路基设备进行专项检查与监测。

② 专项检查由设备管理单位牵头组织，专项检查方案报铁路局工务部门审查、核备。必要时可由铁路局组织，并报铁路总公司备案。

③ 专项检查宜采用物探、钻探、地形扫描与变形观测等方法，由具有资质的专业队伍实施；必要时应对检查结果进行审查，提出相应的防治对策。

④ 对变形严重的大型支挡结构物、高陡边坡等病害处所应进行实时监测。

（3）变形监测。

① 新建铁路开通运营前，铁路局、铁路公司应组织设计、咨询、评估、施工、监理等单位，依据路基沉降评估及铺轨后的沉降观测数据，研究确定运营期间的路基变形监测重点地段。对冻胀、区域沉降、显著差异沉降地段应重点监测。

② 新建铁路宜在运营初期对路基变形进行一次普查监测，并根据监测结果合理确定和调整重点监测地段。

③ 运营期间，铁路局、铁路公司应及时组织人员对精测网复测成果进行分析，并结合动、静态检测数据，合理确定和调整路基变形重点监测地段。

④ 对沿线开挖地基、填筑路基、地下工程及钻孔桩、管桩等影响线路稳定的施工，铁路局、铁路公司应进行施工组织设计审查，并进行路基变形监测。

⑤ 检查发现线路周边地形地貌、水文地质等环境（如抽取地下水、采空、堆载和新建构筑物施工等）发生变化或轨道发生异常变化时，铁路局、铁路公司应及时组织力量进行调查分析，必要时应进行路基变形监测。

⑥ 路基变形重点监测地段的监测周期应根据实际情况合理确定。在监测过程中当发现变形异常时，应适时增加监测频次。

⑦ 路基变形监测的监测点布置应结合工程建设期布设的观测点统筹考虑。在差异沉降较大的特殊地段，应布设特征监测断面。

⑧ 对季节性冻土地区的路基应设置冻胀变形监测设备，并在冬季采用动态、静态相结合的方法对冻胀变形进行适时检查。

⑨ 路基变形监测应使用电子水准仪、全站仪。

任务 10-2 病害的预防与整治

10-2-1 任务目标

（1）掌握常用的路基病害整治措施和方法；
（2）能够根据观察情况分析识别路基病害类型，提供整治措施。

10-2-2 相关知识

1. 路基病害的预防

病害预防包括以下内容：

资料收集，包括线路的设计、施工资料以及线路区域的气候、水文、工程地质等情况，并了解其变化规律，为防治病害提供第一手资料。

根据线路当前的状态及运营情况，应每 3~5 年进行一次线路的普查，评估线路的安全状态，提前发现病害趋势并进行相应的处置。调查的方法除了传统的人工调查、轨检车检测外，目前正在推广铁路路基快速物探检测系统，检测深度达轨面以下 2.5 m，速度可达 80 km/h。

2. 路基病害的整治

路基病害的整治应从路基填料（改变其填料类型、改变填料的成分）、防止水侵入（改善路基结构设计）、提高路基强度和刚度（改善路基结构设计）入手，路基的整治流程如下：

前期准备→总体方案→检测路基→细化方案→治理施工→效果评价

处理路基病害基本按以下步骤进行：

（1）检测路基病害，判断路基病害的类型、发生的部位及规模大小、严重程度。

（2）对产生病害的主要原因进行分析：一般为填料、水分侵入、强度不足等方面的问题。

（3）拟采取的措施：应采用技术上可行（即可控制病害产生原因）、经济上合理的治理方法。

10-2-3 任务实施

路基病害类型众多，由于每种病害都有其独特的性质，所以防治和整治措施也有差别。下面介绍几种常见病害的整治措施。

1. 基床翻浆冒泥、下沉外挤的防治

（1）现象与原因。

如前所述，基床翻浆冒泥、下沉外挤是路基本体变形而引起的病害，一般发生在基床填料为黏土类的路基地段，排水不良的路堑和站场比较多见。翻浆冒泥和基床下沉外挤病害，是基床变形不同阶段的表征，翻浆冒泥导致陷槽或砟囊基床下沉，陷槽或砟囊的发展使基床抗剪强度下降，导致路肩隆起或边坡外挤。基床翻浆冒泥引起的轨道不平顺，恶化了列车运行条件，但变形发展缓慢，对行车安全影响不大；而基床下沉外挤，则可能造成行车中断甚至列车颠覆，严重危及行车安全。

病害成因：基床排水不良造成承载力不足或受水浸导致承载力进一步下降的土质基床在列车荷载反复作用下，将逐渐形成基床翻浆冒泥下沉外挤的病害。水若源于降雨，则翻浆冒泥表现为季节性，即雨季发生，旱季不发生；水若源于地下水，则翻浆冒泥表现为常年性，但雨季比较严重。基床填料遇水承载力下降的原因比较复杂，如基床填料为膨胀土未更换或改良，排水系统不完善，基床未作砂垫层或厚度不足，填料密实度未按规定控制，轨道状态不良，速度、轴重增加而轨道与之不相匹配等，都将使基床强度与行车条件不相匹配，以致产生基床病害。

防治原则为"预防为主，治早治小"。应在基床变形的初始阶段及早整治，不要等到砟囊形成，甚至严重到"下沉外挤"再整治，这样做可事半功倍，否则就会事倍功半。

（2）防治措施。

防治措施应视病害性质、产生原因、地段长短及施工条件等情况，合理选择施工工艺，综合整治以求实效。

① 排水。适用于排水不良而导致的基床病害，如路堑和站场。主要措施有：疏通或修建防渗侧沟、天沟、排水沟等地表排水系统；修建堵截、导引、降低地下水位的盲沟、截水沟、侧沟下渗沟等排除地下水或降低地下水位系统。排水的目的是消除或减小地表水和地下水对路基基床的侵害，使基床填料经常保持疏干状态。

② 提高基床表层刚度和强度。适用于基床表层填料承载力不足导致的基床病害，如裂土病害。防治措施一般采用换填级配砂砾石或者碎石。换填厚度应以满足承载力要求为原则。

③ 使基面应力降低或均匀分布。

④ 土工膜（板）封闭层或无纺土工纤维渗滤层。这是近年广泛应用的防治基床病害的新工艺，具有隔离地表水、过滤基面水和均布基面应力等多种效用，常与换砂、砂垫层配合使用。作为隔断排水层的材料，它能渗水，又能隔断黏土细粒，具有足够的强度，又有延伸性，是整治基床病害的好材料但这种材料造价较高，使用寿命尚有待测试。

2. 路基崩塌落石的防治

（1）现象与原因。

崩塌落石是路堑堑坡或其上山坡的岩块土石发生崩塌或坠落造成危害的地质现象，具有突然、快速和较难预测的特点，是地形、地质比较复杂的山区铁路十分常见的路基病害，对铁路行车安全危害甚大，经常导致中断行车，甚至列车颠覆。形成崩塌的原因有如下几个方面：

① 陡峭高峻的边坡或山体斜坡，坡度大于 45°、高度大于 30 m，特别是坡度为 55°~75°的斜坡，是崩塌多发地段。

② 由风化的坚硬岩层组成的又高又陡的斜坡，如互层砂岩，稳定性更差，容易形成崩塌。

③ 受地质构造影响严重，有很多结构面将岩体切割成不连续体的斜坡，特别是有两组结构面倾向线路，其中一组倾角较缓时，容易向线路崩塌。

④ 水的作用是产生崩塌的重要因素。绝大多数的崩塌发生在雨季或暴雨之后，因为水的渗入，对岩石产生软化、润滑和动水压力作用，使岩体强度降低，内摩擦力减小，促使崩塌发生。

⑤ 其他如地震、爆破、人工开挖斜坡及列车震动等，都是诱发崩塌的因素。

（2）防治原则。

防治以"预防为主，治早治小，一次根治杜绝留后患"为原则。

① 新建铁路应加强工程地质工作，对崩塌落石地段，严重者应予以绕避；不能绕避时，应修建必要的预防性工程，防患于未然。

② 养护维修应对可能发生崩塌落石地段，加强检查巡视，发现变形失稳征兆，应及时采取措施，治早治小，防止因病害扩大而导致灾害的发生。

③ 病害发生后，整治工作要坚持一次根治杜绝留后患；否则，往往会导致大的灾害。

（3）防治措施。

防治措施应根据病害性质、规模及所处地形、地质情况，因地制宜地选择。常用的防治措施有如下类型：

① 拦截类：适用于小规模、小块体的崩塌落石。拦截构造有落石平台、落石坑、落石沟、拦石墙、钢轨栅栏及柔性拦石网等。

② 遮拦类：应用于规模较大的崩塌落石，遮拦建筑有各种明洞和棚洞。修建明洞、棚洞，既可遮挡崩塌落石，又可对边坡下部起稳定和支撑作用。

③ 支挡加固类：适用于不宜或难于消除的大危岩或不稳定的大孤石。支挡建筑有支顶墙、支护墙、明洞式支墙、支柱、支撑等。

④ 护坡、护墙：适用于易风化剥落的边坡。边坡陡者用护墙，边坡缓者用护坡。

⑤ 上述措施不能奏效时，应考虑改线绕避。

（4）养护维修要点。

① 崩塌落石地段应进行定期检查、经常检查和雨季汛期检查。所谓定期检查，是指春检和秋检，对崩塌落石地段及其防护建筑物进行全面的检查。春检时发现隐患，采取防范措施安全度汛；秋检是检查汛期过后崩塌落石处所的变化情况及防护建筑物的破损情况，分轻重缓急，安排路基大修、维修计划。巡山工和重点病害看守工对所管责任地段或处所，应经常巡视检查，监视危岩落石的发展动向，防患于未然。雨季汛期应加强检查力度，执行雨前、雨中、雨后检查制度，是防止崩塌落石事故的有效措施。

② 及时清理被拦截的崩塌坠落土石方，修理被破坏的建筑物及排水设备。

③ 对范围大、数量多、危石分散、清除整治困难的崩塌落石地段，应设置报警装置，以防发生事故。

3. 路基滑坡的防治

（1）现象原因。

中国铁路有些区段滑坡病害较为密集，平均每百千米分布高达 20～30 处，多为山区铁路。发生滑坡后常常中断行车，甚至使列车颠覆，给运输安全带来严重危害。

斜坡上的岩土体沿坡内的软弱带或软弱面向前和向下发生整体移动的现象，称为滑坡。发生滑坡的软弱带又称滑动带。滑动带在重力作用下或在其他外力作用下使其剪切应力大于强度，或因振动液化、溶蚀潜蚀、自然、人为开采等因素的作用下，使其结构破坏、岩土性质改变而丧失强度，就会引起滑动带上覆岩体或土体发生滑动。滑坡一般从地表上呈现的裂缝等迹象的变化可大致划分出蠕动、挤压、微动、滑动、大动和滑带固结六个阶段。在发生滑坡的地方，常出现环状后缘、月牙形凹地、滑坡台阶和垅状前垣等独特的地貌景观。但岩体滑坡由于其界面的生成多依附于岩体内既有的构造裂面，因此其后缘和分块裂缝一般呈直线或折线状。滑坡的组成要素如图 10-10 所示。

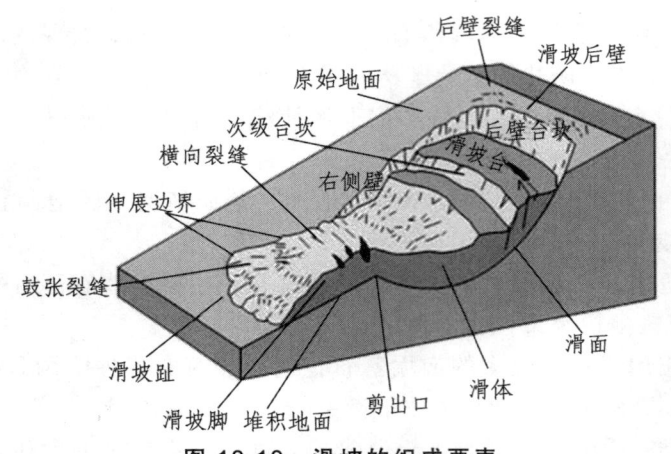

图 10-10 滑坡的组成要素

（2）分类与原因。

滑坡按特点可进行各种不同的分类。中国铁路按滑体的物质组成及其成因，把滑坡分为黏性土滑坡、黄土滑坡、堆填土滑坡、堆积土滑坡、破碎岩石滑坡和岩体滑坡等六类。

产生滑坡的原因有内在因素，也有外在因素。内在因素是形成滑坡的先决条件，包括岩土性质、地质构造、地形地貌等。外因通过内因对滑坡起着促进作用，包括水的作用、地震和人为因素等。所以，滑坡是内、外各因素综合作用的结果。

（3）防治原则。

防治滑坡的原则如下：

① 预防。对有可能新生滑坡的地段或可能复活的古滑坡，应采取必要的工程措施，防止产生新的滑坡或古滑坡的复活。

② 治早。滑坡的发生与发展，是有一个过程的，早期整治能收到事半功倍的效果。

③ 一次根治与分期整治相结合。滑坡一般应一次彻底根治，杜绝后患。但对规模较大、性质复杂、变形缓慢，暂时尚不致造成重大灾害的滑坡，也可在全面规划下，分期整治。同时注意观测每期工程的效果，为确定下期工程提供依据。

防治滑坡应在弄清滑坡成因的基础上，对诱发滑坡的各种因素，分清主次，采取相应的工程措施。

（4）防治措施。

常用的防治措施有排水、减重、支挡、改善土体物理力学性质等。

① 排水。滑坡的发生和发展都与水的作用有关，排水是防治各类滑坡之本。但应根据具体情况，采用切合实际的排水方式。对滑坡体以外的地表水，应加以拦截和引出，在滑坡可能发展的边界 5 m 以外修建一条或多条环形截水沟；对滑坡体以外的地下水，应修建截水盲沟；滑坡体内的地下水可采用疏干和引出，浅层地下水可采用支撑盲沟排出，深层地下水采用泄水隧洞，亦可采用垂直孔群或仰斜孔群排水；对滑体范围内的地表水，应尽快汇集引出以防其下渗，在充分利用天然沟谷的基础上，修建排水系统。

② 减重。当滑动面不深，且滑体呈上陡下缓情形时，滑坡范围外有稳定的山坡，滑

坡不可能向上发展时，在滑坡上部减重，以减小滑坡的下滑力，是一种操作简单、经济实惠的防治措施。将减重的土体堆在坡脚反压，以增加抗滑力，效果更好。

③ 支挡。根据滑体推力的大小，可以选用适当的支挡结构防滑。

a. 抗滑挡墙。它是广泛应用的一种防治滑坡措施，其施工方便，稳定滑坡收效快。抗滑挡土墙多为重力式、石砌，也有用混凝土或钢筋混凝土的。

b. 抗滑桩。它是利用桩体在稳定岩土中的嵌固力支挡滑体的建筑物，具有对滑体扰动少、操作简便、工期短、收效快、对行车干扰小、安全可靠等优点。抗滑桩多为挖孔或钻孔而后放入钢筋骨架灌筑混凝土而成。抗滑桩在滑动面以下的锚固深度，应根据滑体作用在桩上的主动土压力、桩前的被动土压力、岩土性质等确定。

c. 锚杆挡墙。它是一种新型支挡结构，由锚杆、肋柱和挡板三部分组成，用于薄层块状滑坡或基岩埋深较浅、滑体横长滑面较陡的滑坡。锚杆挡墙具有结构轻盈、节约材料、适宜机械化施工、生产效率高等优点。

d. 抗滑明洞。若滑动面的下缘处在边坡上的较高位置，可视地基情况设置抗滑明洞，洞顶回填土石支撑滑体，或滑体越过洞顶落在线路之外。但这一措施对行车干扰大，施工困难，造价昂贵，只有在其他措施难以奏效时采用。

④ 改善滑坡土体的物理力学性质，用物理化学方法加固和稳定滑坡，如焙烧、成浆、加灰土桩、硅化、电渗、离子交换等。这些方法由于工序复杂、成本较高，目前在我国铁路中仅小规模试用。

⑤ 改线绕避上述整治措施难以奏效时，在经济技术合理的情况下，可以考虑改线绕避。

（5）养护维修要点。

① 滑坡区的地表排水设备，如截水沟、排水沟、吊沟等应做到无淤积、无漏水、无冲刷、排水畅通、沟涵相通；对失效损坏之处，应及时修补，确保状态良好。

② 滑坡区的地下排水设备，如支承渗沟、暗沟、隧洞、渗井、渗管等，应定期检查，及时清理和疏通；对失效或损坏之处，应及时修补或整治。地下排水设施，一般每年在春融之后和冰冻之前，在雨季开始之前和暴雨之后，必须仔细观测其流量，掌握其变化规律和排水效果，发现异常及时处理。

③ 滑坡区的防护和加固建筑物，应保持完整无损，如有开裂、滑移，必须认真查明原因，采取治理措施，不可麻痹大意，要防患于未然。

④ 对规模大、情况复杂的大滑坡，虽经整治仍在缓慢变形或间歇变形，应进行认真的观测，实施动态监控，掌握变化规律和发展趋势，以便及时采取有效措施。

⑤ 保护好山坡植被，搞好水土保持，也是滑坡区养护维修的重要任务。

4. 路基陷穴的防治

（1）现象与原因。

路基陷穴是路基下面隐伏的洞穴顶部塌陷引起的一种路基病害，塌陷有时能使轨道悬空，给行车安全带来严重后果。这些洞穴有三类：一是石灰岩地区的岩溶洞穴；二是黄土地区的黄土陷穴；三是人工遗留的洞穴，如古墓、古窑、古井、遗弃的坑道等。有些洞穴，修建铁路时未发现或发现未作处理，有些黄土陷穴是在铁路建成后，因路基排水不良，水流集中潜蚀而成。石灰岩溶洞主要分布在我国南方的广西、贵州和云南东部，湖南、湖北西部及广东的西部和北部，北方的山西与河北的太行山、太岳山、吕梁山和燕山一带。黄土陷穴主要分布在西北和华北地区，尤其是黄河中游地区。

造成洞穴顶部塌陷的主要因素是水的作用和列车荷载作用。洞穴在水的侵蚀、潜蚀作用和列车动荷载的反复作用下，洞顶的岩土结构逐渐遭到破坏，承载力也逐渐丧失，最终突然塌陷。

（2）预防措施。

预防洞顶塌陷，必须预先弄清楚影响路基稳定范围内隐伏洞穴的分布情况、形状大小、埋藏深度、顶部厚度、洞穴处工程地质和水文地质情况，以及洞穴的发展趋势等，而后采取工程措施预防洞穴塌陷。要做到这一点，只有在新线勘测设计或施工阶段才有可能，通车后在运营条件下很难做到，除非采用新型仪器如地质雷达等。所以，在黄土地区的路基，只要做好路基排水，就能很好地预防新生陷穴的发生。

（3）整治措施。

陷穴发生后，首先应根据陷穴发生的部位、规模，对路基稳定性或行车安全的危害程度进行评估，确定是否做紧急处理。发生在轨道下面的陷穴，对行车安全危害较大，应采取紧急措施，如填实陷坑、整修线路、扣轨慢行、派人看守，情况危急时，应封锁线路。其次应做细致调查，查清塌陷洞穴的成因、形状大小、平面位置、埋藏深度、工程地质和水文地质特征及可能的发展趋势，为彻底根治提供依据。常用措施如下：

① 开挖回填。如暂不危及行车安全，此措施应作为首选，它能确保质量，杜绝后患。

② 塌陷洞穴在轨道下方，无法开挖，这时可钻孔灌砂、灌注泥浆、砂浆或混凝土浆液。

③ 规模较大或与暗河相通的溶洞塌陷，可采用网格梁、地基梁、框架梁跨越，或其他类似桥梁跨越等。无论采用何种措施，都要做好排水，尤其是黄土陷穴，排水设施是否有效、完善与否是整治成败的关键。

5. 路基冲刷的防治

（1）原因分析。

位于河流岸边、河滩或水库岸边的路基，因常年或季节性水流冲刷、波浪和渗流的作用，往往造成路基冲空、边坡滑坍等病害。防治这类病害，必须掌握水流性质、变化规律及可能对岸边或路基造成危害的性质和严重程度，使防治措施准确到位。为此，应细致地调查勘测、精心分析，提出符合实际的科学结论。

（2）防治措施。

防护工程分直接防护和间接防护两类。直接防护是对路基本体加固，以抵御水流的冲刷；间接防护是借导流或挑流工程，改变水流性质，间接达到避免或减轻水流对路基冲刷的目的。

① 直接防护方式有如下几种：

a. 干砌片石护坡。适用于不受主流冲刷的路堤边坡。

b. 浆砌片石护坡。适用于主流冲刷及波浪作用强烈的路堤边坡。

c. 抛石。适用于水流方向平顺，无严重局部冲刷，已被水浸的路堤边坡。

d. 石笼。适用于既受洪水冲刷又缺少大石料的区段。

e. 挡水墙。适用于峡谷急流和水流冲刷严重的地段。

直接防护的每一种方式都有自己的局限性，有的造价太高，有的年限较短，采用直接防护要根据实际情况因地制宜，对经济和质量优化。

② 间接防护方式有如下几种：

a. 挑水坝。适用于河床较宽，冲刷和淤积大致平衡，水流性质较易改变的河段，有的地方可以顺河势布置纵向导流建筑物。防护地段较长时，更宜采用。

b. 顺坝。适宜横向导流建筑物。防护地段较长时，更宜采用。

c. 潜坝。适用于河不太宽，洪水时流速较大、河水较深的河段，侵占河槽较少又能减轻对路堤的冲刷，但宜和加固路堤边坡配合使用。

d. 防水林带。适用于路基外侧河滩季节性洪水冲刷地段。

间接防护成败的关键是导流建筑物的正确选择和布置，因此应切实依据天然河道的特性确定导治线、导治水位和选择导流建筑物的类型。

上述防护工程措施，既可单独使用，也可综合使用，应根据河流形态、地质情况和水流特性合理选用。如山区河流，由于河道窄、纵坡陡，防护工程应尽量顺乎自然，宜选用直接防护措施，若仅以挑水坝等导流措施防护，往往失败的多，成功的少。

（3）防护设施养护要点。

① 经常检查，特别是洪水期间和洪水过后，应进行全面检查，范围不大的损毁，应及时修补；范围较大的损毁，应充分调查，分析原因，而后制订整治措施。

② 调查重点应放在水下部位。特别是直接防护工程的水下部位，基础冲空往往是导致路堤突然坍滑的主要原因。

③ 水毁设施的修复，应充分考虑原设计意图，以防新增设施造成新的不良后果。

④ 损毁情况危及行车安全时，应采取紧急措施，护住坡脚，通常抛石或抛石笼紧急防护。

所以在新建线路时，线路选线时应尽可能避免与河流争地。为了防止河岸路基遭受冲刷，可修各种路基挡土墙和圬工护坡，并将基础埋置于淘刷线以下。基础埋深不足时应按不同河床堆积物的情况在脚墙外修较宽的沉排、石笼，或堆垒大量漂砾或混凝土块体，或砌筑圬工护墙，也可用改河和导流的办法避免路基直接受激流冲刷。

6. 路基冻害的防治

（1）现象与原因。

我国东北地区及西北高原地区，多为季节性冻土地区，地表土层一般冬季冻结，春季开始融化，夏季除永冻层外将全部融化。这类地区的路基，在土、水、温度的共同影响下，路基面将发生不同程度的冻胀，春夏又发生融化下沉，使轨面高低、水平产生不均匀变形，严重地段往往伴生翻浆冒泥、道砟陷槽、基床外挤等病害。

冻害发生在寒冷地区，如路基填料为透水性较差的细粒土，当含水率较高或路基面积水，在冻结过程中，土中水重新分布和聚集形成冰块，引起不均匀的冻胀现象。冻胀是由于路基下部的水向上集聚并冻结成冰所致，过大的冻胀可使柔性路面鼓包、开裂，使刚性路面错缝、折断。冻胀是翻浆过程的一个阶段，同时也是一种单独的路基病害。

冻胀是由于土中的水在冻结过程中有向冻结锋面迁移的特征，并不断析出冰层，且体积增大 9%这一物理力学现象造成的。所以，冻结过程中涉及土中水的迁移机理，这是产生路基冻害的基本原因。影响因素有如下几个方面：

① 温度的影响。当土层温度处于负温相转换区，且冻结速率较低时，土中水迁移最活跃，以致形成较大的冻胀。

② 土质的影响。由粒径大于 0.1 mm 的粗颗粒组成的填料，无冻胀或冻胀较小，如砂、砾石、碎石等；由粒径小于 0.1 mm 细颗粒组成的填料，如砂黏土、黏土等，有较大冻胀性，尤其是黏粒含量大于 15%、密度较小的粉粒土，其冻胀最强烈。

③ 水分的影响。填料的含水率越大，冻胀性也越大，特别是有地下水补给时，会发生强烈的冻胀。

（2）冻害的表现形态：

① 从轨面的前后高低变形看，分为冻峰（臌包）、冻谷（凹槽）、冻阶（台阶）。

② 从轨面的水平变形看，分为单股冻起、双股冻起、交错冻起。

③ 从轨面冻胀部位看，分为道床冻胀、基床表层冻胀、基床深层冻胀。

④ 从轨面冻起高度看，冻起高度小于 25 mm，为一般冻害；冻起高度 25~50 mm，为较大冻害；冻起高度大于 50 mm，为大冻害。

（3）预防措施：

① 保持道床清洁，防止泥土混入，及时清除土垅，以利排水。

② 路肩和边坡保持平整，无坑洼、裂缝，防止积水下渗。

③ 侧沟、天沟等地表排水设施以及渗沟、暗沟等地下排水设施应保持工况完好，排水畅通，防止或减少水渗入（补给）路基。

（4）整治措施。

一旦冻害发生，首先应认真进行调查，识别冻胀的发生部位、形状、高度、起落及发展过程，了解冻胀土层的性质、结构及水文地质条件，分析冻胀产生的原因和变化规律，然后提出相应的整治措施。

常用的整治措施如下：

① 修建能减少路基基床含水率的排水设施。如修建具有抗冻防渗能力的地表排水设施，以防治因地表水而引起的冻胀；修建渗沟、暗沟、截水沟等，截断、疏导地下水或降低地下水位，以防治因地下水渗入（补给）而引起的冻胀。

② 换填冻害地段的基床填料，换填为无冻胀或冻胀很小的碎石、河沙、砂类土等。换土深度应在冻结层之下，换土深度应包括路肩在内的整断面更换。

③ 在基床表层铺设保温层，改善基床温度环境，使表层以下的基床填料不冻结或减小冻结深度。保温材料一般采用炉渣，其导热系数小、成本低廉，也可用石棉、泡沫聚苯乙烯板等保温材料。国外经验表明，用泥炭或冷压泥炭砖作保温材料，效果良好，使用时间长。湿度大的泥炭在水分冻结时，会释放大量潜热，能防止泥炭进一步冻结。

④ 避免路基温度上升，保护冻土不被融化，可以采用覆盖遮阳板、采用片石通风路基等措施，如图 10-11、图 10-12 所示。

图 10-11 遮阳板

图 10-12 片石通风路基

⑤ 人工盐化基床填料。用氯盐（NaCl）整治路基冻害，费工较多，效果虽明显，但有效时间短，一般只用于基床表层冻胀地段。

选择上述措施时，应注意总体效果，考虑相互配合，以期达到根除冻害的目的。

7. 路基雪害的防治

黑龙江、吉林、内蒙古等省、自治区，属寒温带大陆性季风气候，全年降雪天数 190～200 d，积雪天数 160～180 d，最大积雪深度 200～1 000 mm；年平均风速 4.4 m/s，最大风速 40 m/s。这些地区的铁路线路，冬季常被雪埋，严重影响行车安全。

易于积雪地段由于铁路线路的地形、地貌及其与主风向的夹角各不相同，线路积雪的程度也不一样。经验表明，下列地段易于积雪：

（1）车站站场；

（2）路堑与路堤交界处；

（3）深度在 2 m 以下的浅路堑；

（4）高度在 1.2 m 以下的矮路堤；

（5）复线并行不等高的高差大于 0.3 m 的地段。

积雪掩埋线路危及行车安全。积雪融化后，会增大路基含水率，降低中期承载能力，造成路基翻浆冒泥和陷槽等病害，且易被雪地掩埋，不易发现。对于这种病害，最经济、最有效且一劳永逸的防治措施是营造防护林带。它不仅可以防止雪害，还可以改造生态环境。防雪林带的布设位置、形式、树种，应根据地理、气候、土壤条件、风速、风向、积雪程度等情况选定。在无营造防雪林条件或防雪林尚未发挥作用之前，也可修建一些临时防雪设备，如安装防雪栅、防雪堤垣、导风挡板等。冬季有时会发生预计不到的暴风雪，即使平常不积雪地段，有时也会严重积雪而影响行车。为预防不测，应在适当区段储备一些除雪机，以备急需。

8. 路基沙害的防治

通过沙漠（包括沙质荒漠、戈壁及沙地）地区的铁路，在风的作用下，移动沙流经常给铁路造成不同程度的危害，有时甚至掩埋线路，危及行车安全。

就积沙危害的程度，一般可分为四级：

（1）特级沙害。积沙超过轨面，直接影响行车安全，必须立刻清除。

（2）一级沙害。积沙与轨面相平，一遇大风就掩埋线路，对行车威胁很大，需要及时清理。

（3）二级沙害。积沙埋没枕木和扣件，对线路上部建筑毁损严重，直接影响行车，需整段治理。

（4）三级沙害。铁路积沙使道床不洁，但未埋没道床和扣件，易引起枕木腐朽及路线其他病害，需定时维修。

1）防治原则与措施

沙害的防治原则是因害设防、因地制宜和就地取材。沙害防治措施分为植物固沙和工程固沙两类。植物固沙是治本良策，既可阻截沙流，防止风蚀，又可调节小气候，改善生态环境和改良土壤。

植物固沙以营造林带为本，如图 10-13 所示。林带采用植物混种、均匀透风类型。迎风林带先矮后高，即先灌木，后乔木；背风侧则先高后矮，有效防护宽度一般为树高的 15~25 倍。沙害严重的地段，迎风侧可营造多条林带。防沙林应根据沙漠性质、水文地质条件、气候特征力求所选树种生长快、固沙防风能力强、不怕沙埋。常被选用的植物有沙枣、胡杨、小叶杨、文冠果、花棒、沙蒿、胡枝子、杨柴等十几种。

图 10-13 青藏铁路路基旁植物固沙

2）工程固沙

工程固沙一般用在没有植物生长条件的地段，或作为植物固沙初期的辅助措施。常用以下两种形式：

（1）路基本体防护。路基本体防护的原则是根据路基本体遭受风蚀为主的特点，因地制宜，就地取材，以达到不受风蚀的目的。一般有下列措施：截砌碎卵石、路肩栽砌片石、平铺卵石砾石、加宽路面、黏性土覆盖坡面、泥糊抹面、铺草皮砖等。

（2）路基两侧防护。在路基两侧一定范围内修筑一些阻沙、固沙及导沙设施，确保线路不被流沙掩埋。阻沙设施包括防沙栅栏、防沙沟堤、防沙挡墙等；固沙措施包括麦草沙障、土埂沙障、化学乳剂固沙、铺设卵石或黏土覆盖沙面等。导沙设施包括用卵石铺砌成表面光滑的输沙平台、在路基迎风侧修建导沙堤等。如图 10-14 所示。

图 10-14 包兰铁路麦草方格固沙

10-2-4 任务拓展

路基维修知识

路基维修分为经常保养和综合维修。

1. 经常保养

对路基设备应加强保养,保持路基设备经常处于完好状态,延缓其劣化速度,延长其使用寿命。

保养的基本内容包括:

(1) 清除路肩杂物、杂草,积冰、积水,整平路肩。

(2) 修补路基面封闭层、沥青混凝土防水层裂缝。

(3) 修补绿化池和路基边坡缺损的少量植被。

(4) 清除圬工体表面及泄水孔内的杂草、杂物;勾补脱落损坏的灰缝;修补裂缝。

(5) 夯填土质坡面冲沟、裂缝,夯填砌体与土体间的裂缝。

(6) 清除各种排水设备内的淤积物及杂草;勾补脱落损坏的灰缝;修补沟内及沟帮外缘的漏水部位;更换局部缺损的水沟盖板。

(7) 清除零星落石、坍体、土石堆积及危树。

(8) 负责路基范围内的崩塌、落石、滑坡、泥石流等病害处所的报警装置中土建设施的检修保养。

(9) 保持路基的完整性,防止因乱采、乱耕破坏路基的稳定性。

(10) 修筑、整修检查通道。

(11) 路基设备防冻的预防工作。

(12) 经常保持路基防护栏杆、检查梯(井)等检查设备的完整牢固,按期涂漆防锈及加固修补。

(13) 其他临时修补工作。

2. 综合维修

路基综合维修应实行预防修,按照年度维修计划分月组织实施。

综合维修基本内容:

（1）整修成段失效、破损路基封闭层。
（2）整修各种防排水设施。
（3）修补边坡植被。
（4）整修各种支挡、防护设施。
（5）修理路基范围内的河岸防护、河流调节等建筑物。
（6）整修路基检查通道、防护栏杆。
（7）处理危岩险石，修补坡面岩石裂缝。
（8）整治影响路基稳定的岩溶、洞穴。
（9）整治排水不良、边坡溜坍、风化剥落、河岸冲刷、基床下沉、翻浆冒泥、冻害等病害。
（10）整修防护网。

任务 10-3　高速铁路路基维修案例

10-3-1　任务目标

（1）能够独立分析高速铁路路基质量问题的原因所在；
（2）掌握常见路基病害维修的流程及方法。

10-3-2　典型路基维修案例

1. 路基沉降引起晃车的处理

1）基本情况

××月××日××时××分，××工务段调度接到客专调度通知，×次动车组司机反映某客运专线下行 K××+×× 处严重晃车，段调度立即通知车间主任和值班段长，同时向局工务调度汇报情况。

接到通知后，车间主任立即组织 15 名职工携带抢修工具材料，于××时××分从车间搭乘抢险车出发，××时××分到达现场。与此同时，××工务段驻客专调度台施工联络员向客专调度申请临时上线检查，客专调度××时××分下达上线检查命令后，车间抢修人员分三个小组对下行线严重晃车处所及前后 200 m 线路进行了全面检查。经检查发现 K××+××~××+×× 线路 10 m 范围内的轨道几何尺寸超限，左股方向 3 mm、高低 9 mm，右股方向 4 mm、高低 8 mm，轨距 2 mm，轨枕、扣件系统齐全有效。车间主任立即将检查情况向段调度和主管段长汇报，通知驻台施工联络员申请××站至××站下行线 K××+××—K××+×× 线路封锁，对应上行线限速 160 km/h，并在"运统—46"登记。

工务段长、主管段长和安全科、技术科、质检科科长迅速赶赴现场组织抢修，××时××分开通线路，第一列限速 25 km/h，第二列起至天窗点前限速 45 km/h。当日综合维修天窗进行整修，天窗点修完限速 80 km/h 开通并安排人员看守，邻线限速 160 km/h。

2）原因分析

该段线路为有砟轨道，Ⅲ型轨枕，FC 扣件，经现场检查分析，认为引起严重晃车的原因是天沟上游积水坑汇水下渗至原地表，浸泡路基后导致路基下沉，造成轨道几何尺寸超限。

3）处理方案制订和审批

（1）临时处理方案。

根据检查情况，轨道几何尺寸超限是路基局部下沉所致，具备抢修后限速开通的条件，路局工务处组织工务段研究制定了线路临时整修方案，人工回填道砟、捣固整修后限速开通，派人 24 h 现场看守；每趟列车通过后检查线路，发现问题及时要点整修；召开专题会议，研究确定了路基疏通排水临时整治方案。

（2）永久处理方案。

铁路局会同客专公司，组织设计、施工、监理单位，局安监室、建设处、工务处、机务处、电务处，工务段、供电段、电务段等单位有关人员，并邀请原铁道部运输局、铁道科学研究院等有关单位专家赴现场实地调查，召开路基下沉病害整治专题会。会议确定由设计单位负责进行地质勘探，制定根治处理方案，方案主要内容包括：汇水面积的测绘、计算；积水坑的根治处理；路基下沉处理：垭口进行检测、处理；侧沟基础进行处理；完善排水系统等。路基病害整治后，加强路基下沉观测和线路动、静态检查监控，待路基沉降和线路状态稳定后，逐步提高行车速度。

（3）方案审批。

铁路局会同客专公司对施工设计进行审查。铁路局主管领导组织人员对施工组织设计方案进行审查，审批后立即实施。

4）组织实施

（1）临时处理。

人工回填道砟、起道、捣固整修后本线限速开通，首列限速 25 km/h，第二列起限速 45 km/h，当日天窗点集中整修后，提速至 80 km/h，邻线限速 160 km/h。工务段 24 h 派人看守，每趟列车通过后检查线路变化情况，每日天窗内进行整修。现场安装一部直通电话，每日向工务段、工务处报告线路设备变化和路基下沉观测情况，工务段安排副段长和安全科长、技术科长、质检科长、车间主任现场指导、盯控，发现问题及时整修，确保行车和人身安全。施工单位疏通积水，填实积水坑及天沟外侧空洞；调整汇水路径，确保堑顶地表水流入天沟；采取导流措施，将地表水直接排至河道。

（2）永久处理。

按照批准的施工组织设计，施工单位逐项实施。

① 施工条件。旋喷桩施工共计 40 d，施工期间上下行线 K××+×× ~ K××+×× 限

速 80 km/h。旋喷桩施工结束后阶梯提速：大机两捣一稳作业，开通后第一列限速 100 km/h，第二列限速 120 km/h；次日两捣一稳作业，开通后第一列限速 160 km/h，第二列限速 200 km/h；第三日两捣一稳作业，开通后恢复常速（250 km/h）。

② 施工过程控制。每趟列车通过后，工务段看守人员对路基状态、轨道几何尺寸等检查并做好记录，发现问题及时处理，确保行车安全。施工、监理单位和工务段每日组织召开施工专题会议，通报施工过程中存在问题，制定整改措施。

5）处理效果

（1）线路整修、路基排水临时处理后，通过动态添乘检查、监控，线路无明显晃车。

（2）路基病害经永久处理后，每日确认车、车载式线路检查仪均无报警，下沉处经轨检车、动检车未出现Ⅱ级及以上的偏差。

（3）路基下沉连续观测数据显示，至××月××日累计下沉量达一定值后路基趋于稳定，路基下沉病害得到彻底根治。

6）经验教训

（1）发生严重晃车后，路局及设备管理单位应立即启动应急处理预案，根据线路状态采取限速或封锁措施，在确保安全的前提下，减少对运输秩序的影响。

（2）设备管理单位应配备抢修车辆、机具和材料，发生设备故障需紧急处理时，迅速组织抢修人员赶赴现场，上线检查确认病害情况并逐级报告。本案例中，上线分组检查压缩了设备故障抢修时间。

（3）本次晃车地点地处山区铁路，交通不便，抢修人员乘坐汽车到现场处理故障，影响了抢修进度。为加快抢修进度，抢修人员可以申请添乘动车组或搭乘轨道车赶赴现场。

（4）针对该处路基下沉引起线路严重晃车的情况，铁路局和客专公司举一反三，组织设备管理单位、设计单位、施工单位对类似地貌情况进行了全面排查，对排查发现的问题和隐患处所安排看守和处理，确保了行车安全。

2. 路基水害的处理

（1）基本情况。

××月××日 18 时 23 分，××桥梁车间冒雨检查发现，××线上行线 K××+×× 处，线路左侧距离外股钢轨 5 m 处路基上有一个约长 6 m、宽 3 m、深 2 m 的塌陷坑。车间立即向客专调度和工务段调度汇报，并申请上行 K××+300—+800 限速 45 km/h，下行 K××+300—+800 限速 160 km/h。

接到通知后，工务段调度立即启动应急预案：段长、主管副段长和主管防洪副段长立即添乘动车组赶赴现场；党委书记和主管安全副段长在工务段调度室指挥；驻车间包保干部和车间主任带领 55 名职工携带工、料具赶赴现场进行抢修，并安排人员及时添乘，添乘中特别注意上行线 K××+400—+600 区段线路动态情况，并向工务段调度汇报。同时请求客专调度安排轨道车运送抢修人员、机具至抢修地点。

19 时 11 分轨道车开出，19 时 30 分到达现场，19 时 32 分客专调度员下达封锁命令，驻调度台联络员立即通知现场负责人上线检查和整修。抢修人员分三个小组进行检查，发现上行线 K××+510—+525 的 15 m 范围内高低 13 mm，路基下沉。经对线路进行整修和陷坑回填，临时接通排水沟，于次日 0 时 15 分登记上行线 K××+400—+550 限速 80 km/h，下行 K××+400—+550 限速 160 km/h。

××月××日，召开路基整治专题会议，研究确定了整治方案。经集中整治后，根据现场设备动、静态检查情况分析，线路已趋于稳定，于××月××日天窗点完毕后恢复常速。

该段线路位于 13‰的坡道上，有砟轨道，Ⅲ型轨枕，FC 扣件系统，为半堤半堑路桥过渡段。

（2）原因分析。

路基填筑前未对原地面进行挖台阶夯实处理，造成路基填土与原地面结合不良，形成渗水通道；天沟外侧低洼，地表积水下渗形成陷穴，雨水顺陷穴下渗，浸泡路基，并使部分路基填土流失，形成空洞，造成路基塌陷。

（3）处理方案制订和审批。

① 分析。

检查发现线路下沉，高低超限。经现场临时整修后，具备限速开通条件。经补充地质勘探；现场校核汇水面积，制订修复方案。

② 预处理。

a. 抢修人员分两个作业班，一班检查线路，并采用回填道砟、小机捣固等措施整治线路下沉；另一班采用编织袋装沙土回填陷坑，并用 2 根直径 100 mm 的 PVC 管临时接通水沟。

b. 24 h 派人看守现场，每趟一检，观测线路变化情况，并安排专人进行沉降观测，每日汇报。

c. 夯实堑顶积水坑及空洞，采取导流措施，确保地表水流入天沟。经紧急处理后，上行线限速 80 km/h，下行线限速 160 km/h。

③ 处理。

a. 积水坑及陷穴采用三七灰土分层回填夯实，处理深度 2.8 m。

b. 路基上游沿线路长 15 m 范围内，采用两排直径 500 mm、长 8 m（钻入原地面下 4 m）的旋喷桩，形成隔水帷幕。

c. 路基本体沿线路长 15 m 范围内，采用斜打直径 600 mm 旋喷桩加固，旋喷桩纵向间距 2 m，竖向四排，倾角分别为 4°、6°、15°、18°，桩长 15～24 m。

d. 侧沟基础采用三七灰土回填，厚度 0.3 m，恢复浆砌片石水沟。

e. 在路堑上方增设一道天沟。

④ 审批。

公司组织相关单位专家对永久处理方案进行了审查，设计单位根据审查的永久方案进行施工图设计。施工单位编制施工组织设计报铁路局，按既有线施工有关规定进行审批。

（4）组织实施。

① 机构。

项目经理负责现场指挥，组织施工；项目总工负责办理方案审批、签订安全协议等相关工作；现场配备技术干部 2 人，负责现场技术管理、质量监控；配备安全防护员 2 人，负责现场安全防护工作；监理单位和设备管理单位派人现场进行监理、监护。

② 安排。

安排劳动力 50 人，多个作业面同时施工；并储备 15 人的应急队伍。

③ 机具设备。

根据具体的施工情况，配置相应的机具设备，主要有发电机、旋喷钻机、装载机、挖掘机、混凝土搅拌机、自卸车、打夯机、水车、软轴捣固机、大型捣固车等。

④ 坑及陷穴回填施工。

拆除紧急处理时回填的编织袋，回填三七灰土夯实、注浆。按设计开挖至灰土填筑位置。灰土采用人工拌和，夯实机分层夯实。灰土运输过程中采用彩条布覆盖保证灰土的含水率，每夯实一层检查一次压实度。

⑤ 桩施工。

采用挖掘机按照放线位置进行工作面开挖，开挖土方沿便道用自卸汽车运输到指定弃土区。挖土时保持机械设备作业半径在接触网 2 m 以外，现场安排专职安全员进行防护。开挖时，从上到下进行施工开挖，每次开挖的深度均比设计桩位低 1.35 m。旋喷桩喷浆压力控制：第一排桩 16 MPa，第二排桩 20 MPa，邻近接触网的旋喷桩按 10 MPa 控制。旋喷桩施工期间限速 80 km/h。

⑥ 施工。

浆砌片石砌筑：采用挤浆法分层、分段挂线砌筑，同时根据设计要求预留泄水孔。

勾缝：砌筑时，在面石处预留 2 cm 深的缝，平缝压槽勾出凹缝。对黏附住面石表面的砂浆要清理干净，勾缝要求抹灰。

养护：浆砌砌筑完成后，及时覆盖，并经常洒水保持湿润，常温下养护不得少于 7 d，防止砂浆开裂、起皮、掉块。

⑦ 事项。

a. 在路基沉陷整治施工前应签订安全协议，并经铁路局主管部门审批，不得擅自扩大施工范围；不得延长作业时间，未经申报批准的项目不得擅自施工。

b. 作业前应根据工程特点编制作业指导书，严格按审定的方案、范围和批准的计划组织施工。

c. 施工前认真核对施工桩位，确保钻机对准孔位，对所有的机械设备再进行一次检修，确认数量能满足需要、状态良好。

d. 如施工中发生影响行车安全的险情时，应立即采取果断措施并向客专调度报告，组织人员抢险，确保行车安全和畅通。

e. 施工中确保既有线排水系统、防护设备有效，施工弃渣不堵塞水沟而影响排洪。

（5）处理效果永久处理后，每天确认车、车载式线路检查仪均无报警，轨检车、动检车未发生 Ⅱ 级及以上的偏差。经沉降观测和现场检查确认路基稳定，整治效果良好。

（6）经验教训。

① 部门应加强半堤半堑地段、路堤路堑过渡段的设计，提出详细的处理措施。施工

单位加强现场的过程控制，严格按图施工，不得擅自改变施工方案。监理单位应按规定旁站监理，逐个工序确认。

② 管理单位要加强设备的检查巡视，严格执行铁路局防洪办日报告制度，确保行车安全。同时，要做好整治过程中的勘探、配合、监护工作，确保施工、行车和人员安全。

③ 困难地段发生设备故障时，应安排轨道交通运送人员、机具、材料到现场。

④ 公司应组织施工单位、设计单位、设备管理单位对类似地形、地貌地段进行全面排查，对存在的问题和隐患及时进行整治，消除安全隐患。

10-3-3　任务拓展

高速铁路检修重点

1. 沉降变形

根据地质条件、观察资料分析确定检查的区段和重点。观测方案要由专业人员确定，并经审批，由专业人员操作完成。对沉降变形进行系统分析，确定沉降发展的趋势以及采取措施的时机和方式。

2. 冻胀融沉

在进入冬季前，重点检查路基含水丰富的地段、排水不良的地段、细颗粒含量高的地段、冻胀严重的地段，及时记录轨道的不平顺位置、状况和调整情况，建立冻胀台账，做好春融预案和冻胀整治。

3. 差异沉降

差异沉降变形主要集中在各种过渡处，其测量方式有水准观测、尺量、位移计测量、测斜等，详细记录差异沉降值及相应的观测时间，确定其发展趋势以及采取措施的时机和方式。

4. 冲刷冲蚀

对于易出现冲刷冲蚀的地段，可采取人工观察、照相、钎探、激光断面扫描、探测雷达探测等方式检查。降雨时注意观察并记录水流和水的浑浊程度等。冲刷冲蚀处所要及时进行维修。

5. 地基失稳

对于流塑状软土地基，应注意沉降变形的发展以及路基变形裂缝情况，尤其是横向裂缝，其整治措施应经系统分析研究后确定。

6. 防排水不良

阻截地界之外的地表水，疏通排洪渠道、水沟和挡墙泄水孔，及时排出地界之内的水，有效防护路堤、路堑边坡，形成完善的防排水系统。借助探地雷达可以查找到潜在的异常含水区，防止积水。

7. 边坡防护、支挡结构、地质灾害

检查边坡、斜坡防护设施，支挡结构的变形，以及危岩落石、滑坡等地质灾害情况。

8. 周边环境

为高速铁路安全运营营造一个良好的周边环境，对线路周边铁路安全保护范围内的打井抽水、堆土、修筑建筑物、堵塞排水通路等做重点排查。

项目小结：

铁路线路运营过程中不可避免地会出现各种病害，要在日常检查中及时发现病害，并准确判断病害类型及其危害程度。对各种病害要迅速制定处理方案并及时实施维修。病害的发展一般是有一个过程的，所以要尽早发现病害，在病害初期完成整治，既可以避免对行车造成严重影响，又可降低维修成本。要按照维修制度，定期检查，发现问题及时处理，保证行车的正常进行。

项目训练：

1. 分析路基翻浆冒泥病害的发生原因，并制定翻浆冒泥路基病害的维修方案。
2. 路基滑坡病害有哪些治理方法？编制一种路基滑坡病害治理方法的作业指导书。

参考文献

[1] 中国铁路总公司. 高速铁路设计规范. 北京：中国铁道出版社，2014.
[2] 中国铁路总公司. 高速铁路路基工程施工技术规程. 北京：中国铁道出版社，2015.
[3] 中国铁路总公司. 高速铁路路基工程施工质量验收标准. 北京：中国铁道出版社，2018.
[4] 中国铁路总公司. 高速铁路路基工程施工技术指南. 北京：中国铁道出版社，2011.
[5] 铁道部运输局. 高速铁路公务修理案例. 北京：中国铁道出版社，2011.
[6] 铁道部工程管理中心. 客运专线铁路路基防排水施工技术手册. 北京：中国铁道出版社，2010.
[7] 铁道部工程管理中心. 客运专线铁路路基填筑施工要点手册. 北京：中国铁道出版社，2010.
[8] 杨新安，李怒放，李志华. 路基检测新技术. 北京：中国铁道出版社，2006.
[9] 张宪丽，刘芳宏，邢岩松. 高速铁路路基工程施工. 北京：中国铁道出版社，2014.
[10] 解宝柱，曾润忠. 铁路路基施工与维护. 北京：中国铁道出版社，2015.
[11] 岳祖润. 高速铁路路基施工与管理. 北京：中国铁道出版社，2010.
[12] 中铁二局股份有限公司，卿三惠，等. 高速铁路施工技术（路基工程分册）. 北京：中国铁道出版社，2013.
[13] 中国铁路总公司. 铁路工程地基处理技术规程. 北京：中国铁道出版社，2010.
[14] 中铁四局集团有限公司. 高速铁路路基工程施工技术. 北京：中国铁道出版社，2013.
[15] 金耀华. 土力学与地基基础. 武汉：华中科技大学出版社，2013.
[16] 陈忠达，原喜忠. 路基支挡结构. 北京：人民交通出版社，2013.
[17] 安宁. 高速铁路路基施工与维护. 北京：人民交通出版社，2014.
[18] 中国铁路总公司. 高速铁路路基修理规则. 北京：中国铁道出版社，2015.